विकास के पथ...

विकास के पथ...

नितिन गडकरी

प्रभात पेपरबैक्स
प्रभात प्रकाशन™
ISO 9001 : 2008 प्रकाशक का उद्यम
www.prabhatbooks.com

प्रकाशक

प्रभात पेपरबैक्स

4/19 आसफ अली रोड, नई दिल्ली-110002

फोन : 23289555 • 23289666 • 23289777 ❖ फैक्स : 23253233

इ-मेल : prabhat1@vsnl.com ❖ वेब ठिकाना : www.prabhatbooks.com

संस्करण

प्रथम, 2011

मूल्य

चार सौ रुपए

अ.मा.पु.स. 978-81-7315-980-0

मुद्रक

ग्राफिक वर्ल्ड, नई दिल्ली

★

VIKAS KE PATH...

by Nitin Gadkari

Rs. 400.00

Published by **Prabhat Paperbacks** (A Division of Prabhat Prakashan)
4/19 Asaf Ali Road, New Delhi-2

ISBN 978-81-7315-980-0

कभी हार में, कभी जीत मैं
किंचित् नहीं भयभीत मैं,
कर्तव्य पथ पर जो भी मिले
यह भी सही, वह भी सही।

—डॉ. शिवमंगल सिंह 'सुमन'

मनोगत

वर्ष 2009 समाप्त होते-होते अचानक मेरे कंधों पर भारतीय जनता पार्टी के अध्यक्ष पद की जिम्मेदारी डाल दी गई। 35 वर्ष पहले, यानी 1976 में मैं विद्यार्थी परिषद् के एक आंदोलन में शामिल हुआ। वह आंदोलन था व्यक्ति की स्वतंत्रता की रक्षा का, लोकतंत्र के अस्तित्व का और देश के भविष्य का।

1975 में देश में आपातकाल लागू कर दिया गया था। देश के इतिहास में वह कालखंड एक काले अध्याय के रूप में अंकित है। जिसमें हजारों/लाखों लोगों को जेल में डाल दिया गया था। मैं जिस राष्ट्रीय स्वयंसेवक संघ के संस्कारों में पला-बढ़ा, उस संघ सहित अन्य कई संगठनों पर प्रतिबंध लगा दिया गया; सभी मूलभूत अधिकार समाप्त कर दिए गए थे। ऐसी विपरीत परिस्थितियों में विद्यार्थी परिषद् के एक कार्यकर्ता के रूप में मेरे सार्वजनिक जीवन की शुरुआत हुई। तब से शुरू हुए इस सफर का एक पड़ाव है, 2009 में भारतीय जनता पार्टी के अध्यक्ष पद के लिए मेरा चुनाव होना।

जब मुझे इस पद की जिम्मेदारी सौंपी गई तो उसके बाद मेरे कुछ मित्रों ने मेरे भाषणों के संकलन का हिंदी रूपांतर प्रकाशित करने का सुझाव दिया। मेरी पहली प्रतिक्रिया थी, 'इन भाषणों का पुस्तक के रूप में संकलन किसलिए?' मुझे जवाब मिला, 'विधान परिषद् में दिए गए आपके कुछ भाषणों का महत्त्व है, संदर्भ है; जैसे—नक्सलवाद, सांप्रदायिकता, देश की आर्थिक नीति, पानी का प्रश्न, उद्योगों की स्थिति, बेरोजगारी, आदिवासियों की समस्याएँ, विकास

की राजनीति; इन पर आपकी भूमिका सबसे अलग और विशेष है। यही भूमिका पुस्तक स्वरूप में आने पर समाज, जनता और पार्टी कार्यकर्ताओं के मार्गदर्शन के लिए उपयोगी होगी।'

मैंने इस बात पर विचार किया। मुझे यह योजना अच्छी लगी और मैंने उसके लिए हाँ कर दी। विधान परिषद् में दिए गए मेरे कुछ भाषणों का संकलन 'सभापति महोदय' शीर्षक से पहले ही प्रकाशित हो चुका है। इसको मिले यश के कारण 'सभापति महोदय' के चार संस्करण प्रकाशित हो चुके हैं। इस पुस्तक में उस संग्रह के कुछ भाषणों का समावेश किया गया है। साथ ही अध्यक्ष बनने के बाद के मेरे कुछ भाषणों को मिलाकर इस पुस्तक में कुल 24 भाषणों का संकलन है, जिसे 'विकास के पथ' नाम से सुशोभित किया गया है। देश के समक्ष विकराल समस्याओं का मूल कारण विकास का अभाव ही है, ऐसा मेरा मानना है। इसके कारण जनता की समस्याओं को उठाते समय, सरकार के साथ संघर्ष करते हुए भी मैंने विकास का रास्ता दिखाने और उस पर चलने का प्रयास किया है।

मैं जो विकास की बात कहता हूँ, वह शत-प्रतिशत सही है, परिपूर्ण है, ऐसा मेरा दावा कभी नहीं रहा। मैं चाहूँगा कि 'विकास के पथ' विकास की चर्चा का एक माध्यम बने। विकास के मुद्दे पर बहस हो और उसका लाभ देश को मिले।

मैंने अलग-अलग स्थानों पर अपने भाषणों में जनता की समस्याओं को उठाने का, जनता की भावनाओं को अभिव्यक्त करने का प्रयास किया है। लेकिन इन भाषणों को संकलित करने का विचार जब सामने आया तो लगा कि यह कार्य करना मेरे लिए संभव नहीं है। यह बात मैं अच्छी तरह जानता था और जिन्होंने इस पुस्तक की कल्पना की, उन्हें भी शायद इस बात का अहसास था। इसीलिए उन्होंने इस पुस्तक के संपादन की जिम्मेदारी स्वीकार की। मेरे मित्र दैनिक तरुण भारत के राजनीतिक संपादक श्री रवींद्र दाणी और मेरे निजी सचिव, सर्वश्री सुधीर दिवे, सुधीर देऊलगावकर, अविनाश घुसे, वैभव डांगे, मनोज वाडेकर तथा चारूदत्त बोकारे के प्रयास और परिश्रम से

‘विकास के पथ’ को पुस्तक स्वरूप मिला। प्रभात प्रकाशन के श्री प्रभात कुमार के परिश्रम और प्रयास के कारण पुस्तक का प्रकाशन–मुद्रण नयनाभिराम हुआ है, उन्हें हार्दिक धन्यवाद।

‘विकास के पथ’ पाठकों के समक्ष विनम्रता से प्रस्तुत है।

—नितिन गडकरी

वर्ष प्रतिपदा
4 अप्रैल, 2011
नई दिल्ली

प्रस्तावना

भारतीय जनता पार्टी के अध्यक्ष और मेरे घनिष्ठ मित्र भाई नितिन गडकरीजी ने विधान परिषद् में अलग-अलग विषयों पर अर्थपूर्ण भाषण दिए हैं। अध्यक्ष बनने के बाद उन्होंने विभिन्न मंचों पर किए गए भाषणों में राष्ट्रीय विषयों पर अपने विचार प्रकट किए। इन्हीं भाषणों का एक संग्रह 'विकास के पथ' पुस्तक के रूप में प्रकाशित किया जा रहा है। भारतीय जनता पार्टी के राष्ट्रीय अध्यक्ष बनने के पहले भाई नितिन गडकरी महाराष्ट्र विधान परिषद् में विपक्ष के नेता थे। जब-जब अवसर मिला, उन्होंने विधान परिषद् में अपनी आवाज बुलंद की। विषय की पूरी जानकारी लेना, गहन अध्ययन करना और उनके आधार पर अपने विचार स्पष्टता से व्यक्त करना नितिनजी का स्वभाव है। उन्होंने सांप्रदायिक दंगों, मुंबई आतंकी हमले, नक्सली समस्याएँ, मंडल आयोग का समर्थन, वैश्विक मंदी, महाराष्ट्र पर भारी कर्ज आदि अनेक महत्त्वपूर्ण विषयों पर चिंतनशील भाषण दिए हैं। भाई नितिन गडकरी नागपुर शहर में रहते हैं, मगर उनका खास लगाव भारतीय कृषि और किसानों के प्रति है। 2005 में जब बहुत से किसानों ने आत्महत्याएँ कीं, उस समय नितिनजी ने जो विचार व्यक्त किए और शासन के सामने कार्यक्रम रखे, अगर शासन उनके अनुसार अपनी नीति तय करता, तो किसानों की यह हालत न होती।

अलग-अलग भाषणों में सत्ताधारी पक्ष की गलत नीतियों पर नितिनजी

ने हमला किया है। मगर ऐसे हमले करते वक्त कभी उन्होंने व्यक्तिगत हमला नहीं किया और विधान परिषद् का स्तर कम हो, ऐसा वक्तव्य तथा कार्य नहीं किया। नितिनजी सबको साथ लेकर चलने का प्रयास करते हैं और मतभेद होने के बावजूद सब नेताओं के साथ उनके संबंध हमेशा स्नेह के रहे हैं।

महाराष्ट्र में चार-पाँच साल भारतीय जनता पार्टी और शिवसेना का शासन रहा। उस समय नितिन गडकरीजी महाराष्ट्र राज्य के सार्वजनिक निर्माण मंत्री थे। बजट में विशेष प्रावधान न होते हुए भी उन्होंने लंबी-चौड़ी सड़कें बनाने का काम हाथ में लिया। उस समय इस पर काफी टीका-टिप्पणी हुई। मगर नितिनजी ने शांति से और दृढ़तापूर्वक सड़कें चौड़ी करने, फ्लाईओवर बनाने तथा नई सड़कें बनाने का काम पूरा किया। महाराष्ट्र में हुए इन कामों की आज भी सारी जनता प्रशंसा करती है।

केंद्र में जिस समय भारतीय जनता पार्टी और उनके सहयोगी दलों का शासन था, उस वक्त देश के ग्रामीण क्षेत्रों को अच्छे रास्तों से जोड़ने के लिए तत्कालीन केंद्र शासन ने एक निगम बनाया था। भाई नितिन गडकरी उस निगम के अध्यक्ष थे। उस समय भी देश में दूर-दूर के गाँवों को जोड़ने के लिए जो कार्य शुरू हुआ, उसकी प्रशंसा आज भी होती है। भारतीय जनता पार्टी में दो नेता ऐसे हैं, जो सत्ताधारी कांग्रेस पार्टी के मजबूत पक्ष को अच्छी तरह से जानते-समझते हैं। नितिन गडकरीजी और गोपीनाथ मुंडेजी ने ये पक्ष पहचानकर सहकारी चीनी मिले शुरू की और काफी कठिनाइयाँ आने पर भी यह काम पूरा किया। खास करके नितिन गडकरीजी ने 'पूर्ती' नामक बहुआयामी संस्था शुरू की और अलग-अलग व्यवसाय शुरू किए। उसमें से कुछ कार्य मैंने देखे हैं। नागपुर के मेरे मित्र श्री गिरीश गांधीजी ने भाई नितिन गडकरीजी से मेरी पहली भेंट अपने निवास-स्थान पर कराई थी। यह भेंट ऐसी रही कि मेरे और भाई नितिनजी के संबंध प्रगाढ़ बन गए। मुझे गौरव महसूस होता है कि भाई नितिन के साथ मेरा बहुत निकट का रिश्ता बना हुआ है।

मैं जब नागपुर में था, उस समय रामटेक में संगीत का एक कार्यक्रम था। भाई नितिनजी ने मुझे निमंत्रित किया और कार्यक्रम में पधारने का आग्रह किया। मेरा खुद का कार्यक्रम नागपुर में पहले से ही तय था। इसकी वजह से

मैं भाई नितिनजी के साथ रामटेक नहीं जा सका। भाई नितिन और उनकी पत्नी के जीवन में वह काला दिन था, जिस दिन उनकी कार दुर्घटनाग्रस्त हो गई और दोनों घायल हुए। उनकी पत्नी कुछ दिनों में अच्छी हो गईं, मगर भाई नितिन के दोनों पैरों का ऑपरेशन करना पड़ा। इस कारण से कई महीनों तक उनको पहले अस्पताल और फिर घर में रहना पड़ा। सबको खुशी है कि अब नितिनजी स्वस्थ होकर देश भर में घूमने का काम भी कर रहे हैं। उस पूरे काल में मैं जब-जब नागपुर में होता था तो भाई नितिनजी से मिलने के लिए अवश्य जाता था। मुझे आनंद होता है कि उस वक्त भी उनके चेहरे पर खुशी होती थी, उनके मुख पर हास्य कायम रहता था। किसी भी संकट का सामना करना इतना आसान नहीं होता है। मगर नितिनजी का मुखकमल, चाहे अच्छे दिन हों या संकटमय, खिला ही रहता। जिस आदमी में आत्मविश्वास होता है, ध्येय की पूर्ति के लिए मन में निश्चय होता है, वही इस तरह से संकट का सामना कर सकता है।

सुरसम्राज्ञी लता मंगेशकर (दीदी) को 'भारतरत्न' मिलने तथा वरिष्ठ साहित्यिक पु.ल. देशपांडेजी की मृत्यु के बाद उनको श्रद्धांजलि देने के समय नितिनजी ने जो भाषण दिए हैं, वे दोनों इस संग्रह में हैं, और उनसे नितिनजी का संगीत तथा साहित्य के लिए प्रेम अभिव्यक्त होता है। उन्होंने संगीत तथा साहित्य का कितना गहरा अध्ययन किया है, उसके भी दर्शन होते हैं। नितिनजी का व्यक्तित्व चहुँमुखी है। राजनीति, समाजनीति, कला, साहित्य, संगीत, संस्कृति आदि अलग-अलग विषयों में उनकी विशेष रुचि है। बहुआयामी व्यक्तित्व के साथ वे अजातशत्रु भी हैं। उनके भाषणों में देश के प्रति उनका जो प्रेम है और भारत वैभवशाली बने—यह जो प्रखर आशावाद है, हमेशा व्यक्त होता है। 'विकास के पथ' पुस्तक केवल उनके भाषणों का संग्रह ही नहीं है, बल्कि नौजवानों को नई चेतना देनेवाली स्फूर्तिदायक कहानी भी है। मुझे विश्वास है कि इस भाषण-संग्रह का सभी लोग स्वागत करेंगे।

जयहिंद!

—मोहन धारिया

पुणे

प्रकाशकीय

भारत के केंद्र में स्थित नागपुर शहर में राजनीति में पहला कदम रखनेवाले नितिन गडकरी जब देश के राजनीतिक केंद्र नई दिल्ली में भारतीय जनता पार्टी के अध्यक्ष पद की बागडोर सँभालने के लिए आए, तब अन्य राजनीतिक दलों में चर्चा का विषय था कि कौन हैं नितिन गडकरी ? यह प्रश्न स्वाभाविक ही था; क्योंकि राष्ट्रीय राजनीति में गडकरी नए थे और गडकरी के लिए राष्ट्रीय राजनीति नई थी।

देश के समक्ष अलग-अलग भयावह समस्याओं पर श्री नितिन गडकरी की भूमिका क्या होगी, इसकी किसी को भी रंचमात्र कल्पना नहीं थी। ये विषय आर्थिक, सामाजिक, देश की सुरक्षा के बारे में, नक्सलवाद की समस्या के बारे में या सांप्रदायिक समस्या के बारे में थे। इन समस्याओं पर गडकरीजी की भूमिका जानने-समझने की प्रक्रिया राजनीतिक गलियारों में शुरू हुई, जो आज भी जारी है। इस विषय पर या इस जैसे अनेक विषयों-प्रश्नों के उत्तर 'विकास के पथ' में मिल सकते हैं।

व्यक्ति की पहचान यानी उसके विचार। सार्वजनिक जीवन में राजनीतिक जीवन को सही ढंग से सँवारने, आगे बढ़ाने में यह बात उपयुक्त रूप में लागू होती है। राजनेताओं के विचारों की अभिव्यक्ति उनके भाषणों में, उनकी कार्य-प्रणाली से, उनकी कार्यशैली से परिलक्षित होती है। नितिन गडकरीजी

राष्ट्रीय राजनीति में नए होंगे, लेकिन महाराष्ट्र की राजनीति में उनकी अपनी एक अलग पहचान है। महाराष्ट्र विधिमंडल के वरिष्ठ सभागृह में अलग-अलग विषयों पर उनके भाषण नितिन गडकरी नाम के व्यक्तित्व की, नेतृत्व की पहचान व्यक्त करने वाले हैं।

नितिन गडकरी की पहली पहचान है उनमें व्याप्त एक साधारण कार्यकर्ता। एक दार्शनिक ने अपने विद्यार्थियों से पूछा, 'जमीन पर चलना सबसे ज्यादा मुश्किल है या हवा पर चलना या फिर पानी पर चलना सबसे ज्यादा मुश्किल है?' इस प्रश्न से विद्यार्थी सोच में पड़ गए। एक ने उत्तर दिया, 'जमीन पर चलना सबसे आसान है।' एक बार पानी पर चल सकते हैं, लेकिन हवा में चलना सबसे मुश्किल है।' दूसरे विद्यार्थी ने उत्तर दिया, 'जमीन पर चलना सबसे सरल है, हवा पर भी चला जा सकता है, लेकिन पानी पर चलना सबसे ज्यादा कठिन है।' कई विद्यार्थियों ने कई उत्तर दिए, लेकिन उन्हें संतुष्टि नहीं हुई। अंत में उन्होंने स्वयं ही कहा, 'मित्रो, जमीन पर चलना सबसे मुश्किल है!' दार्शनिक का यह उत्तर कितना मार्मिक है? पद, पैसा और सत्ता मिलने के बाद जमीन पर पैर नहीं टिकते। इसके कुछ अपवाद होते हैं, उनमें से एक नाम हैं—नितिन गडकरी।

नागपुर की गली-मोहल्लों में पोस्टर चिपकवानेवाला यह नेता नई दिल्ली आकर देश के मुख्य विपक्षी दल का अध्यक्ष बना, लेकिन उसकी वाक् शैली, उसके व्यवहार से कभी नहीं लगा कि यह व्यक्ति जमीन से जुड़े आदमी से किसी मायने में अलग है। अपनी विचारधारा से, वरिष्ठ नेताओं और साधारण कार्यकर्ताओं से वे अटूट संबंध रखते हैं। फिर वह प्रसंग चाहे इंदौर में पार्टी की राष्ट्रीय परिषद् के अधिवेशन में पदभार सँभालने का हो या पटना कार्यकारिणी में पार्टी को बिहार में संघर्ष के लिए तैयार करने का हो या गुवाहाटी में उगते सूर्य को साक्षी मानकर किया गया विचार-मंथन हो, प्रसंग कोई सा भी हो, भारतीय जनता पार्टी के अध्यक्ष नितिन गडकरी में कार्यकर्ता नितिन गडकरी का स्थान सर्वोपरि है, इसकी आपको पल-पल पर अनुभूति होती रहती है।

नितिन गडकरी यानी उन्नत सड़कें, यह एक समीकरण बन गया है। यह ठीक भी है और नहीं भी। गडकरीजी ने सड़कों को अच्छा बनाने में एक नई दिशा प्रदान की है, चाहे वह सड़क मुंबई-पुणे एक्सप्रेस हाईवे हो या मुंबई के फ्लाई ओवर हों या वरली-सी बांद्रा-सी लिंक हो। परियोजनाओं का दूसरा नाम है—गडकरी। लेकिन सड़कें ही गडकरी की एकमात्र उपलब्धि नहीं हैं। शहरी विकास, ग्रामीण विकास, पर्यावरण की समस्याओं के बारे में विचार करके उसके उन्मूलन के बारे में भी वे पथ प्रशस्त करते हैं। बहुत छोटी-छोटी योजनाओं के माध्यम से वे विकास का मार्ग दिखाते हैं। आज भू-जल का स्तर नीचे जा रहा है। कृषि के लिए पानी का अकाल दिखाई दे रहा है। विधान परिषद् में अपने एक भाषण के दौरान उन्होंने भू-जल के स्तर को कैसे ठीक किया जाए, इस पर अपने ठोस विचार रखे थे। उनकी अभिव्यक्ति से मंत्री भी प्रभावित हुए बिना नहीं रहे।

विकास प्रक्रिया में गडकरीजी दलीय राजनीति को नहीं लाते। आज आप सत्ता में हैं; हो सकता है, कल हम सत्ता में आएँ; लेकिन इस राज्य महाराष्ट्र को समृद्ध होना चाहिए। महाराष्ट्र किसी एक पार्टी का राज्य नहीं है। यह राज्य महाराष्ट्र में रहनेवाले हर नागरिक का है। इसे समृद्ध होना चाहिए, इसे प्रतिपादित करते हुए यह स्पष्ट किया कि आप अपनी दलीय राजनीति से कितने ऊपर उठकर विचार कर सकते हैं। गडकरी राज्य की राजनीति में थे तब भी उन्होंने दिखाया कि उनका दृष्टिकोण राष्ट्रीय है।

नितिन गडकरी आज राष्ट्रीय राजनीति में नए हैं, लेकिन उनको राष्ट्र के सामने खड़ी समस्याओं की पूरी जानकारी है, जो उनके विचारों में, सोच में परिलक्षित होती हैं। मुंबई में आतंकवादी हमला हुआ। उसके बाद राज्य सरकार की अकर्मण्यता पर प्रहार कर उन्होंने राज्य में सुरक्षा बलों के जवानों के हथियार, उनके प्रशिक्षण के बारे में कई मूलभूत प्रश्न पूछकर सरकार की मिट्टी पलीद कर दी। नक्सलवाद की समस्या आज उग्र रूप धारण कर चुकी है। नक्सलियों ने पशुपति से लेकर तिरुपति तक रेड कॉरिडोर तैयार

करने की कारगुजारी की है। इस समस्या का दृढ़ता के साथ मुकाबला करना चाहिए, ऐसा कहते हुए गडकरीजी इस समस्या का एक भयानक पक्ष देश के सामने लाते हैं। नक्सलवादी आदिवासियों के सहयोग से अपनी गतिविधियाँ चलाते हैं। आदिवासियों की समस्याओं की ओर आपने ध्यान दिया है क्या? ऐसा उनका तीखा सवाल है। विदर्भ में गढ़चिरौली जिला नक्सलवाद से प्रभावित है। वहाँ आदिवासियों के पास सब्जी में डालने के लिए नमक तक नहीं है। नमक खरीदने के लिए उनके पास पैसे नहीं हैं, इसलिए वे लाल चींटियों को पीसकर नमक की तरह उपयोग करते हैं। नक्सलवादियों को समाप्त करना है तो सुरक्षा बलों को अत्याधुनिक हथियार दिए जाने चाहिए और उसी के साथ आदिवासियों के जीवन स्तर में सुधार के लिए योजना तैयार करनी चाहिए। ऐसा गडकरीजी कहते हैं। इस समस्या के बारे में उनका चिंतन-मंथन कितना गहरा और परिपक्व है, स्वयमेव ही स्पष्ट होता है।

सांप्रदायिक दंगों को हम कुछ दशकों से झेलते आ रहे हैं। दंगों में बंदूक की गोलियों की बौछार होती हैं और दंगे समाप्त होने के बाद आरोप-प्रत्यारोपों की बौछार होती है। दो दंगों के बीच का जो समय है तो वह शांति का समय होता है। इस समस्या के बारे में गडकरीजी को क्या महसूस होता है, इसकी जानकारी विधान परिषद् में उनके एक भाषण से मिलती है। वे कहते हैं— ''पिछले 50-60 वर्षों में हमने मुसलिम समाज को क्या दिया? कबाड़ी की दुकान और चाय का ठेला? मुसलिम समाज के बच्चों के लिए शिक्षा का प्रबंध होना चाहिए। उनके बच्चे डॉक्टर-इंजीनियर बनने चाहिए। उनको विकास का रास्ता दिखाना चाहिए। स्वतंत्रता की लड़ाई दोनों ने कंधे-से-कंधा मिलाकर लड़ी थी।'' इसकी याद करते हुए वे आगे कहते हैं—''मुसलमान देश के विकास के लिए राष्ट्र की मुख्यधारा में आएँ।'' गडकरीजी की यही विशेषता है। एक तरफ वे राष्ट्रवाद की बात करते हैं तो दूसरी ओर विकास-पथ पर आगे बढ़ने के लिए सबको साथ लेकर चलने के पक्षधर हैं।

भारत एक कृषि-प्रधान देश है। लेकिन इस कृषि-प्रधान देश में कृषि

और किसानों की उपेक्षा होती है। किसान आत्महत्या करते हैं। सबसे अधिक आत्महत्याएँ विदर्भ में हुई हैं। इसकी मर्मांतक पीड़ा उनके भाषणों में मिलती है। ऋण लेनेवाले किसानों से उस कर्ज की वसूली किस अमानवीय तरीके से की जाती है, उसकी पीड़ा गडकरीजी ने अपने एक भाषण में व्यक्त की है। अपने भाषण में बड़े ही प्रभावकारी ढंग से उन्होंने इसे प्रस्तुत किया और एक बहुत ही कठोर प्रश्न पूछा। मर्सिडीज कार लेने के लिए 7 प्रतिशत की दर पर ऋण मिलता है, लेकिन किसानों को ट्रैक्टर खरीदने के लिए 13 प्रतिशत की दर से कर्ज मिलता है। यह किस प्रकार का न्याय है ? मर्सिडीज और ट्रैक्टर की आपस में तुलना करके वे सरकार की गलत नीतियों और भ्रष्टाचार की ओर सही मायने में इंगित करते हैं। साथ ही आत्महत्या करनेवाले किसानों के परिजनों की मदद के लिए हाथ भी आगे बढ़ाते हैं। इन परिवारों के अभिभावक की भूमिका-स्वरूप उन्होंने आत्महत्या करनेवाले किसानों के बच्चों की शिक्षा की जिम्मेदारी स्वयं वहन की है।

किसानों की समस्याएँ, किसानों की स्थिति पर गडकरीजी ने महाराष्ट्र विधान परिषद् में समय-समय पर स्पष्ट और कठोर शब्दों में अपनी बात रखी। ऐसा करते हुए ही उन्होंने राज्य के विकास के संदर्भ में कुछ मूलभूत विचार भी रखे। इस विचार-मंथन के मध्य में स्थित है समाज के शोषित-पीड़ित व्यक्ति का विकास। सरकार प्रत्येक कार्य नहीं कर सकती है। तब निजी क्षेत्र को विकास-प्रक्रिया में शामिल कर उसका फायदा बेरोजगार युवकों को किस प्रकार दिया जा सकता है, उसके लिए कौन-कौन सी योजनाओं को कार्यान्वित किया जा सकता है, यह भी उन्होंने अपने भाषणों में कहा है तथा अपनी संस्था के माध्यम से इसे करके भी दिखाया है।

नितिन गडकरी भारतीय जनता पार्टी के अध्यक्ष बने और नागपुर में बैंडवालों ने उनके घर के सामने जाकर बैंड बजाना शुरू कर दिया। इन बैंडवालों को किसी ने वहाँ बुलाया नहीं था, गडकरीजी उनकी यूनियन के अध्यक्ष आदि भी नहीं थे। गडकरीजी ने मात्र एक काम किया था। बैंड में

वाद्य बजाते समय बहुत से बैंडवालों को फेफड़ों की टी.बी. हो गई थी, उसका असर उनके स्वास्थ्य पर पड़ा था। बैंड की धुन पर मदमस्त होकर नाचनेवालों का ध्यान इस ओर कैसे जाएगा? केवल गडकरीजी के ध्यान में यह बात आई। अपने फेफड़ों की परवाह न करते हुए दूसरों का मनोरंजन करनेवाले इन बैंडवालों की उन्होंने चिकित्सा जाँच करवाकर उनका उपचार करवाया। उसके प्रतिफल-स्वरूप एक छोटा सा उपहार समझकर ये बैंडवाले गडकरीजी के अध्यक्ष बनने की खुशी में अपने आनंद की अभिव्यक्ति के लिए स्वयं उनके घर के सामने बैंड बजा रहे थे।

प्रसिद्ध इन्फोसिस कंप्यूटर कंपनी के संस्थापक श्री नारायण मूर्ति की पत्नी श्रीमती सुधा मूर्ति, जो एक स्थापित लेखिका हैं, अपने बचपन की याद करते हुए एक जगह लिखती हैं—''हमारे घर में दो प्रकार के चावल रहते थे। एक साधारण चावल और दूसरे अच्छी किस्म के चावल। घर के लिए साधारण चावल और गरीबों को देने के लिए अच्छे चावल प्रयोग में लाए जाते थे। मैंने इस बारे में अपने दादाजी से पूछा। दादाजी ने कहा, गरीबों को देनेवाली हर चीज अच्छी होनी चाहिए। इसलिए हम उन्हें अच्छे चावल ही देते हैं।'' नितिन गडकरीजी की प्रकृति में गरीबों के लिए वही भावना व्याप्त है। गरीबों के बच्चे पढ़ें, उन्हें उच्च शिक्षा मिले, उनके बच्चों को अच्छा वेतन मिले, ऐसी दृढ़ इच्छा गडकरीजी की भाषा, फैसलों और काम से परिलक्षित होती है। वह एक विशाल हृदय के स्वामी हैं। दलित, पीड़ित, शोषित कोई भी उनके पास जाए। अपने परिवार की समस्याएँ उनके सामने रखें। अपनी बीमारी व दुःख प्रकट करें। गडकरीजी उसके लिए उपाय करेंगे। उसके लिए अच्छे-से-अच्छे इंतजाम करेंगे, बीमारों के लिए अच्छे डॉक्टरों की व्यवस्था करेंगे। गरीब बैंडवाले हों या तपती धूप में रिक्शा चलानेवाले रिक्शाचालक हों, उनके जीवन-स्तर में कैसे सुधार हो सकता है, इसका भान उनके भाषणों से होता है।

भाजपा के अध्यक्ष जैसे बड़े पद पर आज नितिन गडकरी कार्यरत हैं।

बड़ा पद पाने के लिए क्या जरूरी है ? अनुभव, कर्तव्यनिष्ठा और काम के प्रति समर्पण। ये सभी गुण तो चाहिए होते ही हैं। लेकिन एक और बात जरूरी होती है और वह है विशाल हृदय, जो श्री गडकरी के पास है। स्पष्टवादिता, प्रामाणिकता, समय पर खरा-खरा कहने की क्षमता तथा विशाल हृदय ही उनकी विशिष्ट पहचान है।

विकास के मार्ग पर चलते हुए ही वे नागपुर से नई दिल्ली तक आए हैं। भारतीय जनता पार्टी के अध्यक्ष श्री नितिन गडकरी के भाषणों का संकलन 'विकास के पथ' नामक पुस्तक के रूप में प्रकाशित हो रहा है। महाराष्ट्र विधान परिषद् में उनके जिन भाषणों में राष्ट्रीय संदर्भ हैं, ऐसे कुछ भाषणों और भारतीय जनता पार्टी के अध्यक्ष होने के बाद अलग-अलग मंचों से दिए गए 24 भाषणों का संकलन वास्तव में सही अर्थों में उनके व्यक्तित्व की पहचान प्रस्तुत करेगा, ऐसा हमारा विश्वास है।

'विकास के पथ' में संकलित कुछ भाषणों का मराठी से हिंदी में अनुवाद किया गया है। इसमें अगर कुछ त्रुटियाँ हो तो हम उसके लिए क्षमाप्रार्थी है।

'विकास के पथ' सभी के लिए पथ-प्रर्दशक होगी, इस विश्वास के साथ हम यह पुस्तक पाठकों के समक्ष प्रस्तुत कर रहे हैं।

सूची-क्रम

राजनीतिक

“

मैं सर्वप्रथम डॉ. श्यामा प्रसाद मुखर्जी और पं. दीनदयाल उपाध्याय की अमर स्मृति को अपनी हार्दिक एवं भावभीनी श्रद्धांजलि अर्पित करता हूँ, जिनके जीवन और सीखों से हमने उस समय से प्रेरणा पाई है, जब वर्ष 1951 में हमारी राजनीतिक यात्रा भारतीय जनसंघ के जन्म के साथ शुरू हुई थी। उनकी दूरदृष्टि आज भी हमारा मार्गदर्शन कर रही है और सदा करती रहेगी।

”

1

भाजपा राष्ट्रीय परिषद् के इंदौर अधिवेशन में

भारतीय जनता पार्टी की राष्ट्रीय परिषद् की बैठक में भाग लेकर मुझे अत्यंत हर्ष, विनम्रता एवं गर्व का अनुभव हो रहा है। व्यक्ति के जीवन में ऐसे अवसर भी आते हैं, जब वह अपनी भावनाओं को शब्दों में व्यक्त नहीं कर पाता, शब्द कम पड़ जाते हैं। मेरे जीवन में यह ऐसा ही एक महत्त्वपूर्ण अवसर है।

मैं आपके उत्साह की उमड़ती लहरों को महसूस करके प्रसन्न हूँ। आप अपने साथ न केवल आशाएँ और आकांक्षाएँ लेकर आए हैं बल्कि इस महान् देश के कोने-कोने से हमारी पार्टी के लाखों-करोड़ों कार्यकर्ताओं एवं समर्थकों के समर्पण एवं निश्चय की भावना भी साथ लाए हैं। आप में मातृभूमि की सेवा करने का वही दृढ़ संकल्प मुझे दिख रहा है, जो मैंने युवा पार्टी कार्यकर्ता के रूप में वर्ष 1980 में मुंबई में आयोजित भाजपा के स्थापना सम्मेलन में भाग लेते समय देखा था।

राष्ट्रीय परिषद् ने मुझमें अपनी आस्था और विश्वास व्यक्त करके मुझे

अभिभूत कर दिया है। मैंने कभी यह आशा नहीं की थी कि एक दिन मुझे इस महान् दल के अध्यक्ष पद का उत्तरदायित्व ग्रहण करने के लिए कहा जाएगा। मैं जानता हूँ और मैं बिना किसी संकोच के यह कहना चाहूँगा कि हमारी पार्टी में नेतृत्व की अपेक्षित क्षमता रखनेवाले व्यक्तियों की कोई कमी नहीं है। अनेक नेतागण हैं, जो इस जिम्मेदारी को बखूबी सँभाल सकते थे, फिर भी, पार्टी नेतृत्व और आपने इस पद के लिए सर्वसम्मति से मुझे चुना। पार्टी के एक अनुशासित सिपाही के रूप में मैं इस उत्तरदायित्व को एक मिशन के रूप में स्वीकार करता हूँ।

''मैं असीम गौरव का अनुभव इसलिए भी कर रहा हूँ, क्योंकि भारतीय जनता पार्टी की अध्यक्षता करने का सम्मान एक ऐसे व्यक्ति को दिया गया है, जो मूलत: एक कार्यकर्ता है। मैं किसी राजनीतिक परिवार से भी नहीं हूँ। मेरा जन्म नागपुर में एक साधारण परिवार में हुआ। मैंने राष्ट्रभक्ति एवं समाज-सेवा का पहला पाठ राष्ट्रीय स्वयंसेवक संघ और अखिल भारतीय विद्यार्थी परिषद् में सीखा।''

मैं जब यह कहता हूँ कि अपनी आरंभिक किशोरावस्था में वार्ड स्तर के एक राजनीतिक कार्यकर्ता के रूप में जनसंघ के लिए प्रचार किया करता था, तो इसमें कोई नई बात नहीं है। हमारे बीच यहाँ उपस्थित बहुत से लोगों ने दीवारों पर नारे लिखने और पोस्टर चिपकाने जैसी गतिविधियों में शामिल होकर अपने जीवन की शुरुआत की है। याद रहे कि मुंबई जैसे नगरों में भीड़ भरी रेलगाड़ियों में सफर करना हम सब का रोजाना का काम है; क्योंकि हम सभी सामान्य नागरिक हैं, जो साधारण यात्रियों की दैनिक पीड़ा को दैनिक जीवन में देखते और अनुभव करते रहे हैं।

मेरे राजनीतिक जीवन की यात्रा किसी भी रूप में असाधारण नहीं है। वास्तव में भाजपा के सभी पूर्ववर्ती अध्यक्ष समर्पित कार्यकर्ता थे, जो निचले स्तर से अपने काम के बलबूते पर ऊपर उठे। इसलिए मैं ऐसा नहीं मानता हूँ कि पार्टी का अखिल भारतीय अध्यक्ष बनना व्यक्तिगत रूप से मेरा सम्मान

है; बल्कि यह भाजपा की उस गौरवशाली परंपरा का सम्मान है, जिसके चलते इसे कार्यकर्ताओं की पार्टी माना जाता है, न कि कोई ऐसी पार्टी जिस पर किसी एक परिवार या खानदान का कब्जा हो। भारत में भाजपा को इसी कारण अधिकतर राजनीतिक पार्टियों से अलग देखा जाता है, क्योंकि उन पार्टियों में उच्चतम पद पर कब्जा किसी एक परिवार विशेष के सदस्यों का जन्मसिद्ध अधिकार समझा जाता है। भाजपा इसलिए लोकतंत्र के आदर्शों के प्रति दूसरों से अधिक वचनबद्ध है। यही वह आधार है, जिससे हम भाजपा को अन्य दलों की तुलना में विशिष्ट पहचानवाली पार्टी कहते हैं।

मैं सर्वप्रथम डॉ. श्यामा प्रसाद मुखर्जी और पं. दीनदयाल उपाध्याय की अमर स्मृति को अपनी हार्दिक एवं भावभीनी श्रद्धांजलि अर्पित करता हूँ, जिनके जीवन और सीखों से हमने उस समय से प्रेरणा पाई है, जब वर्ष 1951 में हमारी राजनीतिक यात्रा भारतीय जनसंघ के जन्म के साथ शुरू हुई थी। उनकी दूरदृष्टि आज भी हमारा मार्गदर्शन कर रही है और सदा करती रहेगी।

'एकात्म मानव दर्शन' के प्रणेता पं. दीनदयाल उपाध्याय हमारे द्रष्टा संस्थापकों में से एक हैं। उन्होंने ही यह स्थापित किया कि राष्ट्रवाद और वंचितों का उत्थान मिलकर समाज के सभी वर्गों के लिए एक सघन राजनीतिक दर्शन हो सकता है। अपने अथक प्रयासों से उन्होंने सभी देशभक्तों के एक राजनीतिक दल के लिए विशिष्ट स्थान का निर्माण किया।

आज मैं अपनी पार्टी के दो शीर्षस्थ नेताओं का आशीर्वाद पाना चाहता हूँ, जिन्हें मैंने हमेशा अपना आदर्श माना है—भाजपा के संस्थापक अध्यक्ष श्री अटल बिहारी वाजपेयी और श्री लालकृष्ण आडवाणी, जिन्होंने पार्टी के विकास में उल्लेखनीय योगदान किया है। आदरणीय श्री अटलजी अपनी उम्र और स्वास्थ्य के चलते अब पार्टी की गतिविधियों में सक्रिय रूप से भाग नहीं ले पा रहे। तथापि राष्ट्रीय मुद्दों के प्रति विवेकपूर्ण एवं संतुलित दृष्टिकोण अपनाने की जो समझ उनसे हमें मिली है, उनके व्यक्तित्व को जो व्यापक

सराहना प्राप्त है और भारत के सर्वोत्तम प्रधानमंत्रियों में से एक के रूप में उन्होंने राष्ट्र-निर्माण में जो विशाल योगदान किया है, वह भाजपा के लिए सदैव शक्ति एवं गौरव का स्रोत रहेगा। आप सबके साथ मैं भी उनके अच्छे स्वास्थ्य के लिए प्रार्थना करता हूँ।

मेरा सौभाग्य है कि मैं आदरणीय श्री आडवाणीजी से मार्गदर्शन प्राप्त कर सकता हूँ। जनसंघ के गठन के साथ जिनकी राजनीतिक यात्रा आरंभ हुई और जिन्होंने पिछले छह दशकों में राष्ट्रीय राजनीति की लगभग सभी प्रमुख घटनाओं को न केवल देखा है, बल्कि उनमें स्वयं सक्रिय रूप से भाग लिया है, ऐसे श्री आडवाणीजी भारतीय जनता पार्टी के अतीत और वर्तमान को जोड़नेवाली एक महत्त्वपूर्ण कड़ी के रूप में हमारे साथ हैं, हमारे पास हैं। वे जिस समर्पण, निस्स्वार्थता और अथक सेवा-भावना से काम करते हैं, वह राजनीतिकों की नई पीढ़ी के लिए एक अद्वितीय उदाहरण है।

अपने पूर्ववर्ती अध्यक्ष श्री राजनाथ सिंहजी के प्रति मैं हृदय से अपना आभार एवं सम्मान प्रकट करता हूँ। उन्होंने ऐसे समय में पार्टी को सफल नेतृत्व प्रदान किया, जब हमारे संगठन को कई चुनौतियों का सामना करना पड़ रहा था। मैं समस्त पार्टी की ओर से उनकी सराहनीय सेवाओं के प्रति आभार प्रकट करना चाहता हूँ।

मेरा कर्तव्य बनता है कि मैं कृतज्ञता के साथ पार्टी के उन अनेक महान् नेताओं का स्मरण करूँ, जो अब हमारे बीच नहीं हैं, लेकिन जिनसे मुझे प्रेरणा, प्रोत्साहन और राजनीतिक प्रशिक्षण प्राप्त हुआ। मैं स्व. श्री कुशाभाऊ ठाकरे और राजमाता विजयाराजे सिंधिया के प्रति सम्मान व आदरांजलि अर्पित करता हूँ। मैं उन अनगिनत सामान्य कार्यकर्ताओं को भी श्रद्धा सुमन अर्पित करता हूँ, जिन्होंने पार्टी के हित के लिए अपने जीवन की आहुति दे दी। इस अवसर पर मैं पार्टी के उन हजारों-हजार कार्यकर्ताओं का भी अभिनंदन करना चाहता हूँ, जो अनेक वर्षों से बिना किसी पद की लालसा रखे पार्टी के कार्य में जुटे हैं।

मैंने सभी बड़े नेताओं एवं आदर्श कार्यकर्ताओं से वह नीति-मंत्र सीखा है, जिससे उनका जीवन प्रेरित था—पहले राष्ट्र, फिर पार्टी और अंत में स्वयं। यह मंत्र हमारा मार्गदर्शी सिद्धांत रहा है और आगे भी रहेगा। मैं पार्टी के सभी कार्यकर्ताओं से आग्रह करता हूँ कि वे इस सिद्धांत का पालन करें, क्योंकि इस पर चलकर हम लोगों के अधिक अच्छे सेवक बन सकते हैं और भाजपा को राष्ट्र-निर्माण का बेहतर साधन बना सकते हैं। याद रहे—राष्ट्रवाद हमारी प्रेरणा है, सुशासन के माध्यम से विकास और अंत्योदय हमारा अंतिम लक्ष्य है।

भाजपा की यह मान्यता है कि राजनीतिक पद कोई अलंकरण नहीं है, बल्कि यह किसी भेदभाव के बिना, न्यायपूर्वक एवं निस्स्वार्थ भाव से लोक सेवा करने के कर्तव्य को निभाने का एक अवसर है। वास्तव में, उच्च पद पर बैठे व्यक्ति से अपेक्षा की जाती है कि वह अपने सभी सहयोगियों को समान भाव से देखे। इस न्याय तत्त्व का स्मरण मुझे इंदौर की भूमि पर होना स्वाभाविक ही है, क्योंकि इस शहर ने भारत के इतिहास के महानतम शासकों में से एक पुण्यश्लोका राजमाता अहिल्याबाई होल्कर की पावन स्मृति को अमर किया है। मालवा राज्य की उस दूरदर्शी महारानी को मैं अपनी श्रद्धांजलि अर्पित करता हूँ, जिनका न्याय के प्रति पूर्ण समर्पण सर्वविदित है। उन्होंने घोर आपराधिक कृत्यों में लिप्त अपने ही पुत्र को हाथी के पाँव तले कुचलवाने का आदेश देने में कोई संकोच नहीं किया। वह विवेक, अच्छाई, दृढ़ता और सद्‌गुणों की भव्य मूर्ति थीं। उन्होंने आम लोगों, विशेषकर वनवासी समुदायों के उत्थान के लिए अथक परिश्रम किया। भारत आज एक लोकतंत्र है। फिर भी, अहिल्याबाई होल्कर जैसे शासकों से हमें सुशासन और लोगों के कल्याण की शिक्षा लेनी चाहिए। इंदौर पहुँचने के बाद मैंने भारतरत्न डॉ. बाबा साहेब अंबेडकर की जन्म-स्थली महू जाकर उनकी स्मृतियों को प्रणाम किया। डॉ. अंबेडकर सच्चे मानवतावादी थे। उन्होंने समाज के कमजोर वर्गों को आवाज दी। उनका जीवन सामाजिक न्याय और सामाजिक समरसता के मूल्यों को चरितार्थ करता है। मैं सबकी ओर से इस महान् नेता को अपनी आदरांजलि समर्पित करता हूँ।

आइए, अपनी उपलब्धियों पर बेहतर कल का निर्माण करें। मित्रो, राष्ट्रीय परिषद् का सम्मेलन एक ऐसे समय में हो रहा है, जब राष्ट्रीय एवं अंतरराष्ट्रीय स्तरों पर महत्त्वपूर्ण घटनाएँ घट रही हैं। इनमें से कुछ घटनाओं का भारत के लिए दूरगामी महत्त्व है, जिसमें चुनौतियाँ हैं और अवसर भी।

हमारी पार्टी को भी चुनौतियों का सामना करना पड़ रहा है। इन चुनौतियों को हमें साफ तौर पर स्वीकार करना होगा, समझना होगा और दृढ़ता से उनका मुकाबला करना होगा। तथापि भाजपा के सामने जो चुनौतियाँ हैं, उनके कारण हमें उन वास्तविक अवसरों की ओर से आँखें नहीं मूँद लेनी चाहिए, जो हमारे पास हैं। हमें एकजुट होकर, तात्कालिक असफलताओं से प्रभावित न होते हुए पुनः नए जोश एवं उत्साह के साथ आगे बढ़ना चाहिए। हमें यह नहीं भूलना चाहिए कि हमारी पार्टी इस देश के हर कोने में मौजूद है। छह राज्यों में हमारी सरकारें हैं और तीन अन्य राज्यों में हम गठबंधन सरकारों में शामिल हैं। इनके अलावा तीन अन्य राज्यों में हम प्रमुख विपक्षी दल के रूप में मौजूद हैं। आज तक किसी-न-किसी समय हम लगभग 20 राज्यों में सत्ता में रहे हैं। आइए, हम अपनी इन उपलब्धियों की नींव पर बेहतर कल का निर्माण करें। अभी भी कुछ ऐसे राज्य हैं, जहाँ हमें महत्त्वपूर्ण राजनीतिक शक्ति के रूप में अपने आपको स्थापित करना है। आइए, हम समाज के सभी वर्गों का विश्वास जीतें और अपने देश के लोगों को वह सब देने का भरपूर प्रयास करें, जो उन्हें मिलना ही चाहिए और वह है सुशासन!

विश्व व्यवस्था तेजी से एशिया के पक्ष में परिवर्तित हो रही है। भाजपा राष्ट्रवाद का पर्याय है। अपनी मातृभूमि के विस्मृत गौरव को लौटाना हमारा कर्तव्य है। हमें यह विश्व-व्यवस्था में हो रहे प्रमुख परिवर्तनों की पृष्ठभूमि में करना है। पश्चिम, विशेषकर संयुक्त राज्य अमेरिका, का विश्वव्यापी प्रभुत्व तेजी से घट रहा है।

पश्चिमी देशों में पिछले वर्ष के वित्तीय दबाव और आर्थिक मंदी को किसी छोटी-मोटी घटना के रूप में नहीं देखा जाना चाहिए। इस मंदी का

उनकी अर्थव्यवस्था पर गहरा असर पड़ा है। बेरोजगारी बहुत बढ़ गई है। पश्चिमी देशों में अब ऊँची लागत, व्यर्थ एवं अत्यधिक उपभोक्तावादी जीवन-शैलियों के बारे में चिंता जताई जा रही है। अपना प्रभुत्व कायम रखने के लिए सैन्य दल-बल एवं आयुध सामग्री के उत्पादन पर खर्च करने की मजबूरी तो अलग ही है।

नतीजा यह हुआ कि विश्व अर्थव्यवस्था का केंद्र अपरिवर्तनीय रूप से पश्चिम से एशिया की ओर खिसक रहा है। निस्संदेह, इस परिवर्तन का चीन को बहुत लाभ मिला है। लेकिन यह भी सच है कि विश्व भर में अधिक-से-अधिक लोग अब यह मानने लगे हैं कि भारत शीघ्र ही एक बड़ी शक्ति के रूप में उभर सकता है। विश्व को प्रभावित कर रही किसी भी बड़ी समस्या पर अब भारत को शामिल किए बिना और भारत का सहयोग लिये बिना चर्चा नहीं की जाती है—चाहे जलवायु परिवर्तन की बात हो, विश्वव्यापी आर्थिक मंदी का विषय हो, वैश्विक वित्तीय ढाँचे के पुनर्गठन की बात हो या फिर अंतरराष्ट्रीय आतंकवाद के भूत से निपटने का मसला हो। मैं इस परिवर्तन को भारत के लिए एक ऐतिहासिक अवसर के रूप में देखता हूँ। स्वतंत्रता प्राप्ति के बाद से यह संभवत: सबसे बड़ा अवसर है, जब हमारा देश मजबूत एवं समृद्ध बनकर उभर सकता है, जिसका अंतरराष्ट्रीय बिरादरी में मजबूत स्थान और आवाज हो।

हमें इस अवसर को पहचानकर एक ऐसा कार्यक्रम विकसित करना चाहिए, जिसमें हमारी राजनीतिक गतिविधियाँ, हमारी नीतियाँ प्रतिबिंबित हों और हमारी सरकारों के कार्य-संचालन तथा स्वशासी निकायों के कामकाज में भी उसकी झलक मिले। चूँकि हमारी पार्टी 'राष्ट्र पहले' के सिद्धांत पर आधारित है, इसलिए हमें केंद्र सरकार और विभिन्न राज्यों में गैर-भाजपा सरकारों को जहाँ और जब कभी ऐसा लगे कि इन सरकारों द्वारा ऐसे उचित कदम उठाए जा रहे हैं, जो देश को मजबूत कर सकते हैं और इन नए ऐतिहासिक अवसरों की दिशा में आगे ले जा सकते हैं तो उन्हें समर्थन और सहयोग देने में कोई संकोच नहीं करना चाहिए।

भाजपा के लिए नेपाल सिर्फ पड़ोसी राष्ट्र ही नहीं अपितु हमारी ऐतिहासिक सभ्यता का अभिन्न अंग है। यहाँ विशाल हिमालय बसता है, जो हमारी सभ्यता का पालनहार एवं रक्षक है। हम नेपाल की सुरक्षा, समृद्धि और विकास के लिए उतने ही कृतसंकल्प हैं जितने भारत के लिए। भाजपा नेपाल की अशांत स्थिति से चिंतित है। हम सरकार से अपील करते हैं कि नेपाल के साथ संबंध फिर से मजबूत किए जाएँ और उन शक्तियों को परास्त किया जाए, जो दोनों ही देशों के प्रति दुर्भावना रखती हैं।

मैं संयुक्त प्रगतिशील गठबंधन (यू.पी.ए.) सरकार के नेताओं से आग्रह करना चाहता हूँ कि वे राष्ट्र के महत्त्वपूर्ण हितों को प्रभावित करनेवाले सभी अहम विषयों के बारे में विपक्ष के साथ संवाद और सहयोग पर आधारित एक राष्ट्रीय दृष्टिकोण अपनाएँ। भारत-अमेरिका परमाणु संधि करते समय वे ऐसा नहीं कर सके। कोपेनहेगन सम्मेलन में भारत की नीति निर्धारित करने के समय भी वे विफल हुए। उन्होंने तब भी ऐसा नहीं किया जब पश्चिम में आई आर्थिक मंदी ने भारत की अर्थव्यवस्था को प्रभावित किया। दुर्भाग्य से उनका वही रवैया उन दो नाजुक विषयों के बारे में विपक्ष को विश्वास में न लेने में भी बराबर झलकता है, जिनका सीधा संबंध राष्ट्र की एकता, अखंडता और सुरक्षा से है। प्रसंगवश दोनों समस्याएँ कांग्रेस द्वारा की गई घोर गलतियों से जनमी हैं। इन गलतियों के चलते, जिन्हें आज का कांग्रेस नेतृत्व स्वीकार करने से इनकार करता है, भारत को पिछले कई दशकों से भारी कीमत चुकानी पड़ी है और भारी नुकसान सहना पड़ा है। पहली भूल का संबंध चीन के साथ भारत के संबंधों को लेकर है। भाजपा चीन के साथ मैत्रीपूर्ण, अच्छे पड़ोसी जैसे संबंध रखने और सहयोग करने के पक्ष में है; क्योंकि दोनों देश प्राचीन एशियाई सभ्यता के अनूठे उदाहरण हैं। किंतु अब चीन एक विश्वव्यापी शक्ति के रूप में उभर रहा है और शायद यही कारण है कि भारत के प्रति उसका रवैया बहुत मैत्रीपूर्ण नहीं है। चीन की इस नीयत के कारण सीमा विवाद को सुलझाने में कोई प्रगति नहीं हो पाई है। इसके विपरीत, चीन बार-

बार अरुणाचल प्रदेश पर अपने अधिकार का अवैध दावा अनेक आक्रामक तरीकों से व्यक्त करने लगा है। हाल ही में हमारी अपनी सरकार ने स्वीकार किया है कि चीन ने सीमा के दूसरे इलाकों में भारतीय क्षेत्र के अंदर घुसने की कोशिश की है। इसे हलके तरीके से नहीं लिया जा सकता, जैसाकि सरकार वास्तव में करती दिख रही है। भारत के अड़ोस-पड़ोस में चीनी सेना की बढ़ती मौजूदगी और पाकिस्तान में एक सैन्य अड्डा बनाने के बारे में बीजिंग की योजना चिंता का विषय है। भाजपा माँग करती है कि भारत-चीन संबंधों के बारे में सरकार विपक्ष के साथ विचार-विमर्श कर एक सामरिक नीति अपनाए। हमें विश्वास है कि चीन जानता है कि सन् 2010 वर्ष 1962 नहीं है। शांतिपूर्ण सहअस्तित्व ही इन दो महान् सभ्यताओं को आगे ले जा सकता है। इस संबंध में मैं आपको यह सूचित करना चाहता हूँ कि हमने चीन के साथ लगी अपनी सीमा की सुरक्षा पर मँडराते खतरों का आकलन करने के लिए उत्तराखंड के पूर्व मुख्यमंत्री श्री भगतसिंह कोश्यारीजी की अध्यक्षता में एक पाँच-सदस्यीय अध्ययन दल गठित किया है।

दूसरा महत्त्वपूर्ण मुद्दा जम्मू एवं कश्मीर का है। कश्मीर सभी भारतीयों और विशेषकर भाजपा के लिए बलिदान का प्रतीक है। यही वह भूमि है, जहाँ डॉ. श्यामा प्रसाद मुखर्जी ने राष्ट्रीय अखंडता की सच्ची भावना के लिए अपना जीवन आहूत कर दिया। कश्मीर के मुद्दे पर यू.पी.ए. सरकार जिस राह पर बढ़ रही है, वह भारत के लिए खतरनाक सिद्ध हो सकता है। ऐसा लगता है कि सरकार बाहरी दबाव में आकर भारत के इस दावे के साथ समझौता कर रही है कि पाक अधिकृत कश्मीर सहित समूचा जम्मू एवं कश्मीर भारत का अभिन्न अंग है। जम्मू एवं कश्मीर में नेशनल कॉन्फ्रेंस-कांग्रेस गठबंधन सरकार पाक-समर्थित अलगाववादियों के प्रति नरम रवैया अपना रही है। जम्मू एवं कश्मीर की भारत के साथ संपूर्ण संवैधानिक एकात्मता करने हेतु उपाय करने के बजाय यू.पी.ए. सरकार ऐसा दृष्टिकोण अपनाने की कोशिश कर रही है मानो कश्मीर पर विशेष ढंग से बात करने की जरूरत है।

अगर सरकार इसी नीति पर चलने वाली है तो कश्मीर को वास्तव में अलग करने की माँग के आगे घुटने टेकने में ज्यादा समय नहीं लगेगा। मैं यह बात मुख्य रूप से यू.पी.ए. को चेताने तथा कांग्रेस व उसके सहयोगी दलों में सही सोच रखनेवाले लोगों सहित अपने देशवासियों को सचेत करने के लिए कह रहा हूँ कि वर्तमान घटनाक्रम यूँ ही चलता रहा तो इसका नतीजा वही होगा, जो 1947 की भारी भूल के कारण हुआ था। भारतीय जनता पार्टी ऐसा कभी नहीं होने देगी। जम्मू व कश्मीर को भारत का अभिन्न अंग बनाए रखने के लिए हम कोई भी बलिदान देने के लिए तैयार हैं। इस संदर्भ में, पार्टी पाकिस्तान के साथ आज की स्थिति में किसी भी तरह की समग्र वार्त्ता पर अपना सख्त विरोध दर्ज कराना चाहती है।

एक और महत्त्वपूर्ण बात, जिसपर काफी बहस हो चुकी है कि मुंबई शहर सभी भारतीय लोगों का है या नहीं। यह एक अनावश्यक विवाद है। मेरी धारणा और भाजपा की धारणा इस बारे में स्पष्ट है कि समूचा भारत बगैर जाति, मजहब, नस्ल और भाषाई भेदभाव के सभी भारतीयों के लिए है। हमारा विश्वास है कि संविधान का अनुच्छेद 19(1)(ई) हम सभी को भारत के किसी भी भाग में रहने और बसने की संवैधानिक गारंटी देता है, जिससे राष्ट्रीय एकता और अखंडता मजबूत होती है। इसी सिद्धांत के आधार पर हम कश्मीर के भारत में संपूर्ण संवैधानिक एकात्मता की बात करते हैं। हमने हमेशा भाषाई, क्षेत्रीय और मजहबी पहचानों को भारत की वास्तविकता मानते हुए कहा है कि ये सभी पहचान अंततः भारतीयपन की बृहत् राष्ट्रीय पहचान में जुड़ जाती हैं। निस्संदेह इनमें संघर्ष का कोई सवाल नहीं है। फिर भी, मैं इस बात से चकित एवं दुःखी हूँ कि कांग्रेस पार्टी का कोई भी नेता निश्चयपूर्वक यह कहने के लिए आगे नहीं आया कि मुंबई सहित अन्य भारतीय शहरों की तरह श्रीनगर भी सभी भारतीयों का है और यहाँ भी भारत के अन्य भागों से आए भारतीय लोगों को कश्मीर में बसने और रोजगार पाने का बराबर का अधिकार है। इस दिशा में पहल करने के लिए कांग्रेस पार्टी, जो केंद्र और जम्मू व कश्मीर दोनों स्थानों पर

सत्ता में है, को चाहिए कि उन लाखों कश्मीरी पंडितों को वापस वहाँ बसाने के लिए सभी आवश्यक कदम उठाए, जिन्हें कश्मीर में उनके अपने घरों से जबरन बाहर निकाल दिया गया था।

भारतीय जनता पार्टी का यह मानना है कि राष्ट्रीय सुरक्षा, चाहे बाहरी हो या आंतरिक, संकीर्ण राजनीतिक या सामाजिक विवादों से ऊपर है। भारत की सुरक्षा पर खतरे के समय हमारी पार्टी ने हमेशा सरकार को सहयोग देने का अपना धर्म निभाया है। इसी प्रकार जब भाजपा के नेतृत्व में एन.डी.ए. की सरकार केंद्र में सत्ता में आई, उसने राष्ट्रीय सुरक्षा के विषयों पर अपनी नीति बनाने में अन्य पार्टियों का सक्रिय सहयोग माँगा और उनके विचार जानने की कोशिश की। इस स्वस्थ परंपरा को सभी दलों के सहयोग से और भी सुदृढ़ किया जाना चाहिए।

हमारे पड़ोस में पनप रहे सुरक्षा संबंधी वातावरण को देखते हुए किसी भी हालत में भारत की रक्षा तैयारी में कोई कमी नहीं की जानी चाहिए। भारत की आंतरिक सुरक्षा के लिए जो दो बड़े खतरे बने हुए हैं—जिहादी आतंकवाद और नक्सलवाद, उनका सामना करने के लिए अत्यधिक सतर्कता से काम करने और अधिक कारगर रणनीतियाँ बनाने की आवश्यकता है। जहाँ तक आतंकवाद से निपटने में भारत सरकार की कार्यवाही का संबंध है, उसे घोर अनर्थ ही कहा जा सकता है। पाकिस्तान की शह से 26/11 को मुंबई पर हुए हमले ने सरकार को अपनी कुछ गलतियों को सुधारने के लिए बाध्य तो किया है, किंतु 26/11 हमले की जाँच जिस ढंग से की जा रही है, उससे गंभीर आशंकाएँ पैदा होती हैं। ऐसा लगता है कि सरकार उस हमले के जानकारों और साजिश में शामिल स्थानीय कड़ियों का पता लगाने में कोई दिलचस्पी नहीं ले रही है।

पुणे में हुए ताजा बम विस्फोट इसका उदाहरण है कि संदिग्ध आतंकवादियों के प्रति नरमी बरतने से देश की सुरक्षा खतरे में पड़ सकती है। संदिग्ध आतंकवादियों की चिरौरी करना उन पुलिस अधिकारियों का भी

अपमान है, जिन्होंने अपने जीवन का बलिदान आतंकवाद से लड़ने में दिया है। कुछ कांग्रेसी नेताओं ने संदिग्ध आतंकवादी अड्डों को अपनी तीर्थस्थली बना लिया है। आतंकवादियों के संदिग्ध अड्डों पर राजनीतिज्ञों का बार-बार जाना राष्ट्र के शत्रुओं का हौसला बढ़ा रहा है। दूसरे, पाकिस्तान के साथ हमारी राजनीतिक पहल में स्पष्टता, निरंतरता और दृढ़ता का अभाव है। पुणे बम विस्फोट से हमारे इस दृष्टिकोण की पुष्टि होती है कि आतंकवाद और वार्त्ता साथ-साथ नहीं चल सकते। यू.पी.ए. को समझना होगा—और मुझे विश्वास है कि यू.पी.ए. के राष्ट्रवादी नेता हमारी बात से सहमत होंगे, कि जब देश पर आतंक का साया हो, पाकिस्तान से बात न करने की नीति एक वैध कूटनीतिक उपाय है। दुर्भाग्य से यू.पी.ए. सरकार आतंकवाद के विरुद्ध एक व्यापक अंतरराष्ट्रीय सहमति बनाने में वाजपेयी सरकार की उस नीति को आगे नहीं बढ़ा रही है, जो जिहादी आतंकवाद का विष फैलानेवालों को अलग-थलग कर सकती है। विशेषकर अंतरराष्ट्रीय जगत् को यह पहचान कराना जरूरी है कि पाकिस्तान की सत्तारूढ़ राजनीतिक और सैनिक व्यवस्था भारत से कश्मीर को छीनने का अपना मंसूबा पूरा करने के लिए जिहादी आतंकवाद का इस्तेमाल कर रही है। अत: कश्मीर के बारे में पाकिस्तान के किसी भी दावे को न्यायसंगत बताने से आतंकवाद के खिलाफ भारत की लड़ाई को निश्चय ही ठेस पहुँचेगी। मुझे विवश होकर यह कहना पड़ रहा है कि कांग्रेस पार्टी अल्पकालिक वोट बैंक से लाभ उठाने के विचार को त्यागे बिना आतंकवाद के खतरे को देखने से इनकार कर रही है। उदाहरण के लिए, उस पार्टी के वरिष्ठ नेतागण खुलेआम इन दावों का समर्थन कर रहे हैं कि बाटला हाउस में दिल्ली पुलिस द्वारा की गई कार्रवाई, जिसमें एक वरिष्ठ अधिकारी मारा गया, फर्जी मुठभेड़ थी। जिहादी आतंकवाद से निपटने में कांग्रेस के नेतृत्ववाली सरकार की गलत नीति के विरुद्ध भाजपा को अवश्य ही अपनी आवाज उठानी चाहिए और भाजपा यह आवाज मुखर करती रहेगी।

वोट बैंक की राजनीति उस जल्दबाजी में भी खुल्लम-खुल्ला नजर

आती है, जिसके चलते कांग्रेस और कम्युनिस्ट दोनों ही मुसलमानों के लिए शिक्षा एवं रोजगार में मजहब-आधारित आरक्षण देने की व्यवस्था करने में एक-दूसरे से होड़ लगाए हुए हैं।

भारतीय जनता पार्टी शिक्षा के व्यापक प्रसार के माध्यम से अपने मुसलिम बंधुओं के सामाजिक, आर्थिक और शैक्षिक विकास के लिए किए जानेवाले प्रयासों का समर्थन करती है। वास्तव में उनका पिछड़ापन इस बात का स्पष्ट प्रमाण है कि कांग्रेस पार्टी ने अपने निजी राजनीतिक लाभ के लिए किस कदर उनका शोषण किया है। लेकिन मजहब-आधारित आरक्षण का विचार भारतीय संविधान में की गई मूल व्यवस्था के एकदम विरुद्ध है। ऐसा करने से उस समस्त समुदाय का चहुँमुखी विकास होना भी संभव नहीं है। उलटे यह तो फूट डालनेवाला एक उपाय है, जो आगे चलकर देश की एकता और अखंडता के लिए नुकसानदेह साबित होगा, साथ ही मतांतरण को भी शह देगा। आरक्षण के लाभों को दलित ईसाइयों तक पहुँचाने की कोशिश का भी ऐसा ही हानिकारक परिणाम होगा। कांग्रेस एवं कुछ अन्य पार्टियों के द्वारा इस संदर्भ में कोर्ट के आदेशों को न मानना इसे और गंभीर बनाता है। भाजपा सरकार को यह सख्त चेतावनी देती है कि वे मजहब-आधारित आरक्षण न दे। हमारी पार्टी ऐसे किसी भी कदम का कड़ा विरोध करेगी।

भारत की आंतरिक सुरक्षा को दूसरा बड़ा खतरा नक्सलवाद से है। इसके कारण वास्तव में हमारी लोकतांत्रिक प्रणाली ही संकट में पड़ जाएगी। इसलिए हमें सख्ती से इसका मुकाबला करना होगा। माओवाद का सिद्धांत और व्यवहार दोनों पूरी तरह भारतीय विचारों, धारणाओं और मूल्यों के विरुद्ध है। हमें यह नहीं भूलना चाहिए कि विदेशी ताकतें भारत में अशांति फैलाने का प्रयास कर रही हैं और वे इस स्थिति का लाभ उठाने के लिए माओवादियों को बढ़ावा देने में लगी हुई हैं। भाजपा चाहती है कि सरकार माओवादी नेताओं के प्रति कतई नरमी न दिखाए। हम तथाकथित नागरिक अधिकार संगठनों से भी आग्रहपूर्वक कहना चाहते हैं कि वे इस घातक विचारधारा को

वैधता का जामा पहनाने की कोशिश न करें। निस्संदेह, नक्सली हिंसा से प्रभावित क्षेत्रों में गरीबों के उत्थान और भ्रष्टाचार-मुक्त विकास के लिए किए जा रहे समस्त प्रयासों में तेजी लाना आवश्यक है।

भाजपा असम की स्थिति के बारे में भी चिंतित है। राज्य में जब आतंक फैलानेवाले और अलगाववादी तत्त्वों से सख्ती से निपटने की बात आती है तब राज्य सरकार ढीली पड़ने लगती है। असम के संबंध में केंद्र राज्य सरकार और ऑल असम स्टूडेंट्स यूनियन के बीच हुए असम समझौते पर हस्ताक्षर किए जाने के बाद राष्ट्रीय नागरिक रजिस्टर को अद्यतन करने के लिए 31 मार्च, 2010 की तारीख निश्चित की गई थी। क्योंकि उक्त समझौते में इस बात पर विशेष बल दिया गया था कि (मतदाता सूची से) राज्य में अवैध रूप से आकर बसे लोगों का पता लगाया जाए, उनके नाम निकाल दिए जाएँ और उन्हें उनके देश में वापस भेज दिया जाए।

राष्ट्रीय नागरिक रजिस्टर को अद्यतन करने की बात धोखे से अधिक कुछ नहीं है, क्योंकि सच्चाई यह है कि राष्ट्रीय नागरिक रजिस्टर (एन.आर. सी.) न तो कभी ठीक था और न ही अब सही स्थिति में है। अत: आज आवश्यकता इस बात की है कि एक नया एन.आर.सी. बनाया जाए। केंद्र और राज्य में कांग्रेस के नेतृत्ववाली सरकारें इससे पहले कि असम की सीमाओं के अंदर एक और बँगलादेश पैदा हो, और कितने समय तक हाथ पर हाथ धरे बैठी रहेंगी? हमारी यह माँग है कि सरकार और चुनाव आयोग यह सुनिश्चित करें कि आनेवाले चुनाव में कोई बँगलादेशी घुसपैठिया वोट न डाल पाए।

मणिपुर के लगातार आतंकवादी गुटों के चंगुल में बने रहने पर भाजपा का चिंतित होना स्वाभाविक है। यहाँ सरकारी मशीनरी पूर्णतया ठप्प हो गई है और जनजीवन भूमिगत आतंकवादियों द्वारा पंगु बना दिया गया है। जहाँ तक इस क्षेत्र में आधारभूत सुविधाएँ विकसित करने का संबंध है, सरकार ने उत्तर-पूर्व क्षेत्र विकास मंत्रालय बनाए जाने के बाद से अब तक कुछ भी नहीं किया है।

मैं आपका ध्यान इस तथ्य की ओर भी दिलाना चाहता हूँ कि सरकार के कमजोर रवैए ने हमारे आंतरिक सुरक्षा प्रतिष्ठानों की क्षमता और मनोबल पर नकारात्मक असर डाला है। यह चाहे जिहादी हिंसा हो या माओवादी हिंसा, राष्ट्र के सामने जो समस्याएँ मुँह बाए खड़ी हैं, उन पर बहस होनी चाहिए और एक सही निष्कर्ष निकाला जाना चाहिए। हम यह पूछना चाहते हैं कि क्या उन पुलिसकर्मियों एवं सुरक्षा बलों के कोई मानवाधिकार नहीं हैं, जो इन राष्ट्र-विरोधी तत्त्वों से लड़ते हुए अपना जीवन बलिदान कर देते हैं?

जब मैं समाज के अंदर अशांति व कलह देखता हूँ और यह देखता हूँ कि किस तरह इन्हें जाति, धर्म व जनजातीय, भाषाई या क्षेत्रीय पहचान बनाने की लड़ाई के रूप में प्रस्तुत किया जाता है तो मैं अपने आप से सवाल करता हूँ कि 'आखिर इन समस्याओं की जड़ में क्या है?' इस बारे में मैं दो निष्कर्षों पर पहुँच पाया हूँ—पहला यह कि इन सारी समस्याओं को उन गलत नीतियों एवं कुशासन ने जन्म दिया है, जिनके आधार पर इस देश को स्वतंत्रता-प्राप्ति के समय से ही चलाया जा रहा है। दूसरा निष्कर्ष यह है कि इन समस्याओं का समाधान समाज के किसी एक या दूसरे वर्ग को संतुष्ट करने की टुकड़ों में बँटी नीति के आधार पर नहीं किया जा सकता है। हमारा देश अनेकानेक विभिन्नताओं का देश है। हमारे समाज के हर वर्ग की आकांक्षाएँ हैं। लेकिन इन आकांक्षाओं को तभी पूरा किया जा सकता है, जब ऐसी समग्र नीति अपनाई जाए, जिसमें समस्त राष्ट्र का हित निहित हो। सृष्टि में हम सामंजस्य और संतुलन देखते हैं, तो क्यों नहीं मानव समाज में वैसा ही सामंजस्य और संतुलन स्थापित किया जा सकता?

व्यक्ति और समाज का सद्‌भावपूर्ण विकास पं. दीनदयाल उपाध्याय के 'एकात्म मानववाद' की विशिष्ट पहचान है; भाजपा इसे अपना पथ-प्रदर्शक मानती है। दुर्भाग्यवश, हमारे देश के नीति-निर्माताओं के दृष्टिकोण में इसकी कोई झलक नजर नहीं आती। स्वतंत्रता-प्राप्ति के समय से ही सबसे लंबी अवधि तक देश पर शासन करनेवाली कांग्रेस पार्टी ने हमेशा उन नीतियों का

पालन किया है, जिनके कारण आज विकास में गंभीर असंतुलन दिखाई देता है। ये असंतुलन दोनों प्रकार के हैं—सामाजिक और भौगोलिक। आर्थिक समृद्धि की होड़ में हमारे लोगों को नैतिकता के मापदंडों की अवहेलना करने के लिए बढ़ावा दिया जा रहा है और इसमें धनी एवं प्रभावशाली लोग सबसे आगे हैं। भारत के नैतिक, सामाजिक और सांस्कृतिक ढाँचे पर इसका बहुत खराब प्रभाव पड़ रहा है।

भारत के विकास में असंतुलन को सुधारने का एक ही तरीका है कि अंत्योदय के सिद्धांत पर चला जाए—अर्थात् घोर गरीबी को समाप्त किया जाए, प्रत्येक भारतीय परिवार को मूलभूत सुविधाएँ दी जाएँ और यह सुनिश्चित किया जाए कि समाज के अंतिम छोर पर खड़े व्यक्तियों को भी जीवन में ऊपर उठने के अवसर प्राथमिकता से प्राप्त हों। भारत में स्वामी विवेकानंद, महात्मा गांधी, दीनदयाल उपाध्याय तथा अन्य संत-महापुरुषों ने इसी सिद्धांत पर बल दिया है। राजनीति में प्रवेश करने के बहुत पहले से संत तुकाराम की इन पंक्तियों ने मेरे मन पर गहरी छाप अंकित कर दी थी। मैं आज भी इन पंक्तियों से प्रेरणा प्राप्त करता हूँ—

जे का रंजले गांजले, त्यासी म्हणे जो आपुले।
तोची साधु ओळखावा, देव तेथेची जाणावा॥

अर्थात् वह जो दलितों, उत्पीड़ितों एवं दुःखियों को अपना मानकर अपनाता है, एक सच्चा साधु या एक पवित्र पुरुष है। ईश्वर उसी पुरुष-स्त्री के अंदर बसता है। इसलिए मैं अपनी पार्टी के सभी कार्यकर्ताओं, समर्थकों से आग्रह करता हूँ कि वे स्वयं को अंत्योदय के आदर्श के प्रति पुनः समर्पित करें।

हमने हाल ही में 'अंत्योदय' नाम से एक नूतन अभियान शुरू किया है। यह एक ऐसा अभियान है, जिसमें सामाजिक सक्रियता के माध्यम से विकास के लिए राजनीति को प्रोत्साहित किया जाएगा। हम चाहते हैं कि हमारी पार्टी के सभी कार्यकर्ता हमारी संगठनात्मक इकाइयाँ और प्रत्येक स्तर पर हमारे

निर्वाचित प्रतिनिधि अपने-अपने क्षेत्र में कम-से-कम एक सेवा और विकास परियोजना अवश्य चलाएँ। इसके जरिए हमारे कार्यकर्ताओं को समाज के वंचित वर्गों तक पहुँचने की भरपूर कोशिश करनी चाहिए। हमारी सदैव यह सोच रही है कि राजनीति, सामाजिक एवं आर्थिक परिवर्तन का एक साधन है। हम सभी लोगों से आज यह अपेक्षा है कि इस महान् राष्ट्र की राजनीतिक संस्कृति में सेवा के तत्त्व को पुनः शामिल करने का संकल्प उठाया जाए। अगर आप दृढ़ संकल्प के साथ प्रयास करें तो सहज ही ऐसी गतिविधियों को अपना सकते हैं और अंतिम व्यक्ति की सेवा करने का संतोष प्राप्त कर सकते हैं। इसके लिए हम अपने कार्यकर्ताओं को प्रशिक्षित करने हेतु पार्टी के अंदर एक ऐसी व्यवस्था बनाएँगे, जो उनका मार्गदर्शन करने के साथ-साथ उनके काम का आकलन भी कर सके। अंत्योदय अभियान की संकल्पना और कार्य-प्रणाली की रूपरेखा प्रस्तुत करते हुए एक 'मोनोग्राफ' प्रकाशित किया जा रहा है। हमने इस राष्ट्रीय परिषद् की बैठक के आयोजन स्थल पर सेवा परियोजनाओं के कुछ कार्यों की प्रदर्शनी भी लगाई है।

इस लक्ष्य को तभी पूरी तरह हासिल किया जा सकता है, जब लोगों को लाभप्रद एवं निर्वाह योग्य जीविका प्रदान करनेवाली अर्थव्यवस्था के बारे में एक सार्वजनिक नीति निर्धारित की जाए। भारतीय संदर्भ में इसका मतलब यह है कि आर्थिक विकास की सफलता की परख इस आधार पर की जा सकती है कि क्या हमारी कृषि एवं ग्रामीण अर्थव्यवस्था को इतना पुनरुज्जीवित कर दिया गया है कि ग्रामीण क्षेत्रों में उत्पादक रोजगार एवं रहन-सहन के उत्कृष्ट साधन मुहैया कराए जा सकें? हमें स्वीकार करना होगा कि भारत इस कसौटी पर खरा नहीं उतरा है। शहरों और गाँवों के बीच तेजी से बढ़ती खाई और शहरों के अंदर असमानताओं का बढ़ते जाना भी चिंता का विषय बना हुआ है।

इस संबंध में कांग्रेस की विफल नीतियों की पुष्टि आधिकारिक स्रोतों से हो रही है। प्रधानमंत्री के आर्थिक सलाहकार डॉ. सुरेश तेंदुलकर की अध्यक्षता में बनी समिति ने हाल ही में यह खुलासा किया है कि भारत में

गरीबों की संख्या 12 प्रतिशत से आगे बढ़ गई है। आगे यह बताया गया है कि ग्रामीण भारत में गरीबी 42 प्रतिशत है, न कि 28 प्रतिशत, जैसाकि पहले अनुमान लगाया गया था। इसकी तुलना इस तथ्य से करें कि हाल ही के वर्षों में भारत के धनाढ्य लोगों के एक छोटे से वर्ग की संपन्नता में चमत्कारिक वृद्धि हुई है। क्या यह इस चेतावनी का संकेत नहीं है कि आर्थिक नीति की समीक्षा किए जाने की आवश्यकता है ? ऐसी ही एक सच्चाई संयुक्त राष्ट्र के आर्थिक और सामाजिक मामलों संबंधी विभाग के हवाले से सामने आई है, जो यू.पी.ए. सरकार के लंबे-चौड़े दावों को झुठलाती है। यू.एन.डी.ई.एस.ए. के आँकड़ों से पता चलता है कि सिर्फ वर्ष 2009 में ही और 1.36 करोड़ लोग गरीबी रेखा से नीचे आ गए। इससे यह साबित होता है कि कांग्रेस के नेतृत्व में गठित सरकार ने 'गरीबी हटाओ' का लक्ष्य हासिल करने के बजाय वास्तव में 'गरीबी बढ़ाओ' का लक्ष्य पाने में सफलता पाई है।

अनियंत्रित मूल्य-वृद्धि से त्रस्त गरीब एवं मध्यम वर्ग के साथ-साथ यह सरकार किसानों की आत्महत्याएँ रोकने में पूरी तरह असफल हुई है। बेरोजगारों को रोजगार प्रदान करने में इसकी असफलता ने महँगाई से पीड़ित हमारे देश के कमजोर वर्गों के जीवन को और दूभर बना दिया है। मैं यहाँ इस बात पर बल देना चाहता हूँ कि केवल गरीब वर्ग ही सरकार की गलत नीतियों का शिकार नहीं बना है। अनिवार्य वस्तुओं के आसमान छूते दामों के कारण मध्यम वर्ग भी बहुत मुश्किल में पड़ा हुआ है। मई 2009 में हुए पिछले संसदीय चुनावों के दौरान प्रधानमंत्री डॉ. मनमोहन सिंह ने वादा किया था कि उनकी सरकार मूल्यों में कमी लाने के लिए 100 दिन की कार्य-योजना प्रस्तुत करेगी। लगता है, प्रधानमंत्री अपना वादा भूल गए हैं। सच तो यह है कि यू.पी.ए. सरकार के सत्ता में लौटने पर दामों में जितनी अधिक वृद्धि हुई है उसकी मिसाल हाल के इतिहास में नहीं मिलेगी। ऐसा लगता है, मानो हमारे अर्थशास्त्री प्रधानमंत्री का मूल्य-वृद्धि पर न तो कोई नियंत्रण रह गया है और न ही दामों को कम करने में उनकी कोई रुचि है। मुद्रास्फीति को

रोकने के लिए कोई ठोस एवं कारगर कदम उठाने के बजाय सरकार पेट्रोल और डीजल की कीमतें बढ़ा रही हैं, जिसका पूरी अर्थव्यवस्था पर क्रमिक प्रभाव पड़ना स्वाभाविक है। जहाँ आम आदमी की कठिनाइयाँ बढ़ती जा रही हैं, वहीं दूसरी ओर सरकार ने अपने ही सहयोगियों पर दोष मढ़ने का खेल खेलना शुरू कर दिया है। कांग्रेस के नेतागण मूल्य-वृद्धि के लिए राष्ट्रवादी कांग्रेस के नेता और कृषि मंत्री शरद पवार को दोष दे रहे हैं तो शरद पवार सरकार में बैठे दूसरे लोगों पर दोषारोपण कर रहे हैं। इस प्रक्रिया में मंत्री-परिषद् के 'सामूहिक उत्तरदायित्व' के सिद्धांत को तार-तार कर दिया गया है। मूल्य-वृद्धि को रोकने में सरकार की विफलता के लिए भाजपा देश के प्रधानमंत्री डॉ. मनमोहन सिंह और यू.पी.ए. की प्रमुख श्रीमती सोनिया गांधी को पूरी तरह जिम्मेदार ठहराती है। याद रहे कि केंद्र में जब भी कांग्रेस की सरकार बनती है, कीमतें बढ़ती हैं और लोगों की मुश्किलें बढ़ जाती हैं और जब भी गैर-कांग्रेस सरकार बनती है तो कीमतों में कमी होती है।

मैं यहाँ पर कमोडिटी एक्सचेंज घोटाले की ओर आपका ध्यान खींचना चाहता हूँ, जिससे मूल्य-वृद्धि और बढ़ी है। 4.5 लाख करोड़ रुपए के व्यापार में कमोडिटी एक्सचेंज द्वारा 1 प्रतिशत से कम यानी 4,500 करोड़ से कम की वास्तविक डिलीवरी दी गई। कमोडिटी एक्सचेंज की सट्टेबाजी तथा बाजार को अपने ढंग से चलाने की पद्धति के चलते गेहूँ, चीनी, चना, जीरा, आलू जैसी आवश्यक वस्तुओं की बनावटी कमी बनाई गई और इससे व्यापक मूल्य-वृद्धि हुई। हमने इस महाघोटाले की जाँच संयुक्त संसदीय समिति से कराने की माँग की है।

पिछले आठ महीनों के दौरान यू.पी.ए. सरकार के कामकाज पर नजर डालें तो हर व्यक्ति के मन में कई प्रश्न उठते हैं। क्या यह सरकार वास्तव में आवश्यक वस्तुओं के मूल्यों को नियंत्रित करना चाहती है? क्या यह सरकार किसानों की आत्महत्या की घटनाओं को रोकने में सक्षम है? क्या यह सरकार बढ़ती बेरोजगारी को कारगर ढंग से रोक सकती है?

चूँकि हम केंद्र में विपक्षी दल हैं, अतः हमारा यह कर्तव्य है कि हम सरकार की गलत नीतियों का विरोध करें, उन्हें रोकने की कोशिश करें। हम इस कार्य को पूरी ताकत से करेंगे; परंतु लोगों को हमसे और अनेक अपेक्षाएँ हैं। हमारी पार्टी केंद्र में सत्ता में रह चुकी है और हम चाहते हैं कि हमारी पार्टी पुनः सत्ता में आए, इसलिए हमारा यह भी कर्तव्य बनता है कि हम उन विविध समस्याओं का हल खोजें, जिनका सामना भारत को करना पड़ रहा है। देश के सामाजिक-आर्थिक विकास से न तो लोग खुश हैं और न ही हम खुश हैं; क्योंकि विकास में असंतुलन की भरमार है और शासन में घोर भ्रष्टाचार एवं अकुशलता व्याप्त है। जैसाकि मैं पहले कह चुका हूँ, राष्ट्र के सामने मौजूद अधिकतर समस्याओं का जाति, वर्ण, भाषा या ऐसे ही दूसरे कारणों से कोई सरोकार नहीं है। उनकी जड़ तो विकास की गलत नीतियों और दोषपूर्ण शासन व्यवस्था में है। मैं यह बताना आवश्यक समझता हूँ कि देश में आज 55,000 मेगावाट ऊर्जा की कमी है और बारहवीं पंच वर्षीय योजना में ऊर्जा उत्पादन के लिए हमारे पास कोयले का कोई भंडार नहीं है।

यह ऊर्जा की कमी हमारे महान् राष्ट्र के विकास को अवरुद्ध कर रही है; और इसका कारण सरकार की अदूरदर्शिता है। भारतीय जनता पार्टी निस्संदेह एन.डी.ए. सरकार द्वारा की गई पहलों और उपलब्धियों पर गर्व करती है। अब चूँकि हमें केंद्र और राज्यों में सरकार चलाने का अनुभव प्राप्त है तो उस आधार पर हमें विकास एवं शासन व्यवस्था का एक वैकल्पिक मॉडल तैयार करना चाहिए, उसका प्रचार करना चाहिए और उसे कार्यान्वित करना चाहिए। मैं समझता हूँ, पार्टी के समक्ष यह एक अत्यंत महत्त्वपूर्ण कार्य है।

सन् 1947 से भारत अब बहुत आगे बढ़ चुका है, जब सोवियत मॉडल से प्रभावित होकर सरकार द्वारा संचालित उद्यमों को राष्ट्र की अर्थव्यवस्था में प्रमुख भूमिका निभाने की जिम्मेदारी सौंपी गई थी। पिछले छह दशकों में हमने भारत के उद्यमी वर्ग की क्षमताओं में व्यापक वृद्धि होती देखी है। इसी अवधि में हमने यह भी जाना कि सरकारें कुल मिलाकर आर्थिक कार्यकलापों

को दक्षता के साथ चलाने में विफल हुई हैं। अब हमें अर्थव्यवस्था में सरकार की भूमिका को नया रूप देकर पुराने मॉडल का पूरी तरह त्याग कर देना चाहिए। सरकार का काम है कुशल योजना बनाना, ठोस एवं स्पष्ट नियमों का निर्माण करना और उन्हें कारगर रूप से लागू करना। आर्थिक गतिविधियों को चलाने का वास्तविक कार्य गैर-सरकारी उद्यमों के जिम्मे छोड़ दिया जाना चाहिए।

उद्यमों से मेरा अभिप्राय सिर्फ बड़ी कंपनियों से नहीं है। हमारे लघु और मध्यम स्तर के उद्यमों में असीम क्षमता है, जिसका दुर्भाग्यवश सरकार की काम करने संबंधी गलत एवं असंवेदनशील नीतियों ने गला घोंट दिया है। यहाँ तक कि सहकारी संस्थाओं की विशाल क्षमता का भी दमन कर दिया गया। इसके अलावा सरकारी उद्यमों को भ्रष्ट राजनीतिज्ञों के लिए चरागाह बना दिया गया है, जिसका प्रमाण है कि प्रधानमंत्री ने अपने सहयोगियों को नागरिक विमानन, दूरसंचार, वस्त्र उद्योग, कोयला एवं खनन विभाग तथा अन्य क्षेत्रों में राष्ट्रीय संसाधनों की लूट-खसोट करने की छूट दे दी है। इसके अतिरिक्त अनैतिक राजनीतिज्ञों तथा उच्च अधिकारियों ने कुछ भ्रष्ट उद्योगपतियों के साथ साँठ-गाँठ कर ली है, जिसके कारण सभी स्तरों पर भ्रष्टाचार और अपराधों को अत्यधिक बढ़ावा मिला है। दुर्भाग्य की बात है कि कानून लागू करने की जिम्मेदारी उठानेवाली एजेंसियाँ और न्याय-प्रणाली से जुड़े कुछ लोग भी संभवतया इस साँठ-गाँठ में लिप्त हैं। इस साँठ-गाँठ को तोड़ना, स्वस्थ उद्यमिता को प्रोत्साहित करना और कानून-सम्मत तथा लोकोन्मुखी आर्थिक विकास सुनिश्चित करना सरकार का उद्देश्य होना चाहिए।

भारत के लिए किसी वैकल्पिक आर्थिक प्रणाली की पहली अपेक्षा यह होगी कि कृषि एवं ग्रामीण विकास की सुनियोजित उपेक्षा को समाप्त किया जाए। 'ग्रामोदय' का लक्ष्य महात्मा गांधी और पं. दीनदयाल उपाध्याय दोनों को बहुत प्रिय था। कांग्रेसी नेताओं ने ग्रामीण भारत को सिर्फ सपने दिखाए। उन्होंने देहात की जरूरतों की न तो कोई परवाह की और न ही उसकी क्षमता

को वास्तव में समझने का प्रयास किया। आज की सबसे पहली अपेक्षा यह है कि सरकारी नीतियों में अनुकूल परिवर्तन किए जाएँ, ताकि कृषि और आधारभूत संरचना में भरपूर सार्वजनिक एवं निजी निवेश को बढ़ावा मिले। किसानों और ग्रामीण उद्यमियों को कम लागत एवं आसान शर्तों पर पूँजी प्रदान की जाए, ताकि भू और जल संसाधनों में वृद्धि हो सके, स्थानीय रूप से कृषि प्रसंस्करण उद्यमों को महत्त्व देने की व्यवस्था की जा सके, भंडारण और विपणन तथा संचालन सुविधाओं का निर्माण किया जा सके और अधिक पैदावार देनेवाले खेती के तरीकों को अपनाया जा सके; जैसे कि विज्ञान और तकनीक पर आधारित जैविक खेती। मूलभूत सुविधाओं का निर्माण करने के कई कार्य सरकार के अकुशल विभागों से निकालकर ग्रामीण उद्यमियों को सौंपे जा सकते हैं, जिनकी देखरेख करने के मामले में ग्रामीण क्षेत्रों को वही प्राथमिकता दी जानी चाहिए, जो शहरी क्षेत्रों को दी जाती है।

विकास और शासन-प्रणाली की वैकल्पिक व्यवस्था में एक और महत्त्वपूर्ण अपेक्षा पर मैं बल देना चाहूँगा। संविधान में 73वें और 74वें संशोधन के बारे में कांग्रेस पार्टी द्वारा अपनी पीठ थपथपाए जाने के बावजूद पंचायती राज संस्थाओं और नगर-पालिकाओं के प्रभावी वित्तीय एवं प्रशासनिक सशक्तीकरण के लिए अब तक कुछ भी नहीं किया गया है। अत: मेरा यह विचार है कि केंद्रीय कर-राजस्व का कम-से-कम 10 प्रतिशत हिस्सा सीधे ही ग्राम पंचायतों एवं नगर-पालिकाओं को आवंटित किया जाए। इसी प्रकार, स्पेशल कंपोनेट प्लान के अंतर्गत अनुसूचित जातियों व अनुसूचित जनजातियों हेतु जनजाति उप-योजना के लिए पूँजी मुहैया कराई जानी चाहिए और इन निधियों का उपयोग इन समुदायों के कल्याण तथा लोकतांत्रिक कार्यों में उनकी प्रतिभागिता सुनिश्चित करते हुए किया जाना चाहिए।

मैं ग्रामीण भारत के विकास की क्षमता की बात सिर्फ किताबी ज्ञान से नहीं, बल्कि अपने व्यावहारिक एवं व्यक्तिगत अनुभव के आधार पर कर रहा हूँ। उदाहरण के लिए, कुछ जनजातीय क्षेत्रों में ग्रामीण पर्यटन तथा वन्य प्राणी

पर्यटन को बढ़ावा मिलने से स्थानीय उद्यमियों द्वारा वहाँ अच्छी सड़कों एवं होटलों का निर्माण किया जा रहा है। यह प्रमाणित हो चुका है कि एक गाय, एक नीम का पेड़ और एक परिवार संपूर्ण रूप से एक आर्थिक व व्यावहारिक एकक हो सकता है।

भारत के वैकल्पिक विकास मॉडल का लक्ष्य होना चाहिए—'गाँव चलो।' अच्छी सड़कें, यातायात के सार्वजनिक साधन, विश्व स्तर की संचार और सूचना प्रौद्योगिकी सुविधाओं की उपलब्धता, 24 घंटे बिजली सप्लाई, जल तथा अन्य मूलभूत आवश्यकताओं की पूर्ति, कुशल वित्तीय सेवाएँ और बाजार से संपर्क की सुविधाओं से ग्रामीण भारत की तसवीर एकदम बदल जाएगी। इससे ग्रामीण भारत में नए प्रकार के बहुत ही कुशल और अत्यधिक महत्त्वपूर्ण उद्यमों को बढ़ावा मिलेगा। 21वीं सदी में सूचना प्रौद्योगिकी, बायो-टेक्नोलॉजी, नैनो-टेक्नोलॉजी और ऊर्जा की बचत तथा सामग्री की बचत करनेवाले वैज्ञानिक आविष्कारों से उत्पादन एवं अन्य आर्थिक गतिविधियों का विकेंद्रीकरण तथा वितरण होगा। पर्यावरण की रक्षा करने की बाध्यता ने इसे वैश्विक आवश्यकता बना दिया है। अत: हमें ऐसी नीतियाँ बनानी होंगी, जो इस कार्य को गति दे सकें। हमें न केवल ग्रामीण लोगों को शहरों की ओर पलायन करने से रोकना होगा, बल्कि ऐसी वास्तविक स्थितियाँ पैदा करनी होंगी कि शहरी लोग भारत के आधुनिक गाँवों में जाएँ और वहाँ रहने लगें। भाजपा इस नए सपने को साकार करने का अग्रदूत बन सकती है; 21वीं सदी की यही माँग है और हमें उसे पूरा कर दिखाना है।

ग्रामीण क्षेत्रों में खेतिहर मजदूरों और फेरीवालों, टैक्सी एवं रिक्शा चलानेवालों, निर्माण कार्य में लगे मजदूरों, कुलियों और विक्रेताओं को अपना गुजारा करने और अस्तित्व बनाए रखने के लिए अनगिनत कठिनाइयों से गुजरना पड़ रहा है। भाजपा यह महसूस करती है कि उनके दु:ख-तकलीफों पर तुरंत ध्यान देने की जरूरत है। मैं उन परंपरागत कारीगरों, विशेषकर विश्वकर्मा समुदाय के पाँच उप-समुदायों अर्थात् लुहार, बढ़ई, काँसा/ताँबा ढालनेवाले, मूर्तिकार और सुनारों

के बारे में कुछ कहना चाहता हूँ, जिन्हें भगवान् विश्वकर्मा का वंशज माना जाता है। हस्तशिल्प विकास के लिए केंद्र सरकार की बहुत सी योजनाएँ हैं, किंतु परंपरागत कारीगरों के हितों पर वास्तव में कोई ध्यान नहीं दिया जा रहा है। अत: चूँकि खेतिहर मजदूरों के बाद यह सर्वाधिक बड़ा वर्ग है, इसलिए उनकी शिकायतों को निपटाया जाना चाहिए।

मुझे खुशी हो रही है कि भाजपा के नेतृत्व में चल रही राज्य सरकारें वास्तव में अंत्योदय के सपने को साकार करने की दिशा में आगे बढ़ रही हैं। गुजरात ने अपने गाँवों को 24 घंटे बिजली सप्लाई करने में सफलता पाई है। इस राज्य ने हाल ही में गरीब कल्याण मेलों के आयोजन का एक सराहनीय कदम उठाया है। बिहार ने भी एन.डी.ए. की सरकार के तहत अपने यहाँ बहुत अच्छी प्रगति की है। मध्य प्रदेश में लाडली लक्ष्मी तथा ऐसी ही अन्य कई योजनाओं ने शानदार सफलता हासिल की है। छत्तीसगढ़ सरकार ने सार्वजनिक वितरण प्रणाली को सुधारने में जो महत् कार्य किया है, उसकी भी प्रशंसा की जानी चाहिए। कर्नाटक सरकार संभवतया देश की पहली सरकार है, जिसने विजन 2020 योजना बनाकर उस पर कार्यान्वयन भी शुरू किया है। इसी प्रकार भाजपा शासन के अंतर्गत हिमाचल प्रदेश पहला 'कार्बन-न्यूटरल' राज्य बनने जा रहा है, जबकि उत्तराखंड ऊर्जा उत्पादन की महत्त्वाकांक्षी योजनाओं पर अमल कर रहा है। पंजाब में भी हम नए विकास कार्यक्रमों की पहल कर रहे हैं और आशा करते हैं कि हमारी नई झारखंड सरकार भी अच्छा काम करेगी। लेकिन इन सफलताओं का अर्थ यह नहीं है कि हम आत्मसंतुष्ट होकर बैठ जाएँ। हमें अपने कार्य में निरंतर सुधार करते रहना होगा। अगर गैर-भाजपा शासित राज्यों में कुछ अनुकरणीय पहल दिखती है तो हमें उसे अपनाने से परहेज नहीं करना चाहिए।

1. हम प्रत्येक स्तर पर हमारे पार्टी कार्यकर्ताओं, अपने अधिकारियों और निर्वाचित प्रतिनिधियों की क्षमताओं का निर्माण करने के उद्देश्य से एक बड़ा राष्ट्रव्यापी अभियान शुरू करने जा रहे हैं। इस प्रशिक्षण महायोजना को

शीघ्र ही अंतिम रूप दिया जाएगा। मेरी अपेक्षा है कि पार्टी का प्रत्येक कार्यकर्ता हमारे प्रशिक्षण कार्यक्रम में शामिल हो और परिणामोन्मुखी तरीके से पार्टी में सेवा करे। पार्टी के सभी स्तरों के नेताओं और कार्यकर्ताओं के लिए एक व्यापक पाठ्यक्रम भी शीघ्र ही तैयार किया जाएगा। बहुत शीघ्र हम ई-प्रशिक्षण कार्यक्रम भी शुरू करने जा रहे हैं। मैं यहाँ यह बता देना चाहता हूँ कि पार्टी आगे से जिम्मेदारी देते समय कार्यकर्ताओं की क्षमता एवं उनके कार्य-निष्पादन को महत्त्व देने वाली है, अत: यह सभी के हित में है कि कार्यकर्ता शीघ्रातिशीघ्र प्रशिक्षित हों। मैं सभी राज्य इकाइयों से अनुरोध करता हूँ कि वे अपने यहाँ पार्टी में प्रशिक्षण केंद्रों के साथ-साथ अनुसंधान और विकास इकाइयों की स्थापना करें।

2. हम अपनी पार्टी के सभी स्तरों पर पदाधिकारियों, निर्वाचित प्रतिनिधियों, विधायकों, सांसदों और मंत्रियों के कार्य की भी समीक्षा करेंगे। अच्छा काम करनेवालों को सम्मानित किया जाएगा। सर्वश्रेष्ठ काम करनेवाले सांसद, विधायक या विधान परिषद् के सदस्य और नगर पार्षद तथा सरपंच को भी राष्ट्रीय स्तर पर सम्मानित करने की योजना है। इस योजना का विस्तृत विवरण शीघ्र ही प्रस्तुत किया जाएगा। एक ओर जब कार्य करनेवालों को प्रोत्साहन मिलेगा, तब कार्य न करनेवालों को प्रेरणा भी मिलेगी। जैसाकि मैंने पहले संकेत दिया कि हमारी पार्टी में सभी की प्रगति उसकी कार्य-निष्पादनता पर निर्भर होगी। अत: मैं सभी पार्टी संगठन इकाइयों, निर्वाचित प्रतिनिधियों और अपनी सरकारों को उनकी वार्षिक रिपोर्ट तैयार करने का सुझाव दे रहा हूँ। ऐसी रिपोर्टों से न केवल बृहत्तर उत्तरदायित्व को प्रोत्साहित करने में सहायता मिलेगी, अपितु इससे पार्टी इकाइयों को अपना आकलन करना संभव होगा।

3. हम 'फ्रेंड्स ऑफ बीजेपी' को पुन: शुरू करने वाले हैं। यह एक ऐसा मंच है, जिसमें भाजपा के गैर-सदस्यों, हितैषियों को शामिल किया जाता है। सभी राष्ट्रभक्त नागरिक इस मंच में शामिल हो सकते हैं, जो यह

मानते हैं कि भारतीय जनता पार्टी भारत को एक जीवंत गणराज्य बनाने को सही मायने में आगे ले जा सकती है।

4. अपनी पार्टी को सशक्त बनाने के लिए हम सभी आधुनिक संचार सुविधाओं का उपयोग भी करेंगे। हमें इसका अहसास है कि टेक्नोलॉजी की भी अपनी सीमाएँ हैं। यह व्यक्तिगत संपर्क का स्थान नहीं ले सकती। फिर भी, हम एक परियोजना क्रमिक तौर पर आरंभ करेंगे, जिसे हमने 'लोक संग्रह के लिए टेक्नोलॉजी' परियोजना का नाम दिया है। इसके जरिए हम युवा पीढ़ी तक पहुँचने का प्रयास करेंगे, क्योंकि वे इस सुविधा का सर्वाधिक प्रयोग करते हैं। अगर हम यह सुविधा उन्हें मुहैया करा दें तो इसका उपयोग करके वे हमारे राजनीतिक कार्यक्रमों में शामिल हो सकेंगे।

5. मैं अपनी सभी राज्य सरकारों से अपील करता हूँ कि वे अपनी युवा विकास योजनाओं पर ध्यान दें, ताकि ये योजनाएँ युवाओं को अधिक रोजगार क्षमतावान्, कुशल व समर्थ बना सकें।

6. मुझे गर्व है कि भारतीय जनता पार्टी एकमात्र पार्टी है, जिसमें महिलाओं को 33 प्रतिशत आरक्षण प्राप्त है, बावजूद इसके कि देश में महिला नेतृत्व वाली कई पार्टियाँ मौजूद हैं। पर यह आरक्षण ही काफी नहीं। हम सभी को यह सुनिश्चित करना होगा कि महिलाओं को और अधिक जिम्मेदारी मिले और हर कदम पर उनकी सहायता की जाए, ताकि वे समर्थ बनें। महिला सशक्तीकरण से ही सशक्त समाज की कल्पना साकार होगी।

7. समाज-नीति और संगठन में भी राष्ट्रवाद, विकास, गरीबी-उन्मूलन, नैतिक मूल्य एवं अनुशासन आदि हमारी नींव के पत्थर होंगे। हम संगठन में सामूहिक भाव से चलेंगे, परंतु अनुशासनहीनता सहन नहीं की जाएगी। ध्यान रहे कि लोग हमें परंपरागत मूल्यों वाली पार्टी के रूप में देखते हैं। अत: हम भ्रष्टाचार को कतई बरदाश्त नहीं करेंगे।

भाजपा अयोध्या में भव्य राम मंदिर बनाने के लिए कृत-संकल्प है।

इस हेतु एक राष्ट्रीय आंदोलन हो चुका है, जिसमें अनेक कारसेवकों ने अपने प्राणों की आहुति दी है। हालाँकि न्यायालय में यह प्रकरण विचाराधीन है, किंतु न्यायालय द्वारा इसका संतोषजनक हल संभव नहीं लगता, क्योंकि इसमें कोई जीतेगा तो कोई हारेगा। अपने मुसलिम भाइयों से मैं अपील करता हूँ कि वे हिंदुओं की भावनाओं के प्रति सहृदयता का परिचय देते हुए भव्य राम मंदिर बनाने का पथ प्रशस्त करने हेतु आगे आएँ। इससे देश में भाईचारे एवं विकास के एक नए युग का सूत्रपात होगा।

मैं कह सकता हूँ कि भारत के पास प्राकृतिक और मानवीय सभी संसाधन मौजूद हैं, जिनके बलबूते पर यह देश पूर्ण विकास का लक्ष्य प्राप्त करने में सक्षम है। हम अपने साधनों का उपयोग करके बेहतर भविष्य का निर्माण कर सकते हैं, सबके लिए शिक्षा की व्यवस्था कर सकते हैं, स्वास्थ्य-देखभाल की सुविधाएँ दे सकते हैं, सबके लिए घर व रोजगार उपलब्ध करा सकते हैं और भारत के 100 करोड़ से अधिक लोगों को उज्ज्वल भविष्य दे सकते हैं। यदि ऐसा अभी तक नहीं हो पाया है तो इसका एक ही कारण समझ में आता है—अच्छी नीतियों एवं सुशासन का अभाव। लेकिन भाजपा के लिए इतना ही पर्याप्त नहीं है कि गलत नीतियों का पालन करने के लिए दूसरों की बस आलोचना करते रहें; हमें उनकी जगह बेहतर नीतियाँ प्रस्तुत करने के लिए आगे आना होगा। हमें देश के समक्ष खड़ी समस्याओं के बारे में ही चर्चा नहीं करनी है, बल्कि उन समस्याओं से निपटने के लिए व्यावहारिक एवं कारगर समाधान प्रस्तुत करने में भी अग्रणी भूमिका निभानी होगी। इसे ध्यान में रखते हुए हमने कार्यकर्ताओं एवं समर्थकों का एक समूह गठित करने का निर्णय किया है, जिसे भारत विजन-2025 (2025 का भारत) दस्तावेज तैयार करने की जिम्मेदारी सौंपी जाएगी। इस समूह में पार्टी के वरिष्ठ नेता होंगे, जिन्होंने केंद्र सरकार में महत्त्वपूर्ण पदों पर कार्य किया है और वे भी रहेंगे, जो राज्य सरकारों में मुख्यमंत्री एवं मंत्री के रूप में कार्यरत हैं या इन पदों पर कार्य कर चुके हैं। इनके अलावा सांसदों, विधायकों और

मेयरों के साथ-साथ विषय का विशिष्ट ज्ञान रखनेवाले लोगों को भी शामिल किया जाएगा, जो भाजपा के समर्थक हैं। मैं सभी से अपील करता हूँ कि वे इसके लिए अपने सुझाव भेजें।

आप सबसे मैं यह निवेदन भी करना चाहता हूँ कि समाज के वंचित वर्गों—अनुसूचित जाति, अनुसूचित जनजाति और अल्पसंख्यकों तक अपनी पूरी पहुँच बनाने में कोई कसर न छोड़ें। लोग उन राजनीतिक कार्यकर्ताओं की प्रतीक्षा कर रहे हैं, जो उनके दुखड़ों को सुनें और उनकी आकांक्षाओं को पूरा करने में मददगार बन सकें। वे अवश्य ही हमसे जुड़ना चाहेंगे, बशर्ते कि हम सही तरीके से उनके पास पहुँचें। याद रखें, इस बार हम असफल नहीं हो सकते। आइए, हम मिलकर यह संकल्प करें कि नई पहल, नई शुरुआत के द्वारा अपने वोटों की हिस्सेदारी में कम-से-कम 10 प्रतिशत की वृद्धि करें। हमें याद रखना चाहिए, सबके सिर्फ सोचने भर से भारत एक महाशक्ति नहीं बन जाएगा। इसे सच साबित करने के लिए हमें अथक परिश्रम करना होगा, सार्वजनिक जीवन में आने की प्रेरणा या उद्देश्य का पुनरावलोकन करना होगा। हम सिर्फ यही क्यों चाहते हैं कि पार्टी में कोई पद मिल जाए, चुनाव में खड़े होने के लिए एक टिकट मिल जाए या मंत्रालय में कोई पद प्राप्त हो जाए आदि-आदि। क्या हम इससे भी उच्चतर उद्देश्य और राजनीति से भी अधिक शक्तिशाली किसी लक्ष्य से प्रेरणा प्राप्त नहीं कर सकते ? जैसे कि अपने वंचित बंधुओं के चेहरों पर मुसकान लाना, किसानों की उस व्यथा का अंत करना, जिसके कारण हजारों किसानों को आत्महत्या करने पर बाध्य होना पड़ा; उस कुपोषण को समाप्त करना, जिसकी वजह से हजारों जनजातीय बच्चे मर रहे हैं; प्रतिभाशाली युवाओं के लिए रोजगार के अवसर उत्पन्न करना। क्या भारत को फिर से ऐसा जाग्रत् राष्ट्र बनाना लक्ष्य नहीं हो सकता, जो हमें अभिप्रेरित कर सके ?

हालाँकि आगे का रास्ता आसान नहीं है। मार्ग में अनेक चुनौतियाँ हैं, जिनमें से कुछ का उल्लेख मैं पहले ही कर चुका हूँ। हमें जल्दी सफलता की आशा नहीं करनी चाहिए, न ही सिर्फ उस उद्देश्य से काम करना चाहिए।

अस्थायी असफलताओं से हतोत्साहित होने की आवश्यकता नहीं है। तत्काल मिली उपलब्धियों से हमें अति उत्साहित भी नहीं होना चाहिए। हमारी सफलता की कसौटी होगी कि हम भारत को चहुँमुखी प्रगति के मार्ग पर ले जाने में कितना अधिक और कितनी जल्दी निर्धारित दिशा में बढ़ते हैं, ताकि भारत अपना खोया गौरव एवं महानता पुनः प्राप्त कर सके। हमें ऐसे भारत का निर्माण करना है, जो भूख से मुक्त हो, भय और भ्रष्टाचार से मुक्त हो, विषमता एवं हर प्रकार के अन्याय से भी मुक्त हो। हम भारत को स्वावलंबी, सामर्थ्यवान् और पराक्रमी बनाना चाहते हैं। हम ऐसा भारत बनाना चाहते हैं, जिसके अंदर शांति एवं सद्भाव हो और जो पूरे विश्व में शांति एवं सद्भाव स्थापित करने के लिए निरंतर प्रयास करता रहे। एक ऐसा भारत, जिसकी प्राचीन बौद्धिक-भौतिक शक्ति, सांस्कृतिक आलोक, सभ्यताजन्य प्रतिभा और आध्यात्मिक बल से पुनर्जीवित करके जिसे नई अभूतपूर्व ऊँचाइयों तक ले जाया जा सके। इक्कीसवीं सदी निर्विवाद रूप से हिंदुस्तान की है, हमारी महान् भारत माता की है!

❑

---

* 18 फरवरी, 2010 को इंदौर में राष्ट्रीय परिषद् में दिया गया पहला अध्यक्षीय भाषण।

जैसाकि मैं अपने सामान्य कार्यकर्ताओं से बार-बार अपील करता रहा हूँ कि हमें स्वचालित इंजन बनने की कोशिश करनी चाहिए। आदेशों और निर्देशों के लिए किसी व्यक्ति का इंतजार मत कीजिए। लोगों की शिकायतों को दूर करने के लिए काम करना शुरू कर दीजिए। अपने को आम जनता से जोड़िए, उनकी पीड़ाओं और आकांक्षाओं में भागीदार बनिए, उनके बीच काम करिए, अपनी विचार-शक्ति के जरिए योगदान करिए, नए विचार दीजिए और पार्टी के दृष्टिकोण को सामने रखते हुए मुखर बनिए।

2

भाजपा राष्ट्रीय कार्यकारिणी की पटना बैठक में

भाजपा की राष्ट्रीय कार्यकारिणी का सदस्य होना कोई सामान्य बात नहीं है। भारतीय जनता पार्टी के मिशन के प्रति समर्पित कार्यकर्ता के रूप में हमें अपने को सिद्ध करने का सुअवसर मिला है। जैसाकि मैं अपने सामान्य कार्यकर्ताओं से बार-बार अपील करता रहा हूँ कि हमें स्वचालित इंजन बनने की कोशिश करनी चाहिए। आदेशों और निर्देशों के लिए किसी व्यक्ति का इंतजार मत कीजिए। लोगों की शिकायतों को दूर करने के लिए काम करना शुरू कर दीजिए। अपने को आम जनता से जोड़िए, उनकी पीड़ाओं और आकांक्षाओं में भागीदार बनिए, उनके बीच काम करिए, अपनी विचार-शक्ति के जरिए योगदान करिए, नए विचार दीजिए और पार्टी के दृष्टिकोण को सामने रखते हुए मुखर बनिए। राजनीतिक सक्रियता का चरित्र बदल रहा है। हमें इस बदलाव के अनुरूप अपने को ढालने की कोशिश करनी चाहिए। यदि आप सशक्त बनेंगे तो पार्टी स्वत: सशक्त बन जाएगी।

प्राचीन काल से ही बिहार राज्य और ऐतिहासिक शहर पाटलिपुत्र का हमारे इतिहास में गौरवशाली स्थान रहा है। यह गौतम बुद्ध की भूमि रही है।

चंद्रगुप्त मौर्य और आचार्य चाणक्य जैसे कई महान् नायक यहीं पैदा हुए थे। यही वह भूमि है, जिसने भगवान् महावीर, गुरु गोविंद सिंह, मजरुल हक, बाबू कुँवर सिंह, डॉ. राजेंद्र प्रसाद, रामधारी सिंह दिनकर, कवि सदानंद सरस्वती, बाबू जगजीवन राम, जयप्रकाश नारायण, प्रभावतीजी और कर्पूरी ठाकुर सरीखे भारत माता के महान् सपूत-सुपुत्रियों को जन्म दिया, जिन्हें राष्ट्र में सर्वाधिक सम्मान से देखा जाता है। मैं इस पवित्र भूमि को प्रणाम करता हूँ।

गौतम बुद्ध ने शांति, सद्भाव और त्याग का उपदेश दिया था। भारतीय लोकाचार के निर्माण में इन शिक्षाओं का अपना स्थान है। उन्होंने अपने शिष्यों को परम संदेश दिया था—'अप्प दिप्पो भव', जिसका अर्थ है—'अपना दीपक स्वयं बनें।' इस संदेश की चिरंतन प्रासंगिकता को कभी नहीं भुलाया जा सकता। महात्मा गांधी से लेकर डॉ. अंबेडकर तक बुद्ध की शिक्षाओं ने सैकड़ों दार्शनिकों और चिंतकों को प्रभावित किया। यही कारण है कि दुनिया में लाखों लोग बौद्ध धर्म के अनुयायी हैं। नील की खेती करनेवाले किसानों के लिए चंपारण में गांधीजी का संघर्ष आज भी मेरे हृदय में तरोताजा है। शिक्षा के महान् केंद्र नालंदा और आध्यात्मिक केंद्र राजगीर बिहार के रत्नों की तरह हैं। जब हम सब बिहार में हों तो लोकनायक जयप्रकाश नारायण की याद आना स्वाभाविक है। कइयों की तरह मैं भी अपने कॉलेज के दिनों में जेपी से बहुत प्रभावित था, खासकर जब उन्होंने समग्र परिवर्तन के लिए एक जनांदोलन का नेतृत्व किया। उन्होंने इमरजेंसी के कठोर शासन से लड़ते हुए लोकतंत्र की बहाली में अपना अमूल्य योगदान किया। इसके लिए राष्ट्र उनका हमेशा कृतज्ञ रहेगा। पटना शहर, खासकर ऐतिहासिक गांधी मैदान, जेपी के आह्वान पर आम जनता के विशाल जन-सैलाब का साक्षी रहा है।

जेपी और 1974 के आंदोलन के बारे में बात करते हुए स्व. नानाजी देशमुख का स्मरण आना स्वाभाविक है। नानाजी ने यहीं पुलिस लाठी चार्ज का सामना करते हुए जेपी की रक्षा की थी। नानाजी के दु:खद निधन से इस राष्ट्र और भाजपा के कार्यकर्ताओं ने एक महान् नेता खो दिया। नानाजी की

कथनी और करनी में कोई अंतर नहीं था। वे जो कहते थे, उस पर चलने का साहस दिखाते थे। उन्होंने हमें दिखाया कि साठ की उम्र पार कर जाने के बाद भी दलीय राजनीति से ऊपर उठते हुए किस तरह राष्ट्र-निर्माण में योगदान किया जा सकता है। चित्रकूट में उन्होंने ग्रामीण उत्थान के लिए असंख्य और अत्यंत सफल प्रयोग किए। विकसित भारत के निर्माण के लिए कुछ ठोस करने के इच्छुक हजारों युवक इन प्रयोगों से प्रेरणा लेते रहेंगे। नानाजी ने अपने रचना कर्म के द्वारा यह दिखाया कि जब हर व्यक्ति अपनी पूरी क्षमता और प्रतिबद्धता से काम करता है तो आशा से अधिक काम भी कर सकता है। भारत के इस आधुनिक ऋषि को मैं नमन करता हूँ।

कुछ हफ्ते पहले हमने अपने वरिष्ठ नेताओं में एक भैरोंसिंह शेखावत को भी खो दिया। आधुनिक राजस्थान के निर्माण में उनके योगदान को कभी भुलाया नहीं जा सकता। वे सही मायने में राजनेता थे। मुख्यमंत्री से लेकर उपराष्ट्रपति तक वे जिस पद पर भी रहे, उन्होंने उसे गरिमा प्रदान की। जन संघ के दिनों में भूमि सुधार के मुद्‌दे पर पार्टी के एक बड़े तबके के कड़े विरोध के बावजूद वे पार्टी के निर्देशों पर अटल रहे। उनके लिए पार्टी और विचारधारा सर्वोपरि थी। दोनों दिवंगत नेताओं को नमन करते हुए मैं अपने सभी साथी कार्यकर्ताओं से अपील करता हूँ कि वे उनके द्वारा स्थापित उच्च आदर्शों पर चलने का उदाहरण पेश करें।

बिहार में पहली बार कोई सरकार जनाकांक्षाओं के अनुरूप काम कर रही है और वांछित परिणाम दे रही है। बिहार के पिछले शासकों ने राज्य के लोगों में शर्मिंदगी और हीनभावना पैदा करने के अलावा कुछ नहीं किया। दुनिया में कई लोग बिहार को केवल 'बीमारू' के पहले अक्षर के रूप में जानते थे। एन.डी.ए. शासन में नीतीश कुमार और सुशील कुमार मोदी के नेतृत्व में 'बीमारू' बिहार 'जुझारू' बिहार में परिवर्तित हो गया है। मैं यहाँ के एन.डी.ए. नेतृत्व को धन्यवाद देता हूँ, जिसने हर बिहारी में गर्व की भावना भर दी है। बिहार ने 11 प्रतिशत की आश्चर्यजनक विकास दर हासिल कर एक

मिसाल कायम की है। मैं राज्य के उप-मुख्यमंत्री एवं वित्त मंत्री सुशील कुमार मोदी और कैबिनेट में उनके सभी सहयोगियों को खास तौर पर धन्यवाद देना चाहूँगा, जिन्होंने देश की अर्थव्यवस्था में यह चमत्कार कर दिखाया है। याद रखिए, कुशासन ने बिहार की नकारात्मक विकास दर को 5 से 15 प्रतिशत के बीच पहुँचा दिया था, जहाँ से एन.डी.ए. उसे सकारात्मक 11 प्रतिशत पर ले आया है। मुझे पूरा विश्वास है कि आनेवाले दिनों में बिहार के लोग एक बार फिर एन.डी.ए. में अपना भरोसा जताएँगे, राज्य को सफलता की बुलंदी पर पहुँचाएँगे और अंतरराष्ट्रीय स्तर पर उसका नाम रोशन करेंगे।

यू.पी.ए.-2 ने सत्ता में एक वर्ष पूरा कर लिया। लेकिन उसका यह पहला वर्ष विफलताओं के नाम है। इस पृष्ठभूमि में इस निष्क्रियता के वर्ष पर विचार करना समीचीन होगा। जहाँ रिपोर्ट कार्ड प्रकाशित करने जैसा काम स्वागत योग्य है, वहीं यह भी सच है कि प्रतिभाशाली छात्र अपनी प्रतिभा का प्रदर्शन केवल रिपोर्ट कार्ड के जरिए नहीं, बल्कि अपने कार्यों से भी करता है। कांग्रेस ने 100 दिनों में जरूरी वस्तुओं की कीमतों पर लगाम लगाने का वादा किया था, लेकिन कीमतें शत-प्रतिशत बढ़ गईं। प्रधानमंत्री ने वादा किया था कि वे विकास दर को दो अंकों में पहुँचा देंगे। विकास दर दो अंकों में तो नहीं पहुँची, लेकिन मुद्रास्फीति दो अंकों में जरूर पहुँच गई। कमोडिटी एक्सचेंज में फॉरवर्ड ट्रेडिंग से केवल 0.3 प्रतिशत वास्तविक डिलिवरी हुई और 99.7 प्रतिशत कारोबार अटकल तथा जोड़-तोड़ में खत्म हुआ। बिचौलियों और जमाखोरों को लाभ पहुँचाने के लिए गेहूँ, चीनी, कपास, तेल और कई अन्य वस्तुओं का कृत्रिम तरीके से अभाव पैदा किया गया। हमने माँग की है कि आवश्यक वस्तुओं को कमोडिटी एक्सचेंज के दायरे से बाहर कर दिया जाए। लेकिन यू.पी.ए. ने अभी तक हमारी इस माँग पर ध्यान नहीं दिया है, क्योंकि यथास्थिति बनाए रखने में उसके कुछ निहित स्वार्थ हैं। यह कुशासन का वर्ष था। इसके पहले कांग्रेस अपनी सामूहिक विफलता के लिए यू.पी.ए. के पिछले घटकों, खासतौर पर कम्युनिस्टों, को दोषी ठहराया करती थी। आज

कांग्रेस अपनी विफलताओं के लिए किसी पार्टी को दोषी नहीं ठहरा सकती। एन.डी.ए. के प्रधानमंत्री अटल बिहारी वाजपेयी के विपरीत यू.पी.ए. के राजनीतिक नेतृत्व के पास इतना नैतिक साहस नहीं है कि वह अपने घटक दलों के मंत्रियों से—चाहे वे कृषि मंत्री हों, नागरिक उड्डयन मंत्री हों, संचार मंत्री हों या रेल मंत्री हों—जवाब तलबी कर सके। इस 'अनस्क्रूपलस प्रोटेक्शन एलायंस' (सिद्धांतहीनता संरक्षण गठबंधन) के घटकों के बीच एक अलिखित समझौता दिखता है—'हम जवाब नहीं माँगेंगे, तुम सवाल मत पूछो।' यू.पी.ए.-2 की शुरुआत तेलंगाना के बारे में राजनीतिक फैसले के अभाव से हुई। बाद में और भी कई विफलताएँ सामने आईं। यू.पी.ए. सरकार निम्न क्षेत्रों में विफल रही—

- नक्सली खतरे से निपटने के लिए एक सुसंगत रणनीति बनाने में
- लोकसभा में महिला आरक्षण विधेयक पेश करने में
- मणिपुर की स्थिति की गंभीरता को समझने में
- अमेरिका से अपनी शर्तों पर बात करने में
- पाकिस्तान के साथ आवश्यक दृढ़ता दिखाने में
- बढ़ती कीमतों के खिलाफ बाजार पर अंकुश लगाने में
- गाँवों और नगरों में गरीबों का शोषण करने से बाजार को रोकने में
- भारत के गरीबों की वास्तविक संख्या बताने में।

कुल मिलाकर यू.पी.ए.-2 का पहला साल सुपर फ्लॉप शो साबित हुआ। यह कुशासन दूसरी चीजों के साथ-साथ इस सरकार की कुछ बुनियादी विसंगतियों का परिणाम है। यू.पी.ए. शासन की सबसे बड़ी विसंगति तो यह है कि उसके प्रशासनिक नेतृत्व में राजनीतिक क्षमता का अभाव है और पीठासीन राजनीतिक मूर्ति को शासन की जटिलताओं की समझ नहीं है। इससे भारत की जनता की स्थिति बदतर हो गई है और इन गड़बड़ियों को परामर्श का कोई भी तंत्र दूर नहीं कर सकता। सरकार की ईमानदारी और इरादे पूर्णतया संदेहास्पद हैं।

भाजपा की ओर से मैं ब्रिटेन के नए प्रधानमंत्री डेविड कैमरुन को बधाई

देता हूँ और कंजरवेटिव-लिबरल सरकार के गठन का स्वागत करता हूँ। यह सुखद है कि नई सरकार 'भारत के साथ और ज्यादा भागीदारी' के लिए प्रतिबद्ध है। यह भागीदारी 21वीं शताब्दी की वास्तविकताओं को ध्यान में रखते हुए एक नए भारत और एक नए ब्रिटेन के बीच होनी चाहिए। दिलचस्प बात यह है कि इन ताजा ब्रिटिश संसदीय चुनावों ने 'फर्स्ट-पास्ट-द-पोस्ट' चुनावी प्रणाली की खामियों को उजागर किया है। भाजपा काफी लंबे समय से हमारी चुनावी प्रणाली में सुधार हेतु एक राष्ट्रीय बहस की बात मुखर करती रही है, ताकि खंडित जनादेश की कठिनाइयों या एक ऐसे जनादेश, जो राष्ट्रीय मूड या अधिसंख्यक लोगों की आकांक्षाओं को अभिव्यक्त न करता हो, को टाला जा सके। शायद यह इस बहस को पुन: शुरू करने का आधार बन सके। हमारे पड़ोस में स्थित नेपाल में स्थिति अभी भी डाँवाँडोल है। हम अपने इस परंपरागत पड़ोसी देश में शांति और स्थिरता की कामना करते हैं। यह हिमालयी राष्ट्र एक बार फिर राजनीतिक कलह और तनाव से ग्रस्त है। ऐसे में हम भारत सरकार से नेपाल में राजनीतिक स्थिरता के लिए हर तरह की मदद करने की अपील करते हैं। भारत सरकार को माओवादियों द्वारा धार्मिक मामलों में हस्तक्षेप के प्रयासों के प्रति सचेत रहना चाहिए, जैसाकि उन्होंने पशुपतिनाथ मंदिर से भारतीय पुजारियों को निकालने के समय किया। हम माओवादी काडर को नागरिक समाज से जोड़ने के प्रयासों और हाल में जनता के साथ हुए अन्याय को दूर करने संबंधी प्रशासनिक तथा अन्य उपायों का भी स्वागत करते हैं। इस समूचे क्षेत्र की जनता के हित में यही है कि हिंसा में विश्वास करनेवाले लोगों के वर्चस्व को खत्म किया जाए और कानून-व्यवस्था तथा शासन को और सुदृढ़ बनाया जाए।

पाकिस्तान में स्थिति सामान्य से कोसों दूर है। पाकिस्तान सरकार की कथनी और करनी में अंतर बना हुआ है। दुर्भाग्य से भारत सरकार भी पाकिस्तान को यह स्पष्ट संदेश देने में विफल रही है कि यदि वह आतंकवादी गतिविधियों को सहायता और बढ़ावा देता रहेगा तो उसे उसके गंभीर नतीजे भुगतने होंगे।

सरकार में दृढ़ निश्चय के साहस के संकट ने भारत–पाक संबंधों के सारे पहलुओं में जटिलता ला दी है। हमारे अड़ियल पड़ोसी के लिए हमारी अधिकृत चेतावनी खोखली साबित हुई है, क्योंकि इसमें स्पष्टता का अभाव है। यह देखकर निराशा होती है कि पाकिस्तान में फर्जी न्याय प्रक्रिया और आतंक के आकाओं को दंडित करने में उनकी असफलता पर भारत सरकार की दबी प्रतिक्रिया के चलते हमारे प्रधानमंत्री वार्त्ता के लिए प्रोत्साहित हो आगे बढ़ते हैं, लेकिन उनके गृहमंत्री बातचीत के विरुद्ध बोलते हैं। भाजपा का मानना है कि पाक से बातचीत तब तक निरर्थक रहेगी जब तक वह अपनी भूमि से आतंकी नेटवर्क को समाप्त नहीं कर देता। हमारी यह धारणा बलवती होती जा रही है कि हमारे कूटनीतिज्ञ पाकिस्तान से बात तो करते हैं, लेकिन वह केवल अपने मतलब की बातें ही सुनता है। आतंक को तनिक भी बरदाश्त न करने पर हमारी स्थिति भ्रम के चलते कमजोर हुई है। इससे सीमाओं पर रक्षा करनेवालों और अर्द्ध–सैन्य बलों के मनोबल पर प्रभाव पड़ता है। श्रीलंका ने आतंकवादियों को परास्त कर शांति पाने में सफलता पाई है, लेकिन उन्हें अब आंतरिक रूप से विस्थापित लोगों का दिल जीतना है। हमारी नेता और लोकसभा में विपक्ष की नेता श्रीमती सुषमा स्वराज ने श्रीलंका के राष्ट्रपति श्री महिंद्रा राजपक्षे के सामने स्थिति स्पष्ट की है। हम माँग करते हैं—आंतरिक रूप से विस्थापित लोगों को सम्मान और आदर के साथ अच्छे से पुनर्वासित किया जाए। श्रीलंकाई संविधान के तेरहवें संशोधन से कोई छेड़छाड़ नहीं होनी चाहिए। तीसरा और महत्त्वपूर्ण कि इस क्षेत्र में शांति और सुरक्षा के संदर्भ में भारतीय सुरक्षा चिंताओं को श्रीलंका सम्मान दे।

इसी तरह चीन के प्रति हमारा रवैया भ्रांति को बढ़ाने का रहा है। हाल में भारतीय राष्ट्रपति की चीन यात्रा के दौरान भारत से चीन की अखंडता का समर्थन करवाया गया। लेकिन भारतीय पक्ष चीन से यह कहलवाने में विफल रहा कि अरुणाचल प्रदेश भारत का अभिन्न अंग है। हाल ही में ऐसे अनेक उदाहरण देखने को मिले, जो यह आशंका प्रकट करते हैं कि भारत सरकार सिर्फ

प्रतिक्रियात्मक विदेश नीति का अनुसरण करती है। परंतु यह स्थिति बदलनी चाहिए।

भारत–अमेरिका के बीच रणनीतिक साझेदारी पर काफी कुछ कहा गया है। भाजपा ऐसे किसी भी कदम का स्वागत करती है, जिससे परस्पर हितों की रक्षा और एक–दूसरे की चिंताओं को समझने के आधार पर रिश्ते मजबूत होते हों। जबकि हम यह मानते हैं कि परस्पर हितों और समानता पर आधारित भारत–अमेरिका रणनीतिक संबंधों से काफी लाभ हो सकता है, उसी समय ऐसा लगता है कि यू.पी.ए. सरकार हमारे राष्ट्रीय हितों की कीमत पर अमेरिका की बंधक बनी हुई है। वास्तव में, भारत–अमेरिकी संबंध अब पाकिस्तान और अफगानिस्तान में अमेरिकी हितों को बढ़ाने, इसी तरह अफगानिस्तान में पाकिस्तान हितों को बढ़ाने का आवरण बने हैं; इसके अलावा इस्लामाबाद की अनर्गल माँगों को बढ़ावा दिया जा रहा है। श्री अटल बिहारी वाजपेयी ने भारत–अमेरिकी संबंधों को परस्पर हितों और भारत के रणनीतिक हितों के नए स्तर पर ले जाने में सफलता पाई थी। एन.डी.ए. सरकार के समय हुए लाभों को यू.पी.ए. की दब्बू सरकार ने यूँ ही खो दिया, जो कि अमेरिका से बदले में समान लाभों को पाए बगैर झुकने को तैयार है। उदाहरण के लिए, परमाणु दायित्व विधेयक के प्रारूप को देखकर हैरानी होती है कि कैसे उसमें हमारे राष्ट्रीय हितों को ताक पर रखकर अमेरिकी व्यवसायियों के हितों की रक्षा की गई है; उससे ज्यादा यह शोचनीय है कि इसमें भारतीय जीवन की कीमत को सस्ते दामों में आँका गया है।

साथ ही हम सरकार को आगाह कर देना चाहते हैं कि भारत के लोग कभी भी अमेरिका से ऐसे सौदे या समझौते को स्वीकार नहीं करेंगे, जिसमें भारत की रणनीतिक स्वायत्तता, लचीलेपन और इसकी विदेश नीति में कूटनीतिक जोड़–तोड़ की गुंजाइश को तिलांजलि दे दी जाए।

यहाँ यह दोहराना अप्रासंगिक नहीं होगा कि भाजपा परमाणु दायित्व

विधेयक का कड़ा विरोध करती है। भोपाल गैस त्रासदी पर हाल के फैसले के बाद इस तरह के कानून का खतरा और स्पष्ट हो गया है। सी.बी.आई. के पूर्व अधिकारी बी.आर. लाल ने रहस्योद्घाटन किया कि किस तरह तत्कालीन केंद्र सरकार ने यूनियन कार्बाइड प्रबंधन, खासतौर पर कंपनी के भगोड़े सी.ई.ओ. वारेन ऐंडरसन को बचाने की कोशिश की थी। यह इस बात की ताजा मिसाल है कि किस तरह रात-दिन आम आदमी की कसम खानेवाले लोग उसी की पीठ में छुरा भोंक रहे हैं। भोपाल गैस त्रासदी का फैसला हमारी न्यायिक प्रणाली द्वारा किया गया क्रूर मजाक है। भाजपा माँग करती है कि सरकार एक बार फिर सुप्रीम कोर्ट का दरवाजा खटखटाए और फैसले पर पुनर्विचार करने के लिए कहे। भोपाल इस बात की मिसाल है कि किस तरह हमारी न्यायिक प्रणाली की अंतर्निहित कमजोरी के कारण दोषी बरी हो जाते हैं।

भोपाल ने एक बार फिर समूचे राष्ट्र के सम्मुख दोहराया है कि कैसे कांग्रेसी शासक समय-समय पर अपने निजी और राजनीतिक हितों के लिए लोगों के हितों से समझौता करते रहे हैं।

आंतरिक सुरक्षा के मोर्चे पर आतंकवाद खत्म होने का नाम नहीं ले रहा है। कानूनी भाषा में कहें तो कसाब की किस्मत के बारे में अभी भी अनिश्चितता बनी हुई है। अफजल गुरु को फाँसी पर लटकाने में हो रही देरी के बारे में नए रहस्योद्घाटन यू.पी.ए. सरकार की घुटने टेकनेवाली नीति को ही साबित करते हैं। पूर्व गृहमंत्री द्वारा इस मामले में डाली गई बाधाओं के बारे में कुछ नई सच्चाइयाँ सामने आई हैं। इस आलोक में प्रधानमंत्री का यह कर्तव्य बनता है कि वे लोगों को बार-बार दी गई गलत सूचनाओं के बारे में सफाई दें। विडंबना तो यह है कि यू.पी.ए. सरकार अफजल गुरु को फाँसी पर लटकाए जाने के बाद की कानून-व्यवस्था की स्थिति के बारे में अधिक चिंतित दिखती है, न कि सींखचों के पीछे उसे रखे जाने के कारणों के बारे में। यह ऐसी सरकार है, जो कानून का पालन करनेवाले लोगों के जीवन की बजाय हमारे खिलाफ युद्ध छेड़नेवाले एक खतरनाक अपराधी की मौत के बारे में अधिक चिंतित है!

इसके अलावा हम सभी के सामने नक्सली खतरा भी गंभीर बना हुआ है। भाजपा ने बार-बार कहा है कि यदि सरकार नक्सली खतरे से निपटने के लिए कारगर कदम उठाती है तो पार्टी उसका समर्थन करेगी। लेकिन सरकार भ्रम और उलझन में दिखती है। आंतरिक सुरक्षा के प्रतिष्ठान इस खतरे को समझने में विफल दिखते हैं। हालाँकि अल्प-विकसित क्षेत्रों में, खासकर जहाँ आदिवासी समुदाय रहते हैं, आर्थिक और सामाजिक विकास की जरूरत है; लेकिन यह नक्सली खतरे के खत्म हो जाने की गारंटी नहीं है। जहाँ नक्सली राज्य सरकारों की सत्ता को खुली चुनौती देते रहे हैं या दे रहे हैं, वहीं यू.पी.ए. सरकार के कुछ मंत्री उनसे सहानुभूति दिखा रहे हैं। दृष्टिकोण में यह दुविधा गलत संदेश दे रही है। एक ओर जहाँ इन कदमों से पुलिस और अर्द्धसैनिक बलों का मनोबल गिर रहा है, वहीं दूसरी ओर नक्सलियों का दुःसाहस बढ़ रहा है। मैं यू.पी.ए. को चेतावनी देता हूँ कि वह नक्सलियों और उनकी हिंसा के शिकार लोगों के प्रति असंवेदनशीलता दिखाकर आग से खेल रही है। इस संदर्भ में सरकार के रवैए से इस मुद्दे पर गंभीरता का अभाव दिखता है। हम दंतेवाड़ा में निर्दोष लोगों की निर्मम हत्या और मिदनापुर जिले में ज्ञानेश्वरी एक्सप्रेस पर हमले से भी विशेष रूप से चिंतित हैं। दुर्भाग्य से मानवाधिकारों के राष्ट्रीय और अंतरराष्ट्रीय पैरोकार उस समय खामोश रहते हैं, जब नक्सली सैकड़ों निर्दोष लोगों के जीने के बुनियादी अधिकार का हनन करते हैं। भारतीय जनता पार्टी मानवाधिकार कार्यकर्ताओं से अपील करती है कि वे मानवाधिकारों के उल्लंघन की निंदा करने में पक्षपात न करें।

नक्सलियों की क्रूरता और घोर अनाचार-अन्याय के बारे में लोगों को शिक्षित करने के लिए मैं अपनी राज्य इकाइयों से उन जगहों पर 'जन-सुनवाई' सरीखे कार्यक्रम आयोजित करने की अपील करता हूँ, जहाँ नक्सली बर्बरता के शिकार लोग जनता के साथ अपनी पीड़ा बाँट सकें। नक्सलियों को प्रबुद्ध वर्ग और समाज के कुछ तबकों में इसलिए समर्थन हासिल है, क्योंकि ये तबके आम तौर पर नक्सली गतिविधियों के इन पहलुओं से अनजान हैं। हमारा

कर्तव्य है कि हम आम जनता को इस बारे में बताएँ।

हाल ही में हरियाणा में हुए सामाजिक झगड़ों की घटनाएँ चिंताजनक हैं। मिर्चीपुर में हुई घटनाएँ अत्यधिक निंदनीय हैं। वहाँ के पीड़ित अभी भी दिल्ली में भय के साए में रह रहे हैं। हरियाणा की कांग्रेस सरकार असंवेदनशील बनी हुई है और प्रभावित परिवारों को उनके घरों को लौटने में आश्वस्त करने में भी असफल हुई है।

जब राष्ट्र आंतरिक सुरक्षा के अनेकविध खतरों का सामना कर रहा है तब सरकार सी.बी.आई. को अपने राजनीतिक उद्देश्यों के लिए काम करने को बाध्य कर रही है। सी.बी.आई. डराने का हथियार बन गई है। भोपाल त्रासदी के संदर्भ में इसके एक अधिकारी द्वारा किए गए ताजे रहस्योद्घाटन ने हमारे इस भय की पुष्टि की है कि कांग्रेस इस रणनीति को अपनाकर अपने विरोधियों को झुकाती है या कानून से अपने परिचितों—क्वात्रोची और एंडरसन को कानून की पकड़ से आजाद कराती है। इससे सिद्ध होता है कि उनकी प्रतिबद्धता भारत के लोगों के प्रति नहीं है। भाजपा सी.बी.आई. के दुरुपयोग की संयुक्त संसदीय समिति से जाँच कराने की जोरदार माँग करती है।

कांग्रेस शासन में कृषि की उपेक्षा का लंबा इतिहास रहा है। कृषि, पानी और ग्रामीण विकास उसके लिए नारेबाजी तक सीमित रहे हैं। एक ओर किसानों को उनके उत्पादों के पर्याप्त दाम नहीं दिए गए तो दूसरी ओर उपभोक्ताओं को ऊँचे दाम देने पड़ते हैं। हाल ही में कांग्रेस-शासित प्रदेशों और उत्तर प्रदेश में गेहूँ की खरीद समय पर नहीं हो पाई, अतः नतीजा यह हुआ कि किसानों को उनकी नई फसल बेचने में कठिनाई का सामना करना पड़ा। ग्रामीण क्षेत्रों और बाजारों में पर्याप्त भंडारण सुविधाओं के अभाव ने इसे और बढ़ा दिया। महत्त्वपूर्ण बाजार हस्तक्षेप रणनीति का भी अभाव रहा। मैं अपने पार्टी कार्यकर्ताओं से अपील करता हूँ कि बाजार में जब भी नई फसल आए तो वे सार्वजनिक खरीदी केंद्रों पर जाएँ। हमें सुनिश्चित करना होगा कि बगैर भ्रष्टाचार और परेशानी के किसान को उसका हक मिले।

प्रधानमंत्री अकसर हरित क्रांति की बात करते हैं। लेकिन इस दिशा में आगे बढ़ने की न तो उन्होंने कोई इच्छा दिखाई है और न ही कोई ब्लूप्रिंट सामने रखा है। कृषि मंत्री ने स्वीकारा है कि 58,000 करोड़ रुपए मूल्य का खाद्यान्न प्रति वर्ष सड़ जाता है। मैं कृषि विकास के बारे में अपने कुछ विचार आपके सामने रखना चाहता हूँ। पानी कृषि विकास की कुंजी है। भाजपा माँग करती है कि सिंचाई को समवर्ती सूची में रखा जाए, ताकि बाढ़ और सूखे से प्रभावी ढंग से निपटा जा सके। भारत में यह दयनीय है कि किसानों को अच्छी किस्म का बीज आसानी से नहीं मिलता। सिर्फ कुछ दिन पहले ही जोधपुर में किसानों को लाठियाँ इसलिए सहनी पड़ीं, क्योंकि वे अच्छी किस्म के बीजों की माँग कर रहे थे। सरकार को कृषि वित्त जैसे मुद्दों को बहुत गंभीरता से लेना पड़ेगा। भाजपा-शासित राज्यों में हमने समग्र कृषि विकास रणनीति बनाई है, जिसके चलते गुजरात, बिहार और छत्तीसगढ़ तथा अन्य भाजपा-शासित प्रदेशों में अच्छे नतीजे सामने आए हैं।

आप सभी लोगों की तरह मैं भी मणिपुर की स्थिति से बहुत चिंतित हूँ। मणिपुर सरकार ने मणिपुर हिल एरियाज ऑटोनॉमस डिस्ट्रिक्ट काउंसिल्स (ए.डी.सी.) के चुनाव कराने का फैसला किया था। इसके विरोध में नगा छात्र संगठनों और कुछ नगा राष्ट्रवादी सिविल सोसाइटी संगठनों ने मणिपुर जानेवाली सड़कें अवरुद्ध कर दीं। हमारा मानना है कि नगा नेता थुइंगलेंग मुवैया ने पहले मणिपुर में अपने गाँव जाने का ऐलान कर और फिर बाद में सड़कों को अवरुद्ध करने की राजनीति में शामिल होकर खतरनाक खेल खेला है। यह बेहद खेदजनक है कि नगा समूहों को समूचे मणिपुर राज्य को बंधक बनाने की छूट दे दी गई है और केंद्र सरकार मूकदर्शक बनी हुई मणिपुर के लोगों की दयनीय स्थिति को चुपचाप देख रही है। जहाँ नगाओं की समुचित माँगों पर निश्चित रूप से ध्यान दिया जाना चाहिए, वहीं लोकतांत्रिक राज्यतंत्र में अवरोध की राजनीति के लिए कोई जगह नहीं है।

हम पूरी तरह मणिपुर की जनता के साथ हैं और केंद्र सरकार से माँग

करते हैं कि वह उनके साथ उसी तरह की संवेदनशीलता दिखाए, जिस तरह की संवेदनशीलता वह कश्मीर घाटी की जनता के साथ दिखाती है। भाजपा केंद्र सरकार से यह भी माँग करती है कि वह वैकल्पिक सड़कें खोलने और हवाई जहाज से खाद्यान्न तथा अन्य आवश्यक वस्तुएँ गिराने जैसी कार्रवाई कर यह स्पष्ट संदेश दे कि राष्ट्र की सहानुभूति मणिपुर की जनता के साथ है। इसके अतिरिक्त, प्रधानमंत्री को इंफाल जाकर अपनी सरकार और राष्ट्र के दूसरे हिस्सों की जनता की ओर से चिंता व्यक्त करनी चाहिए। हम सरकार को चेतावनी देते हैं कि अगर उसने स्थिति को और अधिक बिगड़ने दिया तो दोनों राज्यों के अलगाववादी नेता जनता के गुस्से को पूरी तरह भुनाएँगे, जिससे अशांति तथा हिंसा को और अधिक बढ़ावा मिलेगा। मैं महानगरों में रहनेवाले अपने सभी पार्टी कार्यकर्ताओं से खासतौर पर अपील करता हूँ कि वे अपने शहर में मणिपुरी विद्यार्थियों और युवाओं से मिलें और उन्हें बताएँ कि देश के दूसरे हिस्सों की जनता उनके साथ है। भाजपा डॉ. श्यामा प्रसाद मुखर्जी की पुण्यतिथि 23 जून को 'मणिपुर एकता दिवस' के रूप में मनाएगी। सभी राज्यों की राजधानियों में हमारे कार्यकर्ता उस दिन उपवास करेंगे और एक दिवसीय धरना देंगे।

आसमान छूती महँगाई ऐसा मुद्दा है, जिसके बारे में लोगों को जागरूक बनाने की जरूरत है। मुझे प्रसन्नता है कि हमने यह काम कई तरीकों से किया। हमने लोगों को बताया कि यह महँगाई गलत आर्थिक नीतियों और वित्तीय कुप्रबंधन का नतीजा है। हमने यह भी साबित किया कि सरकार ने असंवेदनशीलता दिखाते हुए लाखों टन गेहूँ सड़ने दिया। हम आलू उत्पादकों की दयनीय स्थिति को भी सफलतापूर्वक सामने लाए। लेकिन दुर्भाग्य से यह सरकार लोगों की परेशानियों के प्रति इतनी उदासीन है कि उसने उनकी तंगहाली में और भी इजाफा कर दिया। हाल में पेट्रोल, डीजल और गैस की कीमतों में की गई बढ़ोतरी घाव पर नमक छिड़कने की दूसरी मिसाल है। याद रहे, जब भी कांग्रेस सत्ता में आती है तो कीमतें सदैव आकाश छूने लगती हैं।

भाजपा कीमतों में इस बढ़ोतरी की निंदा करती है और यू.पी.ए. को चेतावनी देती है कि महँगाई के खिलाफ लोगों का बढ़ता गुस्सा उसकी सरकार के जनादेश को जल्दी ही जलाकर खाक कर देगा।

इंदौर में हमने सुशासन पर और बल देने पर जोर दिया था। भाजपा देश की पहली पार्टी है, जिसने एक सुशासन प्रकोष्ठ की स्थापना की है। इस प्रकोष्ठ का काम बेहतर कामकाज के लिए हमारी सरकारों को हर तरह की सहायता उपलब्ध कराना है। गोवा के पूर्व मुख्यमंत्री श्री मनोहर पारिकर इस प्रकोष्ठ के संयोजक हैं। हाल में इस प्रकोष्ठ ने मुंबई में सफलतापूर्वक 'सुराज संकल्प सम्मेलन' का आयोजन किया। इस सभा में हमने जनोन्मुखी और सुशासन का फिर संकल्प लिया। भाजपा के आठ राज्यों के सभी मुख्यमंत्रियों एवं उप-मुख्यमंत्रियों, 60 मंत्रियों और केंद्र तथा प्रदेशों के कुछ वरिष्ठ पार्टी कार्यकर्ताओं ने रामभाऊ म्हालगी प्रबोधिनी में आयोजित इस दो दिवसीय सम्मेलन में भाग लिया। यह अपने तरह का पहला सम्मेलन था, जिसमें लिया गया सुराज संकल्प यह दर्शाता है कि हम औरों से भिन्न शासन देने के लिए प्रतिबद्ध हैं। यह बहुत खुशी की बात है कि इस सभा से कई दिन पहले एक अग्रणी टी.वी. चैनल ने देश के सर्वोत्तम पाँच मुख्यमंत्रियों में भाजपा के तीन मुख्यमंत्रियों को शामिल किया था। मैं सभी भाजपा सरकारों को उनकी सफलता के लिए बधाई देता हूँ और सुराज संकल्प के कार्यान्वयन में उनकी सफलता की कामना करता हूँ। मैं उन कुछ महत्त्वपूर्ण उपलब्धियों का वर्णन करना चाहता हूँ, जो हमारे शासित राज्यों में हासिल की गई हैं। देश में कृषि वृद्धि हुई है। बिहार ने कृषि वृद्धि में अप्रत्याशित सफलता प्राप्त कर देश को सुखद रूप से चकित कर दिया है। 2002 से 2009 के बीच गुजरात में कृषि वृद्धि 9.6 प्रतिशत लगातार बनी रही है। कर्नाटक ने सफलतापूर्वक ग्लोबल इन्वेस्टर्स सम्मेलन आयोजित किया, जिसने राज्य के प्रति निवेशकों का ध्यान आकृष्ट किया है। पर्यावरण चेतना के युग में हमारी हिमाचल सरकार ने अनेक कदम उठाते हुए कार्बन पॉइंट हासिल किए हैं, जो उनके प्रभावी प्रबंधन को प्रमाणित करते हैं। छत्तीसगढ़ ने तकनीक का प्रभावी रूप से प्रयोग करते हुए सार्वजनिक वितरण

प्रणाली को इतना प्रामाणिक बनाया है कि यह कुशलता का पर्याय बनी है। हमारा मानना है कि सुशासन केवल सार्वजनिक प्रशासन तक सीमित नहीं होता। यह हमारे पार्टी मामलों के प्रबंधन में भी सहायक होता है। इसके लिए हमें अपने मानव संसाधन विकास प्रक्रिया को सक्रिय करना होगा। इस दिशा में हमारे प्रशिक्षण प्रकोष्ठ ने पहले ही पूरी लगन से काम करना शुरू कर दिया है। इस बैठक में प्रशिक्षण प्रकोष्ठ के अब तक के कार्यों और भावी योजनाओं के बारे में एक रिपोर्ट पेश की जाएगी। इसी तरह अंत्योदय के मोर्चे पर हमने एक विनम्र शुरुआत की है। समाज–सेवा को राजनीतिक कार्यों से जोड़ने की यह हमारी अनूठी पहल है। इसके अतिरिक्त पार्टी के गैर–सदस्य शुभेच्छुओं के लिए बनाए गए मंच 'फ्रेंड्स ऑफ बीजेपी' ने पहले ही काम करना शुरू कर दिया है। इस सत्र में अंत्योदय और 'फ्रेंड्स ऑफ बीजेपी' पर रिपोर्टें पेश की जाएँगी। इसके अलावा हमने जी.एस.टी. के मुद्दे पर अपने राज्यों के वित्त मंत्रियों की बैठक आयोजित की थी। भाजपा–शासित राज्यों के सभी जनजातीय मामलों के मंत्रियों की बैठक के बाद गठित जनजातीय मामलों हेतु एक विशेष समिति की रिपोर्ट को भी अंतिम रूप दिया जा रहा है। श्री भगतसिंह कोश्यारी के नेतृत्व में गठित एक समिति ने उत्तर क्षेत्र की हमारी सीमा सुरक्षा के बारे में जो रिपोर्ट तैयार की है, वह भी यहाँ प्रस्तुत की जाएगी।

पार्टी की जिम्मेदारी सौंपे जाने के बाद पिछले छह महीनों में मैंने चेन्नई से लेकर चंडीगढ़ और गुवाहाटी से लेकर गोवा तक पूरे देश का दौरा किया है। मैं न केवल पार्टी कार्यकर्ताओं से मिला हूँ, बल्कि कई अभिमत निर्माण करनेवालों और प्रमुख नागरिकों से भी संवाद किया है। भाजपा के लिए हर जगह शुभेच्छा व्यक्त की जा रही है। समाज के हर वर्ग में हमारे समर्थक हैं। करोड़ों देशवासियों को हमसे बहुत उम्मीदें हैं। वे चाहते हैं, भाजपा अपनी विशिष्ट पहचान को बनाए रखे। छिद्रान्वेषी होना आसान है। जो लोग दूसरों से भिन्न होने का अपना प्रयास छोड़ देते हैं, उनमें आत्मबल और साहस का अभाव होता है। हम सभी आशावादी हैं, लेकिन हमारी आशावादिता महज

खोखली नहीं होनी चाहिए। हमें अपने पथ का निर्माण करना होगा, ताकि भाजपा अपने ऐतिहासिक मिशन को पूरा कर सके। लगभग 35 वर्ष पहले दिल्ली ने 'सिंहासन खाली करो कि जनता आई है' का नारा सुना था। हालाँकि यह नारा दिल्ली में गूँजा था, लेकिन उसकी उत्पत्ति पटना में जेपी आंदोलन से हुई थी। 35 साल के बाद यदि हम अपने चारों ओर देखें तो एक भिन्न किस्म की इमरजेंसी पाएँगे, जिससे केंद्र में कुशासन पैदा हुआ है। एक बार फिर हमें अपनी आवाज बुलंद करनी होगी और यू.पी.ए. सरकार को चेतावनी देनी होगी कि या तो अच्छा शासन दो या फिर गद्दी छोड़ दो। हमें इस लंबे संघर्ष के लिए अपने को तैयार रखना होगा।

बिहार ने पूरी दुनिया को दिखा दिया है कि जहाँ राजनीतिक इच्छा-शक्ति हो, वहाँ अच्छा कर दिखाने की संभावना रहती है—एन.डी.ए. शासन के दौरान बिहार का चहुँमुखी विकास ऐतिहासिक, बेमिसाल और चमत्कारपूर्ण है। यह अनुकरणीय है। एक सुखी और समृद्ध भारत के लिए हमें सुराज और सुशासन की जरूरत है। जिन राज्यों में हम सत्ता में हैं, वहाँ हमने साबित किया है कि हम इन लक्ष्यों के लिए सक्रिय हैं। हम लोगों को बताएँगे कि कैसे कांग्रेस विनाश करती है, जबकि भाजपा विकास लाती है।

❑

* 12 जून, 2010 को पटना (बिहार) राष्ट्रीय कार्यकारिणी की बैठक में दिया गया भाषण।

शासन के मामले में भी हमारी सरकारें अधिक पारदर्शिता और उत्तरदायित्व लाने का प्रयास कर रही हैं, ताकि भ्रष्टाचार को समाप्त किया जा सके। हमने अपनी सभी राज्य सरकारों को ई-टेंडर प्रणाली लागू करने के लिए कहा है और हम स्वच्छ तथा भ्रष्टाचार-मुक्त प्रशासन देने के लिए विभिन्न उपायों को लागू करने हेतु चर्चा कर रहे हैं। मैं आपको यह भी बताना चाहूँगा कि हम अपनी सभी राज्य सरकारों से अनुरोध कर रहे हैं कि वे प्रशासन में और अधिक पारदर्शिता तथा उत्तरदायित्व लाने के उद्देश्य से ई-शासन विभाग गठित करने की संभावना पर विचार करें।

3

भाजपा राष्ट्रीय कार्यकारिणी की गुवाहाटी बैठक में

सर्वप्रथम प्रागज्योतिषपुर की इस वैभवपूर्ण भूमि पर आपका अभिनंदन करते हुए आप सभी को नववर्ष की शुभकामनाएँ देता हूँ। हम इस समय देश के पूर्वी भाग में हैं। यह वह भूमि है, जहाँ पर सबसे पहले सूर्य उदय होता है। मुझे विश्वास है कि नव वर्ष के प्रथम दिन का सूर्य हम सभी देशवासियों के लिए नई आशाएँ एवं नई आकांक्षाएँ लाया है।

नव वर्ष का आगमन मुझे इस तथ्य का स्मरण कराता है कि इस वर्ष भारतीय राजनीति में हमारी यात्रा के 60 वर्ष पूरे हो रहे हैं। छह दशक पहले, वर्ष 1951 में, जब भारतीय जन संघ का भारत के राजनीतिक क्षितिज पर जन्म हुआ, तो बहुत से लोगों ने इसे गंभीरता से नहीं लिया। डॉ. श्यामा प्रसाद मुखर्जी और पं. दीनदयाल उपाध्याय जैसे हमारे महान् नेताओं के बलिदान के कारण हमने भारतीय राजनीतिक व्यवस्था में अपना एक अलग स्थान बनाया है। इन महान् नेताओं द्वारा दिए गए विचार, उनके द्वारा निर्धारित संगठनात्मक कार्यकलापों के सिद्धांत और उनके द्वारा स्थापित आदर्श हमारे कार्य-दर्शन के मुख्य आधार रहेंगे। सर्वप्रथम मैं इन सभी नायकों की स्मृति को प्रणाम करता हूँ।

इस अवसर पर हम जन संघ के स्थापना दिवस 21 अक्तूबर को 'कृतज्ञता दिवस' के रूप में मनाएँ। मैं अपनी सभी प्रदेश इकाइयों से उन सभी कार्यकर्ताओं का भव्य सत्कार समारोह आयोजित करने का अनुरोध करता हूँ, जो 1951 से हमारे साथ काम करते आ रहे हैं। हमें स्मरण रखना होगा कि इन कार्यकर्ताओं ने हमारी पार्टी को एक ठोस संगठनात्मक आधार दिया, जिसके कारण हम इस लंबी यात्रा को तय कर पाए हैं।

हम यहाँ पर महाबाहु ब्रह्मपुत्र के तट पर बैठे हैं। मैं अपनी मातृभूमि के उन सभी महान् सपूतों और सुपुत्रियों का अभिनंदन करता हूँ, जो सामान्य रूप से पूर्वोत्तर भारत और विशेष रूप से असम से हैं। महाबाहु ब्रह्मपुत्र के तट पर और माँ कामाख्या देवी के आशीर्वाद से मैं सर्वप्रथम महापुरुष श्रीमंत शंकरदेव का अभिनंदन करता हूँ, जिनका असम की उच्च सांस्कृतिक और आध्यात्मिक विरासत में अद्वितीय योगदान है। यह लछित बुरफुकन की भूमि है, जिनके ये शब्द 'देखत से माम डंगोर ना होए' अमर हो गए। वह एक ऐसे महान् योद्धा थे, जिन्होंने विदेशी आक्रमणकारियों को असम में घुसने से लंबे समय तक रोके रखा। कनकलता डेका से लेकर लोकप्रिय गोपीनाथ बारदोलोई तक स्वतंत्रता-सेनानियों के अलावा इस भूमि ने ऐसे अनेक महान् नायक देश को दिए हैं, जिनके योगदान को राष्ट्र कभी भी भुला नहीं सकता। हम सभी को समूचे पूर्वोत्तर भारत की विरासत पर गर्व है। पूर्वोत्तर महान् योद्धाओं, समाज-सुधारकों, विकास-कार्यकर्ताओं, कलाकारों और खिलाड़ियों की भूमि रही है। मिजोरम के खुआंग चेरा, अरुणाचल प्रदेश के डीइंग एरिंग, नागालैंड की रानी माँ गाइंदिल्यू, मणिपुर के राजकुमार टिकेंद्रजीत, मेघालय के तीरथ सिंह, थुंगन संगमा तथा मेघालय के कींग नगबाह और त्रिपुरा के जीतेन पाल द्वारा किए गए महान् कार्यों को कोई कैसे भुला सकता है! इस भूमि ने अनेक महान् नायक पैदा किए हैं और भारत के शानदार इतिहास को समृद्ध बनाया है। कारगिल युद्ध के समय भी इस क्षेत्र से भारत माता के अनेक सपूत-सुपुत्रियों ने राष्ट्र के लिए सर्वोच्च बलिदान किया। असम के कैप्टन जिंतू

गोगई से लेकर कैप्टन केझोक्यु केंगुरिसे जैसे अनेक शहीदों ने बलिदान दिया। हम इन सभी को अपनी श्रद्धांजलि प्रस्तुत करते हैं।

हम सभी जानते हैं कि पूर्वोत्तर से अनेक खिलाड़ियों ने 2010 में संपन्न राष्ट्रमंडल खेलों तथा एशियाई खेलों में भारत के लिए अनेक पदक जीते। भारतीय जनता पार्टी को उनकी उपलब्धियों पर गर्व है।

जब पहले जन संघ और बाद में भाजपा ने पूर्वोत्तर में काम करना आरंभ किया तो स्थिति बहुत ही कठिन थी। परंतु हमारी कार्ययोजना में पूर्वोत्तर भारत का सदैव प्रमुख स्थान रहा है। इस अवसर पर हमें उन सभी का स्मरण करना चाहिए, जिन्होंने इस क्षेत्र में पार्टी संगठन को मजबूत बनाने में उल्लेखनीय प्रयास किए। अतीत में हमारे वरिष्ठ नेताओं की शृंखला में नागालैंड के होशिके सेमा और एन.सी. झिलियांग, त्रिपुरा से शहीद श्याम हरी शर्मा और असम से रमेशजी मिश्रा प्रमुख रहे हैं। मणिपुर के शहीद मधुमंगलम शर्मा और असम के जयंत दत्ता पार्टी तथा वैचारिक आंदोलन का काम करते हुए शहीद हो गए। पिछले दिनों ही बंसीधर सोनीजी, जिन्होंने यहाँ काम किया, का निधन हो गया। हम उन्हें श्रद्धांजलि देते हैं। असम में हम लखीधर गोहीन जैसे पार्टी कार्यकर्ताओं तथा अपने वरिष्ठतम नेता पद्मनाभ आचार्यजी के योगदान को भुला नहीं सकते। पद्मनाभजी ने हाल ही में जीवन के 80 वसंत पूरे किए हैं और वह अभी भी सक्रिय हैं। मैं उनके और उन सभी के प्रति, जिन्होंने इस क्षेत्र में पार्टी संगठन खड़ा करने में योगदान दिया, अपना आभार प्रकट करता हूँ।

असम में तीस वर्ष पूर्व यद्यपि हम कोई बड़ी शक्ति नहीं थे, तथापि हमने बँगलादेशियों की घुसपैठ के विरुद्ध असम आंदोलन का समर्थन किया था; क्योंकि हमारा मानना है कि असम के लोग समूचे राष्ट्र की एकता और अखंडता के लिए लड़ रहे हैं। असम की ही भूमि है, जिसने 1980 के शुरू में बँगलादेशी घुसपैठियों के मुद्दे पर ऐतिहासिक असम आंदोलन में अपने

अनेक युवा सपूतों एवं सुपुत्रियों को खोया। अनेक युवा कार्यकर्ताओं ने बड़ी बहादुरी से गोलियों का सामना किया और भारत माता की संप्रभुता बचाने के लिए अपना बलिदान दिया। उनके इस महान् बलिदान के कारण ही आज हम यहाँ पर हैं। भाजपा एवं हमारे समूचे वैचारिक आंदोलन, जिसका हम एक अंग हैं, ने असम में छद्म आक्रमण की समस्या से लड़ने का सदैव समर्थन किया है। इस संघर्ष में जिन लोगों ने अपने जीवन का बलिदान दिया है, उन्हें श्रद्धांजलि देते हुए मैं यह दोहराना चाहता हूँ कि दुनिया की कोई भी शक्ति हमें उन सभी घुसपैठियों का पता लगाने, मतदाता सूची में से उनका नाम हटाने और उन्हें वापस भेजने से रोक नहीं सकती, जिन्होंने इस सुंदर भूमि की नीली पहाड़ियों और हरी घाटियों पर कब्जा किया हुआ है। मुझे विश्वास है कि बिहार की तरह असम में भी लोग सुरक्षा और सुराज के लिए हमें अपना जनादेश देंगे। मैं असम के लोगों से सच्चे मन से अपील करता हूँ कि वे भाजपा को एक अवसर दें। मैं उन्हें आश्वस्त करता हूँ कि हमारी सरकार न केवल भविष्य में घुसपैठ को सख्ती से रोकेगी अपितु उन सभी को देश से बाहर निकाल भेजेगी, जो भारत के नागरिक नहीं हैं और यहाँ पर अवैध रूप से रह रहे हैं।

मैं आपको बिहार में हमारी जीत के महत्त्व के बारे में भी बताना चाहूँगा। निश्चय ही यह कोई मामूली सफलता नहीं थी। ८९ प्रतिशत की दर से जीत भारत के निर्वाचन इतिहास में एक ऐतिहासिक घटना है। इस सफलता के पीछे अनेक कारण हैं और हमें उन्हें ध्यान में रखना चाहिए। इस सफलता के लिए हमारे राज्य का नेतृत्व और सभी कार्यकर्ता बधाई के पात्र हैं। एकजुट पार्टी संगठन, निम्नतम स्तर पर माइक्रो प्रबंधन, उम्मीदवारों का सही चुनाव और सबसे ऊपर हमारी साख, जिसे हमने सुराज संबंधी मुद्दे को लेकर बड़ी मुश्किल से हासिल किया है—ये सभी इस सफलता के कुछ प्रमुख कारण हैं। मैं इस ऐतिहासिक जीत के लिए उपमुख्यमंत्री सुशील कुमार मोदी और प्रदेशाध्यक्ष डॉ. सी.पी. ठाकुर सहित सभी वरिष्ठ नेताओं को बधाई देता हूँ।

मैं बिहार के मुख्यमंत्री की भी प्रशंसा करता हूँ, जिन्होंने राजग की इस जीत में काफी बड़ा योगदान दिया है। गत जून में पटना में हुई हमारी बैठक के बाद हमारी अनेक प्रदेश इकाइयों ने विभिन्न चुनावों में शानदार जीत हासिल की है। जम्मू एवं कश्मीर में लद्दाख स्वायत्त क्षेत्र के चुनावों में पहली बार हमारे पाँच उम्मीदवारों ने जीत हासिल की है। गुजरात, राजस्थान, मध्य प्रदेश में स्थानीय चुनावों में लोगों ने भाजपा में अपना भारी विश्वास व्यक्त किया है। केरल में भी हमने स्थानीय चुनावों में अपनी सीटों में बढ़ोतरी की है। कर्नाटक और हिमाचल प्रदेश तथा अंडमान निकोबार और दादरा नगर हवेली में भी हमारी इकाइयों ने महत्त्वपूर्ण चुनावी जीत हासिल की है, जो बहुत ही संतोषजनक बात है।

यद्यपि हम निश्चित रूप से आगे बढ़ रहे हैं, लेकिन हम आत्मसंतुष्ट होकर नहीं बैठ सकते। इस समय देश नेतृत्व के गंभीर संकट से जूझ रहा है और देशवासी नेतृत्व प्रदान करने के लिए भाजपा की ओर देख रहे हैं, जो उनकी आकांक्षाओं को साकार कर सके। यूपीए-2 के 20 महीने का शासन घोर त्रासदी सिद्ध हुआ है। प्रतिदिन देश को एक नया घोटाला देखने को मिल रहा है। खेलों से नागरिक आपूर्ति तक और दूरसंचार से नागर विमानन तक यूपीए-2 ने घोटालेबाजों को शासन के हर क्षेत्र में लूटमार करने की छूट दे दी है। यद्यपि लूटमार करनेवाले सरकारी खजाना खाली कर रहे थे, तब प्रधानमंत्री मनमोहन सिंह अपनी आँखें बंद करके खड़े रहे और संभवतः हाथ भी बाँध रखे थे।

यह कितना हास्यास्पद है कि जब कांग्रेस अपनी स्थापना के 125 वर्ष का उत्सव मना रही थी, तब यूपीए वर्ष 2010 को घोटालों और भ्रष्टाचार का वर्ष मना रहा था। वास्तव में हर महीने एक नए घोटाले का पर्दाफाश हुआ। एक के बाद दूसरे घोटाले ने राष्ट्रमंडल खेलों के आयोजन को जनता के उपहास का विषय बना दिया। राष्ट्र के रूप में हमारे खिलाड़ियों के शानदार प्रदर्शन से हम अपनी कुछ प्रतिष्ठा बचा सके। इसके तुरंत बाद आदर्श सोसाइटी

घोटाला सामने आया। एक मुख्यमंत्री, जिन्हें नवंबर 2009 में मुंबई पर आतंकवादी हमले के बाद लाया गया था, को एक ऐसे घोटाले के लिए अपना त्यागपत्र देना पड़ा, जिससे यह पता चला कि सत्तारूढ़ दल की बड़ी हस्तियों और नौकरशाहों द्वारा सुरक्षा संबंधी मानदंडों की किस प्रकार अवहेलना की गई! 2जी–3जी स्पैक्ट्रम घोटाला तो वास्तव में सभी घोटालों से ऊपर अपनी चरम सीमा तक पहुँच गया। इस महाघोटाले में जितनी भारी धनराशि की लूट की गई है, वह कुछ राज्यों के बजट परिव्यय के लगभग बराबर है।

हमें स्मरण रखना चाहिए कि ये घोटाले इतने बड़े हैं कि सरकारी एजेंसियाँ और विभाग चाहें तो भी उन्हें दबा नहीं सकते। न्यायपालिका को भी उनकी दखल लेनी पड़ रही है। सभी घोटाले इतने गंभीर हैं कि उन्हें विपक्ष का प्रोपेगंडा भी नहीं कहा जा सकता। यह वास्तविकता है और अब कोई भी संलिप्त अपराधियों को बचा नहीं सकता। इतने घोटालों का पता चलने के बाद भी यूपीए नेता बड़ी बेशर्मी से 'भ्रष्टाचार तनिक भी बरदाश्त न करने' की दुहाई दे रहे हैं।

हमारा यह दृढ़ मत है कि ये घोटाले न केवल व्यवस्थागत असफलताओं का प्रमाण हैं बल्कि एक प्रकार से गुमराह करनेवाले भी हैं। ये घोटाले एक किस्म से राष्ट्रीय खजाने की सुनियोजित लूट जैसे हैं। जिस तरीके से यूपीए सरकार ने लोकसभा में विपक्ष की नेता श्रीमती सुषमा स्वराज द्वारा उठाई गई आपत्तियों को अनदेखा करते हुए वर्तमान मुख्य सतर्कता आयुक्त की नियुक्ति की है, उससे सभी भ्रष्ट व्यक्तियों को व्यवस्थित रूप से सुरक्षा प्रदान करने के सत्ताधारियों के विशेष इरादे का पता चलता है। यह व्यवस्था को नष्ट कर निजी इरादों को पूरा करने के अलावा कुछ नहीं है। बोफोर्स मामले में हाल में हुए रहस्योद्‌घाटन यूपीए को यह याद दिलाने के लिए काफी हैं कि कोई व्यक्ति हर समय सभी व्यक्तियों को मूर्ख नहीं बना सकता। अब राजस्व विभाग ने निर्णायक रूप से यह सिद्ध कर दिया है कि इस मामले में रिश्वत दी गई और प्राप्त की गई। अत: यदि यह सरकार सत्यनिष्ठा और उत्तरदायित्वत

के प्रति गंभीर है तो इसे तुरंत विशेष जाँच दल नियुक्त करने के लिए उच्चतम न्यायालय में जाना चाहिए। उपदेश, बहुसूत्री कार्यक्रमों की घोषणा और अपने ही द्वारा नियुक्त राजनीतिक लोगों को खोखली अपील करने से कोई लाभ नहीं होनेवाला। जरूरत इस बात की है कि कुछ विश्‍वसनीय कदम उठाए जाएँ, जो दृढ़ संकल्प करके अपराधियों को दंडित करनेवाले हों। इस मामले में देश का कानून स्पष्ट है। प्रथम दृष्टया साक्ष्य ध्यान में रखकर कानून लागू करनेवाली एजेंसियों को एफ.आई.आर. दर्ज करानी चाहिए। उन्हें संदिग्ध व्यक्तियों को गिरफ्तार करके उनसे पूछताछ करनी चाहिए और साक्ष्य एकत्रित करने चाहिए तथा निर्धारित अवधि के भीतर चार्जशीट फाइल करनी चाहिए। यह कोई नहीं जानता कि ऐसा अभी तक क्यों नहीं हुआ?

लोग यूपीए से कुछ साधारण से प्रश्‍न पूछना चाहते हैं—तुलमोहन रामों और नागरवालों से लेकर वारेन एंडरसनों तथा ओटावियो क्वात्रोचियों तक सभी अपराधी किस प्रकार दंडित होने से सदैव बचते रहे? ये मात्र भ्रष्टाचार के प्रकरण नहीं हैं। ये इस बात के उदाहरण भी हैं कि किस प्रकार एक के बाद दूसरी कांग्रेस सरकार ने उन लोगों की पीठ में छुरा घोंपा है, जिन्होंने अपने हितों की रक्षा के लिए उन्हें चुना था।

हम सभी भ्रष्टाचार के आयामों से परिचित हैं। भ्रष्टाचार से लड़ने के लिए सबसे जरूरी बात है इस बुराई को समाप्त करने के लिए राजनीतिक इच्छा का होना। राजग शासन के दौरान इस राजनीतिक इच्छा के कारण हमने राज्य सरकारों के मंत्रिमंडल के मंत्रियों की संख्या सीमित करने का प्रयास किया था, ताकि पद का दुरुपयोग न हो सके। मेरी यह सुविचारित राय है कि हम सभी को एक ऐसी प्रणाली अपनानी चाहिए, जो सही नैतिक मूल्यों को अपनाने के लिए लोगों को प्रोत्साहित करे। इस लक्ष्य की प्राप्ति के लिए हमें नवोन्मेषी और परिणामोन्मुखी उपायों के साथ कार्य करना होगा।

भाजपा का यह मानना है कि चुनाव संबंधी खर्च इस समस्या का प्रमुख

कारण है। इस समस्या का समाधान करने की दृष्टि से हमने आजीवन 'सहयोग निधि' नामक एक नया जीवन भर निधि-एकत्रीकरण कार्यक्रम आरंभ किया था। हमें प्रसन्नता है कि हम इस कार्यक्रम को लागू करने में काफी हद तक सफल हुए हैं और इसके साथ-साथ हमने पार्टी के लिए चुनावी फंड में बढ़ोतरी करने के लिए एक पारदर्शी तरीके से एकत्रित विशेष सहयोग निधि की भी स्थापना की है। शासन के मामले में भी हमारी सरकारें अधिक पारदर्शिता और उत्तरदायित्व लाने का प्रयास कर रही हैं, ताकि भ्रष्टाचार को समाप्त किया जा सके। हमने अपनी सभी राज्य सरकारों को ई-टेंडर प्रणाली लागू करने के लिए कहा है और हम स्वच्छ तथा भ्रष्टाचार-मुक्त प्रशासन देने के लिए विभिन्न उपायों को लागू करने हेतु चर्चा कर रहे हैं। मैंने गोवा के पूर्व मुख्यमंत्री और सुशासन प्रकोष्ठ के संयोजक मनोहर परिकर से अनुरोध किया है कि वह एक अध्ययन दल गठित करें, जो इस संबंध में अपनी सिफारिशें दे। मैं आपको यह भी बताना चाहूँगा कि हम अपनी सभी राज्य सरकारों से अनुरोध कर रहे हैं कि वे प्रशासन में और अधिक पारदर्शिता तथा उत्तरदायित्व लाने के उद्देश्य से ई-शासन विभाग गठित करने की संभावना पर विचार करें। मैं अपने संकल्प को दोहराना चाहूँगा कि अपराधी को किसी भी हाल में छोड़ा न जाए। हमारे विरोधी भाजपा की छवि खराब कर सकते हैं, परंतु मेरा यह मानना है कि ऐसा करने से उनको अपने घोटालों को छिपाने में कोई मदद नहीं मिलेगी।

आतंकवाद से लड़ने के मामले में यूपीए का रिकॉर्ड भी बहुत दयनीय है। कश्मीर के मामले में तथाकथित वार्त्ताकार अपने लक्ष्य के प्रति अस्पष्ट और दिग्भ्रमित हैं। उनके लिए कोई टर्म ऑफ रेफरेंस निर्धारित नहीं है और इसी कारण उनका कार्य दिशाहीन बन गया है। यही दिशाहीनता नक्सली समस्या के बारे में भी व्याप्त है। यद्यपि भाजपा में हम सभी और हमारे सभी मुख्यमंत्री नक्सली समस्या से लड़ने के लिए एक समान रणनीति तथा समेकित प्रयासों की सतत माँग कर रहे हैं, तथापि यूपीए आतंक संबंधी प्रत्येक मुद्दे पर अलग-

अलग बोलियों में बोल रहा है। सत्तारूढ़ दल के अंदर ऐसे तत्त्व विद्यमान हैं, जो नक्सलियों के साथ मिले हुए हैं और उन लोगों की पीठ थपथपा रहे हैं, जो भारत को जम्मू-कश्मीर में अतिक्रमणकारी मानते हैं और तथाकथित हिंदू आतंकवाद का मुद्दा उठाकर बहुसंख्यक समुदाय की भावनाओं से खेलने का प्रयास कर रहे हैं। क्या हमें यूपीए नेताओं से एक बुनियादी स्तर पर परिपक्वता की आशा नहीं करनी चाहिए? क्या वे एक गुट की धमकियों को अनदेखा करके दूसरे को दानवी शक्ति बताकर आतंक के विरुद्ध हमारी लड़ाई को कमजोर नहीं कर रहे? क्या यूपीए के कुछ नेता इतने संवेदनहीन और गैर-जिम्मेदार हो सकते हैं कि जो आधी-अधूरी जाँच के आधार पर ही विदेशी राजनयिकों के साथ अपने विचार-विमर्श के दौरान पक्षपातपूर्ण रवैए से आतंकवाद के प्रति अपने विचार व्यक्त करें? हमारे सभी देशवासी इस बात को लेकर अत्यधिक चिंतित हैं कि यूपीए के कुछ नेताओं के इस प्रकार गैर-जिम्मेदाराना वक्तव्यों से भारत का पक्ष कमजोर पड़ता है और सीमा पार के लोगों का हौसला बढ़ता है। दुर्भाग्यवश, यूपीए गलत संकेत देने का कोई भी अवसर नहीं गँवाता। जबकि समूचा राष्ट्र सरकार से यह आशा लगाए हुए है कि वह अफजल गुरु, जो संसद् हमले के मामले में दोषी है, को जल्द फाँसी दी जाए। वहाँ यूपीए ने शौकत गुरु, जो इस मामले में अफजल गुरु का साथी था, को अपने कारावास की अवधि पूरा होने से लगभग एक वर्ष पहले छोड़ दिया है, जिसका कारण वे उसका 'अच्छा आचरण' बताते हैं! यह जनमत की घोर उपेक्षा की पराकाष्ठा है। क्या यह आतंकवाद के विरुद्ध सरकार के नरम और गैर-जिम्मेदाराना दृष्टिकोण का प्रकटीकरण नहीं है?

हम सरकार से माँग करते हैं कि वह सन् 2004 से अब तक हुए आतंकवादी हमलों से जुड़ा समूचा डाटा प्रकाशित करे और बताए कि कितने मामलों में जाँच पूरी हो गई है, कितनों में केस दायर हो गए हैं और कितने दोषियों को दंड दिया जा चुका है। राष्ट्र यह भी जानना चाहेगा कि किसी-न-किसी रूप में आतंक का शिकार बने लोगों को सरकार ने राहत और पुनर्वास के लिए कितनी सहायता की है।

यूपीए का पिछला 20 महीनों का शासन असफलताओं की दुःखद गाथा है। हम विगत लगभग 20 महीनों से आवश्यक वस्तुओं के बढ़ते हुए मूल्यों के विरुद्ध अपना संघर्ष जारी रखे हुए हैं। कीमतें कम करने के बजाय यह सरकार उन वस्तुओं की सूची में वृद्धि करती जा रही है, जो दिन-प्रतिदिन महँगी होती जा रही हैं। शेक्सपीयर 'हेमलेट' में मारसेल्लुयस होरोटिओ को बताता है कि 'डेनमार्क में कहीं-न-कहीं कुछ सड़ रहा है'। इसी प्रकार यूपीए शासन काल में हमेशा कुछ-न-कुछ सड़ रहा है। पूर्व में उच्चतम न्यायालय की फटकार के बावजूद इस सरकार ने अनाज को सड़ने दिया और उसे भूखों में बाँटने से मना कर दिया। अब वे बंदरगाहों में आयातित प्याज को सड़ने दे रहे हैं, जबकि आम आदमी को उचित मूल्य पर प्याज भी उपलब्ध नहीं हो पा रहा। स्वतंत्र भारत के इतिहास में यूपीए-2 सबसे महँगा शासन काल साबित होगा।

चाहे महँगाई का मुद्दा हो या विकास का, दोनों मामलों में इस सरकार के रवैए में गंभीरता की कमी दिखाई देती है।

पूर्वोत्तर के मामले में कांग्रेस का रवैया हमेशा ही संवेदनहीन रहा है। वर्षों तक केंद्र की कांग्रेस सरकारों के लिए उत्तर-पूर्व का क्षेत्र दुधारू गाय रहा है। भयंकर भ्रष्टाचार ने कांग्रेस के राजनीतिज्ञों को अमीर बना दिया है, जबकि नागरिकों के हिस्से कुछ भी नहीं आया। आज असम में वर्तमान राज्य सरकार ने प्रत्येक सरकारी विभाग को भ्रष्टाचार की उपजाऊ भूमि में तब्दील कर दिया है। इस संबंध में लगता है, असम के सत्ताधीशों को दिल्ली के सत्ताधीशों से प्रेरणा मिल रही है।

इस क्षेत्र को राजग की सरकार बनने तक पूर्वोत्तर क्षेत्र के लिए एक स्वतंत्र विभाग के गठन की प्रतीक्षा करनी पड़ी। अटल बिहारी वाजपेयीजी की सरकार के कारण ही इस क्षेत्र के विकास के लिए विशेष रूप से खर्च हो सकनेवाले फंड का एक संग्रह बनाया गया था। परंतु गत 6 वर्षों के दौरान इस संग्रह का कोई उपयोग ही नहीं किया गया। दुर्भाग्यवश, केंद्र में यूपीए

और इस क्षेत्र में कांग्रेसनीत सरकारें अदूरदर्शिता से ग्रसित हैं। राजग ने नागालैंड में एक सफल युद्ध-विराम समझौते के माध्यम से एक महान् अवसर प्रदान किया था। परंतु 1997 के 14 वर्षों के बाद भी यूपीए इसे आगे बढ़ाने में असफल रहा। पूर्वोत्तर के किसी भी राज्य में चिरस्थायी शांति लाने और तेजी से विकासात्मक ढाँचा बनाने की दिशा में कोई कदम नहीं उठाया गया। लोगों के दिलों को जीतने के लिए बिना सोचे-समझे किए गए उपायों से अस्थायी शांति के अलावा केंद्र सरकार को कुछ भी हासिल नहीं हुआ है। चाहे वह नागालैंड हो, मणिपुर हो या कोई अन्य राज्य हो, आतंकवाद के चलते भारी नुकसान हुआ है। वहाँ टकराव को मात्र कुछ समय के लिए रोक देना पर्याप्त नहीं है। केंद्र सरकार को विकास के लिए एक स्पष्ट व दूरदर्शी दृष्टिकोण अपनाना होगा। प्रत्येक क्षेत्र में कनेक्टिविटी को कई गुना बढ़ाना होगा। व्यापक स्तर पर तेजी से ढाँचागत विकास की बड़ी आवश्यकता है। आर्थिक विकास के साथ-साथ भावनात्मक एकता लाना भी जरूरी है। लगातार कई दशकों से पूर्वोत्तर में हमारे भाई-बहनों को तेजी से विकास के अवसरों से वंचित रहना पड़ा है।

1. मैं उन्हें बताना चाहता हूँ कि भाजपा एक ऐसी राष्ट्रीय राजनीतिक पार्टी है, जिसके एजेंडे में पूर्वोत्तर सदैव प्राथमिकता पर रहा है। मुझे प्रसन्नता है कि हमारे पूर्वोत्तर संपर्क प्रकोष्ठ ने विभिन्न गतिविधियों और परियोजनाओं के साथ अपना कार्य आरंभ कर दिया है। हमने इस क्षेत्र के समग्र विकास के लिए कुछ विशेष प्रयास किए हैं।

2. पार्टी स्तर पर हमने एक स्वतंत्र पूर्वोत्तर संपर्क प्रकोष्ठ की स्थापना की है और इसके माध्यम से हम कुछ ऐसे मेट्रो शहरों में अनौपचारिक सहायता केंद्र तंत्र की स्थापना करेंगे, जहाँ पर इस क्षेत्र से आए बड़ी संख्या में विद्यार्थी अध्ययन कर रहे हैं।

भाजपा में यह हमारा सुविचारित मत है कि इस क्षेत्र के विकास के प्रति

यूपीए और केंद्र की पूर्व कांग्रेस की सभी सरकारों ने उचित ध्यान नहीं दिया है। सदैव तदर्थ रवैया और अल्पकालीन समाधान का सहारा लिया गया। हमारा मानना है कि सुशासन के माध्यम से इस क्षेत्र के विकास की तेज रफ्तार से इस क्षेत्र के लोगों तथा देश के अन्य भागों के लोगों के बीच और अधिक तालमेल बिठाने में सुविधा होगी एवं इन सभी के परिणामस्वरूप भावनात्मक संबंध और मजबूत होंगे। इस तथ्य की पृष्ठभूमि में हमने विभिन्न राज्यों में भाजपा की सरकारों के द्वारा किए गए कुछ अत्यंत सफल विकास कार्यों और उनके द्वारा लागू की गई योजनाओं की प्रदर्शनी का आयोजन किया है। इस 'सुराज संकल्प प्रदर्शनी' से असम के लोगों को यह पता चलेगा कि सुराज से भाजपा का क्या अर्थ है।

इसके अलावा, असम में रह रहे विभिन्न छह समुदायों की उन्नति से जुड़े एक विषय को भी मैं स्पर्श करना चाहूँगा। असम में रहनेवाले मोरान, मोटोक, कोच-राजबोंगशी, ताई-अहोम, चाय जनजाति तथा सुतिया—इन समुदायों के विकास के विषय में भाजपा ने अपनी चिंता हमेशा जताई है। इसी संदर्भ में हमने इन समुदायों को अनुसूचित जनजातियों का दर्जा दिए जाने की बात बहुत पहले से की है। मैं इस माँग को दोहरा रहा हूँ। भाजपा केंद्र और राज्य सरकारों से अपील करती है कि वह अनुसूचित जाति का दर्जा प्राप्त समुदायों की वर्तमान स्थिति को बरकरार रखते हुए इस माँग को स्वीकार करे और कार्यान्वयन की दिशा में यथाशीघ्र कदम उठाए। भाजपा अगर आगामी लोकसभा चुनावों में सफल होती है तो वह इस माँग के अनुवर्तन के लिए सभी प्रयास करने के प्रति कटिबद्ध हैं।

इस अवसर पर मैं भाजपा और उसके सहयोगी दलों द्वारा शासित राज्य सरकारों की महत्त्वपूर्ण उपलब्धियों के बारे में बताना चाहूँगा कि जीडीपी सहित अनेक सामाजिक-आर्थिक संकेतकों के आधार पर भाजपा और सहयोगी दलोंवाले प्रदेश अच्छा काम कर रहे हैं। मैं अपनी मध्य प्रदेश सरकार को उनके द्वारा 'लोकसेवा गारंटी अधिनियम' लागू करने के लिए बधाई देता हूँ।

यह एक ऐसा माध्यम है, जिसके द्वारा किसी भी सरकारी अधिकारी के समक्ष लंबित मामलों को तेजी से निपटाने में सहायता मिलेगी और किसी भी कार्य के लिए निर्धारित समय में उसे पूरा करने में भी सहायता मिलेगी। यदि कोई सरकारी कर्मचारी निर्धारित समयावधि का पालन नहीं करता तो उसे अपने वेतन से मुआवजा देना पड़ेगा। इसी प्रकार, मैं हिमाचल सरकार को भी बधाई देता हूँ, जिसने 'इंडिया टुडे' की राज्य प्रतियोगिता में राष्ट्रीय स्तर पर चार पदक जीते हैं। 'फास्टर मूवर कैटेगरी' में भी राजग के सभी राज्यों ने पाँच पुरस्कार जीते हैं। कृषि विकास में गुजरात की तेज गति की सभी ओर से प्रशंसा की गई है और मैं इसके लिए अपनी सरकार को बधाई देता हूँ। मैं छत्तीसगढ़ सरकार को तेजी से आर्थिक विकास के लिए तथा शिक्षा, विकास एवं निवेश के मामलों में क्रमश: झारखंड, बिहार और उत्तराखंड सरकार को भी बधाई देता हूँ। कर्नाटक ने भी सुचारु यातायात प्रणाली के लिए कुछ प्रतिष्ठित पुरस्कार अर्जित किए हैं।

पिछले वर्ष में हमने विकासोन्मुखी सुशासन के लिए काम करने की जरूरत पर बल दिया है। अनेक गतिविधियों के माध्यम से हमने विकास के लिए राजनीति की अपनी अवधारणा को और गतिशील बनाया है।

भारत के विदेशी मामलों से संबंधित कुछ प्रमुख मुद्दों के संबंध में मैं कुछ सामान्य आकलन पर बात करना चाहता हूँ। भारत-अमरीका संबंध शीत युद्ध की समाप्ति के बाद से और 21वीं शताब्दी के प्रारंभिक दशक के दौरान भारत के लिए अधिक महत्त्वपूर्ण रहे हैं। भाजपा इन संबंधों की उत्तरोत्तर मजबूती के प्रति दृढ़ता से वचनबद्ध है और अपने शासनकाल के दौरान इन महत्त्वपूर्ण संबंधों को और अधिक बढ़ाने में उसके द्वारा किए गए योगदान पर गर्व महसूस करती है। तथापि वर्ष 1998-2004 के दौरान बनाए गए महत्त्वपूर्ण संबंध के मानदंड कतिपय मामलों में समाप्त होते प्रतीत हुए हैं। हमारे पारस्परिक संबंधों के बीच इस प्रकार से परिवर्तन लाया गया है, जिसका उद्देश्य कतिपय मामलों में भारत की सुरक्षा और आर्थिक हितों तथा इससे भी महत्त्वपूर्ण

पाकिस्तान–समर्थित सीमा पार आतंकवाद के विषय को कम आँकना है। यूपीए सरकार की कूटनीतिक विफलता कि यह अंतरराष्ट्रीय समुदाय को पाकिस्तान द्वारा आतंकवाद को बढ़ावा देने से रोकने के लिए मनाने और इसके इस दावे कि वह स्वयं भी आतंकवाद का शिकार है, को रोकने के मामले में विनाशकारी ही सिद्ध हुई है।

यूपीए–2 के गत 20 महीनों के दौरान हम वास्तव में अपनी पाकिस्तान संबंधी नीति के बारे में अत्यधिक आघातपूर्ण एवं भारी दु:खद रवैया देखते आ रहे हैं। यह सभी 2009 में शर्म–अल–शेख में की गई अवर्णनीय गलती से आरंभ हुआ है (भारत–पाक संयुक्त वक्तव्य में बलूचिस्तान में भारत की कथित और काल्पनिक तथा अव्यवस्था फैलानेवाली भूमिका को शामिल करने की अनुमति देना)। इसके बाद हमारे विदेश मंत्री को उनके पाकिस्तानी समकक्ष द्वारा वर्ष 2010 में सार्वजनिक रूप से धमकाने और झिड़की देने का मामला सामने आया। केंद्रीय गृहमंत्री द्वारा कई प्रकार की जानकारी रखनेवाले दस्तावेज को पाकिस्तानी प्राधिकारियों द्वारा कार्रवाई करने योग्य न समझा जाना और उसे मात्र साहित्य करार देना सबसे ताजा झिड़की का सबूत है। इससे यह निष्कर्ष निकलता है कि हमने यह देखा है कि हम पर यह बदनामी जबरदस्ती थोपी गई है; क्योंकि हमने अपने लक्ष्यों के सिद्धांतों को छोड़ दिया है। हमने वार्त्ता से पहले पाकिस्तान द्वारा ठोस काररवाई करने पर जोर दिया था। तथापि बाद में एक समय हमने अपनी नीति में परिवर्तन किया और इस बात पर सहमत हो गए कि वार्त्ता अनिवार्य है और इसे आरंभ किया जाना चाहिए, बगैर इसकी परवाह किए कि पाकिस्तान को कोई कार्यवाही करनी चाहिए।

यह हमारी रणनीतिक पहल के अभाव का नतीजा है कि हमारे द्वारा आवश्यक प्रभावी कदम न उठाए जाने के कारण भारत–पाकिस्तान विवाद के बारे में अंतरराष्ट्रीय समुदाय का पुराना रवैया बरकरार है।

चीन गणराज्य के साथ सहयोगी संबंधों को आगे बढ़ाने के लुभावने

तर्क से इनकार नहीं किया जा सकता और भाजपा को इस प्रकार के व्यापक प्रगतिशील संबंधों के प्रति कोई संदेह नहीं है। इस तथ्य से इनकार नहीं किया जा सकता कि अपनी सक्रिय कूटनीति के माध्यम से राजग सरकार ने यह सुनिश्चित किया कि चीन गणराज्य के साथ संबंध इतने सुदृढ़ बनें कि चीन ने जून 2003 में अटलजी की चीन की ऐतिहासिक यात्रा के दौरान सिक्किम को भारतीय संघ का एक प्रभुसत्ता-संपन्न अभिन्न अंग औपचारिक रूप से माना। हम सभी चीन के साथ मैत्रीपूर्ण और परस्पर लाभदायी संबंधों के पक्ष में हैं। हम आशा करते हैं कि सरकार चीन गणराज्य के साथ अपने संबंधों में अपने हितों को ध्यान में रखकर एक दूरदर्शी रवैया अपनाएगी, जिसके अंतर्गत पारस्परिक लाभदायक और द्विपक्षीय सहयोग को बढ़ाने के मामले में सहयोगात्मक संबंधी ठोस कार्य किए जाएँगे।

लिट्टे की पराजय के बाद से श्रीलंका निर्माण और पुनर्वसन के पथ पर अग्रसर है। तमिल लोग अभी भी गाँवों में पूर्ण पुनर्वसन और पूरी तरह से अन्यों से जुड़ने की प्रतीक्षा में हैं। बच्चों और महिलाओं को पर्याप्त स्वास्थ्य देखभाल तथा सामान्य रूप से नागरिकों को उनके आत्म-सम्मान एवं प्रतिष्ठा के साथ मुख्यधारा में लाए जाने की जरूरत है।

इस नए वर्ष में प्रवेश करते समय हमें गत वर्ष की समीक्षा करनी चाहिए। हम सभी को प्रसन्नता होगी कि पिछले वर्ष श्री रामजन्मभूमि के बारे में हमें न्यायालय का ऐतिहासिक निर्णय सुनने को मिला। हमने पहले ही इसका स्वागत किया है और आशा करते हैं कि समाज के सभी वर्ग अयोध्या में भव्य राम मंदिर बनाने में सहायता करेंगे।

पिछला वर्ष समूचे देश में तेजी से हुई पार्टी गतिविधियों से परिपूर्ण रहा। हमने प्रशिक्षण जैसे कुछ विभागों को और सुदृढ़ बनाया है। हमारे तीन स्तरीय कार्यकर्ता प्रशिक्षण कार्यक्रम को बहुत अच्छा प्रत्युत्तर मिला है। 15,000 से अधिक पार्टी कार्यकर्ताओं ने अब तक हमारे प्राथमिक स्तर के क्षमता निर्माण कार्यक्रम में भाग लिया है, तथापि हमें अभी भी अपनी प्रशिक्षण

गतिविधियों को और अधिक सुचारु और परिणामोन्मुखी बनाना है। हमें एक ऐसा वातावरण तैयार करना है, जिसमें प्रशिक्षण के माध्यम से हम जिन मूल्यों का समावेश करते हैं, वे और अधिक स्पष्ट हो सकें। यदि ऐसा किया जाता है तो प्रशिक्षित एवं अप्रशिक्षित के बीच अंतर और अधिक स्पष्ट हो जाएगा। इसी प्रकार अंत्योदय के मुद्दे पर भी हमें एक ऐसा वातावरण तैयार करना होगा, जहाँ पर सेवा, शिक्षा, संस्कार और विकास के लिए परियोजनाएँ आरंभ करना एक आम बात हो जाए। महात्मा गांधी राजनीति को अध्यात्मोन्मुखी बनाना चाहते थे। आध्यात्मिकता एक बहुत बड़ी बात है। परंतु इसमें पहले हमें समाज के वंचित वर्गों की कठिनाइयों से पार्टी कार्यकर्ताओं को अवगत कराना है और उन्हें इन वर्गों के लिए काम करने के लिए प्रेरित करना है। अंत्योदय कार्यक्रम का प्रमुख उद्देश्य यही है। मुझे यह बताते हुए प्रसन्नता हो रही है कि अब हम असंगठित कामगार महासंघ नामक संगठन के माध्यम से असंगठित कामगारों तक पहुँचने के लिए कुछ ठोस प्रयास कर सकते हैं। मैं आप सभी से अपेक्षा करता हूँ कि आप इस नए प्रयास में गहरी रुचि दिखाएँ और इस नए संगठन के माध्यम से असंगठित क्षेत्र के कामगारों तक पहुँचें।

मुझे इस बात की प्रसन्नता है कि अब हमने अनेक नए प्रकोष्ठ भी बनाए हैं, जिनका प्रमुख उद्देश्य विभिन्न क्षेत्रों में रुचि रखनेवाले लोगों को शामिल करना है। राजनीतिक पार्टियों को सक्रियता का वाहक होना होगा। मुझे विश्वास है कि हमारे नए प्रकोष्ठ उन सभी के लिए उपयुक्त साधन साबित होंगे, जिनके पास अनुभव, विशेषज्ञता और जोश तो है, परंतु उनके पास अपने स्वयं की सक्रियता का उपयोग करने के लिए कोई संगठनात्मक साधन नहीं है। जिन अनेक नए प्रकोष्ठों का हमने गठन किया है, उनमें से सुराज प्रकोष्ठ, सांसद-पूर्वोत्तर संपर्क प्रकोष्ठ और सांसद-विधायक विकास प्रकोष्ठ ने अपना कार्य पूरी सक्रियता से प्रारंभ कर दिया है। जैव-ऊर्जा प्रकोष्ठ, मानवाधिकार प्रकोष्ठ जैसे प्रकोष्ठों ने भी अपनी गतिविधियाँ प्रारंभ

कर दी हैं। परंतु उन्हें अभी बहुत कुछ और करना है। मुझे आशा है कि नए अथवा पुराने प्रकोष्ठ भी पूर्ण सक्रियता से अपना कार्य आरंभ करेंगे और उनके द्वारा निर्धारित लक्ष्यों को पूरा करेंगे। मैं सभी प्रकोष्ठों के संयोजकों को गत कुछ महीनों की उनकी गतिविधियों से संबंधित रिपोर्ट तैयार करने और उसे मुझे भेजने के लिए आग्रह कर रहा हूँ। वास्तव में, भाजपा में हमने सदैव 'रिपोर्ट तैयार और प्रस्तुत करने' को एक अच्छी परंपरा माना है और हम सभी को उसे अपनाने का प्रयास करना चाहिए। मैंने स्वयं भी एक रिपोर्ट तैयार की है, वह शीघ्र ही आपके पास पहुँच जाएगी।

मुझे यह घोषणा करते हुए अत्यंत प्रसन्नता हो रही है कि पार्टी के नए मुख्यालय की योजना को अंतिम रूप दिया जा चुका है। इसमें न केवल हमारा केंद्रीय कार्यालय रहेगा अपितु एक अनुसंधान विभाग और एक प्रशिक्षण विभाग भी वहाँ से चलेगा। हम सत्ता की स्वाभाविक पार्टी हैं और इसलिए हमें शासन के वैकल्पिक ढाँचों पर काम करना चाहिए। इस संदर्भ में हम एक 'भाजपा अनुसंधान विभाग' स्थापित कर रहे हैं, जो नीति विशेषज्ञों और अनुसंधान के विभिन्न क्षेत्रों के पेशेवरों से मिलकर नीतिगत अनुशंसाएँ देगा। विभाग हमारी राज्य सरकारों के 'सर्वोत्तम नवोन्मेषी कार्यों' का अध्ययन और प्रदर्शन भी करेगा। हम विभिन्न राज्यों में भी अपने वरिष्ठ नेताओं, जैसे जगन्नाथ राव जोशी (कर्नाटक) और सुंदर सिंह भंडारी (राजस्थान) की स्मृति में अनुसंधान और प्रशिक्षण संस्थान स्थापित करने की संभावनाओं पर विचार कर रहे हैं।

हम राष्ट्रीय स्तर पर दो सम्मेलन भी आयोजित करने जा रहे हैं। एक सम्मेलन में न्यायिक सुधारों के बारे में चर्चा की जाएगी। पिछले दिनों न्यायपालिका में घटित घटनाक्रमों पर हम चिंतित हैं। न्याय प्रदान करने की प्रकिया को और तेज बनाने के लिए नवोन्मेषी उपायों पर विचार करना अत्यंत आवश्यक है। यदि प्रबल व्यवस्थागत सुधार नहीं किया गया तो लोगों का न्यायपालिका से भरोसा उठ जाएगा। दूसरा सम्मेलन, जिसकी हम योजना बना रहे हैं, हमारे उन कार्यकर्ताओं का होगा, जो किसी सहकारी संस्था से

सक्रिय रूप से जुड़े हुए हैं। अधिवक्ता प्रकोष्ठ और सहकारिता प्रकोष्ठ इन सम्मेलनों की योजना बना रहे हैं। मुझे यह भी घोषणा करनी है कि पार्टी ने हमारे सम्मानित नेता माननीय अटल बिहारी वाजपेयीजी द्वारा दिए गए भाषणों और लिखे गए सभी लेखों का संकलन 'समग्र अटलजी' नामक परियोजना के अंतर्गत करने का निर्णय लिया है। इस परियोजना का एक वर्ष की अवधि के दौरान विस्तृत ब्योरा तैयार किया जाएगा और आपको इस बारे में शीघ्र ही जानकारी मिल जाएगी। रामभाऊ म्हालगी प्रबोधिनी, मुंबई इस परियोजना को कार्यान्वित करेगी।

हम अपने देश के इतिहास के एक निर्धारक मौके पर गुवाहाटी में एकत्र हुए हैं। समूचे देश में लोग यूपीए-2 के कामकाज अथवा इसके अभाव से पूरी तरह निराश हैं। कभी कांग्रेस ने एक ऐसी सरकार देने का वादा किया था, जो काम करेगी। लेकिन आज यूपीए ने हमें एक ऐसी सरकार दी है, जो काम करना तो दूर, अपने दायित्व से ही जी चुरा रही है। मनमोहन सिंह सरकार ने भ्रष्टाचार में लिप्त होने तथा साथ-साथ विभिन्न किस्म के घपलों और घोटालों में शामिल होने के मामले में अब तक के सारे रिकॉर्ड तोड़ दिए हैं। जनता के धन की लूट केवल दिल्ली तक सीमित नहीं है। यहाँ असम में भी एक ऐसी सरकार है, जिसके खाते में अनेक घोटाले दर्ज हैं। हमें इन प्रवृत्तियों के विरुद्ध लड़ना है और लोगों को बोफोर्स, कॉमनवेल्थ खेलों, आदर्श सोसाइटी तथा स्पैक्ट्रम घोटाले की सच्चाई के बारे में जाग्रत् करना है।

दूसरी तरफ, हम पर भ्रष्टाचार, भूख और आतंक से मुक्त राष्ट्र बनाने की जिम्मेदारी है। डॉ. श्यामा प्रसाद मुखर्जी और पं. दीनदयाल उपाध्याय के जीवन से प्रेरणा लेकर हमें राष्ट्रीय पुनर्निर्माण हेतु एकजुट होकर काम करना है। लोग भाजपा और राजग की ओर बड़ी आशा भरी दृष्टि से देख रहे हैं। हमें इन लोगों के दिलों में आशा पुनर्जाग्रत् करने का दायित्व निभाना है, जो हरेक को स्वार्थी समझ रहे हैं। इस समय हम मार्गदर्शन के लिए अपने सभी शीर्ष नेताओं की ओर देख रहे हैं। ब्रह्मपुत्र के तट पर आपके बीच खड़े होकर

मैं अपने महान् नेता अटल बिहारी वाजपेयी की भविष्यवाणी को याद किए बिना नहीं रह सकता। 30 वर्ष पहले मुंबई में अरब सागर के तट पर खड़े होकर उन्होंने अँधेरा दूर करने, प्रकाश लाने और कमल खिलाने का वादा किया था। मैं अपने प्रेरणादायी नेता के शब्दों को दोहराता हूँ और दावा करता हूँ—अँधेरा छँटेगा, सूरज निकलेगा और कमल खिलेगा।

❑

---

* 8 जनवरी, 2011 को गुवाहाटी में राष्ट्रीय कार्यकारिणी बैठक में दिया गया भाषण।

विकास

“

अंत्योदय और विकास हमारे उद्देश्य हैं। अंत्योदय के बारे तो पं. दीनदयाल उपाध्याय, जिनके विचारों पर हम काम करते हैं, ने हमें बहुत अच्छी प्रेरणा दी। उन्होंने कहा कि समाज का जो आखिरी व्यक्ति है, जो शोषित व्यक्ति है, दलित है, जो असहाय है, जिसके पास रहने के लिए मकान नहीं है, जिसके पास खाने के लिए रोटी नहीं है और जिसके शरीर पर कपड़े नहीं हैं, उसको हम भगवान् मानें। जब उस व्यक्ति को रोटी, कपड़ा और मकान मिल जाएगा, उस दिन हमारा सपना पूरा होगा, ऐसा हम समझेंगे।

”

4

एन.जी.ओ.—एक सशक्त उपकरण

मुझे बहुत खुशी है कि स्व. रामभाऊ म्हालगी प्रबोधिनी की ओर से स्वैच्छिक कार्य करनेवाले, जिसको हम एन.जी.ओ. कहते हैं, लोगों द्वारा यह सम्मेलन आयोजित किया गया है। इसलिए म्हालगी प्रबोधिनी को हृदय से बहुत-बहुत धन्यवाद देता हूँ और उनका अभिवादन करता हूँ। मुझे अगर कहीं च्वाइस मिल जाए कि मैं एन.जी.ओ. में काम करूँ या पार्टी में काम करूँ, तो मैं एक क्षण में एन.जी.ओ. में काम करने को प्राथमिकता दूँगा। इतनी रुचि मेरी इस कार्य में है। क्योंकि विद्यार्थी परिषद् में मैं जब काम कर रहा था तो ग्रामोत्थान छात्र अभियान नाम से एक प्रकल्प चला और उसके पीछे भावना यह थी कि हमारे जो युवा विद्यार्थी हैं, वे गाँव की समस्याओं को समझें और सामाजिक दायित्व में उसको स्वीकार करके उस समाज में जो अनपढ़ लोग हैं, गरीब हैं, असहाय हैं, उनके विकास के लिए कुछ दायित्व के रूप में काम करें। थोड़ा-बहुत कार्य करने का मौका मुझे मिला और उससे निजी क्षेत्र में काम करते हुए जो परिस्थिति मैंने देखी, तब मुझे लगा कि इसमें बहुत कार्य करने की आवश्यकता है। और बाद में सरकार में भी काम करने का मुझे अनुभव मिला। सरकार में और एन.जी.ओ.

दोनों में काम करना, ये एक बात समझ में आई कि सरकार में इतना परिश्रम करना पड़ता है, कोई काम करने के लिए इतनी रुकावटें आती रहती हैं तो कभी-कभी ऐसा लगता है कि इसका पीछा छोड़ो और अपने ये कार्य अच्छे तरीके से करो। तो इस प्रकार की भावना मन में पैदा होती है और मुझे भी लगा कि सरकार से अपेक्षा न रखते हुए यही कार्य करना चाहिए, जो अपने से हो सकता है। मैंने एक राष्ट्रीय संत का भाषण सुना। उन्होंने कहा कि आप ही अपने जीवन के शिल्पकार हैं। यू कैन चेंज युवर ओन सोशियो इकोनॉमिक लाइफ—और यह वाक्य जब मैंने सुना तो उसके बाद मुझमें एक विश्वास पैदा हुआ कि गॉड एंड गवर्नमेंट दोनों पर हम विश्वास रखते हैं। पर अगर हम अपने ही प्रयासों से काम करेंगे तो हमारे गाँव का, हमारे जिले का, हमारे राज्य का हम सामाजिक-आर्थिक चित्र बदल सकते हैं; सामाजिक-आर्थिक परिदृश्य को बदल सकते हैं। यह सब करते समय मुझमें आत्मविश्वास भी आया और मुझे थोड़ा अच्छा भी लगा। जब मैं मंत्री था तो मैंने कैपिटल मार्केट से सरकारी संस्थाओं के लिए मुंबई-पुणे एक्सप्रेस हाइवे तथा अनेकों फ्लाइओवर तैयार किए। उसके लिए मैंने 4 हजार करोड़ रुपए कैपिटल मार्केट से खड़े किए और 8 हजार करोड़ का काम 5 हजार करोड़ की इक्विटी पर हुआ। इस एक्सप्रेस ने मुझे बहुत अच्छा आत्मविश्वास दिया। हमारी अनेक जगह सरकारें हैं। पर सरकार से ज्यादा मेरा विश्वास लोगों के अंतरंग में, संवेदनशीलता, सामाजिक संवेदनशीलता में है। जो समर्पित हैं, निस्स्वार्थी हैं और समाज के लिए काम करनेवाले अनेक कार्यकर्ताओं को मैंने देखा, जिनमें से कुछ मंच पर उपस्थित हैं, तब मुझे लगा कि ये कार्य भी देश की, समाज की स्थिति को बदल सकते हैं। मैं यह मानता हूँ कि पॉलिटिक्स इज सोशियो इकोनॉमिक रिफार्म और इस बात को लेकर मैं काम करता आया हूँ, थोड़ा कुछ कार्य करने का मुझे मौका मिला। यह एक कठिन काम है कि राजनीति को सामाजिक, आर्थिक चित्र बदलने के लिए मोड़ देना। राज-कारण नहीं, समाज-कारण करना, विकास-कारण करना, राष्ट्र-कारण करना, यह समझाना कठिन बात है। क्योंकि आज की राजनीतिक

स्थिति में हर व्यक्ति अपनी खुद की महत्त्वाकांक्षा, आकांक्षा के लिए काम करता है और उसकी स्वाभाविक स्वकेंद्रित सोच है तथा उसको लगता है कि मैं कैसे ऊपर जाऊँ ? देश और समाज का भला कितना हो, इससे ज्यादा व्यक्ति की प्राथमिकता बहुत सारे लोगों की अपने लिए है और इसलिए मैं जब पार्टी का अध्यक्ष बना तो हमने एन.जी.ओ. के सेल का भी निर्माण किया, अंत्योदय के इस कार्यक्रम को मिशन के रूप में स्वीकार किया। तीन बातें हमने सामने रखी थीं—एक राष्ट्रवाद, जो हमारे राष्ट्र को मातृभूमि के रूप में मानते हैं और हमारे देश का सर्वांगीण विकास हो। भय, भूख और आतंक से हमारा देश मुक्त हो, देश में सही अर्थों में सबको रोजगार मिले, गरीबी का निर्मूलन हो और सभी लोग सुखी, संपन्न, समृद्ध समाज के घटक बनें तथा ऐसा राष्ट्र तैयार करने के लिए राष्ट्रवाद का विचार हमारी प्रेरणा है। अंत्योदय और विकास हमारे उद्देश्य हैं। अंत्योदय के बारे तो पं. दीनदयाल उपाध्याय, जिनके विचार पर हम काम करते हैं, उन्होंने हमें बहुत अच्छी प्रेरणा दी। उन्होंने कहा कि समाज का जो आखिरी व्यक्ति है, जो शोषित व्यक्ति है, दलित है, जो असहाय है, जिसके पास रहने के लिए मकान नहीं है, जिसके पास खाने के लिए रोटी नहीं है और जिसके शरीर पर कपड़े नहीं हैं, उसको हम भगवान् मानें। हमारे सदस्य उसकी निरंतर सेवा करते रहें। जब उस व्यक्ति को रोटी, कपड़ा और मकान मिल जाएगा, उस दिन हमारा सपना पूरा होगा, ऐसा हम समझेंगे। और उस दिन तक हम निरंतर कार्य करते रहेंगे। यह उन्होंने अंत्योदय के विचार में हम सबके सामने रखा। दीनदयालजी के बाद भी अनेक लोगों ने हमें इस बात की प्रेरणा दी। उसमें स्वर्गीय नानाजी देशमुख के कार्य को हम कभी भूल नहीं सकते। मुझे चित्रकूट जाने का अनेक बार अवसर मिला। 800 गाँवों का चित्र नानाजी ने अपने प्रयासों से बदल दिया। यह देश बदल सकता है। रोजगार का निर्माण हो सकता है। किसानों का उत्पादन बढ़ सकता है। पानी का स्तर उठाया जा सकता है और आरोग्य के क्षेत्र में सभी सुविधाएँ गरीबों तक पहुँच सकती हैं। गाँव का चित्र बदल सकता है। अपने कार्य से 800 गाँवों की जिम्मेदारी

लेकर चित्रकूट में नानाजी ने एक सामाजिक, आर्थिक परिवर्तन की तसवीर खड़ी की। वह हमारे लिए प्रेरणा-स्रोत है। जाति, पंथ, धर्म और भाषा से ऊपर उठकर संपूर्ण समाज हमारा है, सब लोग हमारे हैं और उसके बारे में मन में संवेदनशीलता रखकर काम करना—यह प्रेरणा नानाजी ने हम सबको दी। हम कोशिश कर रहे हैं कि हमारी पार्टी में भी अंत्योदय का कार्यक्रम जोर से चले, इसलिए हमने अनेक क्षेत्र चुने, जिसमें हम काम करने की कोशिश कर रहे हैं। हस्तकला हो, कारीगरी हो, कितने गरीब लोग हैं, असहाय हैं, कौन से गाँव में काम कर रहे हैं, उनका कोई वादी नहीं है, उनकी कोई चिंता नहीं करता, उनको छोटी सी भी मदद मिल जाए तो उनका जीवन बदल सकता है। ऐसी अनेक योजनाओं के लिए हम काम करें। जहाँ हम सत्ता में हैं, वहाँ हम सुशासन प्रदान करें। विकास की ओर जाने के लिए ऐसे लोगों को ढूँढ़ें और उन लोगों की सहायता करें, सत्ता का उचित उपयोग करें। जहाँ हम सत्ता में नहीं हैं, वहाँ भी राजनीति को छोड़कर संवेदनशीलता, सामाजिक संवेदनशीलता के आधार पर समाज में जितना हो सकता है उतना अच्छा कार्य करने की कोशिश करें—Diversification of politics towards socio economic transformation with the help of social condition और यह राजनीतिक कार्यकर्ताओं के द्वारा करना कठिन है। पर इसको हम निरंतर करते रहें, आग्रहपूर्वक करते रहें। जो चुनाव की राजनीति है, उसको तो हम टाल नहीं सकते। पर उसके साथ हम इस आधार को जोड़कर चलें और इसलिए हमने प्रशिक्षण की भी व्यवस्था की, करीब 15 हजार कार्यकर्ताओं को प्रशिक्षित भी किया है। इसके परिणाम एकदम नहीं मिलेंगे। इसमें समय लगेगा। सभी राजनीतिक पार्टियों को देश और समाज के हित में, गरीब आदमी के हित में, बेरोजगारों के हित में विचार करके उनके सामाजिक, आर्थिक परिवर्तन के बारे में सोचना चाहिए। आज जिस पर आप चर्चा करने वाले हैं। उसमें दो बातें महत्त्वपूर्ण हैं। पानी के विषय में मैं ज्यादा कुछ कहूँगा नहीं, मुझे ऐसा लगता है कि सही उपलब्धि तो बरसात से आए हुए पानी की एक भी बूँद समुद्र में न जाए, इसमें है। दो-तीन दिन पहले मैं

इजराइल से लौटा। इजराइल का जो यश है, उसमें उनके वॉटर मैनेजमेंट का बड़ा योगदान है। जो बाँध का पानी है, वह पाइप से लाते हैं और पाइप से ड्रिप और स्प्रींकल से पानी देते हैं। उसके दो परिणाम होते हैं। प्रति एकड़ उत्पादन ढाई गुना बढ़ जाता है। दूसरी बात जो गुणवत्ता है, उसमें सुधार हो जाता है, इसलिए इजराइल का वॉटर मैनेजमेंट का प्रयोग अभूतपूर्व है। सबसे महत्त्वपूर्ण बात यह है कि हमारे देश के सामने कुछ बुनियादी सवाल खड़े हुए हैं। देश की वर्तमान आर्थिक स्थिति के बारे में कुछ कमेटियाँ बनी थीं—तेंडुलकर कमेटी, सक्सेना कमेटी और सेनगुप्ता कमेटी थी, वर्ल्ड बैंक ऑफ एशियन कमेटी ने भी उस पर अध्ययन किया। पाँचों कमेटियों की रिपोर्ट इंटरनेट पर उपलब्ध है, हमारे सबके पास है। जो निष्कर्ष हमको देखने के लिए मिले हैं, वह बहुत गंभीर हैं। देश में 90 प्रतिशत जनसंख्या ऐसी है जिसकी रोज की आय 90 रुपए से कम है। 50 प्रतिशत आबादी ऐसी है, जिनकी रोज की आय प्रतिदिन 20 रुपए से कम है, इससे भी कम है। मुझे लगता ये है कि हमारे सामने एक गंभीर समस्या खड़ी हो गई है। गाँव के लोग शहरों की तरफ आ रहे हैं; क्योंकि कृषि आर्थिक दृष्टि से लाभकर नहीं है। सोलह घंटे का, चौदह घंटे का लोडशेडिंग है, ऊर्जा उपलब्ध नहीं है और जिसके कारण बड़े पैमाने पर शहरी क्षेत्र में जनसंख्या इतनी बढ़ी है कि हमारे शहर के लिए नई समस्याएँ खड़ी हो गई। झुग्गियाँ खड़ी हुई हैं, अपराध बढ़ा है, कानून व्यवस्था की स्थिति बिगड़ रही है और उतने लोगों को एक्कमोडेट करने की क्षमता इन्फ्रास्ट्रक्चर में नहीं है। मुंबई जैसे शहर में तो तीनों तरफ समंदर है। कितने भी फ्लाईओवर बनाएँ और कितने भी रोड बनाएँ, गाड़ियाँ तो ऐसे चल ही नहीं सकतीं और इसके कारण पर्यावरण के भी प्रश्न हमारे सामने हैं। मुझे लगता है कि इन सब विषयों का संतुलित विचार करना होगा। इंटिग्रेटेड एप्रोच में विचार करना होगा। हमको पर्यावरण भी चाहिए और विकास भी चाहिए। दुनिया में जो प्रयोग हो रहे हैं, उसके साथ हमको जाना होगा। मैं जब इजराइल में था तो इंडान नाम के वहाँ के एक बड़े उद्योगपति हैं। उन्होंने हमें आमंत्रित किया। पूरा शिष्टमंडल उनसे मिलने गया था।

उनकी एक कंपनी है। उन्होंने कार तैयार की है, उस कार का प्रजेंटेशन दिया, बाद में उस कार में बैठने का मुझे मौका मिला। वह कार 300 किलोमीटर प्रति घंटे की रफ्तार से चलती है। जिस इलेक्ट्रॉनिक कार में हम लोग बैठे, वह कार 140 किलोमीटर से चल रही थी। उसकी जो टेक्नोलॉजी थी और उनका जो कांसेप्ट था, उसमें उन्होंने एक विशेष प्रकार की बैटरी का इस्तेमाल किया है। उसके विस्तार में मैं यहाँ नहीं जाना चाहता। इस कार से कोई प्रदूषण नहीं होता। हमारे देश में हमारे 2,40,000 करोड़ रुपए कच्चे तेल के आयात में चले जाते हैं। इसलिए मैंने बीच में हमारे हिमाचल और उत्तराखंड के मुख्यमंत्रियों को बुलाकर कहा कि आप एक मिशन के रूप में काम करिए। दोनों राज्यों में हाइड्रो पावर है। आपकी टोटल प्रणाली एम.आर.पी. हो। हिमाचल और उत्तराखंड में ऊपर पहाड़ों पर जाना पड़ता है तो लोगों को जाने के लिए भी रोप वे जैसा सिस्टम है, उसमें एक डिब्बा मालगाड़ी का जोड़ देने से सफरचंद भी नीचे से आ सकते हैं। नीचे-ऊपर सामान भी लाया जा सकता है। अब इसमें इतनी बचत है कि ऊपर जाने के लिए जहाँ डेढ़-पौने दो घंटा लगता है, वह काम 5 या 7 मिनट में हो सकता है। दूसरी चीज हमें ब्राजील में देखने को मिली, वहाँ पेट्रोल में इथेनॉल का मिश्रण किया जाता है। इथेनॉल से प्रदूषण कम होता है। ब्राजील में पेट्रोल में 22 प्रतिशत इथेनॉल है और 15 प्रतिशत डीजल, जिससे प्रदूषण कम होता है, कार्बन कम पैदा होता है। दूसरी बात जो हमारे गाँवों में वनवासी बंधुओं के लिए, गरीब लोगों को रोजगार दे सकती है, वह बायो डीजल की है। एडिबल और नॉनएडिबल ऑयल से डीजल तैयार होता है। हमारे प्लांट से प्रतिदिन 3,000 लीटर डीजल तैयार हो रहा है। यह डीजल से अच्छा है। इसका उपयोग करके अगर गाँवों में डीजल तैयार होता है, ट्रैक्टर भी चले तो गाँवों के युवाओं को रोजगार मिलेगा और उसके साथ-साथ पर्यावरण की दृष्टि से भी प्रदूषण कम होगा। इसको जिस परिमाण में बढ़ावा देना चाहिए, वह नहीं हुआ है। मुझे लगता है कि बायो फ्यूल के सेक्टर पर, इलेक्ट्रिक पर हम लोगों को विशेष ध्यान देना चाहिए। जिससे हमारे पर्यावरण में काफी सुधार

हो सकता है। दूसरी जो महत्त्वपूर्ण बात है, वह यही कि हमारे यहाँ गंदे पानी के कारण बीमारियाँ बहुत बढ़ती हैं। कचरे के कारण भी हमको बहुत समस्याएँ आती हैं। कचरे में अनेक प्रकार की चीजें मिली होती हैं। मैंने इसमें विशेष रुचि लेकर नागपुर महानगरपालिका, जो हमारे दल के नियंत्रण में है, इसका प्रयोग किया। एक प्रयोग यह किया कि कचरे से पेलेट बनाएँ, उसकी करौलिक वैल्यू 27 है। आपको ताज्जुब होगा कि हमारे शहर में तेरह सौ, चौदह सौ टन कचरा निकलता है और उसके पेलेट बनाकर 37 सौ के भाव से बेचा जा रहा है। मैं जो बातें बता रहा हूँ, ये कोई किताब की बातें नहीं हैं। यह जो प्लास्टिक है, इससे कच्चा पेट्रोल तैयार किया, वह पेट्रोल मैंने बैटरियों में चलाकर दिखाया। बहुत अच्छा चला। तो मुझे ऐसा लगता है कि आजकल कचरा भी एक सोना बना हुआ है। इससे पैसा मिलता है। जो सीवेज वॉटर है, उससे मीथेन मिलता है। मीथेन को कॉम्प्रेस करके सी.एन.जी. होता है और सी.एन.जी. से गाड़ियाँ चल सकती हैं। आज पानी प्रदूषित हो रहा है, हवा प्रदूषित हो रही है, वह दूर हो सकता है और इसलिए छोटे-छोटे गाँवों में ये योजनाएँ कैसी हो सकती हैं, इसके लिए हमें सोचना चाहिए। जो ऑर्गेनिक मैन्युअल उसमें निकलता है, जो ऑर्गेनिक चीजें हैं, उसे जो हमारी एक्सल इंडस्ट्रीज हैं, मुंबई में और बाकी जगह पर उन्होंने अच्छा प्रयोग किया है। उन्होंने गाँवों में चार प्रकार के डिब्बे रखे हैं। एक ऑर्गेनिक है, वह इसमें डालो, प्लास्टिक एक में डालो, मेटल एक में डालो, बाकी कचरा अलग डालो। पहले मुझे लगा कि यह सफल नहीं होगा, पर उन्होंने करके दिखाया। तो जो ऑर्गेनिक है, उससे ऑर्गेनिक मैन्युअल बना सकते हैं। मैं भी करीब 5,000 टन ऑर्गेनिक मैन्युअल तैयार करता हूँ। ऑर्गेनिक किसान को इतनी अच्छी कीमत भी मिल रही है। क्योंकि एक तरफ हमको पर्यावरण के लिए चिंता करनी है और दूसरी ओर रोजगार का निर्माण करना है। तो मुझे लगता है कि हमारी एकीकृत सोच होनी चाहिए। एक महत्त्वपूर्ण बात कि हम समुंदर खराब कर रहे हैं। मॉरीशस के समुद्र में आप अपनी प्रतिमा देख सकते हैं। मैं मुंबई में वरली में रहता हूँ, सी फेस जाता हूँ। मुझे दुर्गंध आती

है। मैं जब वरली बांद्रा सी लिंक परियोजना तैयार कर रहा था तो अंग्रेजी मीडिया के लोग खूब खिलाफ लिखते थे। आखिर तंग आकर मैंने गेटवे ऑफ इंडिया से एक बड़ी बोट ली और 70 पत्रकारों को उसमें बिठाया। उनको घुमाकर वरली से लेकर बांद्रा की खाड़ी में आया। बांद्रा की खाड़ी में आकर मैंने उनको दिखाया कि आप लिखते हो कि मच्छी मर जाएगी, मच्छी मर जाएगी, ये क्या है? दिख रही है आपको मच्छी? आप बताओ, ये क्या है? गटर है, गंदा पानी है। आप मुझे बताओ कि गंदे पानी में कभी मछली होती है क्या? नहीं होती, दिख रही है क्या तुमको? नहीं दिखती तो तुम इतना विरोध में क्यों लिखते हो? एक भी मछली नहीं मर रही है। रोज लिखते हो कि कोर्ट में जाते हो। ऐसा मत करो, यहाँ एक भी मछली नहीं है। वे नाक दबाने लगे। मैंने कहा कि नाक नहीं दबाना। बिलकुल नहीं, नाक खुला रखो और गंध लो, यह समुंदर नहीं, गटर है। अगले दिन से आप अखबार में गलत मत लिखो। इस परियोजना को हरी झंडी मिली। क्लियरेंस हुआ और परियोजना पूरी हुई। मैं मीडिया के लोगों से भी प्रार्थना करता हूँ। बातें जाँच लो, जो लिखना है वो लिखो। पर ये तो जाँच लो कि सच क्या है? लिखने के पहले सोचो कि क्या क्या है, क्या नहीं है, सच्चाई क्या है? यह जनहित में है कि नहीं? फिर लिखो। पर्यावरण क्षेत्र में काम करनेवाले लोगों को जमीनी हकीकत पर आना चाहिए। सच्चाई को ढूँढ़ना चाहिए कि देश के हित में क्या है, समाज के हित में कौन सी बात है, गरीब आदमी के हित में कौन सी बात है और फिर उसके बारे में नीति तय करनी चाहिए। आपको एकीकृत सोच रखनी होगी। चाइना में एक हाइड्रो प्रोजेक्ट है 18 हजार मेगावाट का। हमारे देश में सब प्रोजेक्ट अटके हुए हैं। लगभग 50 हजार मेगावाट ऊर्जा की कमी है। थर्मल प्लांट में कोयला उपलब्ध नहीं है। अब इंडोनेशिया और साउथ अफ्रीका से कोयला लाकर हम अपने थर्मल प्लांट चलाएँगे? हमने ऊर्जा को बढ़ावा देना चाहिए। हाइड्रो पावर तैयार करनी चाहिए। बिलकुल जरूरी है। न्यूक्लियर पावर का एक और विवाद है। किस बात से पावर तैयार होनी चाहिए, इस विवाद में मैं नहीं जाना चाहता।

पर उद्योग और कृषि अगर हमारे दो क्षेत्र प्रगति और विकास के हैं तो उद्योग का विकास करना है, तब चार बातें जरूरी हैं—वो हैं पानी, सड़कें, संचार तथा ऊर्जा और अगर कृषि क्षेत्र का विकास करना है तो पाँच बातें महत्त्वपूर्ण हैं—एक तो पानी चाहिए, ऊर्जा चाहिए, बीज-खाद चाहिए, कम दरों पर कर्जा चाहिए और दूसरी बात सबसे बड़ी उसका तंत्रज्ञान चाहिए। तो कृषि क्षेत्र में उत्पादन बढ़ेगा, यह हुआ तो पर कैपिटा इन्कम और जी.डी.पी. भी बढ़ेगी। मैं आपको एक केस स्टोरी सुनाता हूँ। मैंने उसका स्टडी किया है। नागपुर के पास डेढ़ घंटे की दूरी पर मध्य प्रदेश में कर्माझरी जंगल है। मैंने सरकारी अधिकारियों को कहा था कि नागपुर से तीन घंटे की दूरी पर 250 बाघ हैं तो हमें नागपुर को टाइगर सिटी घोषित करना चाहिए। अब एक हिस्सा है महाराष्ट्र पेंच का, एक मध्य प्रदेश का। जब सुरेश प्रभु मंत्री थे, उन्होंने बहुत सहायता की। बहुत अच्छी परियोजना हुई। मैं वहाँ गया, उसका मैंने सामाजिक-आर्थिक अध्ययन किया। वहाँ 250 गाड़ियाँ हैं। आदिवासी सुरक्षा गार्ड, गाइड वहाँ आते हैं। वहाँ 26 होटल खुले हैं। इससे वहाँ के आदिवासियों का जीवन-स्तर सुधरा है। उनको दूध-अंडे तो मिलते ही हैं, उनका पर कैपिटा इन्कम भी बढ़ा है। वहाँ बसे 6,000 आदिवासियों के लड़कों को वहाँ काम मिला है। मध्य प्रदेश के कर्माझरी में आदिवासियों की प्रगति हुई, विकास हुआ, रोजगार मिला। महाराष्ट्र के अधिकारियों ने मुझे कहा कि हम चाहते हैं कि लोग यहाँ बाघ देखने के लिए न आएँ। हम उनको हतोत्साहित करना चाहते हैं। मध्य प्रदेश कैसे पर्यटकों को आने देता है। एक पर्यटक जब आता है तो 86 लोगों को रोजगार मिलता है। क्या हम हमारे युवाओं को रोजगार नहीं देंगे? पेड़ लगाने चाहिए। मैंने मुंबई-पुणे एक्सप्रेस बनाने के समय एक नर्सरी खोली। उस समय 2001 में मैंने 20 करोड़ रुपए पेड़ ट्रांसप्लांट करने के लिए खर्चा किया। मैं जिस शहर से हूँ, वहाँ मैंने 50 लाख पेड़ लगाए। नागपुर शहर आज देश का नंबर वन या नंबर टू ग्रीन सिटी है। मैं पेड़ लगाना चाहता हूँ, मैं पर्यावरण चाहता हूँ। पर उसके साथ-साथ हमको रोड भी बनाने होंगे, बिजली भी चाहिए, पानी भी चाहिए। इसका

संतुलित विचार करिए। इंटिग्रेटेड एप्रोच से देश का विकास करके, हमारा पर्यावरण प्रदूषण समाप्त करके हमको देश को 21वीं सदी में लेकर जाना है। मुझे ऐसा लगता है कि बाकी भी क्षेत्र बहुत हैं। हम लोग सभी क्षेत्र के बारे में सोंचे, व्यावहारिक स्तर पर जाएँ, जमीनी हकीकत को महसूस करें, जो अच्छे-अच्छे प्रयोग हुए उनको हम लोग लोगों के सामने ले जाएँ। मुझे ऐसा लगता है कि हमारी हैंडलूम, हमारी हस्तकला, हमारे कारीगर, जो हमारे लुहार हैं, सुनार हैं, जो अलग-अलग क्षेत्रों में काम करते हैं, उनकी गुणवत्ता को बढ़ाना, नई टेक्नोलॉजी, नई डिजाइन से उनको मदद करना और समाज के नीचे के तबके के लोगों को सम्मान से जीने का मार्ग दिखाना आवश्यक है। दूसरी ओर जो जल प्रदूषण, वायु प्रदूषण है, पर्यावरण के महत्त्वपूर्ण मुद्दे उसको रोकना—इन दोनों का एकीकृत सोच में आगे जाना होगा। चीन में एक बांबू पर 60 लोगों को रोजगार मिला है। हमारी एक संस्था, जिसका मैं अध्यक्ष हूँ, ने बांबू की एक ब्रीफकेस बनाई है, वह मैंने बहुत लोगों को भेंट दी। इतनी सुंदर ब्रीफकेस है कि बड़े-बड़े लोग उसका उपयोग कर रहे हैं। हमारे आदिवासी कारीगरों ने वह बनाई है। बांबू के घर बन सकते हैं, आज बांबू जंगल में पड़ा है। आदिवासी लोग बेचारे क्या करें, खाने के लिए नहीं है। हम क्या उनको जीवन जीने का रोजगार प्रशिक्षण नहीं दे सकते, क्या उनमें कोई ऊर्जा निर्माण नहीं कर सकते। हम कर सकते हैं। मुझे लगता है कि इसमें अच्छा कार्य हो सकता है। म्हालगी प्रबोधिनी ने बहुत अच्छी शुरुआत की है। बोलने लायक तो बहुत कुछ है, क्योंकि यह मेरी रुचि का विषय है। बहुत कुछ बातें देखता रहता हूँ। मैं प्रबोधिनी को बहुत-बहुत धन्यवाद देता हूँ कि देश के सामाजिक-आर्थिक परिवर्तन की दिशा में उन्होंने अच्छी पहल की है। अभी बहुत बड़ा कार्य करना है, हिंदुस्तान की सभी नदियाँ शुद्ध करनी हैं। मैं रशिया गया था, उनकी टेक्नोलॉजी देखकर आया। क्या हम गंगा नदी के लिए फिल्टर लगाकर गंदा पानी शुद्ध नहीं कर सकते। हम नदियाँ साफ नहीं कर सकते, क्या समुंदर को साफ नहीं कर सकते? क्या कचरे को हटाकर वहाँ अच्छे बगीचे नहीं बना सकते। जो कचरा सड़ता

है, लोगों के घरों में गंदा पानी जाता है, उसमें हम बड़े बगीचे नहीं बना सकते, हम बना सकते हैं, निश्चित बना सकते हैं और 21वीं सदी में मुझे लगता है कि हमारी विकास की राजनीति, सामाजिक-आर्थिक परिवर्तन की हमारी भूमिका, समाज के गरीब, शोषित, पीड़ित लोग हैं, उनका विचार करके एकीकृत स्रोत में पावर से लेकर पानी तक और बिजली से लेकर हथकरघा, हस्तकला तक और शिक्षा से लेकर अनेक क्षेत्रों में हम लोग विचार करेंगे और उस दिशा में जाएँगे तो 21वीं सदी में हमारे देश को हम दुनिया की सबसे बड़ी ताकत बना सकते हैं। यह क्षमता हमारे बीच में है, हमारे देश में ऐसे लोग हैं, आवश्यकता इच्छा-शक्ति की, नियोजन की है।

❑

* एन.जी.ओ. सम्मेलन, नई दिल्ली में 21 दिसंबर, 2010 को दिया गया भाषण।

सन् 2025 तक इस देश के हित के लिए कैसे काम किया जा सकता है, ऐसी नीति बनानी चाहिए। उसमें सार्वजनिक क्षेत्र, ऊर्जा, वेस्टलैंड, पानी की खपत—ये सभी क्षेत्र हैं। हमें सभी क्षेत्रों में 21वीं सदी में अमरीका से भी आगे जाना है और विश्व में हिंदुस्तान को एक सुपर इकोनॉमिक पावर बनाना है तो—भय, भूख और आतंक से मुक्त सुखी, समृद्ध व संपन्न रहनेवाले समर्थ भारत का निर्माण करना होगा। मुझे ऐसा लगता है कि यह करने की क्षमता हममें है।

5

समर्थ-सक्षम भारत

सबसे पहले मैं जनता सहकारी बैंक के 61वें स्थापना दिवस पर हृदय से शुभकामनाएँ देता हूँ। उनके अच्छे भविष्य के लिए बहुत-बहुत शुभकामनाएँ कि यह बैंक उत्तरोत्तर उन्नति करे। हम सभी 21वीं सदी में चल रहे हैं। मैं एक बार अमरीका गया था और वहाँ एक उद्योगपति का भाषण सुनने का अवसर मिला। उस समय उसने श्रोताओं से पूछा कि 21वीं सदी की सबसे बड़ी पूँजी क्या है ? इस प्रश्न के बाद उसने श्रोताओं की ओर देखा। कई लोगों ने उसका उत्तर दिया। किसी ने Technology कहा, किसी ने Resource कहा, लेकिन काफी देर तक उनको उपयुक्त उत्तर नहीं मिला और उत्तर न मिलते देख उन्होंने कहा कि मुझे इन उत्तरों से अच्छी बात सीखने को मिली। उन्होंने कहा, विश्वसनीयता, प्रामाणिकता 21वीं सदी की सबसे बड़ी पूँजी है। इस बैंक के संचालक मंडल से मेरा काफी पुराना रिश्ता है। उन्होंने विषम परिस्थितियों से जूझते हुए बैंक की विश्वसनीयता तथा प्रामाणिकता की सबसे बड़ी पूँजी खड़ी की। आज भी जनता का उन पर विश्वास है। इसका कारण यह कि उन्होंने विश्वसनीयता और साख के लिए प्रयास किए, इसीलिए उनकी निरंतर प्रगति हो रही है। जनता सहकारी बैंक का आनेवाला

समय अच्छा होगा। सौ वर्ष तक उनकी प्रगति का लेखा-जोखा बढ़ता जाए, उनके माध्यम से समाज के शोषित व पीड़ित लोगों को ऋण मुहैया हो और उनका सामाजिक व आर्थिक विकास का श्रेय इस बैंक को मिले, ऐसा मेरा विश्वास है। 'समर्थ सक्षम भारत' और इंडिया विजन 2020, मैं हमेशा कहता हूँ—आप आँखें दान कर सकते हैं। लेकिन विकास रूपी दृष्टि दान नहीं कर सकते, इसीलिए 21वीं सदी में समर्थ, समृद्ध, संपन्न भारत बनाना है जो भय, भूख और आतंक से मुक्त हो तो उसका विचार हमें अभी से करना पड़ेगा। ये विचार विशेष रूप से युवा पीढ़ी तक पहुँचाने की जरूरत है, क्योंकि उनके माध्यम से समर्थ और सक्षम भारत का निर्माण होने वाला है।

'India vision 2020' पर विचार करने से पहले वर्तमान में क्या हो रहा है, इस पर अपने भीतर झाँककर देखने की आवश्यकता है। 1947 में हमें स्वतंत्रता मिली। 62 वर्ष की इस अवधि में अध्ययन, चिंतन, परीक्षण ठीक प्रकार से नहीं किया गया, इसीलिए भविष्य की नीति तैयार नहीं की जा सकती, ऐसा मुझे लगता है। आज स्थिति ऐसी है कि योजना आयोग ने तीन समितियाँ गठित कीं। इनकी रिपोर्ट इंटरनेट पर उपलब्ध है। विशेष रूप से देश में बी.पी.एल. में रहनेवाले लोग और गरीबी का अध्ययन इन तीनों रिपोर्ट में किया गया है। उसमें एक तेंडुलकर कमेटी थी, उसके साथ वर्ल्ड बैंक और एशियन बैंक ने भी हमारे देश की स्थिति के बारे में अध्ययन करके रिपोर्ट दी है। इस रिपोर्ट में कहा गया है कि हमारे देश में 90 प्रतिशत जनसंख्या ऐसी है कि जिनकी आय 50 रुपए प्रतिदिन से भी कम है और 50 प्रतिशत लोग ऐसे हैं, जिनकी आय प्रतिदिन 20 रुपए से भी कम है। मुद्रास्फीति की दर 16 प्रतिशत से ऊपर चली गई है और इस कारण से स्थिति चिंताजनक हो गई है। बी.पी.एल. किसे कहा जाए, यह बहुत बड़ा प्रश्न है। आजकल जिस गति से मॉल्स का निर्माण हो रहा है, वहाँ भी कोई दुकान खोलने नहीं आता। पिछले दिनों बड़ी तेजी से मॉल बढ़े हैं। शहरों की चकाचौंध बढ़ी है। ऑटोमोबाइल इंडस्ट्री में नई गाड़ी लॉञ्च होती है तो निश्चित रूप से उस

गाड़ी को बुकिंग मिलती है। बैंक गाड़ियों के लिए ऋण देती है, लेकिन पार्किंग के लिए जगह कहाँ देगी ? पुणे के रास्ते अवरुद्ध हैं। पार्किंग के लिए जगह नहीं है। बड़े-बड़े परिसरों में व्यावसायिक विकास हुआ है। पुणे का चित्र भी बदल गया है। इसकी वजह है प्लानिंग में एफ.एस.आई. बढ़ती गई। न रोड की चौड़ाई बढ़ी है, न ही पार्किंग के लिए जगह बची है; लेकिन भविष्य में 15-20 वर्ष में गाड़ियाँ रोड पर 5 किलोमीटर प्रति घंटे की रफ्तार से चलेंगी और लोग सरकार के नाम पर ठीकरे फोड़ेंगे कि अब आगे कैसे जाएँ। इस वजह से सभी बातों को एकीकृत करके विचार किया जाना चाहिए। राज्य के कर्मचारियों को सभी बातों पर विचार करना चाहिए। भविष्य में अगर योजना तैयार करनी है तो उसका परिणाम क्या होगा ? सिंगापुर विकास प्राधिकरण ने सिंगापुर का बहुत सुंदर विकास किया है। सिंगापुर में अगर नई गाड़ी लेनी है तो पुरानी गाड़ी और उसकी नंबर प्लेट लौटानी होगी, तभी नई गाड़ी मिलेगी। कुछ रास्ते ऐसे हैं, जो कुछ दिनों के लिए पार्किंग के लिए होते हैं; इसलिए आज विकासशील देशों में जो समस्या है, वह हम सबके सामने भी आएगी, इसलिए उस पर विचार की आवश्यकता है।

प्रसिद्ध विचारक दत्तोपंत ठेंगड़ी ने कहा कि Every politician think about next election, लेकिन राष्ट्र के पुनरुत्थान करनेवाले राष्ट्रीय नेता होंगे तो He thinks from century to century. वह वर्षों का विचार करेगा, लेकिन आज के नेता पाँच वर्षों का विचार करते हैं, जबकि उन्होंने 25-30 वर्षों के बारे में सोचा तो ही अच्छा होने की उम्मीद है। आनेवाले समय में कई कठिनाइयों का सामना करना पड़ेगा, इसलिए समर्थ भारत बनाने के लिए इन सब बातों पर विचार जरूरी है।

दूसरा विषय मुझे लगता है—हमारे सामने कठिनाई है, समस्या है, प्रश्न है; लेकिन इन पर विजय प्राप्त कर आगे जाया जा सकता है, वजह यह कि इस बात पर मैं विश्वास करता हूँ। There are some people who convert problem into opportunities. There are some people who convert opportunities into problem. समस्या का समाधान निकाला जा सकता है, प्रश्न चाहे कितना ही बड़ा हो, नेतृत्व करनेवाले को उसका हल ढूँढ़ना चाहिए। उसका विचार करते समय समाज और राष्ट्र-हित को ध्यान में रखा जाए तो उसका हल मिलेगा। मेरे विचार सकारात्मक हैं—भारत का भविष्य उज्ज्वल है। आपको उतना विश्वास नहीं होगा जितना यूरोप और अमरीका जैसे देशों को है। उन्होंने हमारे विकास की चमक/तेजी देखी है। वे चीन और भारत के उत्तरोत्तर विकास का अध्ययन कर रहे हैं और उनके मन में यह बात बैठ गई है। मैंने इतिहास का ज्यादा अध्ययन नहीं किया है। 18वीं सदी में मुगलों का राज था, 19वीं सदी में ब्रिटिश का यूनियन जैक फहरा रहा था और 20वीं सदी में अमरीका महाशक्ति के रूप में उभरकर सामने आया और 21वीं सदी IT & Bio Technology की है। उसमें भारतीयों ने अपने झंडे गाड़े हैं।

भारतीयों को विश्व में ख्याति प्राप्त हुई है, उससे मैं आत्मविश्वास के साथ कह सकता हूँ कि 21वीं सदी भारत की है। पुराने प्रश्न और समस्याएँ हैं। उसके लिए रोने की कोई बात नहीं। रास्ता ढूँढ़ना होगा, उसका सामना किया जाना चाहिए। Nothing is impossible. आज मैं संवाददाता वार्त्ता में गया, तब मुझे याद आया एक्सप्रेस हाईवे का जब काम चल रहा था, तब 'इंडियन एक्सप्रेस' के पत्रकार ने मुझसे एक प्रश्न पूछा था—आप इस रास्ते को कितने दिन में पूरा करने वाले हैं? मैंने कहा—ढाई वर्ष के अंदर। उस दौरान मैंने रिलायंस का टेंडर रिजेक्ट किया था। बहुत विवाद हुआ था। मैंने उनसे कहा था कि यह कार्य 2,000 करोड़ रुपए में पूरा होगा। उसने तीसरा प्रश्न पूछा, कितने पैसे हैं आपके पास? मैंने कहा 5 करोड़ रुपए। पत्रकार जोर से हँसने लगा, तब एक सज्जन पत्रकार ने कहा, आप नेता यहाँ आएँ और कुछ भी कहें और हम उसे प्रकाशित करें, ऐसी आपको उम्मीद है क्या? मैंने कहा—ढाई वर्ष में यह कार्य पूरा होगा और 5 करोड़ रुपए मेरे पास हैं। अभी आपने काम शुरू किया है और आप कहते हैं कि कार्य पूरा होगा। किस भरोसे

पर आप यह कह रहे हैं ? मैंने कहा—If there is a will there is a way and where there is no will there is only survey. Discussion, committee and research group. इच्छा-शक्ति के बल पर मैं यह रास्ता पूरा करके दिखाऊँगा। मुझे इस बात की खुशी है। रास्ते का कार्य पूरा हुआ और आज आप सभी लोग उसका लाभ ले रहे हैं। यहाँ एक पक्षी विशेषज्ञ ने एक याचिका डाली थी कि खंडाला घाट में चील की संख्या कम हो रही है और वे इस रास्ते के निर्माण की वजह से पलायन कर रही हैं, इसलिए इसे रोका जाए। इस प्रकार की अलग-अलग 125 याचिकाएँ कोर्ट में दायर की गईं। कई कठिनाइयाँ आईं। महाराष्ट्र के लोक निर्माण विभाग पर देश को गौरव और अभिमान होना चाहिए, जिसने इस सड़क का निर्माण किया। मैंने कोंकण रेलवे को भी टनल बनाने का काम दिया, इसकी वजह है। यह भारत सरकार के कार्यक्षेत्र में आता है। मुझसे किसी ने कहा कि यह काम किसी प्राइवेट ठेकेदार को दें और 5 प्रतिशत कॉन्ट्रेक्ट के हिसाब से मिलेगा। मैंने कहा—वह मुझे न सिखाएँ, काम पूरा करना है, इसीलिए मैंने रेलवे को बिना टेंडर के काम दिया है और उन्होंने उस समय केवल 450 करोड़ में वे सब काम पूरे किए। टनल खोदकर पूरा रास्ता बनाया और कॉर्पोरेशन के इंजीनियर को मैंने कहा कि आप हांगकांग जाओ। उन्होंने केंद्र सरकार से अनुमति माँगी। उस समय केंद्र सरकार ने जवाब दिया—इसमें 1.5 करोड़ रुपए का भार शासन पर पड़ेगा, इसलिए उनको विदेश में टनल देखने के लिए नहीं भेजा जाए। उनका प्रस्ताव नामंजूर हुआ। मैंने एम.एस.आर.डी.सी. के पैसे से उन्हें वहाँ भेजा। विश्व में जितने टनल हैं, उनको देखकर इन भारतीय लोगों ने सुंदर टनल तैयार किया। मुझे विश्वास है, अगर कर्मचारियों में और जनता में इच्छा-शक्ति हो तब काम हो सकता है।

मैं सिविल इंजीनियरिंग के बारे में नहीं जानता। हमारा मिट्टी का बाड़ा है। मैंने अपने दिमाग से उसे बनाने की कोशिश की। मोटी-मोटी दीवारों में पिलर लगाए। मुझे घर बनाते समय परेशानी हुई और घर में मुझे आलोचना

सुनने को मिली। मुझे अपना घर बनाना नहीं आया, लेकिन एक्सप्रेस हाइवे बनाना जरूर आया। इसका मतलब मैं इतना बड़ा विद्वान् नहीं हूँ। मैं कहता हूँ कि काम पूरा होना चाहिए। वरली-बांद्रा सीलिंक परियोजना तैयार हुई, तब उसका डिजाइन बनानेवाले अमरीका के कंसल्टेंट ने कहा—ये डिजाइन वो डिजाइन है, उसके कारण 60 करोड़ रुपए का भार पड़ेगा, लेकिन विश्व में ऐसी डिजाइन कहीं नहीं है। सभी अधिकारियों ने कहा—साहब, 60 करोड़ ज्यादा होते हैं। आपको कॉमन डिजाइन चाहिए। विश्व में कहीं नहीं है, वह मेरे देश में है। इसके लिए कुछ कीमत देनी पड़ती है। आप 60 करोड़ ज्यादा दें, लेकिन जो विश्व में नहीं, वह देश में होना चाहिए। मुझे जैसे नासमझ व्यक्ति के हाथ से अगर यह काम हो सकता है, तब इस देश में इतने करोड़ों शक्तिशाली, समर्थ लोग हैं। इतना पुराना इतिहास है, विरासत है, संस्कृति एवं उपजाऊ जमीन है। सबकुछ है। हम अमीर देश के गरीब नागरिक हैं। इस स्थिति को बदलने की हम में क्षमता है। आवश्यकता है उनके मन में भावना जाग्रत् करने की और इसीलिए समर्थ भारत का यह स्वप्न 2020 तक शत-प्रतिशत पूरा होगा। ऐसा मेरा दृढ़ विश्वास है। एक महत्त्वपूर्ण बात है। जब हम इसके बारे में चिंतन करते हैं, भाषण में सभी बातों का समावेश करना संभव नहीं, लेकिन जिस समय इस विषय का विचार आया, उस समय एक महत्त्वपूर्ण बात याद आई। जब तक भूतकाल में की गई गलतियों को सुधारा नहीं जाता, तब तक वर्तमान में भविष्य के लिए उचित नीति तय नहीं हो सकती। मैं समाजवादी नहीं, साम्यवादी भी नहीं और पूँजीवादी भी नहीं। मैं हमेशा कहता हूँ कि गरीब आदमी को केंद्रबिंदु मानकर नीतियाँ तैयार होनी चाहिए। उसका विचार कैसे किया जाना चाहिए। पं. दीनदयाल उपाध्यायजी ने अपने अंत्योदय के विचार में कहा है—समाज के जमीन से जुड़े शोषित व्यक्ति, उसके शरीर पर कपड़ा नहीं, उसके रहने के लिए घर नहीं, खाने के लिए अन्न नहीं। उसे ईश्वर मानें, उसकी सतत सेवा करते रहें और देखें कि जिस दिन उसे रोटी, कपड़ा, मकान मिलेगा, उस दिन आप समझें कि आपका कार्य संपन्न हुआ। सन् 1947 में भारत स्वतंत्र हुआ। गांधीजी हमेशा कहते

थे, We want maximum production with the involvement of maximum number of persons. गांधीजी और दीनदयालजी के विचारों में फर्क नहीं था। नेहरूजी के विचारों में रूस की साम्यवादी विचारधारा का प्रभाव था। मैं कुछ दिन पूर्व रूस गया था। रूस की भाषा में 30 प्रतिशत शब्द संस्कृत के हैं। भारत में कोई भी संस्कृत की चर्चा नहीं करता है। लेकिन जर्मनी जाने के बाद जर्मनी में आदमी जर्मन और रशियन बोलता है, तब वह संस्कृत के स्थान पर बोलता है। आशय यह कि संस्कृत के प्रति इतना आदर, आकर्षण रूस में है, जर्मनी में है। दुर्भाग्य से जहाँ संस्कृत का जन्म हुआ, वहाँ उसे आदर-सम्मान नहीं मिलता। रूस बदला, चीन भी बदला, चीन का विकास हुआ, अप्रवासी चीनियों द्वारा बड़े-बड़े निवेश से पूरा परिवर्तन हुआ। उसकी सभी आर्थिक नीतियों में बदलाव आया और चीन का निजी क्षेत्र भी बदला। चीन ने अपने सभी दरवाजे खोले। उसका परिणाम यह हुआ कि चीन का ग्रोथ रेट बढ़ा। ग्रोथ बढ़ने पर एग्रीकल्चर और इंडस्ट्री में कैपिटल इन्वेस्ट की जानी चाहिए। तभी रोजगार क्षमता बढ़ेगी और पर कैपिटा इन्कम भी, जी.डी.पी. बढ़ेगी। जवाहरलाल नेहरू ने रशिया के मॉडेल को स्वीकार किया था। नीति के संबंध में वे प्रतिबद्ध थे। यह बात मैं उन पर टीका के उद्देश्य से नहीं कह रहा हूँ। जवाहरलाल नेहरू बहुत बड़े नेता थे। समय-चक्र के प्रवाह में कम और ज्यादा भूल होती हैं। उसके लिए उन्हें दोषी मानकर कुछ करने की आवश्यकता नहीं है। लेकिन भविष्य की कल्पना करते समय उन पर विचार किया जाना आवश्यक है। सरकार को करना चाहिए। नेहरू नीति का प्रतिफल यह हुआ कि पॉवर प्रोजेक्ट से लेकर होटल तक, हवाई जहाज से लेकर रेलवे तक और होटल से लेकर सुई के कारखाने तक सरकार ने खोले। लाइसेंस राज शुरू हुआ। मुझे याद है, जब मैं भाजपा में काम करने लगा। महिंद्रा एंड महिंद्रा कंपनी के डीलर ने नंबर न लगाते हुए एक जीप भाजपा के लिए दी। इसे बहुत बड़ी बात माना गया। इसके कारण लोग मुझे प्रभावशाली मानने लगे। बजाज सुपर स्कूटर का सतारा में कारखाना बना। किसी की शादी थी। उसके ससुर ने अपने दामाद के लिए आउट ऑफ टर्न

कोटे से, मंत्री कोटे से बजाज स्कूटर लिया तो ससुर जब हमें मिला तो हमें लगने लगा, यह मुख्यमंत्री का पावरफुल आदमी है। उसने बजाज का स्कूटर अपने दामाद के लिए बिना नंबर लगाए लिया। हम उस समय में थे। कभी इसमें सुधार हुआ नहीं। विकास नहीं हुआ। प्रतिस्पर्धा नहीं थी और सभी क्षेत्रों में सरकारी कंपनियाँ थीं।

हवाई जहाज की टिकट उस समय 7,000 रुपए की थी। आज देखिए, दूरसंचार के क्षेत्र में क्रांति हुई है। नागपुर-मुंबई और नागपुर-पुणे आज 40 पैसे में बात होती है। इतने वर्षों तक हमने यह मोनोपोली क्यों चलने दी? भारत सरकार ने 70 हजार करोड़ के हवाई जहाज लेने का निर्णय किया है। इस देश में 6.5 लाख गाँवों में से 3.5 लाख गावों में जाने के लिए आज भी पक्की सड़कें नहीं हैं। 50 प्रतिशत लोगों को पीने के लिए शुद्ध और स्वच्छ पानी नहीं मिलता। 10 लाख किसानों ने आत्महत्या की है। गावों के किसान दूध, फल, सब्जी शहरों तक नहीं पहुँचा सकते। ऐसी स्थिति है। करोड़ों विद्यार्थी बरसात में स्कूल नहीं जा पाते, क्योंकि नदी पर पुल नहीं है। हमारी प्राथमिकता क्या है? किसलिए 70 हजार करोड़ के हवाई जहाज खरीद रहे हैं, उस गरीब आदमी के लिए काम करना तो 70,000 करोड़ के हवाई जहाज क्यों खरीदे जा रहे हैं? किंगफिशर, जेट एयरवेज, इंडिगो में पहले ही प्रतिस्पर्धा हो रही है और उनमें अधिक प्रतिस्पर्धा बढ़ा दें। आप क्यों चिंता करते हैं। जहाँ सरकार का काम अन्य लोग करने के लिए तैयार हैं, उनको करने दो। कृषि विषय राज्य-सूची में है। मैं ग्रामीण क्षेत्र में काम करता हूँ। मुझे मालूम है। इतना बुरा लगता है। मैं मोहन धारियाजी के पास गया था। उन्होंने कहा—आज अपने देश में कृषि के लिए पैसे नहीं हैं। राज्य-सूची, केंद्रीय सूची और समवर्ती सूची, इसमें सरकार के काम राज्य-सूची में है। केंद्र सरकार के कार्य केंद्रीय सूची में हैं और दोनों के कुछ कार्य समवर्ती सूची में हैं। सिंचाई राज्य सूची में होने के बावजूद आज इसकी सभी परियोजनाएँ अटकी हुई हैं। पैसे नहीं हैं। महाराष्ट्र सरकार का सालाना सिंचाई बजट 11,000 करोड़ रुपए का

है। 11,000 करोड़ सरकार के हैं। 11,000 करोड़ केंद्र सरकार ने दिए हैं। 22 हजार करोड़ रुपए सिंचाई के लिए उपलब्ध है। पहले वर्ष 20 से 22 प्रतिशत बढ़ोतरी हुई, तब पाँच वर्ष में 1 लाख 35 हजार या 1 लाख 40 हजार करोड़ रुपए सिंचाई के लिए मिले, तब ग्रामीण क्षेत्र का चित्र बदल जाना चाहिए। गांधीजी कहते थे—हमारे भारत में 85 प्रतिशत लोग गाँवों में रहते हैं। आज ग्रामीण क्षेत्रों और शहरी क्षेत्रों में जनसंख्या लगभग 50 प्रतिशत तक आ चुकी है। गाँवों की 35 प्रतिशत जनसंख्या शहरी क्षेत्रों में आ गई है और इसके कारण शहरी क्षेत्रों में नई समस्याएँ खड़ी हो गई हैं। अनधिकृत निर्माण, पानी, बिजली, सड़क, किसी भवन का बिकना, खाली करवाना, पहाड़ियों पर घर बनाना। चलने दो, कोई चिंता नहीं। अगर ऐसा ही चलता रहा तो कितने ही बिल्डर आएँ, लोगों का घर खरीदना जारी रहेगा। और लोग आते रहेंगे और तब शहर बड़े होंगे और गाँव उजाड़ हो जाएँगे। इसका संबंध किसी धर्म, जाति से नहीं है। इसका संबंध गलत आर्थिक नीतियों और भ्रष्ट प्रशासन से है। इनका संबंध आत्महत्या, भुखमरी Wrong economic policy and bad governance से है। गुजरात में कपास होता है, उसका एक भी किसान आत्महत्या नहीं करता। उसके कपास का निर्यात होता है। विदर्भ में एक के पीछे एक किसान आत्महत्या करता है।

गुजरात की कृषि उत्पादकता का रेट 14 प्रतिशत है। प्रगतिशील, समृद्ध और संपन्न राज्य महाराष्ट्र का यह रेट 4 प्रतिशत है। अन्य राज्यों की स्थिति बहुत खराब है। अभी भी बहुत काम करने की आवश्यकता है। पिछली सरकार की तुलना में इस सरकार ने अच्छी ग्रोथ की है, लेकिन फिर भी और अधिक कार्य करना है। लोग कहते हैं, विकास करके सड़कें नहीं बनाईं तो भी लोग चुनाव में जिता देते हैं। पीने के लिए पानी नहीं दिया, तब भी लोग चुन लेते हैं। किसी भी प्रकार के विकास का विचार नहीं किया। जाति के आधार पर वोट दिया। आज देश में 50,000 मेगावाट बिजली की कमी है। अगर बिजली नहीं होगी तो उद्योग चल सकते हैं क्या? उद्योग नहीं होंगे तो

युवकों को रोजगार मिलनेवाला नहीं। बिजली नहीं होगी, तब सिंचाई नहीं होगी और सिंचाई नहीं हुई तो किसान आत्महत्या नहीं करेंगे तो क्या करेंगे? 12वीं योजना में कोयला नहीं है। पूरे देश में इंडोनेशिया, दक्षिण अफ्रीका इन सभी जगह से कोयला आयात करना पड़ता है। हमारे देश में पनबिजली की भारी क्षमता है। हिमाचल प्रदेश और उत्तराखंड में 50-50 हजार मेगावॉट पनबिजली से विद्युत् पैदा हो सकती है। अरुणाचल प्रदेश में 65 हजार मेगावॉट की क्षमता है। लेकिन परियोजनाएँ ही नहीं होतीं, कोई करने नहीं देता। पर्यावरण रहना चाहिए और विकास भी होना चाहिए। अगर बिजली नहीं होगी तब समृद्ध व संपन्न भारत 21वीं सदी में कैसे खड़ा रह पाएगा। बिजली नहीं होगी तो निर्यात कैसे बढ़ेगा, कृषि उत्पादन कैसे बढ़ेगा। सरकार को इस पर विचार करना चाहिए। मध्य प्रदेश में 8 हजार मेगावॉट बिजली का उत्पादन होता है। बिजली की दर 1 रुपए 45 पैसे है। छत्तीसगढ़ में 4 हजार मेगावॉट बिजली है। छत्तीसगढ़ में इंडियाबुल ने 1 रुपया 89 पैसे प्रति यूनिट के हिसाब से कीमत रखी है। अगर भविष्य में विद्युत् उत्पादन सरप्लस होता है तो इसकी दर में कमी आएगी और फिर ग्राहकों को फायदा होगा। पारंपरिक बिजली के अलावा जब सौर ऊर्जा, पवन ऊर्जा, ताप ऊर्जा जैसे साधनों से भी बिजली का उत्पादन होने लगेगा तो उससे ग्राहकों को ही लाभ होगा। आप निश्चित कर सकेंगे, आपके पास तीन कनेक्शन हैं। टाटा, रिलायंस या एम.एस.सी.बी., किसका उपयोग करना है, ये आप तय कर सकेंगे। जो सुविधाजनक हो, उसका उपयोग करें।

मैं बिहार गया था, उप-मुख्यमंत्री सुशील मोदीजी ने बताया कि वहाँ 125 मेगावॉट विद्युत् तैयार होती है। मैंने उनसे कहा—अब मुझमें 200 मेगावॉट विद्युत् उत्पादन करने की क्षमता हो गई है। आप राज्य में 125 मेगावॉट विद्युत् उत्पादन में किस प्रकार राज्य का विकास करेंगे? उनका उत्तर था-"बस एन.टी.पी.सी. पावर देती है। उसी ऊर्जा का उपयोग करते हैं।" मैंने कहा—आज बिहार में 5,000 मेगावॉट की परियोजना लगाएँ। लीची एक पूरा फल

है। लीची कितना सुंदर फल है। आम का रस, मौसमी का रस, टेट्रा पैक में रखने की हमारी पुणे की टेक्नोलॉजी है। फ्रूटी जूस की तरह उसकी पैकिंग हो। विश्व में मार्केटिंग कर सकेंगे, लेकिन कुछ नहीं, कचरे की तरह फेंक देते हैं। कैसे विकास होगा? देश में 50 हजार मेगावॉट बिजली की कमी है। सभी नीतियाँ बदलनी चाहिए। मैं एक बार पंजाब के मुख्यमंत्री के साथ राज्य में बिजली की स्थिति के बारे में चर्चा कर रहा था! मैंने कहा—विद्युत् उत्पादन बढ़ाओ और यहाँ का लोड शेडिंग बंद करवा दो। हमारा शासन है, किस कुशलता से चलाना है, आप तय करें। जब तक प्रतिस्पर्धा नहीं होगी, तब तक कार्य-कुशलता नहीं बढ़ेगी।

मारुति लाए, कौन लाया? कब लाए? इन मुद्दों को दूर रखें। इससे पहले केवल अंबेसडर थी। हॉर्न छोड़कर बाकी सभी पुरजे बजते थे। समयानुसार अनुसंधान होने चाहिए। विश्व में प्रत्येक उद्योगपति अपने लाभ का 10 से 15 प्रतिशत लाभ शोध और विकास पर खर्च करता है। भारत में यह प्रणाली नहीं है। जब खुली प्रतिस्पर्धा हुई तो इसमें सुधार आया। मुझे हमारे विद्युत् मंडल के एक अधिकारी ने बहुत अच्छा बताया। उन्होंने कहा—अधिक उत्पादन के बजाय हमने व्यर्थ के उपाय खोजे। ऐसा महाराष्ट्र में ही होता आया है। वे लालटेन लेकर सड़क पर 16 घंटे घूमते रहे, उसकी किसी को चिंता नहीं। सांगली, सातारा ग्रामीण भाग का क्या, उनकी आवाज पहुँचती नहीं, रहने दो, लोडशेडिंग ऐसे कैसे होगी? ग्रामीण क्षेत्रों के बच्चे 16 घंटे लोडशेडिंग में रहते हैं, तब किसानों के बच्चे इंजीनियर, डॉक्टर कैसे बनेंगे? वे अध्ययन कैसे करेंगे, इसीलिए आज देश के आर्थिक लाभ को कैसे समझेंगे। गरीब आदमी को केंद्र में रखकर भविष्य की नीतियाँ तैयार करनी चाहिए। मैं छत्तीसगढ़ में था। वहाँ बस्तर जिले में कोसा की साड़ियाँ बनानेवाले मेरी जान-पहचान के हैं, उनको मैं मुंबई लाया। अपने लोगों को प्रोत्साहन देनेवाली योजनाएँ बनानी चाहिए। आज आपको नीति निर्धारित करते समय दो बातों पर ध्यान देना चाहिए। एक उद्योग और दूसरी कृषि। अगर उद्योग क्षेत्र का विकास

करना है तो चार बातें आवश्यक हैं—पानी, ऊर्जा, परिवहन तथा दूरसंचार; लेकिन आपका सोचना गलत है।

मैं गढ़चिरौली जिले का अभिभावक मंत्री था। मैंने वहाँ एयरपोर्ट बनाने का जिम्मा लिया। मुझे एक पत्रकार का पत्र आया। उसमें प्रश्न किया गया था कि यहाँ एयरपोर्ट बनाने की आवश्यकता क्या है? महाराष्ट्र में गढ़चिरौली जिला सबसे ज्यादा खनिज संपदा से संपन्न है। वहाँ इतने मिनरल्स हैं, लोहा, चूना मिट्टी है, जंगल भी इतने सुंदर हैं; लेकिन इस जिले की जनता गरीब है, क्योंकि वहाँ विकास नहीं है। गढ़चिरौली की सड़कें मेरे कार्यकाल में बनीं। सड़कें इतनी अच्छी हैं कि उन पर हवाई जहाज उतर सकता है। 250 करोड़ रुपए का विकास किया है। वहाँ के लोगों को आज भी नमक नसीब नहीं है। इसलिए लाल चींटियाँ पीसकर वे नमक के स्थान पर खाते हैं। सिरोंचा, एटापल्ली, अहेरी, धानोरा में चुनाव प्रचार के लिए गया। मुझे बहुत बुरा लगा। मैं हेलीकॉप्टर से उतरा। बीच में ही मुझे 6-7 पुलिसवालों ने घेर लिया। उनके साथ-साथ चलते हुए मैं स्टेज पर आया। भाषण देने के बाद वहाँ के एस.पी. ने मेरे कान में कहा—'सर, आप प्रचार के लिए यहाँ पर क्यों आए, एक विनती है, चाय पीने कहीं रुकिए मत, भाषण हो गया है, मेरे ऊपर बहुत जिम्मेदारी है।'

पशुपति से तिरुपति तक 230 जिले नक्सलग्रस्त हो गए हैं। ये सामाजिक आर्थिक समस्या है। नेपाल के माओवादियों से लिंक करके इस देश में लोकतांत्रिक प्रणाली के लिए खतरा उत्पन्न करना, यही उनका उद्देश्य है और उनका समर्थन करनेवाले लोग राष्ट्रीय सुरक्षा परिषद् में हैं, उनमें से कुछ लोग नक्सलवादियों की प्रशंसा करते हुए दिखाई देते हैं। इस स्थिति में कैसे बदलाव होगा।

केवल मुंबई-पुणे का ही विकास काफी नहीं है। इसलिए मैंने कहा कि गढ़चिरौली जिले में एयरपोर्ट बना, मुंबई का उद्योगपति अगर आया तो यहाँ पर 100-200 करोड़ का उद्योग लगाएगा, तब यहाँ के हजारों युवाओं को

रोजगार मिलेगा, इसलिए एयरपोर्ट को लक्जरी न समझा जाए। निवेश के लिए अच्छा वातावरण बनाए बगैर यह होने वाला नहीं है।

मैं पेरिस के बाजार में गया था, एक संतरा 80 रुपए में बिक रहा था। मेरे यहाँ संतरों का बगीचा है। एक संतरा 25 पैसे में बिकता है। फूलों का बाजार है। एम्सटरडम में फूलों का बहुत बड़ा बाजार है। अगर पुणे के फूल पेरिस, लंदन में गए तो कितना पैसा मिलेगा। हमारे यहाँ क्षमता है, लेकिन साधन जुटाने पड़ेंगे। प्रिकूलिंग प्लांट, कोल्ड स्टोरेज नहीं हैं। आगरा में किसानों ने हरा धनिया सड़कों पर फेंक दिया। मैं उत्तर प्रदेश गया था। जगह-जगह बड़ी-बड़ी मूर्तियाँ लगाई जाती हैं। मायावती ने करोड़ों रुपए खर्च किए। इसकी बजाय अगर 1 लाख टन के कोल्ड स्टोरेज बनाए गए होते तो किसानों के आलू सड़ते नहीं। लेकिन किसानों में जागृति कैसे आएगी। स्कूल की इमारत नहीं, स्कूल जाने का रास्ता नहीं, शिक्षक होंगे तो विद्यार्थी नहीं, विद्यार्थी होंगे तो शिक्षक नहीं और तीनों हुए तो शिक्षा नहीं। अस्पतालों की स्थिति भी ऐसी ही है। डॉक्टर हैं तो नर्स नहीं, दवाई नहीं, अस्पताल कैसे चलेंगे।

मैं मेलघाट गया था। कुपोषण के कारण गंभीर रूप से बीमार बच्चों को थर्माकोल के डिब्बों में रखा गया था और 7 डॉक्टरों की रिक्तियाँ भरी नहीं गई थीं। कोई महिला विशेषज्ञ नहीं, चाइल्ड स्पेशलिस्ट नहीं, तब वहाँ पर एक डेंटिस्ट को रखा गया था। समान विकास करना होगा। उद्योग क्षेत्र में हथकरघा हो तो उसको प्रोत्साहित किया जाना चाहिए। स्वास्थ्य और शिक्षा के क्षेत्र में जनता को अवसर मिलना चाहिए।

मेरा आशय यह नहीं कि प्राइवेट डॉक्टरों को निरंकुश करें, चैरिटेबल ट्रस्ट को अस्पताल चलाने के लिए सुविधाएँ प्रदान करें। हमने नागपुर में ऐसा अस्पताल बनाने का निश्चय किया है, जहाँ पानी के लिए पैसा नहीं लगेगा, बिजली का बिल भरना नहीं होगा, कॉर्पोरेशन का टैक्स देना नहीं पड़ेगा; लेकिन शर्त यह है कि प्रतिवर्ष आपको 10,000 लोगों के मोतियाबिंद के ऑपरेशन मुफ्त में करने होंगे। आप उद्योग को जो सुविधाएँ देते हैं, वैसी ही

अस्पतालों को भी दें। छोटे-छोटे गाँवों में जगह मुफ्त में दें। आप कैपिटल को 25 प्रतिशत सब्सिडी देते हो, तब अस्पतालों को दें। सरकारी अस्पताल किसलिए चाहिए। संभाजी नगर का डॉ. हेडगेवार हॉस्पिटल 450 रोगियों को अच्छी सेवा प्रदान करता है। जिन्होंने अस्पताल बेचकर मेडिकल कॉलेज बनाए, उन्होंने बसें खरीदीं और उन बसों से गाँव-देहात में जाकर बीमार लोगों को ढूँढ़ते हैं। उनको अस्पताल लाकर उनका इलाज करते हैं। उनके भोजन की व्यवस्था करते हैं और ठीक होने पर वापस गाँव छोड़कर आते हैं। यह सब वे सेवा-भाव की दृष्टि से नहीं करते। मेडिकल कॉलेज में शिक्षा के लिए रोगियों की आवश्यकता होती है, इसीलिए बीमारों को ढूँढ़-ढूँढ़कर लाया जाता है। एक एम.डी. के दाखिले में प्रवेश शुल्क 1 करोड़ 58 लाख तक हो गया है। फी स्ट्रक्चर इतना है कि उसे केवल आर्थिक दृष्टि से समर्थ लोग ही वहन कर सकते हैं। लेकिन आज शिक्षा का व्यवसायीकरण हो गया है। नियंत्रण नहीं है। जिनको फीस सुनिश्चित करनी है, वे ही सरकारी कर्मचारी हैं। आज गरीब आदमी को शिक्षा नहीं मिल सकती। इसमें गरीब आदमी का शोषण नहीं होना चाहिए। भारतीय जनता पार्टी के नेता हशू आडवाणी का इंजीनियरिंग कॉलेज बना, विवेकानंद इंजीनियरिंग कॉलेज में कोई डोनेशन नहीं है, लेकिन उतनी ही फीस लेते हैं। बिना अनुदान के आधार पर शिक्षा का विस्तार और शिक्षा की गुणवत्ता भी सुनिश्चित होनी चाहिए। गरीब आदमी को शिक्षा की सुविधा मिलनी चाहिए। आज शिक्षा के क्षेत्र में, स्वास्थ्य के क्षेत्र में चैरिटेबल ट्रस्ट के रूप में विचार होना चाहिए। जो लोग अस्पताल बनाते हैं, उन्हें जगह मुफ्त। जो लोग चैरिटेबल ट्रस्ट बनाते हैं, उन्हें इन्कम टैक्स से छूट। जो लोग अस्पताल बनाते हैं उन्हें दस साल तक टैक्स माफ और उपकरणों में एक्सेस टैक्स से छूट। उनकी कीमत 2 करोड़ है तो 25 प्रतिशत की छूट और 35 प्रतिशत इंसेंटिव दें, लेकिन शर्त यह है कि आपको 60-65 प्रतिशत लोगों का सरकारी दर से इलाज करना पड़ेगा।

अच्छे हॉस्पीटल में अगर इन नियमों का पालन किया गया तो यह सब

होगा। एक व्यक्ति की बाईपास सर्जरी में कितना खर्च आएगा। मुंबई में अब लोकल में विज्ञापन लगे हैं। बॉयपास ऑपरेशन 70,000 रुपए में होगा। कांप्टीशन बहुत बढ़ गया है। मैंने एक बार मजाक में एक डॉक्टर से कहा—इतने अस्पताल होने चाहिए, आधे समय में आप अपनी प्रैक्टिस करके मेरे अस्पताल में आएँ, ऐसा किया, यानी आपके रेट डाउन होंगे।

एक्स-रे करनेवाले दस लोगों को आने दो, 50 पैथोलॉजी लैब खोलें। इसका लाभ गरीब आदमी को होगा। किसलिए मोनोपोली होनी चाहिए। आज रेलवे ही एकमात्र डिपार्टमेंट है, जहाँ करोड़ों रुपए का निवेश हो सकता है। मेरे अंदाज के अनुसार रेलवे में पहले पाँच वर्ष में 1 लाख 40 हजार करोड़ रुपए से ज्यादा का निवेश हो सकता है। मनमाड़ से लेकर इंदौर तक रेलवे लाइन बिछाई गई तो दिल्ली-बंगलौर के बीच दूरी 240 किलोमीटर कम होगी। इसकी कार्यवाही चल रही है। मैंने उन्हें सुझाव दिया कि इस रेलवे लाइन के बारे में एक बार बी.ओ.टी. ऑपरेटर से कहें तो इससे 250 किलोमीटर का पैसा बचेगा। उससे टिकट दर में कमी आएगी। उस पर आप 50 रुपए सरचार्ज लगाएँ और जो मालगाड़ियाँ जाएँगी, उन पर 200 रुपए टन भार लगाएँ, उनका समय बचेगा और आठ वर्षों में ये पैसा वसूल हो जाएगा। अगर एक्सप्रेस हाईवे बन सकता है तो रेलवे की लाइन क्यों नहीं बिछ सकती? आज दिल्ली में मेट्रो को लाभ हो रहा है। उम्मीद से ज्यादा ट्रैफिक बढ़ा है, तब पुणे में यह क्यों नहीं हो सकता। व्यय कम किया जा सकता है। मैं हिमाचल प्रदेश और उत्तराखंड के दोनों मुख्यमंत्रियों के साथ बैठा था। वहाँ पहाड़ पर चढ़ने के लिए डेढ़ घंटा लगता है। मैंने उनसे कहा कि आप रोप-वे बनाएँ। हमारे आई.आई.टी. पुणे के एक छात्र ने रिसर्च किया है और वह ठाणे में हाजी मलंग में उसका निर्माण कार्य कर रहा है। मैंने उसे बुलाया। उससे मैंने कहा, ''ये दो डिब्बे ऊपर जाने वाले हैं, एक डिब्बा मालगाड़ी का होगा, सेब जो ऊपर पहाड़ियों पर पैदा होते हैं, वे मालगाड़ी के डिब्बों के माध्यम से नीचे लाए जाएँगे और नीचे की सामग्री ऊपर ले जाएँगे। किसानों

और शेष यात्रियों को जो दूरी तय करने में डेढ़ घंटा लगता है, वही अंतर 5 मिनट में पूरा होगा, उतना डीजल/पेट्रोल बचेगा। किसानों का फायदा होगा, लोगों का फायदा होगा, पर्यटन बढ़ेगा।"

आज मुंबई में जल परिवहन शुरू करने के लिए हॉवर क्रॉफ्ट चाहिए। उनका किराया ज्यादा है। भविष्य में बोरीवली से नरीमन पॉइंट का टिकट अगर 200 रुपए होगा, तब कोई देने वाला नहीं। यह टिकट अगर 80 रुपए किया, तब लोग आएँगे। मैंने उनसे कहा—आप एक काम कीजिए। सरकार के एम.आई. डी.सी. के 10 प्रतिशत, सिकॉम के 10 प्रतिशत, मुंबई कॉर्पोरेशन के 10 प्रतिशत, ऐसे कुल मिलाकर 49 प्रतिशत इक्विटी सरकार की और 51 प्रतिशत ऋण लें। टेंडर जारी करें। भारतीय कंपनियाँ इंजन तैयार करेंगी और कंसल्टेंट बाहर से बुलाएँ, इस प्रकार हॉवर क्रॉफ्ट बनाएँ। जो वस्तु 100 रुपए में मिलती थी, वह 45 रुपए में मिलेगी। जिस यात्रा का व्यय 200 रुपए था वह 70 रुपए में पूरी की जा सकेगी और गरीब आदमी भी उसका उपयोग कर सकेगा। यह योजना सफल हो सकती है। 'लेकिन जिसकी सरकार व्यापारी, उसकी जनता भिखारी'। सरकार को अगर सोने की खान चलानी है तो वे सत्यानास किए बिना रह नहीं सकते। वह घाटे में ही जाएगी। आप कोऑपरेटिव में काम करते हैं। बोल सकते हैं, मैं कह सकता हूँ। सहकारिता विभाग में एक पैसा लिये बगैर एक भी काम नहीं होता। इसलिए कोऑपरेटिव में आदमी कैसे काम करे? और अंत में हमने कोऑपरेटिव का काम बंद किया। आप कितनी अच्छी तरह से बैंक चला सकते हैं। तब जिस आदमी का एक पैसे का भी निवेश नहीं, वह आपका मार्गदर्शन करने वाला है, आपका बैंक घाटे में जाएगा, आप पर केस दायर किया जाएगा, आपने पैसा डुबो दिया। आप लोगों को काम करने नहीं देते, उनके पैरों में बेड़ियाँ डाल देते हैं, इसका क्या औचित्य है? इसलिए कोऑपरेटिव कानून में बदलाव के बिना सहकारिता आंदोलन सफल नहीं हो सकता। मैं तीन चीनी की मिलें चलाता हूँ। सभी पब्लिक लिमिटेड, सभी Ethanol Bio-Diesel.

मैं आपको एक बहुत बढ़िया बात बताता हूँ। मुंबई-पुणे हाईवे बनाते समय उसमें सरकार का एक पैसा भी नहीं लगाया। मैंने यह सारा पैसा बचाया। मैंने इस पैसे का उपयोग 16 हजार गाँवों की पक्की सड़कें बनाकर सड़कों का बजट गरीब आदमी के लिए इस्तेमाल किया। आज लोग प्रसन्न हैं, आठ घंटे का सफर दो घंटे में पूरा होता है। टोल देने वाले खुश हैं। जो दे सकते हैं, उनसे लेना चाहिए। आज ऐसे अनेक क्षेत्र हैं। उसे विकास करने दो। Diversification of agriculture towards energy and powers sector में यह संभव है। आज देश में 2 लाख 40 हजार करोड़ का क्रूड ऑयल आता है। इस देश में किसान इथेनॉल, विद्युत्, बायोडीजल बना सकते हैं। उससे गाड़ियाँ चल सकती हैं और किसानों के द्वारा तैयार किया गया डीजल भारत पेट्रोलियम की अपेक्षा अच्छा है। मैं स्वयं प्रतिदिन 3,000 लीटर बायोडीजल बनाता हूँ। सहज रूप से गाड़ियाँ चलती हैं। आदिवासी क्षेत्रों में बायोडीजल के प्लांट बनाने दो। 25-30 लाख में अच्छा प्लांट तैयार होता है। रतनज्योत, मोट, साल करके किसी भी आइल सीड से बायोडीजल तैयार होता है, उसमें बाय प्रोडक्ट ग्लिसरीन निकलता है। उसे साफ किया तो अब उसकी भी कीमत है। वेस्टलैंड उसके लिए उपयोग किया जा सकेगा। जो पानी जहाँ गिरेगा वहाँ जमीन उसे सोख सके। इससे जल स्तर बढ़ेगा। नागपुर संभाग के वन क्षेत्र में बहुत से स्थानों पर सीमेंट की थैलियों में रेत भरकर बाँध बनाए, उसने जल स्तर बढ़ाया। धुले जिले के सिरपुर में अमरीश पटेल के निर्वाचन क्षेत्र में उसने परियोजना शुरू की। सभी नालों की खुदाई की। जमीन का कुछ भाग ऐसा है, जो पानी नहीं सोखता और जब तक ऐसा नहीं हुआ तब जमीन की खुदाई की। पानी का लेवल 800 फीट नीचे चला गया था। जमीन का भाव 25,000 रुपए एकड़ था। उसने उस पूरे क्षेत्र का चित्र बदल दिया। आज उस क्षेत्र में पानी का लेवल 6 प्रतिशत ऊपर आ गया है। पानी का पंप पहले एक घंटे चलाया जाता था, अब वहाँ 24 घंटे पंप चलाया जाता है और 25,000 रुपए एकड़ की जमीन 5 लाख रुपए एकड़ की हो गई है।

मैंने बिहार में देखा, उत्तर प्रदेश में देखा, कृषि भूमि दिखाई ही नहीं देती। जब आप विकसित नहीं करते तो दूसरे को करने दें। मैं भी विकसित करनेवाला नहीं हूँ और दूसरे को भी नहीं करने दूँगा। यह कौन सा न्याय है? उसमें रोजगार निर्माण होगा, उसके कारण आगे आनेवाले समय में विचार करके उद्योग और कृषि को मिलाकर एस.सी. और एस.टी. का विचार किया जाना चाहिए। मैंने दिल्ली में बैटरी ऑपरेटेड साइकिल रिक्शा देखा। इसमें 10 प्रतिशत एनर्जी लगती है और उस पर सोलर पैनल लगाएँ तो वह सोलर सिस्टम से चलता है। आज करोड़ों लोग साइकिल रिक्शा चलाते हैं। उन्हें टी.बी., फेफड़ों की बीमारी होती है, यह टेक्नोलॉजी उन तक जाने दें। सोलर एनर्जी का उपयोग हो सकता है, लाइट लग सकती है। कोई मुश्किल नहीं है। हमने एक छोटा सा प्रोडक्ट तैयार किया है। सोलर पैनल पर एक पंखा और एक लाइट लगती है। यह 3,500 रुपए में तैयार हुआ है। उस पर पंप चलाने दो। उसे बढ़ावा दो। अंत में धीरे-धीरे उद्योग में नई-नई बातें आने जैसी हैं। हमारी विरासत, हमारी संस्कृति, हमारा इतिहास समृद्ध है। दिल्ली आओ तो अक्षरधाम मंदिर देखना चाहिए और उस मंदिर में हमारी भारतीय संस्कृति कितनी पुरानी है और उस समय आर्यभट्ट से आयुर्वेद ज्ञान सभी उस बोट में बैठकर देखने को मिलता है। सही अर्थों में वहाँ भारतीयता दिखाई देती है।

नानाजी देशमुख ने चित्रकूट में 800 गाँवों को गोद लिया। वहाँ का जल स्तर बढ़ गया। स्वास्थ्य सुविधा में परिवर्तन आया। स्कूल जानेवाली लड़कियों की संख्या में वृद्धि हुई और चिकित्सीय सुविधाओं में बढ़ोतरी हुई, पर कैपिटा इन्कम बढ़ी, जी.डी.पी. बढ़ी और वहाँ की स्थिति बदली। इससे परिवर्तन हो सकता है, लेकिन इसके लिए नीति में परिवर्तन करना पड़ेगा।

मुझे कंप्यूटर भी चाहिए, लेकिन स्वदेशी के विचार के साथ चाहिए। शिक्षा के क्षेत्र का विकास होने के साथ-साथ नैतिक मूल्य आधारित शिक्षा भी देनी पड़ेगी। अंत में सभी सुविधाएँ हों और व्यक्ति अच्छा न हो, तब क्या उपयोग? आप किसी भी प्रकार की शिक्षा प्रदान करें, इतिहास की शिक्षा,

शिवाजी महाराज के बारे में, विवेकानंद के बारे में! लेकिन बकवास शिक्षा बंद करें। आनेवाले समय में भविष्य की पीढ़ी को हम कौन सी शिक्षा देने वाले हैं, किस प्रकार से संस्कारित करनेवाले हैं। अगर यह करना है तब रामायण व महाभारत हों, नैतिकता के संस्कार हों। यह सांप्रदायिक एजेंडा नहीं। यह धर्म का एजेंडा नहीं है। कदाचित् अच्छी बात अन्य धर्मों में हो, उसका भी अध्ययन करना चाहिए। उस आधार पर समाज खड़ा है। मूल्य-आधारित शिक्षा का विचार ही नहीं। हम बी. कॉम., बी.ए. लाखों विद्यार्थी तैयार करते हैं। सी.ए. एसोशिएशन की भी अखिल भारतीय संस्था है। उसके 25वें स्थापना दिवस कार्यक्रम में मैं गया था। एकाउंट, टेक्नीशियन कोर्सेज तैयार किए, कोर्स में क्षमता है। उसमें 8 से 10 लाख विद्यार्थियों ने शिक्षा प्राप्त की। अच्छा है, उन्हें छोटे-छोटे काम—सेल्स टैक्स ऑफिसर, इन्कम टैक्स भरना—ये सभी उनको सिखाया। ये आपके बच्चे को मिला तो विकास का स्तर बढ़ने वाला है। व्यावसायिक शिक्षा के साथ-साथ मूल्य-आधारित शिक्षा भी देनी चाहिए।

मुझे प्रसिद्ध मराठी साहित्यकार राम शेवालकर के निधन से पहले दिए गए उनके भाषण की याद आ रही है। उन्होंने कहा था, ''मुझे लोग कहते हैं, आज की पीढ़ी बिगड़ गई है। अच्छे रास्ते पर नहीं है। इन युवकों का व्यवहार अच्छा नहीं है। उनके भविष्य की चिंता नहीं है, ऐसा लगता है। सभी युवा पीढ़ी को दोष देते हैं, लेकिन मैं उनको दोष नहीं देता। अगर यह पीढ़ी बिगड़ती है, ठीक ढंग से काम नहीं करती है तो यह उनका दोष नहीं है। मैं आचार्य कुल का आचार्य हूँ, इसलिए यह दोष मेरा है। उनको संस्कार देने में कमी की गई। उनको संस्कार देने में मेरी क्षमता कम पड़ी, इसीलिए मुझे विचार करना चाहिए।'' जब हम चुनाव हार गए, तब हमें यही कहा गया कि ऐसा हो गया, वैसा हो गया, विरोधियों द्वारा पैसे दिए गए। वास्तविक कारण सिर्फ यह है कि हम सेवा करने में कमजोर रहे, हमको लोगों के पास जाना है, उनसे संपर्क बढ़ाना है, नए लोगों को जोड़ना है। संख्या कम है, इसीलिए

हम चुनाव हारे, अन्य बातें मत कहो। कहीं भी प्रसिद्धि मिलेगी, लेकिन उसके लिए मेहनत करने की आवश्यकता है। इसीलिए आज भविष्य में शिक्षा का आधार पूरी निष्ठा से शिक्षा प्राप्त करना है। कंप्यूटर की शिक्षा, कंप्यूटर टेक्नोलॉजी के साथ-साथ इस पीढ़ी को नैतिक शिक्षा का दिया जाना आवश्यक है। मनुष्य भौतिकवादी प्राणी नहीं है। वह संस्कार से बनता है। उत्तम वातावरण, उत्तम संस्कार निर्माण करने पड़ते हैं। आज कश्मीर की जनता हमारी है। उसका प्रेम भी हमारा है। आज नेपाल के पशुपतिनाथ से तिरुपति तक नक्सलवादी तैयार हो रहे हैं। मैं असम गया, वहाँ 36 प्रतिशत लोग विदेशी घुस आए हैं। असम, अरुणाचल, मेघालय, त्रिपुरा, मणिपुर में आंदोलन चल रहा है। आज भी पानी की समस्या का समाधान नहीं हुआ है। मैंने देखा कि नेपाल से लेकर पटना तक सभी नदियों में बाढ़ आई है। हमारे पास खनिज संपदा, पेट्रोल, क्रूड ऑयल, विज्ञान, तकनीकी ज्ञान, संस्कृति, इतिहास की विरासत है। इतनी बड़ी शक्ति होने के बावजूद क्या कारण है, सभी के मन में देशभक्ति की भावना पैदा कर भविष्य की सुध लेनेवाली विकास की दृष्टि का अभाव है? 2025 तक इस देश के हित के लिए कैसे काम किया जा सकता है, ऐसी नीति बनानी चाहिए। हमें 2025 तक देश को विकसित देश बनाना है। उसमें सार्वजनिक क्षेत्र, ऊर्जा, वेस्टलैंड, पानी की खपत—ये सभी क्षेत्र हैं। हमें सभी क्षेत्र में 21वीं सदी में अमरीका से भी आगे जाना है और विश्व में हिंदुस्तान को एक सुपर इकोनॉमिक पावर भारत बनाना है तो—भय, भूख और आतंक से मुक्त सुखी, समृद्ध व संपन्न रहनेवाले समर्थ भारत का निर्माण करना है। मुझे ऐसा लगता है कि यह करने की क्षमता हममें है। नकारात्मक सोच को त्याग दें। कौन क्या कर रहा है—यह देखना छोड़ दें।

एक कविता मैंने जैन मुनि रूपसागर महाराज से सुनी। मैं बहुत आनंदित हुआ। कौन क्या करता है, इसका विचार न करें। मैं अच्छा व्यवहार करूँगा और लोगों का काम करूँगा, कौन क्या करता है, यह विषय मेरा नहीं, इतना ही अगर निश्चय किया तो देश धन्य हो जाएगा। एक अच्छी कविता है—

इसे साहस कहें या व्यथा
तालाब किनारे इमारत में लगी आग
सब तरफ मची अफरा-तफरी और भागमभाग
कुछ लोगों ने आग पर पानी डाला
कुछ लोगों ने आग में घिरे लोगों को बाहर निकाला
सबने किया वो, जो था जिसकी पहुँच में
इक चिड़िया भी डाल रही थी पानी
भरकर अपनी चोंच में
उसी पेड़ पर रहनेवाले
कौए ने कहा—
'बहन, तू तो सुई की नोक से
समस्या का ताला खोल रही है
और पत्तों की बाढ़ से पहाड़ तोड़ रही है
तेरी चोंच में जितना पानी आएगा
उससे तो आग का एक शोला भी
नहीं बुझ पाएगा।'
तब चिड़िया ने दिया जवाब
एकदम लाजवाब
कहा—'भाई, मैं तेरा कहना मानती हूँ
चोंच में भरे पानी की क्षमता भी
पहचानती हूँ
मगर केवल इतना जानती हूँ
जिस दिन इस घटना का
इतिहास लिखा जाएगा,
मेरा नाम, आग लगानेवालों में नहीं
आग बुझानेवालों में आएगा।'

❑

---

* जनता सहकारी बैंक, वर्धापन दिन, समर्थ भारत, इंडिया व्हिजन-2020, पुणे, 18.10.2010 को दिया गया भाषण

भारतीय जनता पार्टी चाहती है कि 21वीं सदी की राजनीति, पॉलिटिक्स फॉर डेवलपमेंट, पॉलिटिक्स फॉर प्रोग्रेस हो और मुझे लगता है कि इसी संकल्पना से जो विचार हमारे सामने आया है, वह है सुराज संकल्प। यह सम्मेलन इसी भावना से हमारे सबके सामने विचारार्थ आया है। 21वीं सदी में हिंदुस्तान को सुखी, समृद्ध, संपन्न, भय, भूख और आतंक से मुक्त तथा दुनिया की सबसे बड़ी ताकत बनाना चाहते हैं, उस दिशा से इस देश को लेकर जाना यह हमारा सबसे बड़ा मिशन है।

6

भय, भूख और आतंक-मुक्त भारत

मुझे बहुत खुशी हुई है कि इस महापौर परिषद् का आयोजन हुआ है। भारतीय जनता पार्टी और हम सब कार्यकर्ता मिलकर जब काम कर रहे हैं तो काम के बारे में हमारी दिशा भी निश्चित है। हम एक लोकतांत्रिक पार्टी हैं और लोकतांत्रिक पार्टी होने के नाते सत्ता के माध्यम से हम लोग सामाजिक-आर्थिक परिवर्तन करना चाहते हैं, देश का विकास करना चाहते हैं और अपनी विचारधारा के अनुरूप अपनी इस मातृभूमि को, अपने देश को दुनिया में सबसे बड़ी ताकत के रूप में निर्माण करना चाहते हैं। यह सपना हमने तय किया है, इसलिए भारतीय जनता पार्टी ने बड़ी सरल भाषा में कुछ बातें अपने सामने रखी हैं कि राष्ट्रवाद हमारी प्रेरणा है और मुझे ऐसा लगता है कि यह भारतीय जनता पार्टी की पहचान है। दूसरी बात हमने हमारे सामने रखी है, वह यह है कि सुशासन और विकास यह हमारा मिशन है। गुड गवर्नेंस—सुराज और डेवलपमेंट, पॉलिटिक्स फॉर डेवलपमेंट, पॉलिटिक्स फॉर प्रोग्रेस—ये हमारा मिशन हैं और अंत्योदय है, समाज का जो आखिरी व्यक्ति है, जो शोषित है, पीड़ित है, दलित है, असहाय, जिसके पास रहने के लिए मकान नहीं है, खाने के लिए रोटी नहीं है, शरीर पर कपड़ा नहीं है, उस व्यक्ति को

हम भगवान् मानकर उसकी निरंतर सेवा करते रहें और इतनी सेवा करेंगे कि जिस दिन उस व्यक्ति को रोटी, कपड़ा और मकान मिले, उस दिन हमारा कार्य पूरा होगा, ऐसा हम समझेंगे। यह बात पं. दीनदयाल उपाध्याय ने अंत्योदय के विचार में हमारे सामने रखी है। अब मुझे ऐसा लगता है कि इन तीन बातों को लेकर भारतीय जनता पार्टी जिस प्रकार से आगे जा रही है, उसी के अनुरूप सुशासन की संकल्पना हमारे सबके सामने है। आज देश में नौ राज्यों में हम सत्तारूढ़ पार्टी के रूप में काम कर रहे हैं। वहाँ लोगों की हमसे अपेक्षा है। विकास हो, शोषित-पीड़ित व्यक्ति का विकास हो। गाँव, गरीब, मजदूर, किसान का विकास हो। जो असहाय हैं, उनका विकास हो। मुझे बड़ी खुशी होती है कि पहली बार मुझे बिहार के जाने का अवसर मिला। करीब नौ दिन मैं बिहार के चुनाव-प्रचार में अनेक जगह गया। पर चुनाव के पहले मुझे सबसे पहले किसी बात का समाधान हुआ तो जो जाति की राजनीति थी, उसका रूपांतर विकास की राजनीति में होते हुए मैं देख रहा था। भारतीय जनता पार्टी चाहती है कि 21वीं सदी की राजनीति, पॉलिटिक्स फॉर डेवलपमेंट, पॉलिटिक्स फॉर प्रोग्रेस हो और मुझे लगता है कि इसी संकल्पना से जो विचार हमारे सामने आया है, वह है सुराज संकल्प। यह सम्मेलन इसी भावना से हमारे सबके सामने विचारार्थ आया है। हम बहुत बार यह कहते हैं कि राज नहीं, समाज बदलना है और इसलिए इसको मिशन के रूप में स्वीकार करनेवाले लाखों कार्यकर्ता जब इस दिशा में प्रयास करेंगे तो वर्तमान स्थिति में गुणात्मक परिवर्तन आएगा। मेरा यह दृढ़ विश्वास है कि जिस विचार को लेकर हम काम कर रहे हैं, जिस उद्‌देश्य पर हमने हमारी दृष्टि केंद्रित की है। 21वीं सदी में हिंदुस्तान को सुखी, समृद्ध, संपन्न, भय, भूख और आतंक से मुक्त तथा दुनिया की सबसे बड़ी ताकत बनाना चाहते हैं, उस दिशा से इस देश को लेकर जाना यह हमारा सबसे बड़ा मिशन है। अमेरिका के राष्ट्रपति ओबामा हिंदुस्तान आए, उन्होंने हिंदुस्तान का उल्लेख किया कि यह प्रगतिशील राष्ट्र नहीं, प्रगत राष्ट्र है। मैं पूरे विश्वास के साथ कहता हूँ कि आनेवाली 21वीं सदी हिंदुस्तान की है। वह हम सबकी है, आप सबकी है। मुझे लगता है कि

जो भविष्य हमने अपने मन में रखा, उसको अगर पूरा करना होगा तो समाज के सर्वांगीण क्षेत्र में उस सपने को पूरा करने के लिए कुछ गुणात्मक परिवर्तन करना पड़ेगा। राजनीति में बदलाव करना पड़ेगा और निश्चित रूप से हमारी भूमिका महत्त्वपूर्ण होगी, इसलिए भारतीय जनता पार्टी केवल शहरों का विकास कर रही है, ऐसा नहीं है। हमारा राज्य शासन किस प्रकार से अच्छा काम करे, इसलिए हमारे मुख्यमंत्रियों और मंत्रियों की गुड गवर्नेंस पर परिषद् आयोजित की गई। भारतीय जनता पार्टी के बायोफ्यूल सेल ने यह बैठक आयोजित की और उस पर हमारा विचार यह था कि डायवर्सिटीफिकेशन ऑफ एग्रीकल्चर टू एनर्जी एंड पावर सेक्टर। इस देश में 2 लाख 40 हजार करोड़ के कच्चे तेल का आयात होता है, क्या इस देश का किसान पेट्रोल-डीजल तैयार नहीं कर सकता? क्या देश का किसान बिजली नहीं तैयार कर सकता? कर सकता है, इसलिए हमें किस प्रकार से काम करना चाहिए, इसका विचार उस कार्यक्रम में हुआ। सत्ता तो मिल जाएगी, पर सत्ता मिल जाने के बाद उसके आधार पर जो परिवर्तन हम करके दिखाएँगे, वह हमारी सबसे बड़ी परीक्षा होगी। इसलिए हमारे कार्यकर्ताओं का विचार किस प्रकार से रहेगा, किस विषय के लिए प्राथमिकता रहेगी, किस प्रकार से हम काम करेंगे, इसकी योजना तैयार करनी होगी।

मैं अकसर एक बात बहुत बार कहता हूँ—आप अपनी आँखें दान कर सकते हो, पर आप दृष्टि दान नहीं कर सकते। इससे हमारा प्रयास है कि आज जो कार्यकर्ता हैं, कोई मेयर है, कोई डिप्टी मेयर है, कोई स्टैंडिंग कमेटी का चेयरमैन है। शायद इनमें से कोई नगर विकास मंत्री बनेगा, इनमें से ही कल कोई मुख्यमंत्री बनेगा, वह देश के लिए, समाज के लिए, जितना अच्छा काम कर सकेगा, उतना अच्छा भारतीय जनता पार्टी का भी सपना पूरा होगा। लोगों को भी राहत मिलेगी। इसलिए इन सब बातों का विचार, चिंतन-मनन हम किस प्रकार से करें, इसलिए भारतीय जनता पार्टी के अलग-अलग मंचों पर अनेक कार्यों की शुरुआत हमने की है। उसी के आधार पर तो गोवा के

पूर्व मुख्यमंत्री मनोहर परिकर, जो आई.आई.टी. के ग्रेजुएट है, उनको मैंने कहा कि आप इस प्रकोष्ठ के संयोजक के रूप में काम करिए। टेक्नोलॉजी और रिसोर्सेज ज्यादा महत्त्वपूर्ण है। मैं अपने अनुभव के साथ कहता हूँ, मुझपर विश्वास रखिए। अच्छा-ऊँचा सपना देखिए। आप कर सकते हो और वह कठिन नहीं है। अपने अनुभव से आपको बता रहा हूँ, जिस मेयर, जिस महानगरपालिका में हम काम कर रहे हैं, बहुत सुंदर काम कर सकोगे। पहली बात, मन में अच्छा काम करने की इच्छा-शक्ति होनी चाहिए। दूसरी बात—मेरी सेहत अच्छी हो, मेरी गरीब जनता को अच्छी सेवा मिले, यह सही में आपको अपने मन में महसूस होता है क्या? मैं अपने शहर को हिंदुस्तान का सबसे स्वच्छ और सुंदर शहर बनाऊँगा। ऐसा अगर हर मेयर ने संकल्प किया तो कितने अच्छे शहर हिंदुस्तान में तैयार हो सकते हैं? हो सकते हैं, पैसे की जरूरत नहीं है, यह मैं आपको विश्वास के साथ कहता हूँ। जब मैं मंत्री था, मुझे 5 करोड़ रुपए सरकार ने दिए थे। आपको ताज्जुब होगा, कभी-कभी विश्वास नहीं होता कि पत्रकार लोग बोलते हैं कि ये कैसी बात कर रहा है, तो मैं पूरे विश्वास के साथ कह सकता हूँ, सिद्ध कर सकता हूँ। मैंने 4 हजार करोड़ कैपिटल मार्केट से खड़े किए। हमने 8 हजार करोड़ के काम किए। वे काम संपन्न हुए। उसमें सरकार का पैसा ही नहीं लगा और पैसे वसूल भी हुए। मुंबई-पुणे के बीच एक्सप्रेस हाईवे बना, मुंबई के फ्लाई ओवर बने, महाराष्ट्र के अनेक गाँवों में काम कर सका, इसका कारण राष्ट्रीय स्वयंसेवक संघ के स्वयंसेवक के रूप में मेरे मन में आए संस्कार थे। बी.बी.सी. के एक पत्रकार ने मेरा इंटरव्यू एक्सप्रेस हाइवे पर लिया। उसने मुझसे पूछा कि आप क्यों इतना काम कर रहे हैं? मुझे कंक्रीट का ज्ञान नहीं, इंजीनियरिंग का ज्ञान नहीं। मैं खुद का घर बना रहा था तो मेरे बेडरूम में पिलर आ गया, वह भी मैं ठीक से नहीं बना पाया। मैं अपना घर बनाने में फेल हुआ। मेरा मिट्टी का पुराना बाड़ा था, धीरे-धीरे मिट्टी निकालकर हम लोग उसको अच्छा करने की कोशिश कर रहे थे। मुझे समझ में नहीं आया कि नया का नया, पुराना-पुराना। पुराना कभी नया हो नहीं सकता। पर लोग सलाह दे रहे थे कि

इसकी मिट्टी निकालो, प्लास्टर लगाओ, पिलर डालो। कोशिश की, घर थोड़ा छुप गया। मुझे इंजीनियरिंग की कुछ समझ नहीं। मैं कंक्रीट के बारे में कुछ जानता नहीं। इसलिए कोई काम करने के लिए उसी क्षेत्र का आदमी चाहिए, ये भी नहीं है। आपकी इच्छा-शक्ति है तो आप कर सकते हैं। पहली बात तो आप सकारात्मक सोचो और दुर्दम्य आत्मविश्वास रखो। इसलिए इस परिषद् से प्रेरणा लेकर आपके गाँव को, आपके शहर को मैं हिंदुस्तान का सबसे सुंदर शहर बनाऊँगा, ऐसा करिए। लखनऊ में क्या अच्छा हुआ, वह देखिए। मुंबई में क्या अच्छा हुआ, वह देखिए। और भी किसी मेयर ने, किस-किसने अच्छा काम किया है, वह सब देखिए। अभी मैं अपने प्रकोष्ठ के प्रमुख को कहूँगा कि नगरीय सुराज सेंटर की वेबसाइट खोलिए और वेबसाइट में जितनी जगह भारतीय जनता पार्टी सत्तारूढ़ पार्टी है, उनके काम लिखिए। आजकल यह बहुत आसान है। एक ई-मेल कर दूसरे को पूछेगा, आपने काम कैसे किया, वो ई-मेल करके इनको भेज देगा। कोई तकलीफ नहीं। अहमदाबाद, बड़ौदा शहर अच्छा बने, लखनऊ भी बन सकता है। लखनऊ में किया गया अच्छा काम नागपुर में हो सकता है। नागपुर में जो अच्छा होगा, वह और कहीं भी हो सकता है। धीरे-धीरे हम इतना अच्छा काम कर सकते हैं कि इस परिस्थिति को बदल सकते हैं। जहाँ तक आज की आर्थिक स्थिति है, वह बड़ी मुश्किल की है, आर्थिक स्थिति में बहुत सी अड़चनें हैं। हमारे देश को सन् 1947 में स्वाधीनता मिली। मैं दूसरी पीढ़ी का हूँ। स्वाधीनता मिलने के बाद देश में तीन विचारों की चर्चा थी—एक समाजवाद था, एक साम्यवाद था, एक पूँजीवाद था। पं. जवाहरलाल नेहरू बड़े नेता थे, पर उनके मन में रशियन मॉडल का बड़ा प्रभाव था। कुछ दिन पहले मैं रूस गया था। जब मैं पहली बार विदेश गया, तब बस स्टॉप के डिजाइन लेकर आया। तो मैंने सोचा कि ये बस स्टॉप मेरे शहर में कैसे बनेंगे। ये बस स्टॉप अच्छे कैसे बन सकते हैं। तो कहीं-न-कहीं जो अच्छा दिखता है, उसको लेकर आना चाहिए। मैं आपको बता रहा था कि जवाहरलाल नेहरू के मन में उस समय रशिया का साम्यवादी मॉडल था। तो सब चीजें

सरकार ने शुरू कीं, कृषि की उपेक्षा की गई। गाँव, गरीब, मजदूर, किसान इसके ऊपर बजट की प्राथमिकता होनी चाहिए। उसके बजाय स्टील अॅथोरिटी ऑफ इंडिया, पावर प्रोजेक्ट ये सब सरकार ने शुरू किए। होटल तक बनाए। अब सरकार का काम होटल बनाना नहीं था, पर बजट का जो पैसा था, गरीबों के लिए आरक्षित था, उसमें होटल बने, इंडस्ट्री बनी। अब इसके कारण गाँव व किसानों की उपेक्षा के कारण शहरीकरण की प्रक्रिया तेज हो गई। गांधीजी एक समय कहते थे कि 85 प्रतिशत आबादी गाँवों में रहती है। केवल 15 प्रतिशत ही शहरों में रहती थी। आज महाराष्ट्र में तो स्थिति यह है कि 50 प्रतिशत शहर और 50 प्रतिशत गाँव। बड़े पैमाने पर शहरों में लोग आ रहे हैं, क्योंकि गाँव में रोजगार नहीं है। गाँव में रोड नहीं है, पीने का पानी नहीं मिलता, बिजली नहीं मिलती, किसान की जो उपज को उचित दाम नहीं मिलते। गरीबी, भुखमरी, बेरोजगारी की विवशता के कारण लोग शहरों की ओर जा रहे हैं। मुंबई, दिल्ली, चेन्नई, बंगलौर की ओर बढ़ रहे हैं। लोग शहरों में इसलिए आ रहे हैं कि हमने कृषि आधारित अर्थव्यवस्था की तरफ ध्यान नहीं दिया। अब यह विषय अलग है। आज वर्तमान स्थिति में इतने बड़े पैमाने पर लोग शहर में आ रहे हैं, उसका क्या करें? कोई भी शहर आकर कहीं भी झुग्गी-झोंपड़ी खड़ी कर लेगा। क्या उसको घर नहीं मिल सकता? क्या उसको पीने के लिए पानी नहीं मिल सकता? आखिर हम किस प्रकार की व्यवस्था उसको देंगे? शहर में क्या समस्या खड़ी हुई हैं। एक तो बड़े पैमाने पर अनधिकृत झुग्गियाँ खड़ी हो रही हैं। दूसरी ओर ट्रैफिक, भीड़-भाड़, ट्रैफिक कंजेक्शन है। पेट्रोल-डीजल के कारण गाड़ियों से प्रदूषण हो रहा है। कचरा रोड पर है, जिसके कारण गंदगी बढ़ रही है। प्रदूषण, भीड़भाड़, गंदगी—ये समस्याएँ हैं। मैं आपको एक बात बता दू, मैंने मास्टर ऑफ बिजनेस मैनेजमेंट किया है। पहली बात किसी भी केस की स्टडी करना है तो पहले ये सोचें कि व्हाट आर द स्ट्रेंथ एंड व्हाट आर द वीकनेसेस। वीकनेस ऐसी है कि आज लोगों को पीने को पानी नहीं मिल रहा है, बिजली नहीं मिल रही है, आरोग्य की सुविधा नहीं मिल रही है, छोटे-छोटे कामों में

भी भ्रष्टाचार है, पैसा देना पड़ता है। प्रशासन काबू में नहीं है। इससे लोगों को बड़ी तकलीफ होती है। अब इसको कैसे सुधारना होगा। मुझे लगता है, इसको सुधारने के लिए सबसे पहली बात है—शहर की योजना बनाना : पानी, बिजली, रोड, हॉकर्स के लिए जगह, मसान भूमियाँ, रिसाइक्लिंग ऑफ वाटर, वेस्ट मैनेजमेंट, ये सबके प्रश्न हैं। ई-गवर्नेंस का उपयोग करके, स्वच्छ प्रशासन के लिए हमने क्या-क्या करना चाहिए, इसकी योजना तैयार की है।

पहली समस्या पीने के पानी की है। महानगरपालिका-नगरपालिका में स्थिति ऐसी है कि पीने के पानी का हिसाब ही नहीं है। हर शहर में 40 प्रतिशत, 30 प्रतिशत पानी का हिसाब है, कहाँ से आता है, कहाँ जाता है, यह पता ही नहीं है। अब मुझे बताइए कि होटल, रेस्टोरेंट, अवैध कनेक्शन लेकर पानी इस्तेमाल करते हैं, ऐसा मैंने स्टडी किया। जिसके घर में शादी है, वह पानी का वाल्व खोलनेवाले को 500 रुपए या बोतल दे देता था, वह चूड़ियाँ खुली छोड़ देता था, ताकि उसके यहाँ पानी चला जाए, बाकी बेशक चिल्लाते रहें। मैंने सोचा कि यह कंप्यूटराइज्ड हो सकता है क्या? इक्वल डिस्ट्रीब्यूशन ऑफ वॉटर हो सकता है क्या? अगर भाजपा का शासन है तो भाजपा के पार्षद के वार्ड में पानी और विरोधी के यहाँ बिलकुल पानी नहीं, ऐसा चलेगा क्या? नहीं। हमारे राज्यों में पानी का समान वितरण हो रहा है, दूसरों को भी पानी मिलेगा, जिसने वोट दिया उसको भी पानी मिलेगा और जिसने हमको नहीं दिया, उसको भी पानी मिलेगा। इसमें भेदभाव नहीं हो सकता। इसका कांसेप्ट क्या? यह योजना है सातों 24 × 7 दिन, चौबीस घंटे पानी! मैं लंदन गया, पेरिस गया। मैंने सिंगापुर में देखा और स्टडी किया। नागपुर के मेयर यहाँ हैं। हमने 24 × 7 के प्रोजेक्ट को अभी मान्यता दी है। 24 घंटे पानी मिलेगा, झोंपड़पट्टी में भी 24 घंटे पानी मिलेगा। 24 घंटे पानी मिलने का जो रेट रखा है, वह 35 रुपए केवल। 35 रुपए में महीने में 24 घंटे पानी मिलेगा। मैं आपको बताता हूँ कि घर में ड्रम रखने की जरूरत ही नहीं रहेगी। पानी का कंप्यूटराइज्ड सिस्टम किया है। पाइप लाइन बदली है।

छह राज्यों में करीब 13 सौ करोड़ रुपए के काम हुए। पूरी व्यवस्था अच्छी हुई और आज नागपुर में रेट वही है। हम पानी की दर नहीं बढ़ा रहे, हम पानी जो बरबाद हो रहा है, पानी की जो चोरी हो रही है, उसको बचा रहे हैं। इसके कारण उसी रेट में 24 घंटे पानी मिल सकता है। अब बात सड़कों की। एक गलतफहमी है कि अगर थर्मल पावर प्लांट से निकलनेवाली राख सीमेंट में डालते हैं तो उस सीमेंट से कंक्रीट खराब हो जाता है। पूरे देश में 35 फीसदी फ्लाई राख सीमेंट में मिलाते हैं। तो जहाँ थर्मल पॉवर प्लांट नजदीक है, वहाँ रेडिमेड कंक्रीट और पेबल का उपयोग करके कंक्रीट की गुणवत्ता हम बढ़ा सकते हैं। मैं अनुभव की बात कह रहा हूँ। हमने 100 करोड़ के रोड बनाए और अभी 250 करोड़ के रोड बनाने वाले हैं। इन सड़कों का दो सौ साल तक कुछ नहीं बिगड़ना, दो सौ साल कुछ नहीं होगा। नहीं तो महानगरपालिका में हर साल रोड बनते हैं, हर साल उसमें गड्ढे होते हैं। मेयर भी खुश, पार्षद भी खुश, डिप्टी इंजीनियर भी खुश। हर साल रोड बनाओ, हर साल लक्ष्मी-दर्शन करो। क्या यह देश का नुकसान नहीं है? जो काम करना है, लगन के साथ और अच्छा काम करना है, अच्छी गुणवत्ता के साथ करिए। अच्छा काम ऐसा मजबूत करिए कि दो सौ साल कुछ नहीं हो सकता। इसमें ज्यादा पैसा नहीं लगता। कॉमनवेल्थ में एक छोटे से वाक्य ने गड़बड़ कर दी—जिस कांट्रेक्टर को ओलंपिक और कॉमनवेल्थ गेम्स का अनुभव है, उसी को काम मिलेगा। इस एक वाक्य ने हिंदुस्तान को 15-20 हजार करोड़ की चोट पहुँचाई। नेहरू स्टेडियम बना, उसका जो कपड़ा था, वह अमरीका से आया, सिलाया मेक्सिको में, जो रोप आई वह जर्मनी से, कुछ सामान स्विट्जरलैंड से, शौचालय की टाइल्स ऑस्ट्रेलिया से, काम करनेवाले मजदूर ऑस्ट्रेलिया के, ठेकेदार, कंसल्टेंट, आर्किटेक्ट ऑस्ट्रेलियन। परिणाम यह हुआ कि जो काम 100 करोड़ में होना चाहिए था, उसके लिए खर्चा हुए 980 करोड़। वह सामान कैसे आया? हवाई जहाज से आया, इस देश में, गरीब देश में धर्मशाला में स्टेडियम बनाया 42 करोड़ का। इंदौर का स्टेडियम बना 45 करोड़, हमारे नागपुर का

स्टेडियम बना 46 करोड़ में। और यह पुराना स्टेडियम, जवाहरलाल नेहरू स्टेडियम केवल मरम्मत करने में लगे 980 करोड़। मुंबई एक्सप्रेस हाइवे बन रहा था, आप कभी जरूर जाइए मुंबई। मुंबई–पुणे के बीच में बनाया गया है। मुझे कहा गया कि यह काम विदेशी कंपनी को दें। मेरा जवाब था, नहीं। मैं स्वदेशीवाला हूँ। इस एक्सप्रेस हाइवे का टेंडर 3,650 करोड़ में आया था। वह टेंडर मैंने रिजेक्ट किया। हमारे पी.डब्ल्यू.डी. के इंजीनियर ने वही काम 1,650 करोड़ में पूरा करके दिखाया। जनता के 2 हजार करोड़ रुपए बचाए। अब भ्रष्टाचार के बारे में देश में बड़ी चर्चा है। भारतीय जनता पार्टी भ्रष्टाचार–मुक्त हिंदुस्तान चाहती है। एक बात याद रखिए कि ये तो राजनीति है, ये तो करना पड़ता है, मत चलाइए ये पार्टी। ऐसी पार्टी किसी की मेहरबानी पर नहीं चलानी है। कौन कहता है कि लोग पैसे नहीं देते। अच्छा काम करेंगे, करोड़ों रुपए देनेवाले लोग तैयार हैं। पर आप उससे दो टके, पाँच टके, दस टके··· । फिर वो पहले क्या करता है, मालूम है? पहले उसका काम निश्चित होता है, वह डिप्टी चीफ इंजीनियर के पास जाता है। बोलता है, ये आपका परसेंट। ये 100 करोड़ रुपए के काम की लागत को 140 करोड़ कीजिए। ऐसा मत करिए। भारतीय जनता पार्टी से ऐसी अपेक्षा नहीं। आप सब लोगों पर विश्वास है कि ऐसा नहीं करेंगे। पर आप यह ध्यान रखिए कि हमारे व्यवहार में पारदर्शिता होनी चाहिए। इसलिए मेरी आपसे प्रार्थना है, ये टेक्निकल, फाइनेंशियल प्रिक्वालिफिकेशन का अध्ययन करिए। देश का एक–एक पैसा देश और गरीब व्यक्ति के लिए खर्च होना चाहिए, उसकी बरबादी नहीं होना चाहिए। मैं रशिया गया था। पेट्रिक नाम के एक वैज्ञानिक थे। उन्होंने एसिड डालकर एक ऐसा मैटेरियल तैयार किया है कि इधर से आप गटर का पानी डाल दो, कुछ भी डाल दो, उधर से एट.पी.एच. का पानी। व्हिस्की डालो, ब्रांडी डालो, कोको कोला डालो, गटर का पानी डालो, पानी शुद्ध होकर निकलता है। वह खुद पीते हैं। वह इतना अच्छा है। टेक्नोलॉजी आ रही है, रिसाइक्लिंग ऑफ वॉटर से संभव है। अब देखिए, जो कचरा और गंदा पानी है, यह पैसा कमाने का सबसे अच्छा धंधा है। आप अच्छे

मार्केट बनाइए। पार्किंग स्थल बनाइए, उससे पैसा मिल सकेगा, हॉस्पिटल बन सकता है।

मैं आपको जो बार-बार बता रहा हूँ कि ऐसे अनेक उपक्रम हैं, बगीचे का उदाहरण लीजिए। बगीचे में शुद्ध पानी क्यों इस्तेमाल कर रहे हो? अगर यह 5 लाख की एक मशीन है, नाले का गंदा पानी शुद्ध करके वहाँ बगीचे में इस्तेमाल किया तो पेड़ के लिए कोई समस्या नहीं है। उस क्षेत्र में कोई कंस्ट्रक्शन करेगा तो कोई प्रशिक्षित शिक्षित बेरोजगार कार्यकर्ता को काम मिल सकता है और उसको भी बोलो, पानी का एक टैंकर लगा दे और सबको बोलो कि कंस्ट्रक्शन में हम आपको यह साफ पानी देते हैं। अच्छा पानी है, आप इसका इस्तेमाल करो। तो आपका पीने का पानी बच जाएगा। यह हो सकता है, पानी की कमी है। उसका यह उपाय हो सकता है।

जिसका राजा व्यापारी, उसकी जनता भिखारी। सोने की खदान भी कांग्रेस सरकार चलाएगी, तो वह खदान भी घाटे में जाती है। मैं जब स्कूल में पढ़ता था तो मुंबई से दिल्ली फोन करने में 66 रुपए लगते थे। प्रतिस्पर्धा बढ़ी है तो अब 40 पैसे में बात करता हूँ। जब एक हवाई जहाज जाता था तो टिकट 8,000 रुपए का आता था, अब 23 सौ रुपए में टिकट मिल जाता है। मध्य प्रदेश में रिलायंस 8,000 मेगावाट की एक परियोजना बना रही है। 4,000 मेगावाट मध्य प्रदेश को देनेवाले हैं, इसका रेट क्या है? एक रुपया 43 पैसा। इसे वह साढ़े तीन-चार रुपए में बेच सकता है, कमर्शियल पाँच तक जाता है। सरकार अगर बिजली तैयार करती तो रेट 2 रुपए 30 पैसे। ऐसा उनको क्यों संभव है। ये उनकी कार्य-कुशलता है। झारखंड के मुख्यमंत्री अर्जुन मुंडा को मैंने कहा कि मेरी इच्छा है, झारखंड के किसानों को बिजली मुफ्त मिले। झारखंड के गरीब आदमी को प्रतिमाह 10 रुपए में बिजली मिले। उन्होंने कहा कि कैसे होगा? मैंने कहा कि आपकी जो ऊर्जा परियोजना है, उसका पी.एल.एफ. कितना है, 40 प्रतिशत उसकी क्षमता है, पी.एल. एफ. का मतलब ऊर्जा कंपनी जो बिजली तैयार करती है, वह शत प्रतिशत

करती होगी तो उसकी क्षमता शत प्रतिशत, चालीस प्रतिशत करती है 40 पी.एल.एफ.। तो मैंने उनको कहा कि आप इसको शत-प्रतिशत क्षमता से चलाने के लिए किसी को दे दीजिए, कोयला आपके पास है। तो जहाँ 400 मेगावाट बिजली तैयार होती थी, वहाँ हजार मेगावाट तैयार होगी; क्योंकि आपका 40 पी.एल.एफ. 100 पर जाएगा। 600 मेगावाट बिजली आएगी तो मुफ्त आएगी—उसको बँटवा दो और गरीबों को 10 रुपए में दे दो। झारखंड के सब किसान खुश। कहीं-न-कहीं ऐसे अनेक मॉडल तैयार हो सकते हैं। मुंबई में मैंने 18 सौ करोड़ रुपए के फ्लाईओवर बनाए। सभी एंट्री पॉइंट हैं, उन पर टोल लगाया। वह पैसा सात साल में वसूल हो गया। टोल लगाना देखिए ये अच्छी बात नहीं है, पर आपके पास पैसे नहीं हैं तो पैसा लाएँगे कहाँ से ? विपक्ष में यह सब कहना आसान हैकि ये करो, वो करो। हमारे पास सीमित पैसा है और जनता का काम करने की परियोजनाएँ अनेक हैं।

दिल्ली में साइकिल रिक्शा है। दिल्ली में काउंसिल फार साइंटिफिक इंडस्ट्रियल रिसर्च है। यह सरकारी संगठन है। उन्होंने एक रिक्शा तैयार किया है, जो बैटरी से चलता है, मेकेनिक रिक्शा है। मैंने उनको कार्यालय में बुलाया और वह रिक्शा मैंने देखा। मैंने कहा, मुझे ही अपने बारे में कभी-कभी गलतफहमी होती है कि मैं भी अनेक ऐसे धंधे करता हूँ। भाजपा का अध्यक्ष बनने के पहले मैं यह काम करता था। अभी भी उसमें मेरी रुचि है कि गरीबों के लिए कैसे मदद करूँ।

मैंने 13,000 लोगों को छाते बाँट दिए। गरीब लड़कों को शिक्षा दी। 5,000 लोगों के मोतियाबिंद के ऑपरेशन करा दिए, हार्ट के 1,300 ऑपरेशन करा दिए। राजनीति भी होती है, सेवा भी होती है। आपके निगम में इतने प्रकल्प हैं। अगर आप में टीम भावना है, काम करने की संवेदनशीलता है, गरीब व्यक्ति के प्रति कुछ करने की भावना है तो काउंसिल फॉर साइंटिफिक को आप देखें। जो साइकिल रिक्शा चलाता है, उसको टी.बी. हो जाता है। वे रिक्शा चलाते-चलाते मर जाते हैं। आपको पता है, ये जो बैंड-बाजा बजाते

हैं। सब बैंड बाजेवालों का मेडिकल चैकअप किया तो सबकी छाती में टी.बी. निकला। सबको दवाई उपचार दिया। जब मैं अध्यक्ष बनकर गया तो 1,000–1,500 बैंड पार्टीवाले इतना जोर से बैंड बजा रहे थे कि मेरा तो दिमाग चक्कर खा रहा था। बिना बुलाए आए थे, आखिर मैं घर के बाहर आया और मैंने हाथ जोड़कर कहा—अब यह आवाज बंद करो। नहीं साब; आप अध्यक्ष बन गए हमारे। बजाओ बैंड, वे बैंडवाले अपने कार्यकर्ता किसलिए बने ? कारण, मैंने उनका मेडिकल चेकअप किया, उनको दवाई दी। ये रिक्शा 30 हजार रुपए में बन सकता है। उसको सोलर पैनल लगा दिया जाए तो शायद बैटरी चार्ज उसके ऊपर हो सकती है। अब यह मॉडल तैयार है, इंटरनेट पर है। मैंने दिल्ली नगर निगमवालों को कहा कि 5 लाख लोग दिल्ली में साइकिल रिक्शा चलाते हैं। एक रिक्शा के लिए 10 हजार रुपए सब्सिडी दो। 35–40 हजार में रिक्शा तैयार करो। उसके विज्ञापन अधिकार बेच दो। जिसको विज्ञापन के अधिकार देंगे, वह 20 हजार रुपए देगा। सब साइकिल रिक्शावालों की जिंदगी सुखी हो जाएगी। क्या गरीबों का कल्याण करना हमारा कार्यक्रम नहीं है ? नागपुर शहर में मैंने सब चर्मकार, मोची, जो जूता सिलते हैं, उनको 300 दुकानें बनाकर दीं। उनको कहा कि हम आपको किट भी दे रहे हैं। यह किसने दिया ? वे कहते हैं, नितिन गडकरी ने दिया। वह कोई भी जात–पाँत की बात नहीं मानता। वह वोटिंग भी करता है। गरीब लोगों का साथ तो दीजिए। जाति, पंथ, धर्म, भाषा की दीवार तोड़कर आपके साथ खड़े हो जाएँगे। आप उनका काम करिए। ये छोटे–छोटे काम हैं। खाली पेट को कोई तत्त्व ज्ञान नहीं सिखाया जा सकता। अगर आप गरीबों के हितों के लिए काम करेंगे, आप इस संस्था का उपयोग गरीबों के लिए करेंगे तो एक बार नहीं, दस बार चुनकर आएँगे। लोग बिठवा देंगे, जनता खुश होगी, बार-बार चुनकर देगी और पार्टी व आपकी इज्जत बढ़ेगी। आप इस स्थिति को बदल सकते हैं। इसलिए मैं आपको इतना ही कहूँगा कि गरीबों के लिए छोटे मकान बन सकते हैं, जो आप ऐसी अनेक योजनाएँ बना रहे हैं। मैं नई बात नहीं बता रहा हूँ। जिन्होंने प्राणियों का अच्छा संग्रहालय किया, बाबूलालजी

गौड़ ने भोपाल में बहुत अच्छा काम किया है। ये सब अच्छा काम इकट्ठा करो, अपने गाँव को अच्छा बनाओ, अपना घर अच्छा बनाइए, अपनी गली अच्छी बनाइए। मैं अभी भी अपने वार्ड में काम करता हूँ। मैंने तय किया कि पहले मैं वार्ड में काम करूँगा, आज भी मेरे वार्ड पर बूथ की मीटिंग होती है तो मुझे बुलाते हैं, फिर मैं वार्ड की मीटिंग में जाता हूँ, फिर मैं शहर की मीटिंग में जाता हूँ, फिर मैं दिल्ली की मीटिंग में जाता हूँ। अगर मेरी गली में भाजपा नहीं है, मेरे वार्ड में भाजपा नहीं है, मेरे शहर में भाजपा नहीं है तो मैं कौन से अधिकार से आपसे कह सकता हूँ कि आप ये काम करें। सब ऊपर-ऊपर नेता न बनें। आप गरीबों के लिए काम करिए। आप पार्टी के लिए काम करिए। आप जमीनी हकीकत के साथ काम करिए। लोगों का विश्वास संपादन करिए, अपने गाँव के अच्छे नेता बनिए, आप दिल्ली मत आइए, माला मत पहनाइए, किसी के पास सिफारिश मत माँगिए। अपने गाँव में, शहर में अच्छा काम करिए। आपके घर में आकर आपको टिकट मिलेगा, मैं आपको विश्वास दिलाता हूँ। आप जिस महानगरपालिका में जो पार्षद के रूप में, सत्तारूढ़ पार्टी के नेता के रूप में, स्टैंडिंग कमेटी के चेयरमैन के रूप में, मेयर के रूप में अच्छा काम करोगे, जनता की सेवा करोगे तो आगे बढ़ोगे। 21वीं सदी की राजनीति विकास की राजनीति है, यह उत्तर प्रदेश, बिहार की जो राजनीति चल रही है—ये ज्यादा दिन नहीं चल सकती। लोग शिक्षित हो रहे हैं, कंप्यूटर आ रहा है, लोग इंटरनेट पर जा रहे हैं। आपको ताज्जुब होगा कि मैंने इंटरव्यू दिया था, पहली बार मैं अध्यक्ष नहीं था तो 36 लाख लोगों ने मुझे सुना और दूसरी बार फिर चेट हुआ तो 1 करोड़ लोगों ने मुझे सुना। दुनिया बदल रही है। युवा पीढ़ी अलग है। जो कल था, वह आज नहीं, आज है वह कल नहीं। पीढ़ी बदल रही है। आज जो पढ़े-लिखे लड़के हैं, वे अलग टाइप का विचार करनेवाले हैं। मैं आपको बताना चाहूँगा, हमारे देश का भविष्य उज्ज्वल है। गुड गवर्नेंस के द्वारा, सुशासन के द्वारा समाज के विभिन्न क्षेत्र में, महानगरपालिकाओं, नगरपालिकाओं, राज्य शासन, केंद्र शासन, अलग-अलग डिपार्टमेंट, हम किसी को बदलेंगे।

हिंदुस्तान का भविष्य बदलने की ताकत अगर हिंदुस्तान में किसी दल में है तो केवल भारतीय जनता पार्टी में है। हम इसको बदल सकते हैं। हम गाँव को बदलेंगे, जिले को बदलेंगे। हम अपनी मातृभूमि को दुनिया की सबसे बड़ी ताकत बनाएँगे, बना सकते हैं, बनाने की क्षमता हमारे पास है। मैं इतिहास का बहुत ज्यादा जानकार नहीं हूँ। एक बात मुझे पता है कि 18वीं सदी में सब जगह मुगल सल्तनत का बोलबाला था, जब 19वीं सदी आई, सब जगह अंग्रेजों का यूनियन जैक लहरा रहा था, 20वीं सदी आई तो अमरीका सुपर पावर बनी, 21वीं सदी इन्फॉर्मेशन टेक्नोलॉजी और बायो टेक्नोलॉजी की है। जापान में गया था तो वहाँ एक बड़े व्यक्ति ने मुझसे पूछा—मिस्टर गडकरी, आपके यहाँ के सॉफ्टवेयर इंजीनियर इतने होशियार कैसे हैं? क्या उनके शरीर में कोई मैथमेटिक्स के जीन्स हैं? हमारे यहाँ से गए हुए लड़के दुनिया में, अमरीका में अपना नाम कमा रहे हैं। डॉक्टर्स हैं, इंजीनियर्स हैं। हमारे पास ब्रेन है, सबकुछ है। सबकुछ हमारे पास है। पानी है, अच्छी जमीन है। टेक्नोलॉजी है, विज्ञान है, तकनीकी ज्ञान है। हमारे पास केवल एक इच्छा-शक्ति नहीं है। इस स्थिति का फायदा लेकर इसको परिवर्तित करने की क्षमता भाजपा में है। सुशासन और विकास का रास्ता पकड़कर हम उस दिशा में बढ़ना चाहते हैं। कुछ कमियाँ अवश्य हैं। लेकिन हम आगे बढ़ेंगे, गुणात्मक परिवर्तन करेंगे। जहाँ हम काम कर रहे हैं, वहाँ की परिस्थितियाँ बदलकर दिखाएँगे। गाँव के लोग तो हमारा अभिमान रखेंगे ही, पर भारतीय जनता पार्टी कहे कि फलाना हमारा मेयर है, इसने इतना अच्छा काम करके दिखाया, उसका हमें अभिमान है। हमारा मंत्री है, उसने अच्छा काम करके दिखाया। उस अच्छे काम को करने के लिए पं. दीनदयाल उपाध्यायजी ने जिस गरीब व्यक्ति की बात की है, गाँव-गरीब, मजदूर-किसान, दु:खी, पीड़ित, शोषित उसका नाम अंत्योदय है।

चलो चलें, जलाएँ दीप, वहाँ जहाँ अँधेरा है।

वहाँ जाएँगे, उसका कल्याण करेंगे—केवल भाषण से नहीं, खुद करके

दिखाएँगे। इस आह्वान को स्वीकार करके आपको जो जिम्मेदारी मिली है, उसमें आप बहुत अच्छा परिवर्तन कीजिए, इस कार्य को कीजिए, जनता की अच्छी सेवा कीजिए, इसमें गुणात्मक सुधार करिए। आपको इस कार्य में अच्छी सफलता मिले, एक सकारात्मक सोच की प्रेरणा लेकर आप सब काम में जुट जाइए।

❑

* 19 नवंबर, 2010 को लखनऊ में स्वराज सम्मेलन—महापौर परिषद् में दिया गया भाषण।

“

सड़कें रक्त–नलिकाओं की तरह हैं। औद्योगिक और कृषि के क्षेत्र में विकास के लिए चार बातें आवश्यक हैं—परिवहन मतलब सड़कें, पुल, कम्युनिकेशन यानी टेलिफोन–संचार के साधन और उसके साथ–ही–साथ पानी एवं बिजली। अगर ये चारों बातें होंगी तो औद्योगिक विकास होगा। जब सड़कें और पुल बन जाएँगे तब किसान अपना माल बेचने के लिए बाजार जा सकेगा। खेती का विकास हो सकता है। इसलिए सड़कें और पुल विकास के सबसे प्रमुख साधन हैं।

”

7

बढ़िया सड़कें, उन्नत राष्ट्र

पूरे महाराष्ट्र का संतुलित विकास होना चाहिए, साथ ही महाराष्ट्र के हर नागरिक को न्याय भी मिले, महाराष्ट्र के किसी भी भाग में अन्याय नहीं होगा। मराठी-भाषी राज्य सभी को समान अवसर उपलब्ध कराता रहेगा, इस प्रकार के आश्वासन अलग-अलग अनुबंधों में दिए गए हैं। दुर्भाग्य से ये आश्वासन पूरे नहीं किए गए। विदर्भ के बारे में विचार करें तो सन् 1984 में दांडेकर समिति का गठन हुआ। उससे हमारे सामने बैकलॉग आया। समूचे महाराष्ट्र में सड़कों का जो बैकलॉग दांडेकर समिति ने निकाला था, वह लगभग 600 करोड़ रुपए का है। सरकार ने 1995-96 से प्रतिवर्ष बैकलॉग के लिए धन उपलब्ध कराकर इस बैकलॉग में कमी लाने का प्रयास किया है। पूरे महाराष्ट्र में बैकलॉग में वर्गनिहाय खर्चा, बैकलॉग का खर्च, प्रतिवर्ष औसतन इसमें 10 प्रतिशत की वृद्धि रखकर संशोधित राशि का विवरण मेरे पास है। प्रतिवर्ष औसतन 10 प्रतिशत मूल्य-वृद्धि का विचार करें तो यह राशि 60 करोड़ की होती है। इससे सड़कों के बैकलॉग का मूल्य प्रतिवर्ष कितना हुआ है, इसका विवरण मैं आपको आँकड़ों सहित प्रस्तुत करता हूँ। वर्ष 1985-86 में 600.29 करोड़ रुपए, 1986-87 में 650.62 करोड़ रुपए, 1987-88 में 692.53 करोड़

रुपए, 1988-89 में 727.94 करोड़ रुपए, 1989-90 में 758.36 करोड़ रुपए। इस प्रकार बढ़ते-बढ़ते 1994-95 में बैकलॉग की यह राशि 880 करोड़ रुपए हो गई। 1995-96 में इस बैकलॉग को दूर करने के लिए पहली बार राज्य में हमारे शासन सँभालने के बाद 187.24 करोड़ रुपए दिए गए।

यह राशि शासन ने दी है। यह राशि राज्य के बजट से विदर्भ को दी गई है। इस शासन के कार्यकाल में विदर्भ का बैकलॉग 112.30 करोड़ से कम हुआ है। महाराष्ट्र में बैकलॉग अब 780.08 करोड़ पर तथा विदर्भ का बैकलॉग 362.41 करोड़ रुपए पर आ गया है। श्री शिवाजीराव देशमुख जिस समय निर्माण एवं विकास मंत्री थे, वह समय मेरे स्मरण से 1992-93 का होगा। उस समय विदर्भ की सहायता राशि में 10 प्रतिशत महँगाई के आते थे, फिर भी आपने निर्माण विभाग को पैसे नहीं दिए। यह बैकलॉग आपके समय में बढ़ा है। जिन्होंने अपने मंत्रित्वकाल में विदर्भ पर अन्याय किया, बैकलॉग बढ़ाया, वे हमारी सरकार पर आरोप लगाते हैं कि हमने बैकलॉग बढ़ाया है। आप इन आँकड़ों की जाँच करके देखें। महाराष्ट्र के इतिहास में पहली बार पहले साल में 112.30 करोड़ रुपए विदर्भ के लिए और महाराष्ट्र के लिए 187.34 करोड़ रुपए दिए। इस तरह बैकलॉग कम करने के लिए हमने 300 करोड़ दिए। पहली बार यह ग्राफ उलटा होकर बैकलॉग कम होने की दिशा में बढ़ने की शुरुआत हुई। अन्याय करनेवाले ही हमारे सामने कहते हैं कि हमने विदर्भ के साथ अन्याय किया है। जिन्होंने अपने राजनीतिक स्वार्थ के लिए इंजीनियरिंग, मेडिकल कॉलेज के लिए नाममात्र एक रुपए के भाव से 40-40 एकड़ भूमि मुफ्त सरीखी आवंटित की, वे हमें कहते हैं कि हम महाराष्ट्र को बेचने निकले हैं। यहाँ मैं विनम्रता से यह निवेदन करूँगा कि विदर्भ का भारी-भरकम बैकलॉग समाप्त करके हम उसे शून्य पर लाकर दिखाएँगे। यह चुनौती हम स्वीकार करते हैं। आपका विधानसभा चुनाव में सूपड़ा साफ हो गया। विधानसभा के चुनावों के बाद इस शासन के एक वर्ष के कामकाज पर मुहर लगाते हुए विदर्भ की जनता ने लोकसभा चुनावों में 14

प्रतिशत अधिक मत दिए और तुम्हें इस चुनाव में चारोंखाने चित कर दिया। जनता समझ चुकी है कि विदर्भ का विकास हम ही कर सकते हैं। कृपया आप बताएँ कि मैंने विदर्भ की जनता के साथ क्या विश्वासघात किया है? अगर आप बताते हैं तो मैं माफी माँगने के लिए तैयार हूँ। विदर्भ के विकास के बारे में मैं इस सदन में, सदन के बाहर, गाँव, जिले अथवा नगर की बैठकों में बोला। मैंने उन बैठकों में जो कहा है, उसे पूरा करने का निश्चय किया है। अगली बार आप इस बारे में अच्छी तरह से तैयार की गई जानकारी लेकर आएँ और फिर जनता के सामने रखें।

विदर्भ में जो बैकलॉग है, उसके बारे में श्री बी.टी. देशमुख का अच्छा अध्ययन है। उन्होंने कहा कि यह बैकलॉग दूर होना चाहिए। उनकी भावनाओं से मैं सहमत हूँ। उनके समान ही मेरी भी भावनाएँ हैं। यह दुर्भाग्य है कि महाराष्ट्र का संतुलित विकास कांग्रेस के शासनकाल में नहीं हो सका। इसीलिए उन्होंने अनुरोध किया और स्वाभाविक रूप से हमसे अपेक्षा की, तुम्हारे शासनकाल में विदर्भ को न्याय मिलना चाहिए। ऐसी आशा करना गलत नहीं है। इसलिए मैं उनको यह बताना चाहता हूँ कि यह संपूर्ण बैकलॉग पूरी तरह समाप्त किया जाएगा। हम इसे शून्य पर लाएँगे। निजीकरण के बारे में कहा गया है कि महाराष्ट्र की मलाई खाने चले हैं। माननीय सदस्य श्री शिवाजीराव देशमुख को कौन सी मलाई दिखाई दी है। मैं फिर से कहता हूँ कि ऐसा कुछ भी नहीं हुआ।

और एक बात कही जाती है। हमारे एक सचिव श्री देशपांडे के सेवानिवृत्त होने के बाद उनको एम.डी. बनाना और उनको वहीं स्थायी (परमानेंट) करना है, इसीलिए हमने यह 'निगम' तैयार किया। श्री देशपांडे जब सेवानिवृत्त होंगे, उसी दिन वे जाएँगे। शासन की नीति है कि किसी को भी एक्सटेंशन नहीं देना। अपने विभाग में हम एक्सटेंशन नहीं देते। श्री देशपांडे अच्छे और सुशील व्यक्ति हैं। उनकी ईमानदारी पर कोई शक नहीं कर सकता। वे थोड़े कठोर हैं। मुझे उन पर गर्व है। उनको एडजस्ट करने के लिए उन्हें एम.डी.

बनाने की जरूरत नहीं है। कारण साफ है कि वे आज सचिव पद पर आसीन हैं, जबकि सचिव का ओहदा बड़ा होता। यह बात अलग है कि दोनों का स्केल बराबर है। मुझे लगता है कि लाल चश्मा लगाने से लाल, पीला चश्मा लगाने से पीला और काला चश्मा लगाने से काला दिखाई देता है। आप टिप्पणी करने के लिए स्वतंत्र हैं। आपको जो दिखाई देता है, आप उसे सामने रख देते हैं। यह दोष आपका नहीं, कुरसी का है। वजह यह कि विपक्ष में जाने के बाद कुछ तो करना चाहिए। हम भी ऐसा ही करते थे। इसलिए हमें कोई शिकायत नहीं, लेकिन मुद्दे उठाने से पहले उनकी थोड़ी जानकारी अवश्य कर लें।

माननीय सदस्य श्री मधुकरराव किंमतकर ने कहा कि नागपुर शहर में फ्लाईओवर बनाते समय नंदनवन में सड़कों का निर्माण करें। अभी नंदनवन का यह भाग महानगरपालिका के क्षेत्र में आता है। मैं वरिष्ठ माननीय सदस्यों से पूछना चाहूँगा कि मैं नागपुर महानगरपालिका की सड़कें पी.डब्ल्यू.डी. के पैसे से कैसे और किस नियम से बना सकता हूँ? मुझे समझाकर बताएँ। उस जगह महानगरपालिका की सड़कें हैं। नागपुर शहर में फ्लाई ओवर की आवश्यकता है। इस बारे में कुछ संगठन न्यायालय गए थे। न्यायालय ने शासन के पक्ष में निर्णय दिया है और वह काम चल रहा है। मुंबई शहर में हमने 36 फ्लाईओवर बनाए हैं और महाराष्ट्र की उप-राजधानी नागपुर में एक फ्लाईओवर बनाया। उस फ्लाईओवर की आवश्यकता है कि नहीं, इसकी चर्चा होती है। कांग्रेस के पूर्व पालक मंत्री ने आम सभा में कहा है कि पिछले 40 वर्ष में ऐसा पालक मंत्री नहीं मिला, जो अभी नागपुर को मिला है। जो काम वर्षों से नहीं हुए, वे इन्होंने (गडकरी ने) किए हैं। मैं आत्मप्रशंसा को टालता हूँ, लेकिन आप नागपुर में कांग्रेस के लोगों से जानकारी लें, तब किसी प्रकार की गलती आपसे नहीं होगी।

निजीकरण की नीति के बारे में कुछ भ्रांतियाँ हैं। पहली बात यह है कि यह नीति अभी प्रोसेस में है। इस देश में निजीकरण की नीति अपनानेवाला

महाराष्ट्र नंबर एक और सबसे आगे है। निजीकरण अच्छा है या बुरा? माननीय सदस्य श्री पत्की से मैं कहना चाहूँगा कि निजीकरण बुरा है! मेरा भी ऐसा ही विचार है। लेकिन वह क्यों आया? राज्य के बजट में 13,500 करोड़ रुपए के काम दरशाए गए हैं। इस विषय पर जब मैंने अध्ययन किया, तब मुझे ऐसा दिखाई दिया कि बजट अगर 13,500 करोड़ का हुआ तो मेरा डिस्क्रीशन केवल 30 करोड़ रुपए का है। आदिवासियों के लिए, सामाजिक कल्याण के लिए, बैकलॉग के लिए, नॉन प्लान के लिए मेरे हाथ में केवल 30 करोड़ का बजट है और आपकी माँगें मात्र 13,500 रुपए की हैं। तब क्या होता है। हमारे विभाग में कुछ साल पहले पाँच-पाँच पत्थर रख दिए गए हैं। सम्माननीय सदस्य श्री शिवाजीराव देशमुख को गुस्सा आएगा। लेकिन हमारे पालक मंत्री ने बस पाँच-पाँच पत्थर रख दिए हैं, लोगों का काम होता नहीं है। उस समय उन लोगों को जो परेशानी होती, वही मेरी भी है। इस राज्य में लोगों की अपेक्षा के अनुसार सड़कों और पुलों के काम के लिए जितने धन की आवश्यकता होती है उतना हमारे पास नहीं है, यह मैं खुले मन से स्वीकार करता हूँ।

माननीय सदस्य श्री बी.टी. देशमुख गुस्सा होकर पूछेंगे और फिर मैं कहूँ कि साहब, काम पूरा करता हूँ। मैं मात्र ऐसा आश्वासन नहीं दे सकता। जब कुएँ में पानी ही नहीं होगा तो बालटी में कहाँ से आएगा? कुएँ में पानी नहीं होगा तो बार-बार बालटी डालने से पानी तो नहीं आ जाता। हमारे पास पैसा नहीं है। सब काम न करते हुए केवल यह कहना कि 'जल्दी शुरू करेंगे', इस प्रकार पहले की तरह आश्वासन देना और इंतजार करते रहना, यह एक उपाय है। दूसरा रास्ता यह कि किसी-न-किसी तरह से काम पूरा करना। लेकिन हमने यह तय किया है कि बजट में यह काम हम पूरा नहीं कर सकते, लेकिन राज्य की आवश्यकता बनी हुई है। राज्य के विकास के लिए सड़कें तथा पुल होने आवश्यक हैं। मैंने मंत्रालय के अपने कक्ष में अमरीका के राष्ट्रपति का एक वाक्य लगा रखा है—

"American roads are good not because America is rich, but America is rich because American roads are good."

सड़कें रक्त नलिकाओं की तरह हैं। औद्योगिक और कृषि के क्षेत्र में विकास के लिए चार बातें आवश्यक हैं—परिवहन मतलब सड़कें, पुल, कम्युनिकेशन यानी टेलिफोन-संचार के साधन और उसके साथ-ही-साथ पानी एवं बिजली। अगर ये चारों बातें होंगी तो औद्योगिक विकास होगा। जब सड़कें और पुल बन जाएँगे तब किसान अपना माल बेचने के लिए बाजार जा सकेगा। खेती का विकास हो सकता है। इसलिए सड़कें और पुल विकास के सबसे प्रमुख साधन हैं। अभी हमारे पास पैसा नहीं है, लेकिन विकास भी आवश्यक है। लोगों को इसकी आवश्यकता है, लेकिन इसका मार्ग कैसे निकाला जाए? हमने तय किया है कि बजट में काम करने के लिए कई माननीय सदस्य अनुरोध करते हैं। बजट में यह काम करो, ऐसा कहते हैं, आग्रह सहित कहते हैं। लिखो, उस पर हस्ताक्षर करो, ऐसा कहते हैं। हम वह काम बजट में ले लेते हैं। कार्यों की संख्या बढ़ती जाती है और कोई भी काम पूरा नहीं होता। भूमि-पूजन होता है, तीन-तीन वर्षों तक उस काम पर एक भी पैसा खर्च नहीं होता और सही कहूँ, मतलब हमारे पास पैसा ही नहीं है। उसमें यह मुख्य रोड़ा है। इसीलिए हमने इसका उचित तरीके से अध्ययन किया। सड़कों के काम, पुलों के काम। फिर कुछ बजट में होंगे और कुछ बजट के बाहर के होंगे, ये कार्य निजीकरण के माध्यम से कर सकते हैं क्या, इसका विचार किया गया। ठाणे-भिवंडी राष्ट्रीय राजमार्ग (बाईपास) देश की पहली बी.ओ.टी. परियोजना (प्रोजेक्ट) है। उस समय के मंत्रिमंडल ने इस कार्य को अनुमति प्रदान की थी। हम उसका अनुसरण कर रहे हैं। दिल्ली से अनुबंध कर हमने उसे पूरा किया और इस सड़क का निर्माण हुआ। जिस समय इस सड़क को मान्यता दी गई, तब माननीय विजय सिंह मोहिते पाटील सार्वजनिक निर्माण मंत्री थे। यह प्रोजेक्ट

शुरू होने पर ध्यान में आया कि इस प्रकार के दूसरे और प्रोजेक्ट भी किए जाने चाहिए। फिर केंद्र सरकार ने जिन संस्थाओं को मान्यता दी है, उनमें 'राइट्स' भी एक संस्था है। इस संस्था की मदद से टेक्निकल और इकोनॉमिकल सर्वेक्षण किया। एक पुल बनाया जाए तो उसमें कितना खर्च आएगा, इसका मूल्यांकन किया गया। माना जाए कि एक करोड़ रुपए का खर्च आता है, ऐसा निश्चित हुआ। तब इस पुल पर रोजाना ट्रैफिक कितना है, यह कंसल्टेंट तय करता है। इस पुल पर कितने ट्रक गुजरते हैं, कितनी बसें निकलती हैं, उनमें से प्रत्येक से 5-5 रुपए लिये तो इतने पैसे होते हैं। इस हिसाब से इस पुल का कुल खर्च कितने समय की अवधि में वसूल हो पाएगा। कितने वर्षों तक टोल टैक्स वसूल किया तो 18 प्रतिशत ब्याज सहित और 20 प्रतिशत मुनाफे के साथ वसूल होगा, यह तो आपको कंसल्टेंट बताएगा। पैसे वसूल होने में मानो चार या छह वर्ष लगते हैं, ऐसा उसके कहने के बाद हम निविदा आमंत्रित करते हैं। कई लोग टेंडर भरते हैं। इस पुल को हम तुम्हारी स्पेसिफिकेशन के अनुसार बनाएँगे और 7 साल एवं तीन महीने में टोल टैक्स वसूल करने के बाद यह पुल आपको हस्तांतरित कर देंगे। दूसरा है कि हम 8 वर्ष 2 महीने तक टोल टैक्स वसूल करेंगे। तीसरा कहता है, टोल टैक्स वसूल करने में हमें 6 वर्ष 8 महीने लगेंगे। उसमें जो सबसे कम समय टेंडर में देते हैं, उनको काम दिया जाता है। मैं एक बार फिर विनम्रता के साथ ध्यान में ला देना चाहता हूँ कि निजीकरण में एक भी काम बिना टेंडर नहीं दिया गया। उसमें कहाँ घोटाला हुआ है, यह आप बताएँगे तो संबंधित फाइल आपको दिखाऊँगा। उस फाइल की बारीकियों को सामने लाकर चर्चा करने को तैयार हूँ। उसमें किसी भी प्रकार का उलट-फेर नहीं होगा, न ही होने दूँगा, आप थोड़ा विश्वास करें।

दूसरी महत्त्वपूर्ण बात यह है कि सभी काम अभी तय करने हैं। कुछ माननीय सदस्यों ने कहा कि इसमें सरकारी पैसे को दूसरों को उधार दिया जाता है। निजीकरण के लिए किसी भी प्रकार का सरकारी कोष नहीं दिया

जाता। सरकारी कोष में से पैसे देते हैं, ऐसा माननीय सदस्य श्री कृष्णराव भेगड़े ने कहा। कुछ पैसा सरकार देने वाली है। मुंबई-पुणे सड़क के लिए 60 करोड़ रुपए की जमीन अधिगृहीत की गई है। इस बारे में किसानों की जिन भावनाओं को माननीय सदस्यों ने व्यक्त किया है, उनसे मैं पूरी तरह सहमत हूँ। किसानों को ज्यादा-से-ज्यादा फायदा पहुँचाना, उनको किस प्रकार के मुआवजा दिया जा सकता है, इस पर सहानुभूतिपूर्वक विचार करेंगे। लेकिन यह कीमत देते समय वह कीमत परियोजना में जुड़ जाती है और वह वसूल होने के बाद वापस शासन को मिलने वाली है। इसमें राज्य शासन का पैसा दिया जाता है, यह बात नहीं है। मैंने यही कहा था, लेकिन आपने मेरी बात को सुना ही नहीं।

निजीकरण की बात पर पूर्णविराम लगा दिया गया, ऐसा नहीं है। उसके लिए अलग से दो बैठकें की जानी चाहिए। केंद्र सरकार के भूतल व परिवहन विभाग ने मुंबई-दिल्ली और मुंबई-कोलकाता में ऐसे बड़े-बड़े हाइवे बनाने का निर्णय किया है और उसमें से कुछ भाग हमें भी बनाने के लिए कहा है। मुंबई-तलासरी, मुंबई-नासिक, मुंबई-पुणे, मुंबई-सावंतवाड़ी, न्हावाशेवा-शिवरी ये सभी एक्सप्रेस हाइवे हैं; इस पर 13,400 करोड़ रुपए खर्च होने वाले हैं। यह दूसरे प्रकार का काम है। प्रत्यक्ष रूप से निजीकरण में काम करना शेष है। नागपुर संभाग में 559 करोड़ रुपए का कार्य शेष है। अमरावती संभाग में 256 करोड़ रुपए का काम बाकी है। मतलब इनको मिलाकर विदर्भ के लिए 815 करोड़ रुपयों का काम बकाया था। मराठवाड़ा में 394 करोड़ रुपए, नासिक में 222 करोड़ रुपए, पुणे में 191 करोड़ रुपए, कोंकण में 332 करोड़ रुपए का कार्य शेष है। इस प्रकार कुल मिलाकर 1,954 करोड़ रुपए का काम प्रस्तावित है। उसके अनुसार प्रत्येक कार्य अलग-अलग स्तर पर है। नागपुर विभाग में 52 करोड़ रुपए का कार्य है। उसमें निविदा पूर्व कार्य हम पूरे कर चुके हैं। वे काम हम जल्दी ही शुरू करने वाले हैं। शेष कार्य के बारे में टेक्नीकल और इकोनॉमिकल फाइनल

सर्वेक्षण रिपोर्ट तैयार करना बाकी है। कई प्रस्तावित कार्य हैं। मुंबई-पुणे रोड के लिए हमारे बजट में 60 करोड़ रुपए भूमि-अधिग्रहण के लिए दिए गए हैं। अगर ऐसा हुआ तो विदर्भ को भी पैसे की माँग करने का अधिकार है, इसीलिए हमने ऐसा निर्णय लिया है कि विदर्भ और मराठवाड़ा में काम करते समय वह इकोनॉमिकली सक्षम नहीं होगा, तब ऐसे कार्यों का 10 प्रतिशत की इक्विटी दें। कुछ जगह 20 प्रतिशत इक्विटी दें। काम की आर्थिक दशा पर इक्विटी की मात्रा निर्भर करेगी। लेकिन लगभग 40 प्रतिशत तक हम ऐसा सहयोग करेंगे। राज्य की पृष्ठभूमि पर यह नई कल्पना है और इसके लिए आप सबकी सूचनाओं की, मार्गदर्शन की शासन को आवश्यकता है। मैं ऐसा दावा नहीं करता कि हम सब समझ चुके हैं। हमें हर प्रकार का अनुभव है। यहाँ से दिल्ली तक के अनेक अधिकारी, अनेक माननीय मंत्री महोदय आकर हमसे मिल चुके हैं। कुछ दिन पहले ही गुजरात के मंत्री हमसे मिलने आए थे। उनकी उम्मीद है कि इन सब कार्यों में महाराष्ट्र आगे है। वे हमसे जानकारी प्राप्त करके गए। हमने इस बारे में नीति लेकर विचार-विमर्श कर निश्चित किया। कैबिनेट के सामने यह विषय दो बार रखा गया और नीति निर्धारित की गई। इस नीति के प्रत्येक पहलू पर हम आपको विस्तृत जानकारी देने का प्रयास करेंगे।

इस नीति की जानकारी हेतु एक छोटी सी पुस्तिका तैयार की गई है। अधिवेशन समाप्त होने से पहले ही यह पुस्तिका सबको उपलब्ध कराने का हमारा प्रयास है। इस राज्य का विकास होना चाहिए, इस राज्य की प्रगति होनी चाहिए, इस बात से सभी सहमत होंगे। इस राज्य में बड़े-बड़े पुल हैं, हाइवे भी हैं। राज्य के जिस हिस्से में ऐसे पुल और हाइवे नहीं हैं, वहाँ समस्याएँ खड़ी हो गई हैं। उन्हें हल किया जाना चाहिए। इसके लिए एक-सवा साल के समय में हमने इस क्षेत्र में प्रगति की है। बहुत से कार्य किए। इस प्रगति से कुछ लोगों को खुशी होती है और कुछ को दुःख। विगत तीन वर्षों में पूरे निर्माण कार्य खाते के बजट को जोड़ने के बाद जितने पैसे आते

हैं, वे पिछले वर्ष विदर्भ को दे दिए गए हैं। विदर्भ को जितने पैसे प्रतिवर्ष मिलते हैं, उसके लगभग तीन गुना, कुछ जगह दो गुना, इतना पैसा इस वर्ष विदर्भ के निर्माण खाते में दिया गया है। माननीय सदस्य श्री अजहर हुसैन और माननीय सदस्य श्री किंमतकर ने कहा कि आप धनराशि इकट्ठा करते हैं, लेकिन काम नहीं हो सकता, कारण स्टाफ की कमी। मुझे कहते हुए अति प्रसन्नता हो रही है कि विदर्भ के लिए दो विभाग और दस अनुभागों को हमने स्वीकृति दे दी है। डिप्टी इंजीनियर के रिक्त पदों को भरा गया है। दूसरी जगहों पर भी नियुक्तियाँ करने वाले हैं। हमें जिन इंजीनियरों की जरूरत होती है, वे चयन आयोग से आते हैं और हम चयन आयोग को बार-बार उम्मीदवारों की सूची भेजने के लिए कहते रहते हैं। लेकिन दुर्भाग्य से इन पदों को भरने के लिए चयन आयोग से इनकी सूची जल्दी नहीं मिलती। फिर भी हमारा प्रयास इस समस्या को दूर करने का है।

गड़चिरोली जिला विदर्भ में है। इस जिले को मैंने प्राथमिकता में सबसे ऊपर रखा है। मेरा सभी माननीय सदस्यों से अनुरोध है कि आप इस जिले का दौरा करें। इस जिले में हमने 131 पुलों के निर्माण का काम हाथ में लिया है। माननीय सदस्य श्री बबनराव चौधरी से मैं निवेदन करूँगा कि अगर मेरा कहना सही नहीं है तो आप इस बारे में अधिकार हनन ला सकते हैं। इस वर्ष गड़चिरोली जिले में हम 131 पुलों का निर्माण कार्य पूरा कर लेंगे। इस जिले पर हमने लगातार ध्यान दिया है। बी.आर.ओ.सी. एग्रीमेंट हुआ। यह एग्रीमेंट सदोष था। मैंने अपने सचिव से कह-कहकर गड़चिरोली जिले के लिए 109 करोड़ रुपए और 31 करोड़ रुपए भंडारा जिले के देवरी भाग के लिए, कुल मिलाकर 140 करोड़ रुपए की योजना तैयार की है। उनसे नया अनुबंध किया। अब उस जगह बड़े पैमाने पर काम चल रहा है और उस कार्य को गति मिली है। काम करते समय हमें कई प्रकार की दिक्कतें आई हैं। गड़चिरोली जिले में काम करने के लिए हमें गिट्टी की आवश्यकता है, लेकिन झुड़पी जंगल के कानून के अनुसार हम वहाँ से

गिट्टी नहीं उठवा सकते। इस संबंध में हम गड़चिरोली जिले के अधिकारियों से मिले और नदी के पत्थरों को तोड़ने की अनुमति मिली। इससे काम करना सरल हुआ और गड़चिरोली जिले में कार्य ने गति पकड़ी। बी.आर.ओ. के द्वारा और राज्य शासन के निर्माण विभाग की मदद से हमने काम को गति दी। इतना ही नहीं, गड़चिरोली जिले का विकास होना चाहिए, इसलिए हमने वहाँ हवाई अड्डा बनाने का आग्रह किया। मैंने स्वयं जगह का निरीक्षण किया और उस जगह का प्रस्ताव तैयार किया है। वह प्रस्ताव वन विभाग को भेजा गया है। मैंने माननीय मुख्यमंत्रीजी से निवेदन किया कि इस जिले में खनिज भंडार हैं, लौह है और अन्य खनिज भी हैं। अगर इस जिले में बड़े उद्योग लगाने हैं तो जब तक यहाँ हवाई अड्डा नहीं बनता तब तक बाहर से आनेवाले लोगों को सुविधा नहीं होगी। और तब तक यहाँ बड़े उद्योग नहीं लगेंगे। इस हवाई अड्डे का प्रस्ताव निर्माण विभाग ने तैयार किया और यह प्रस्ताव आखिरी चरण में वन विभाग के पास भेजा गया है।

सन् 1981 से 2001 तक बीस वर्ष की अवधि में राज्य के विदर्भ क्षेत्र में लगभग 55 किलोमीटर प्रति 1,000 चौरस किलोमीटर सड़क थी। जो कम थी, क्योंकि उस समय पूरे राज्य में औसतन लंबाई 69 कि.मी. प्रति 1,000 चौरस किलोमीटर थी। यह हमारे समय में नहीं था। सम्माननीय सदस्य श्री शिवाजीराव देशमुख को बताना चाहूँगा कि यह उनके समय में था और इसीलिए हमने इसे परिवर्तित करने का निर्णय लिया। विदर्भ के लिए 82 किलोमीटर प्रति 1000 चौरस किलोमीटर। यह उद्देश्य सामने रखकर हमने विदर्भ में सड़कों के निर्माण की योजना तैयार की है। ये सब काम करते समय हमने सभी प्रकार के प्रयास किए। हमारे समय में गिट्टी के भाव बढ़े। मैंने फेरोअलाइज कॉर्पोरेशन से अनुरोध किया कि अपना अनुपयोगी मैटीरियल हमें दो। कन्हान का खंडेलवाल फेरोअलाइज, वर्धा का स्टील और सिप्रा कास्टिंग को मैंने कहा और लगभग 15 लाख टन मैटीरियल इन कंपनियों से मिलने की संभावना है। इसमें कुछ मैटीरियल

नि:शुल्क देने का भी आश्वासन दिया गया है। इससे नागपुर, भंडारा और वर्धा जिलों में विशेष रूप से रोड़ी एवं डामरीकरण कर 370 किलोमीटर लंबी सड़क बनाने की योजना हमने निर्धारित की है। हम जी-जान से काम में लगे हैं। माननीय सदस्य श्री व्यंकप्पा पत्की ने कुछ गलत नहीं कहा है। कारण—विदर्भ का विकास होना चाहिए। उसी उद्‌देश्य से हम यहाँ आए हैं। उसके लिए हमारे प्रत्येक क्षण का, प्रत्येक मिनट का उपयोग करके मेरे क्षेत्र के लिए, मेरे जिले के लिए, मेरे विभाग के लिए, इतना ही नहीं, मेरे राज्य के लिए किया जाना है। जो बात माननीय सदस्य श्री शिवाजीराव देशमुख के मंत्रित्वकाल में हुई अथवा अन्य मुख्यमंत्रियों की कालावधि में विदर्भ के साथ भेदभावपूर्ण रवैया अपनाया गया, मैं अपने कार्यकाल के दौरान सांगली के साथ वह भेदभावपूर्ण रवैया नहीं अपनाने दूँगा, इस बारे में आप निश्चिंत रहें। पूरे महाराष्ट्र का संतुलित विकास होना चाहिए, इस भावना के साथ हमने काम की शुरुआत की है। बहुत से आँकड़े अभी मेरे पास हैं। डामरीकरण के बारे में हमने कार्यक्रम हाथ में लिया है। एक बात मैं आपके समक्ष खुले मन से स्वीकार करता हूँ कि इस राज्य में हमें 1,25,000 किलोमीटर मार्ग का डामरीकरण करना है। उसके लिए 9,000 करोड़ रुपए व्यय होंगे और हमारे पास केवल 75 करोड़ रुपए हैं अर्थात् हम इसके साथ न्याय नहीं कर सकते। निचले सदन में माननीय सदस्य श्री जगताप ने मुझे सूचना दी कि पीने के पानी के लिए जो आप 6,000 करोड़ रुपए का कर्ज लेने वाले हैं, वैसे इस राज्य में दलित, पीड़ित, शोषित आदिवासी हैं, जो बीमार होने के बाद इलाज के लिए शहर नहीं आ पाते, उनके लिए भी आपको कुछ अलग योजना बनानी चाहिए। वह योजना भी हमने तैयार की, परियोजना रिपोर्ट भी तैयार की। इस राज्य की 1,25,000 किलोमीटर सड़कों के काम के लिए कर्ज मिलता है, इस संदर्भ में एशिया बैंक व विश्व बैंक से अनौपचारिक चर्चा की है; अन्य लोगों से भी इस बारे में विचार-विमर्श किया है और अब यह चर्चा आखिरी दौर में है।

हमारे मुख्यमंत्री सदैव इस राज्य के विकास के बारे में सोचते हैं। इस राज्य में किसने भूखंडों को बेचा और किसने जमीन का घपला किया, यह कहने की आवश्यकता नहीं है। इसका कारण यह है कि यह सूर्य के प्रकाश के समान साफ है। अगर इस राज्य की जमीन गरीब आदमी के उपयोग के लिए, सड़क बनाने के लिए, पुलों के उपयोग में आती है, तब इस राज्य की जमीन का उपयोग कर राज्य का आधारभूत ढाँचा विकसित होना चाहिए। ऐसा सोचने वाले व्यक्ति आज राज्य के मुख्यमंत्री हैं। उन्होंने हमसे अनुरोध किया कि आप लोग इस कार्य में जी-जान से जुट जाएँ। मुझे विश्वास है कि शहरों का विकास करते समय जहाँ आर्थिक, औद्योगिक और कृषि से संपन्नता आती है, उस जगह निजीकरण के माध्यम से ट्रक, बस, लॉरी एवं अन्य वाहनों पर टोल टैक्स लगाकर वहाँ का काम किया जा सकेगा। बजट में समाविष्ट काम निजीकरण के माध्यम से करने से जो पैसा बचेगा, वह महाराष्ट्र के ग्रामीण क्षेत्रों के लिए, गाँव-देहात के दलित-आदिवासी लोगों के लिए, उसका कैसे उपयोग किया जा सकता है, इस पर विचार कर उसी राशि को उनके लिए डायवर्ट किया जाएगा। इतना ही नहीं, ग्रामीण क्षेत्र में सड़कों के डामरीकरण के लिए भी आवश्यकता महसूस होने पर विश्व बैंक और एशियाई बैंकों से कर्ज लेकर ग्रामीण इलाकों की सड़कों और अन्य विकास कार्य पूरे कर संतुलित व समन्वित विकास करने की सरकार की नीति है। मुझे विश्वास है कि इस नीति की यह शुरुआत है। शायद इस बारे में अभी और जानकारी की आवश्यकता है। कुछ बातों को हम अभी सीखने की कोशिश कर रहे हैं। इसमें 101 प्रतिशत पारदर्शिता होगी, इस बारे में बिलकुल चिंता न करें। प्रारंभ में निजीकरण का विचार जब सामने आया, उस समय इस बारे में मेरी थोड़ी अलग तरह की सोच थी। लेकिन जब इन सबका व्यावहारिक दृष्टि से अध्ययन किया तो मुझे यह कहने में कोई झिझक नहीं कि इस राज्य के पूर्व मुख्यमंत्री श्री शरद पवार ने जब इस बारे में दृढ़ता दिखाई, तब मैं एवं मेरे साथ और भी कई लोग विरोध कर रहे

थे। अब मुझे यह कहने में जरा भी संकोच नहीं है कि उस समय जो कहा था, वह सही था और उसके अलावा कोई अन्य विकल्प नहीं था। इसीलिए हमारी सरकार ने इस विचार को स्वीकार किया है; इसमें कोई कमी नहीं है। जो कुछ अच्छा है, चाहे वह किसी का भी हो, उसको स्वीकार करना चाहिए; लेकिन अगर बुरा है तो खुद की आलोचना करनी चाहिए। इस राज्य का संतुलित विकास करने के लिए ग्रामीण और शहरी भागों का विकास करने के लिए हमारी सरकार कटिबद्ध है। मैं विदर्भ की सड़कों का बैकलॉग शून्य पर लाए बिना नहीं रहूँगा और यह मेरे कार्यकाल में ही संपन्न होगा, यह विश्वास रखें।

❑

---

* 25 जुलाई, 1996 को महाराष्ट्र विधान परिषद् में दिया गया भाषण।

“शिक्षा का गिरता स्तर, शिक्षा क्षेत्र का राजनीतीकरण और पैसे के लिए शिक्षा का व्यवसायीकरण—इससे आनेवाली पीढ़ी का होनेवाला बंटाधार अगर रोकना है तो महाराष्ट्र सरकार प्राथमिक शिक्षा से लेकर उच्च शिक्षा तक के पाठ्यक्रम को नियंत्रित करने के लिए एक नया स्टेट्यूटरी बोर्ड बनाए। इस बोर्ड में सेवानिवृत्त न्यायाधीश, शिक्षा विशेषज्ञ, प्राध्यापक, शिक्षकों के प्रतिनिधि, सरकार के प्रतिनिधि, दोनों सदनों के विधिमंडल के प्रतिनिधि हों और ऐसे परिपूर्ण बोर्ड को पूरी शिक्षा-प्रणाली पर विस्तृत रूप से विचार करना चाहिए। इसमें समन्वय की आवश्यकता है।”

8

शिक्षा क्षेत्र की गुणवत्ता

महाराष्ट्र में 1 करोड़ 33 लाख बच्चे प्राथमिक शिक्षा प्राप्त करते हैं। शिक्षा भविष्य का निर्माण करने का प्रभावी और उपयोगी माध्यम है। शिक्षा पर होनेवाला खर्च भविष्य-निर्माण के लिए किया गया खर्च है। इससे ही समाज का निर्माण होगा। सांस्कृतिक, नैतिक और राजनीतिक स्तर बढ़ाने के लिए उस राज्य में शिक्षा का स्तर क्या है, यह बात बहुत ही महत्त्वपूर्ण होती है।

राज्य में बच्चों को प्राथमिक स्तर की शिक्षा मिले, इसके लिए शासन ने छोटे-से-छोटे गाँव में भी प्राथमिक पाठशालाएँ शुरू की हैं। अपने राज्य में प्राथमिक शिक्षा, माध्यमिक शिक्षा, उच्च-माध्यमिक शिक्षा और महाविद्यालयी शिक्षा का विस्तार हुआ है। लेकिन शिक्षा के विस्तार के साथ-साथ उसकी गुणवत्ता को बनाए रखना जरूरी है, पर हम वह नहीं कर पाए हैं। आज भी महाराष्ट्र के ग्रामीण क्षेत्रों में प्राथमिक और पूर्व प्राथमिक शिक्षा की स्थिति दयनीय है। ग्रामीण क्षेत्र में कई जगह तीन कक्षाएँ और मात्र एक शिक्षक जैसी स्थिति है। एक-दो जगह स्कूल भवन है, लेकिन वह भी अव्यवस्थित। स्कूल की इमारत भी ठीक है, शिक्षक भी हैं, लेकिन विद्यार्थी नहीं हैं। कुछ

जगह पर स्कूल, इमारत, शिक्षक और बच्चे तीनों हैं, लेकिन अच्छी शिक्षा नहीं है। इस प्रकार के विरोधाभास महाराष्ट्र के दूर-दराज के इलाके में देखने को मिलते हैं, इसका क्या कारण है?

प्राथमिक शिक्षा, शिक्षा की पहली सीढ़ी है। जिसके हाथों में पाठशाला के संचालन की बागडोर है, उनके काम करने के तौर-तरीकों पर विचार किया तो जिस प्रकार के उद्देश्य या मापदंड रखे गए हैं, वे कहाँ तक पूरे होंगे, इसकी आशंका पैदा होती है। शिक्षा व्यवस्था हमारे देश की रीढ़ के समान है। लेकिन पिछले 25 वर्षों में इस शिक्षा व्यवस्था में अनेक खामियाँ आई हैं और इसका परिणाम यह हुआ कि शिक्षा का स्तर धीरे-धीरे नीचे गिरता जा रहा है। इसीलिए संपूर्ण शिक्षा की भूमिका, नियोजन और कार्यान्वयन पर विचार करने की आवश्यकता उत्पन्न हो गई है।

राजनीतिक प्रतिस्पर्धा के कारण राजनेताओं ने व्यवसायियों को स्कूल कॉलेज खोलने की अनुमति दे दी। स्कूल खोलने की अनुमति देते समय जिन नियमों का पालन किया जाना चाहिए था, उनका पालन नहीं किया गया। स्कूल और कॉलेज गलत हाथों में चले गए। बहुत से स्कूलों में शिक्षकों को पूरा वेतन नहीं मिलता। कहीं विद्यार्थियों की संख्या कम होने की वजह से कक्षाएँ भर नहीं पातीं। कुछ स्कूलों में शिक्षक पढ़ाते नहीं हैं। ग्रामीण क्षेत्रों में इस प्रकार की समस्याएँ अनेक स्कूलों में दिखाई देती हैं। मैं एक स्कूल में प्रधानाध्यापक से मिलने गया था। उस समय वे भवन का निर्माण कार्य कराने में व्यस्त दिखाई दिए। मैंने वहाँ उपस्थित दूसरे शिक्षकों से पूछा कि तुम्हारे प्रधानाचार्य भवन-निर्माण करा रहे हैं? तब उस शिक्षक ने मुझे धीरे से बताया कि शिक्षा से संबंधित कार्य छोड़कर ये सभी कार्य करते हैं। शिक्षा प्रदान करनेवाली संस्थाओं का संचालन गलत हाथों में आने से इस प्रकार की घटनाएँ अकसर देखने को मिलती हैं।

उच्च माध्यमिक स्कूलों में भी ऐसी ही स्थिति है। दसवीं और बारहवीं की परीक्षाएँ बोर्ड द्वारा आयोजित की जाती हैं। उस परीक्षा में जिस तरह की

अव्यवस्था होती है, उससे इस परीक्षा प्रणाली से लोगों का विश्वास उठ सकता है। नागपुर में मैंने दस-बारह बच्चों को उनकी शिकायतें समझने के लिए बुलाया था। तब धनवटे स्कूल के एक विद्यार्थी ने लिखित रूप में शिकायत की। उसने लिखा है कि ब्रह्मपुरी से एक शिक्षक आए और कहा कि 500 रुपए लेकर आ जाओ, मैं तुम्हें पास करवा दूँगा। तदनुरूप जो विद्यार्थी रुपए लेकर ब्रह्मपुरी गए, वे पास हो गए और जो विद्यार्थी रुपए लेकर नहीं गए, वे फेल हो गए। उस संदर्भ में मैंने शिक्षा बोर्ड में शिकायत की है। जैसा हम बोएँगे वैसे ही फल हमें प्राप्त होंगे। महाराष्ट्र में चार बोर्डों की जो परीक्षा ली गई है, उन परीक्षाओं के चारों ही बोर्डों में गड़बडी पाई गई। वहाँ विद्यार्थियों द्वारा विरोध हो रहा है। परीक्षा प्रणाली पर सभी लोगों और विद्यार्थियों का विश्वास उठ गया है। यह परीक्षा प्रणाली पूर्णतः दोषपूर्ण मानी गई है। पैसे देकर या राजनीतिक प्रभाव से कैसे नंबर बढ़ाए जाते हैं, इस प्रकार के प्रयास होते रहते हैं और इससे ही लोगों का विश्वास इस शिक्षा-प्रणाली पर से उठ गया है। महाराष्ट्र सरकार की शिक्षा नीति इसके लिए जिम्मेदार है। शिक्षा नीति तैयार करते समय हर बार राजनीतिक दबाव डाला जाता है। अयोग्य लोगों को पदों पर नियुक्त किया जाता है। परिणाम यह होता है कि विद्यार्थियों के जीवन से खिलवाड़ होता रहता है। वास्तव में सरकार को पुनर्मूल्यांकन की माँग को स्वीकार कर दोबारा उत्तर-पुस्तिका जाँचने का कानून लागू करना चाहिए। सुप्रीम कोर्ट को भी उस पर कोई आपत्ति नहीं है। विशिष्ट छात्रों को ही 98-99 प्रतिशत अंक मिलते हैं। इससे ईमानदारी से परीक्षा देनेवाले विद्यार्थियों को नुकसान हुआ है। सही तरीके से परीक्षा देनेवाले विद्यार्थियों के बारे में सहानुभूतिपूर्वक विचार करने की आवश्यकता है।

बी.एड. और डी.एड. के कई महाविद्यालय शुरू किए गए हैं। नागपुर में एक व्यक्ति शराब की दुकान खोलने का लाइसेंस लेने गया। उस व्यक्ति को डी. एड. कॉलेज खोलने और चलाने का अनुमति-पत्र मिला। डी.एड. महाविद्यालय

शराब की दुकान से मात्र आधा किलोमीटर की दूरी पर है। ऐसे कॉलेज में शिक्षक तैयार किए जाएँगे और वे देश की आनेवाली पीढ़ी को शिक्षित करेंगे। एक-एक शहर में 50 से 60 बी.एड. के कॉलेज हैं। इन कॉलेजों में डोनेशन देकर प्रवेश दिया जाता है और शिक्षक तैयार किए जाते हैं। 2-2 हजार या 4-4 हजार रुपए डोनेशन लेकर इन कॉलेजों में बी.एड. और डी.एड. के लिए प्रवेश दिया जाता है। डोनेशन देकर शिक्षक बनने के बाद वे किस प्रकार अपना काम करेंगे, यह जानने के लिए मैं एक उदाहरण प्रस्तुत कर रहा हूँ।

उच्च शिक्षा के लिए विश्वविद्यालयों को स्वायत्तता है। अपने कानून के तहत नियम 43 (ए), 43 (5) के अनुसार विश्वविद्यालय की स्वायत्तता शासन ने पूरी तरह समाप्त कर दी है। विश्वविद्यालय के किसी भी प्रकार के अधिकार शेष नहीं रहे हैं। पहले ऐसी परंपरा थी कि किसी संस्था या विद्यालय को नया महाविद्यालय शुरू करना है तो उसके लिए उसे विश्वविद्यालय को प्रार्थना-पत्र देना होता था और विश्वविद्यालय इस बात की पुष्टि करता था कि उस संस्था अथवा विद्यालय ने विद्यार्थियों, संस्था के भवन आदि की समुचित व्यवस्था की है या नहीं। उसके बाद ही विश्वविद्यालय शासन से संस्था/महाविद्यालय शुरू करने की सिफारिश करता था और तब सरकार उसे मान्यता प्रदान करती थी। लेकिन अब नए नियमों के अनुसार अगर किसी विश्वविद्यालय ने किसी संस्था/महाविद्यालय का प्रार्थना-पत्र अस्वीकृत कर दिया है, उस स्थिति में भी शासन को उसे मान्यता देने का अधिकार है। इस तरह यह कानून राजनीति के लिए तैयार किया गया है। दुर्भाग्य से इसका परिणाम यह हुआ कि शिक्षा का व्यवसायीकरण हो गया। नए डी.एड., बी.एड., इंजीनियरिंग, मेडिकल कॉलेज खुले। विद्यार्थियों से ढाई-ढाई लाख रुपए डोनेशन लेने की परंपरा शुरू हुई। जिन लोगों को शिक्षा की योजना तैयार करनी चाहिए, प्रतिष्ठित बड़े-बड़े लोगों, उसमें विधायक, सांसद, मंत्री सहित कॉलेज खोलकर एकमुश्त ढाई-ढाई लाख रुपए डोनेशन लेना शुरू किया। मैं यह बात केवल हवा में नहीं कह

रहा हूँ। इन सभी कॉलेजों की सूची मेरे पास है। ये निजी कॉलेज बिना सरकारी अनुदान की नीति पर चल रहे हैं। उसके लिए सरकार ने कुछ नियम बनाए थे। विशेष रूप से उसमें एक नियम यह भी था कि कॉलेज में 80 प्रतिशत छात्र राज्य के ही होने चाहिए। बाकी बचे 20 प्रतिशत विद्यार्थी दूसरे राज्यों से लिये जा सकेंगे। महाराष्ट्र में सरकारी अनुदान के बिना चलनेवाले इन कॉलेजों में इस नियम का पालन हो रहा है क्या?

मेरे पास नाम सहित सभी कॉलेजों की सूची है। मैं पूरे विश्वास के साथ कह सकता हूँ कि दुर्भाग्य से महाराष्ट्र में इस प्रकार की स्थिति नहीं है। ज्यादा-से-ज्यादा पैसा लेकर इन कॉलेजों का व्यवसायीकरण और राजनीतिकरण हो गया है।

शिक्षा का गिरता स्तर, शिक्षा क्षेत्र का राजनीतीकरण और पैसे के लिए शिक्षा का व्यवसायीकरण—इससे आनेवाली पीढ़ी का होनेवाला बंटाधार अगर रोकना है तो महाराष्ट्र सरकार प्राथमिक शिक्षा से लेकर उच्च शिक्षा तक के पाठ्यक्रम को नियंत्रित करने के लिए नए स्टेट्यूटरी बोर्ड बनाए। इस बोर्ड में सेवानिवृत्त न्यायाधीश, शिक्षा विशेषज्ञ, प्राध्यापक, शिक्षकों के प्रतिनिधि, सरकार के प्रतिनिधि, दोनों सदनों के विधिमंडल के प्रतिनिधि हों और ऐसे परिपूर्ण बोर्ड को पूरी शिक्षा-प्रणाली पर विस्तृत रूप से विचार करना चाहिए। इसमें समन्वय की आवश्यकता है। अगर विश्वविद्यालय ने एकाध फाइल सरकार के पास भेजी तो छह-छह वर्षों तक उसका पता नहीं लगता। उदाहरण-स्वरूप मुंबई विश्वविद्यालय द्वारा अपनी विकास योजना सरकार को भेजे छह वर्ष हो गए, पर इन छह वर्षों में वह फाइल कहाँ गई, इसका पता न तो विश्वविद्यालय को है और न सरकार को। उस पर क्या कार्यवाही हुई, विश्वविद्यालय को इसकी नाममात्र की भी जानकारी नहीं है। कदाचित् मंत्रालय में अनेक प्रकार के काम होने से गंभीरता से विचार करने का समय नहीं मिलता, इसलिए ऐसा होता होगा। कहने का तात्पर्य मात्र इतना है कि आज सब जगह केंद्रीयकरण हो गया है। विश्वविद्यालय के सभी अधिकार मंत्रालय के पास आ गए हैं। मेरिट के आधार पर जो निर्णय लिये जाने चाहिए, वे नहीं होते हैं। स्कूल और कॉलेज

के आवंटन भ्रष्टाचार से लिप्त होते हैं। शिक्षा के क्षेत्र में राजनीतिकरण व व्यवसायीकरण के कारण बड़ी विचित्र स्थिति पैदा हो गई है। सरकार ने विश्वविद्यालय के अधिकार धीरे-धीरे कम करके उसे अपने अधीन ले लिया, जिससे कुलपतियों को मंत्रालय के चक्कर लगाने पड़ते हैं। इस क्षेत्र में सही अर्थों में स्वायत्तता कायम रखनी चाहिए। उसके लिए इस प्रकार के एक स्टेट्यूटरी बोर्ड की स्थापना करें, जो प्राथमिक शिक्षा से लेकर उच्च शिक्षा तक और उसमें अभियांत्रिकी, चिकित्सा आदि शाखाओं पर भी विचार हो। उन सभी विषयों के पाठ्यक्रम पूरे करके एक संपूर्ण एजुकेशनल कैलेंडर तैयार किया जाए, परीक्षा समय पर होगी, परीक्षा-परिणाम समय पर आएँगे। शिक्षक, प्राध्यापक, विद्यार्थी सभी कुशलता से काम करेंगे और इसका सुनियोजित टाइम टेबल तैयार हो सकेगा। सीखनेवालों को लगना चाहिए कि हमने कुछ सीखा है। इसी समय सही अर्थों में शिक्षा के माध्यम से अच्छे संस्कार, परंपरा, नैतिक मूल्य आधारित संस्कार उनको सिखा और समझा सकेंगे।

सरकार इस क्षेत्र में किसी प्रकार की लापरवाही न कर इस विधेयक के अनुसार एक स्टेट्यूटरी बोर्ड तैयार करे। वह बोर्ड कुलपति की नियुक्ति करेगा; ऐसे ही स्कूलों के पाठ्यक्रम भी तैयार करेगा, इतने अधिकार बोर्ड को देने चाहिए। किसी-किसी जिले में दस-दस कॉलेज हैं और किसी जिले में एक भी नहीं। इस प्रकार की स्थिति है। इन सब बातों पर शिक्षा मंत्री को गंभीरता से विचार करना चाहिए। शिक्षा के बारे में केंद्र और राज्य सरकार की नीति अच्छी है। शिक्षा नीति अच्छी है, लेकिन उस पर अमल ठीक से नहीं होता, इसलिए हमें नया सिस्टम, नई मशीनरी बनानी चाहिए। शिक्षा के क्षेत्र में गुणवत्ता का स्तर नीचे गिर रहा है। उसे उठाने की आवश्यकता है। अगर ऐसा किया गया तो शिक्षा के क्षेत्र में परिवर्तन के एक नए युग की शुरुआत होगी।

❑

* 21 जुलाई, 1989 को महाराष्ट्र विधान परिषद् में दिया गया भाषण।

मुंबई शहर में फ्लाईओवर बनाने के बाद आपको ऐसा दिखाई देगा कि इसके कारण 20 करोड़ रुपए का फायदा हुआ है। पेट्रोल–डीजल में बचत हुई है। इन फ्लाईओवरों के बारे में लोगों को किसी भी प्रकार की शिकायत नहीं है। लोगों को अच्छी सेवा चाहिए और आपको वह देनी चाहिए। If you want good services then you have to pay. सभी को मुफ्त में क्यों दें। जो गरीब हैं, उन्हें मुफ्त देना चाहिए। ग्रामीण क्षेत्र में टोल टैक्स लगाने का कोई भी कारण नहीं है।

9

यह राज्य समृद्ध होना चाहिए

मैं महाराष्ट्र सरकार का विशेष अभिनंदन करूँगा कि बायोटेक्नोलॉजी की दृष्टि से सरकार ने अकोला, जालना में 'जैविक उद्यान' बनाने का निर्णय किया और बायोटेक्नोलॉजी अंगीकार करने का निश्चय किया। मैं महसूस करता हूँ कि 21वीं सदी भारत की है। 18वीं सदी तक सही अर्थों में सभी जगह मुगल सल्तनत का प्रभाव था। 19वीं सदी में सभी जगह यूनियन जैक दिखाई देने लगा। बीसवीं सदी में अमरीका सुपर पावर के रूप में सामने उभरकर आया। अब 21वीं सदी सूचना प्रौद्योगिकी की होने से यह हिंदुस्तान की है।

महाराष्ट्र राज्य असुरक्षित है। दंगों का अर्धशतक पूरा करने के बाद शेष समय तक यह सरकार राज्य में रहेगी, तब माननीय गृहमंत्री के कार्यों का शतक हुए बिना नहीं रहेगा, इस बारे में जरा सा भी संशय नहीं है।

इस अभिभाषण में विश्व बैंक का तीन जगह उल्लेख किया गया है। विशेष रूप से एम.यू.टी.पी. 2 के लिए 3,807 करोड़, पानी आपूर्ति के लिए 1,971 करोड़ और जलशोधन परियोजना के लिए 1,656 करोड़ रुपयों के

लिए आप विश्व बैंक से पैसे लेने वाले हैं, ऐसा कहा गया है। ये पैसे आपको कब मिलने वाले हैं ? अगले वर्ष विश्व बैंक से आपको मंजूरी मिलेगी, ऐसा विश्वास और आशा माननीय राज्यपाल ने व्यक्त की है। माननीय राज्यपाल का मैं आदर करता हूँ। यह उनका दोष नहीं है। यह भाषण सरकार द्वारा तैयार किया जाता है। मुझे याद है कि जब मैं लोक निर्माण मंत्री था, उस समय विश्व बैंक के अध्यक्ष आए थे। उस दौरान विश्व बैंक से कर्ज न लेकर केवल बांड जारी करके मुंबई की फ्लाईओवर परियोजना को हाथ में लिया था। इससे राज्य के आई.ए.एस. अधिकारियों में रोष था। उनका कहना था कि आपने विश्व बैंक को नाराज क्यों किया ? मैंने उनसे कहा कि 1986 के वर्ष में हमने अपनी परियोजना विश्व बैंक की सहायता के लिए प्रस्तुत की। दस वर्ष के बाद 1996 में बैंक के लोग कहते हैं कि आप अब सोशियो इकोनॉमी इंपेक्ट का अध्ययन करो, आप एन्वायरमेंट इंपेक्ट का अध्ययन करो, आप दुनिया भर की सभी रिपोर्ट तैयार करो। इस रिपोर्ट को तैयार करनेवाला कोई भी कर्तव्यनिष्ठ आदमी देश में उपलब्ध नहीं है। उनको प्रीक्वालीफाइ करनेवाली सभी कंपनियाँ इंग्लैंड, अमरीका, यूरोप में हैं। कुल कर्ज में से 25 से 30 प्रतिशत राशि ये विदेशी अधिकारी और उनकी कंपनियाँ अपने पास उठा लेती हैं। इसकी वजह से हमारी कंपनियाँ क्वालीफाइ नहीं करतीं। मैंने उनसे कहा कि इसके लिए 12 से 15 वर्ष लगते हैं, अभी 10 रुपए का काम 18 से 20 रुपए तक पहुँचता है। उसके कारण काम करने का अर्थ शेष नहीं रहता। आप विश्व बैंक की प्रक्रिया सुलभ करो। आज तक हमने आपके पास से जितने पैसे लिये वे महाराष्ट्र सरकार ने आपको वापस दिए हैं। तब फिर आप हमें पैसा सुलभ प्रणाली से देते हुए तीन महीने में देनेवाले हैं या नहीं, यह बताएँ। चौदह-चौदह वर्ष हमारे आई.ए.एस. अधिकारी चर्चा करने वॉशिंगटन जा रहे हैं। 17 वर्ष हो गए, चर्चा अभी चल रही है। अगले वर्ष आपको विश्व बैंक से ऋण मिलने की उम्मीद है। मैंने एक बार उनसे कहा था कि “Our bureaucracy is worst. But I am sorry to say that you are proved to be 10 times worst than us.” उस

समय के अधिकारी गुस्से से लाल हो गए थे। इस विश्व बैंक पर आपका विश्वास है, आप जरूर प्रयास करें। लेकिन जो परियोजना 15 वर्ष पहले 3,000 करोड़ रुपए में पूरी होती थी, उसकी आज लागत कितनी बढ़ी है। प्रतिवर्ष 12 प्रतिशत वाहनों की संख्या बढ़ती है। दस वर्षों में मुंबई की ऐसी स्थिति होगी कि सड़क पर गाड़ियाँ सिर्फ हिलती हुई दिखाई देंगी, वे चल नहीं सकतीं। मुंबई का जल परिवहन, कितना कचोटनेवाला प्रश्न है। कोंकण और मुंबई में जल परिवहन सेवा कितने वर्षों से चल रही है। श्री शंकरराव चव्हाण मुख्यमंत्री थे, तब श्री नितिन जोशी को परवाना मिला था। उनकी मोनोपॉली चलने वाली थी। इसमें कुछ भी नहीं हुआ। उसका परिणाम यह हुआ कि कीमत बढ़ती जा रही है।

मैं ऑस्ट्रेलिया गया था। वहाँ जो कटरमैन हैं या हावर क्रॉफ्ट्स हैं, उनकी टेक्नोलॉजी भारत में लाएँ। उनके साथ ज्वॉइंट वेंचर कर उस बोट को आप हिंदुस्तान में बनाएँ तो उसकी कीमत में 35 से 40 प्रतिशत की कमी होगी। तभी आम आदमी 10 से 12 रुपए की टिकट में यात्रा कर पाएगा। दमानिया ने मुंबई से गोवा परिवहन सेवा शुरू की, वह चल नहीं सकी। इसका कारण था कैपिटल मूल्य का ज्यादा होना। आज ऑस्ट्रेलिया से लाई गई बोट यहाँ नहीं चल सकती और आयात की गई बोट की कीमत बहुत ज्यादा होती है। यदि इस बोट का निर्माण आप भारत में करते हैं तो इस बोट की कीमत कम हो सकती है। इसके लिए आपको नेतृत्व करना पड़ेगा। आठ दिन पहले मुंबई में श्री रतन टाटा मुझसे मिलने के लिए आए थे। मैंने उनसे कहा कि आप वाटर ट्रांसपोर्ट के नए क्षेत्र में प्रवेश करें। इस बारे में आपने महाराष्ट्र सरकार से अनुबंध किया तो महाराष्ट्र सरकार की इक्विटी, प्राइवेट की इक्विटी और मार्केट की इक्विटी के साथ मिलकर काम किया जा सकता है। कटर मैन या जल परिवहन के लिए आवश्यक वाहन यहाँ तैयार करके उसका ऑर्डर मिले, तब ऑटोमोबाईल इंडस्ट्री में पानी में चलनेवाले इंजन बनाना मुश्किल नहीं होगा। यह लागत कम की तो जल परिवहन में माल

और यात्री परिवहन के लिए शुरू होगी और उसमें निश्चित रूप से मुंबई और कोंकण किनारे के विकास के नए दरवाजे खुलेंगे। लेकिन कहा जाता है कि 'योजकस्तत्र दुर्लभा:' यानी योग्य स्थान पर योग्य कार्य करनेवाले दुर्लभ होते हैं।

बहुत से माननीय सदस्य कोंकण से हैं। रेवस करंजा पुल भी बी.ओ.टी. के आधार पर नहीं होता। इस बारे में मैंने जानकारी प्राप्त करने के बाद माननीय सदस्य श्री जयंत पाटिल ने कहा कि वहाँ 1,000 एकड़ सरकारी जमीन है। जो 250 करोड़ रुपए का पुल बनाएगा, वह जगह उसे दी जाएगी। मतलब रेवस कारंजा पुल बनने के बाद उस जगह जो डेवलपमेंट होगा, उसमें 15 रुपए स्क्वायर फुट के हिसाब से कंस्ट्रक्शन के पैसे लेने की ऐसी योजना तैयार कर वह पुल तैयार हो सकता है; ऐसी योजना हमने शुरू की। लेकिन हमारे बाद आपने वह योजना समाप्त कर दी। जिस समय हमने फ्लाईओवर बनाए, उस समय श्री भुजबल ने कहा, "नाके की जगह पुल नहीं, जहाँ जरूरत नहीं वहाँ पुल बनाए।" लेकिन अब वे नहीं बोलते। अब वे हमारे समय में बनाए गए पुलों का उद्घाटन करने जाते हैं। लता मंगेशकर से वे कहते हैं कि अब पेडर रोड पर ही पुल बनाया जाना चाहिए। उनमें हुए इस परिवर्तन पर मुझे निश्चित रूप से उनका अभिनंदन करना चाहिए। हम जब पुल बना रहे थे, उस समय उसके विरोध में बोलते जा रहे थे। अब पुल के विरोध में कोई नहीं बोलता। यह सरकार बिना पैसे के भी कई काम कर सकती है। मैंने हाइड्रो के बारे में कहा, "हाइड्रो-इलेक्ट्रिक हो या को-जनरेशन हो या विंड पावर हो। विंड पावर के बारे में कई विवाद चल रहे हैं।" सरकार ने विंड पावर को सहूलियतें दीं, उस बारे में चर्चा हो रही है। मैं सरकार का अभिनंदन करूँगा कि आपने अपारंपरिक ऊर्जा के शोध हेतु 400 मेगावाट की अनुमति दी और वह काम शुरू हुआ। मैं इस बारे में कोई टिप्पणी नहीं करता। पूर्व माननीय सदस्य श्री मेटे ने कहा कि महाराष्ट्र की 25 और 50 वर्ष के बाद की स्थिति के बारे में विचार करना चाहिए। महाराष्ट्र में 1,500 मेगावाट विद्युत् की कमी है, लोड शेडिंग है। गन्ने की खपच्चियों

से 1,800 मेगावाट विद्युत् तैयार कर सकते हैं। 2.5 करोड़ के निवेश पर एक मेगावाट उत्पादन का लक्ष्य रखा तो लगभग 4.500 करोड़ का निवेश महाराष्ट्र में चीनी मिलों के क्षेत्र में आ सकता है।

मैंने स्वयं श्री शरद पवार से दो बार निवेदन किया। उन्होंने कहा कि सरकार को-जेनरेशन का विचार क्यों नहीं करती, यह मुझे समझ में नहीं आता। को-जेनरेशन शुरू हुआ तो महाराष्ट्र के ग्रामीण इलाकों में किसानों को गन्ने के 2 नहीं, 3 नहीं, 400 रुपए से ज्यादा भाव दिए जा सकेंगे। महाराष्ट्र में 434 मेगावाट की पवन ऊर्जा परियोजना हो गई है, इसके लिए अभिनंदन। अच्छा किया। गन्ने की खपच्चियों से 445 मेगावाट क्षमता के बीस को-जेनरेशन परियोजना (सहमति प्रकल्प) को अनापत्ति प्रमाण-पत्र दिए गए; लेकिन वास्तविकता में वे प्रमाण-पत्र प्रोजेक्ट एम.एस. ई.बी. के कचरे के डिब्बे में पड़े हैं। उसमें मेरा भी एक कारखाना होने के कारण मुझे उसकी पूरी जानकारी है। को-जेनरेशन में 1,800 मेगावाट विद्युत् हम तैयार कर सकते हैं। कोयंबटूर में अब अनुपजाऊ जमीन पर बाँस की एक प्रजाति तैयार हुई है। उसकी कैलोरी वैल्यू 3,900 है। इस प्रकार के बाँस की पैदावार कर उससे बिजली तैयार करके हम ग्रामीण क्षेत्र में बेरोजगार युवकों को रोजगार दे सकते हैं। लेकिन पिछले साढ़े चार वर्षों से यह नीति स्वीकृत होने के बाद केवल 32.5 मेगावाट क्षमता की परियोजना कार्यान्वित हुई है। इसमें अवाडे की परियोजना कैसे कार्यान्वित हुई, मालूम है। उन्होंने एम.ए.आर.सी. के पास शपथ-पत्र किया कि आप जो रेट देंगे, मुझे स्वीकार है, लेकिन मेरी परियोजना डेढ़ वर्ष से ठप्प पड़ी हुई है। मैंने कर्ज लिया है, तब मुझे बिजली कनेक्शन चालू करने दो। तब उनकी सुनवाई न करते हुए केवल 32.5 मेगावाट की परियोजना दी। मुझे कभी-कभी गुस्सा आता है। एनरॉन की परियोजना बिना टेंडर के लाते हो। इस एनरॉन का जो कुछ होना है, उसे होने दो। मुझे एनरॉन से कोई सहानुभूति नहीं। लेकिन महाराष्ट्र के ग्रामीण क्षेत्रों में किसान 1,800 मेगावाट बिजली तैयार कर सकते हैं। उससे ग्रामीण जीवन में समृद्धि आ सकती है और उन्हें दो पैसे ज्यादा मिल सकते हैं। लेकिन अपनी नौकरशाही में ढाई

वर्ष हो गए, तब भी सुनवाई ही चल रही है। अभी तक इस परियोजना को मंजूरी नहीं मिली। उसमें आपके लोगों के ही प्रोजेक्ट हैं, वे भी आप मंजूर नहीं कर सकते। इस जैसी दुर्भाग्यपूर्ण बात नहीं है तो फिर किसलिए आपका अभिनंदन किया जाए? दूसरों के नहीं, लेकिन अपने ही काम आप नहीं कर सकते। आपने महाराष्ट्र में किसानों के हितों के लिए अब तक क्या किया है?

नागपुर और अमरावती में मुख्यमंत्री ने बैठक की। वहाँ सभी मंत्री उपस्थित थे। हमारे क्षेत्र में पिछले वर्ष बारिश थी, इस वर्ष सूखा। इन दोनों वर्षों में सरकार के रवैए में कोई फर्क नहीं आया। स्थिति खराब है। अमरावती में मुख्यमंत्री ने कहा, 'अकाल जैसी स्थिति है।' और कहा कि मुंबई जाने के बाद सूखे की घोषणा करता हूँ; लेकिन इन दो वर्षों में आपने विदर्भ, मराठवाड़ा में किसानों की एक कौड़ी की मदद नहीं की। बाबासाहेब आंबेडकर का नाम लेते हैं तो केवल वोटों के लिए। महात्मा फुले का नाम लेते हैं तो वोट के लिए। आपने राष्ट्रसंत तुकडोजी महाराज की क्या हालत की। यहाँ पर उल्लेख किया गया है कि राष्ट्र संतों के नाम से योजना बनाई है। श्री आर.आर. पाटिल एक अच्छे मंत्री हैं। उनके सभी शब्द तय हैं। आंबेडकर, महात्मा फुले, हम इन राष्ट्र संतों के लिए एक योजना शुरू करने वाले हैं। लेकिन क्या हुआ? राष्ट्र संतों की समाधि बनाने की मुख्यमंत्री ने घोषणा की, लोक निर्माण मंत्री ने भूमि पूजन किया। आर.आर. पाटिल ने कहा कि 1 वर्ष के अंदर एक करोड़ 36 लाख रुपए लगाकर यह काम पूरा होगा। पूर्व में बी.टी. देशमुख ने कहा कि यशवंतराव चव्हाण का स्मारक हो, वसंतदादा पाटिल का स्मारक हो, राजाराम बापू पाटिल का स्मारक हो, उसके लिए आपने करोड़ों रुपए दिए। अच्छा है, इस बात का विरोध करने का कोई कारण नहीं। वे भी महाराष्ट्र के सम्माननीय और बड़े नेता थे। लेकिन एक सदस्य श्री बी.टी. देशमुख ने ऐसा कहा कि डॉ. पंजाबराव देशमुख और संत तुकडोजी महाराज भूखे? लेकिन आपके नेता मलाई खाने में मस्त। किसी

संवेदनशील व्यक्ति के लिए ये शब्द, बाण जेसे साबित होते, लेकिन आपको यह सब महसूस नहीं होता। आपने लगातार विदर्भ के साथ अन्याय किया है। मराठवाड़ा के साथ अन्याय किया है। हमें इसके लिए माननीय राज्यपाल से मिलना पड़ेगा। हमें इसके लिए फोरम तैयार करना पड़ेगा। माननीय राज्यपाल ने कहा है कि समयबद्ध योजना से इस बैकलॉग को पूरा करें। आपने पिछले ढाई वर्ष में किस-किस क्षेत्र के बैकलॉग को कम किया, इसका पता लगाएँ। इस बारे में मैं आपसे खुलेआम चर्चा करने के लिए तैयार हूँ। आपने बैकलॉग कम किया नहीं, बल्कि वह बढ़ा ही है। विद्युत्-चलित पंप के बारे में, सड़कों के बारे में, सिंचाई के बारे में किसी भी क्षेत्र में बैकलॉग कम नहीं हुआ है। ऐसा होने के बाद आप माननीय राज्यपाल के भाषण के माध्यम से कहते हैं कि समयबद्ध तरीके से हम महाराष्ट्र में बैकलॉग कम करेंगे। आप ऐसा करके जनता के साथ विश्वासघात कर रहे हैं, इसीलिए माननीय राज्यपाल को निर्देश देने पड़े। इस बजट से क्या निष्कर्ष निकलता है, ये अब हमारे समझ में आएगा। आप अपनी विश्वसनीयता बनाए रखेंगे कि नहीं?

सरकार ने कहा, 'हम पिछड़े क्षेत्रों का विकास करने वाले हैं।' आज सिंचाई विभाग के कार्यालयों को ताला लगा हुआ है। कर्मचारियों को वेतन देने के लिए धन नहीं है। ठेकेदारों ने काम बंद कर रखा है। अपना घर-बार बेच दिया है। नागपुर में माननीय मुख्यमंत्री आए थे। उन्होंने वन विभाग के अधिकारियों के साथ बैठक की। 950 करोड़ रुपए के काम को अंतिम रूप दिया और कहा, ''आगे चलो, आपको पैसे देते हैं। 45 करोड़ रुपए का काम किया और वे 10 करोड़ रुपए भी नहीं दे पाए। अधिकारियों के पिटने की नौबत आ गई है। अपनी विश्वसनीयता आपने स्वयं खो दी है। हमेशा पैसे नहीं हैं, पैसे नहीं हैं—ऐसा आप क्यों कहते हैं? आप मेरे साथ बैठें। 10 हजार करोड़ रुपयों का काम सरकार के पास पैसे न होते हुए भी कैसे होता है, ये मैं आपको बताने को तैयार हूँ। लोक निर्माण विभाग का मंत्री होते हुए भी मैंने 8 हजार करोड़ रुपए का काम किया है। बी.ओ.टी. पर टेंडर आए

हुए फाइल 17 महीने से फाइनेंस विभाग ने दबा रखी है। आपके सदन के उपसभापति श्री वसंतराव डावखरे वित्त मंत्री से मिलने गए थे। परियोजना की स्वीकृति क्यों नहीं दी जाती, इस बारे में विचार करने गए थे। सरकार निजी क्षेत्र में काम शुरू करती नहीं और सरकार के पास पैसे भी नहीं हैं। मैंने प्रधानमंत्री सड़क योजना बनाई। अटल बिहारी वाजपेयी ने मुझे योजना बनाने के लिए कहा। मैंने महाराष्ट्र के आँकड़े के हिसाब से जानकारी प्राप्त की। इस राज्य के निर्माण विभाग ने केंद्र सरकार को जो आँकड़े भेजे, उसमें सोलापुर जिला सबसे पिछड़ा हुआ है, ऐसा रिकॉर्ड है। वह मेरे ध्यान में आया। प्रधानमंत्री सड़क योजना के 136 करोड़ रुपए आए थे, उन्हें दूसरी जगह लगा दिया। केंद्र सरकार के अनुदान आपको मिलते नहीं। अनेक विभागों के लिए केंद्र सरकार से आपको अनुदान मिल सकता है, लेकिन आप प्रयास नहीं करते। अन्य राज्यों को मिल जाते हैं। उनके अधिकारी दिल्ली में हैं। लेकिन हमारे राज्य के अधिकारी दिल्ली में नहीं हैं। अपने राज्य का स्वागत अधिकारी वहाँ पर है। वह हवाई अड्डे पर स्वागत के लिए आता है और हमारी टिकट तैयार करवाता है, इसके अलावा वह दूसरा कुछ भी काम नहीं करता। मेरे लोक निर्माण मंत्रित्व काल में हुडको का कर्ज स्वीकृत हुआ था। लेकिन पिछले ढाई-तीन वर्ष में आपने किसी के पास से इस तरह की राशि स्वीकृत नहीं कराई। भूमि विकास बैंक की गारंटी इस सरकार ने ली थी। उस बारे में नाबार्ड का ऐसा कहना है कि वे पैसे आप दें। पैसे न दिए जाने के कारण किसानों को कर्ज देना बंद है। आपको केंद्र सरकार की अन्य योजनाओं में पैसा मिल सकता है। आई.आर.डी.पी.फोर. इस योजना से पैसे मिल सकते हैं, लेकिन आप उसे केंद्र सरकार से दिलवाते नहीं। हमने कर्ज लिया, इसलिए हमारे नाम से चिल्लाते हो। हमने जो किया वही आपने किया।''

मुंबई शहर में फ्लाईओवर बनाने के बाद आपको ऐसा दिखाई देगा कि इसके कारण 20 करोड़ रुपए का फायदा हुआ है। पेट्रोल-डीजल में बचत

हुई है। इन फ्लाईओवरों के बारे में लोगों को किसी भी प्रकार की शिकायत नहीं है। लोगों को अच्छी सेवा चाहिए और आपको वह देनी चाहिए। If you want good services then you have to pay. सभी को मुफ्त में क्यों दें। जो गरीब हैं, उन्हें मुफ्त देना चाहिए। ग्रामीण क्षेत्र में टोल टैक्स लगाने का कोई भी कारण नहीं है। अमरावती में कुपोषण के कारण कई आदिवासी बच्चों की मृत्यु हो गई। वहाँ सड़कें होनी चाहिए। लेकिन मुंबई शहर में कारवाले लोगों से आपको टोल लेना चाहिए। पिछले तीन वर्ष की अवधि में कैपिटल मार्केट में सरकार ने कोई अनुचित बात की है तो वह राज्य दिवालियापन की स्थिति में है, ऐसा कहकर आपने स्वयं की विश्वसनीयता समाप्त की। आप भी सहकारी बैंक से कर्ज लेते हैं। मैं विपक्ष में हूँ, लेकिन विपक्ष में रहकर भी सकारात्मक सोचना चाहिए, ऐसा मुझे लगता है। महाराष्ट्र राज्य देश का प्रगतिशील राज्य है। यह राज्य दूसरे नंबर पर चला गया तो उस बारे में हम आलोचना करें और ऐसी अलोचना का संतोष जरूर हमें मिलेगा। लेकिन उससे राज्य का कुछ भी फायदा होनेवाला नहीं। आपने विदर्भ सिंचाई विकास निगम के शेयर जारी किए। लेकिन ये शेयर लेने के लिए जितने लोग होने चाहिए, उतने आए नहीं। मैंने जनता की सेवा की नहीं और लोगों से वोट माँगूँ तब मुझे कोई वोट देगा क्या? आपका घर कर्ज में डूबा हुआ है, खेती कर्ज में और आपको 5 करोड़ रुपए का कर्ज दें तो कौन सा बैंक आपको कर्ज देगा। आपने इस संपन्न और समृद्ध राज्य को बदनाम किया, राज्य की विश्वसनीयता को समाप्त किया। राज्य-हित के कुछ प्रश्न हैं। कपास खरीद की योजना है। इस योजना में किसानों के पैसे सरकार दे नहीं पा रही है। इसमें रास्ता निकल सकता है, लेकिन सरकार इस बारे में खुले मन से चर्चा करने के लिए तैयार नहीं।

इस सरकार की आँखें हैं, लेकिन दिखाई नहीं देता; कान हैं, लेकिन सुनाई नहीं देता; मुँह है, लेकिन बोलना नहीं आता; पैर हैं, लेकिन चलना नहीं आता। मंत्री श्री आर.आर. पाटिल और श्री रामकृष्ण मोरे जैसे कुछ मंत्री

हैं, उनके काम की हमेशा ही प्रशंसा करूँगा। श्री रामकृष्ण मोरे का मैंने कई बार अभिनंदन किया। श्री आर.आर. पाटिल भी ईमानदारी से प्रयास करते हैं, उस बारे में मुझे संतोष है। इस समय उन्हें प्रोत्साहन दिया जाना चाहिए। मंत्री श्रीमती वसुधा देशमुख भी ईमानदार हैं, लेकिन उन्हें केवल अध्यादेश ही पढ़ने दिया जाता है। उनके पास फाइलें नहीं भेजी जातीं। कठिनाई के समय उनकी बात नहीं सुनी जाती। उनको अधिकार नहीं दिया जाता। उनके जिले को 1 करोड़ रुपए देने के लिए सरकार तैयार नहीं है। किंतु उन्हें सदन में उत्तर देने के लिए कहा जाता है। इसी वजह से हम उन पर गुस्सा भी नहीं कर सकते। इसके अलावा वे विदर्भ की हैं। उन्होंने कुछ प्रयास किए हैं, लेकिन उसका कोई उपयोग नहीं होता। उनकी कोई नहीं सुनता। उनके पास कोई अधिकार नहीं है। उनकी स्थिति इस प्रकार की है कि वे केवल लाल बत्ती की गाड़ी में घूमती रहें। यह बात हमें अच्छी नहीं लगती। पिछले तीन वर्षों में इस सरकार ने राज्य की ऐसी की तैसी कर दी है। यह सरकार जितने दिन रहेगी उतने दिन राज्य पीछे हो जाएगा। राज्य किसी भी एक व्यक्ति या दल का नहीं है। यह राज्य महाराष्ट्र के हर व्यक्ति का है। इस राज्य का विकास होना चाहिए। इस राज्य को समृद्ध और संपन्न होना चाहिए। इस राज्य के बारे में अगले 50 वर्षों के बारे में विचार किया जाना चाहिए।

❑

---

* 15 मार्च, 2002 को विधान परिषद् में दिया गया भाषण।

“

आप 1000 करोड़ रुपए निवेश कराएँ। आप राज्य का विकास करें, उसमें हमें कोई आपत्ति नहीं। जो सही है, उसे हम समर्थन देंगे और जो सही नहीं है, उसका विरोध करेंगे। सरकार आएगी और जाएगी, मुख्यमंत्री आएँगे और जाएँगे; लेकिन राज्य के विकास के साथ समझौता नहीं हो सकता। आप इस राज्य के विकास को प्राथमिकता दें। हमसे ज्यादा अच्छा काम करके दिखाएँ।

”

10

निजी निवेश का विकल्प नहीं

राज्य के विकास के लिए नई नीति बनाई गई थी। महाराष्ट्र राज्य सड़क विकास निगम ने 4,000 करोड़ रुपए का कार्य-निष्पादन किया है। ऐसा होते हुए सभी ने हमारे काम के बारे में समय-समय पर चर्चा की। ये पुल ठीक नहीं है। इस कार्य में भ्रष्टाचार हुआ है—ऐसी चर्चा भी होती रही। अब आपका शासन है, आपके सचिव हैं, आपके मंत्री हैं। उनके माध्यम से आप इसकी जाँच कराएँ। इसका कारण यह है कि विपक्ष में रहते हुए ऐसी टिप्पणी करनी ही होती है। महाराष्ट्र राज्य सड़क विकास निगम को 400 करोड़ रुपए की आवश्यकता थी। उसके लिए बॉण्ड जारी किए गए, जिससे 1,150 करोड़ रुपए मिले। बॉण्ड इश्यू को अपेक्षा से ज्यादा प्रतिसाद मिला। इसके बाद 450 करोड़ रुपए की जरूरत और थी। उस समय निवेशकों से 1,050 करोड़ रुपए मिले। अब सरकार को कृष्णा घाटी के लिए पैसे चाहिए, लेकिन लोग पैसे नहीं देते। निवेशकों से आपको पैसे नहीं मिलते। आपने अपने सहकारी विभाग के लिए अलग निगम बनाया। अब इस निगम के लिए देश के उद्योगपति, निवेशक एक पैसा देनेवाले नहीं, फूटी कौड़ी भी देनेवाले नहीं। इस निगम का कार्य भी आप कर नहीं सकते। लिये गए कर्ज

से आप उत्पादक कार्यों के लिए उपयोग करते हैं या अनुत्पादक कार्यों के लिए, यह महत्त्वपूर्ण है। कृष्णा घाटी में 80 लाख एकड़ जमीन पर सिंचाई की सुविधा होने वाली है। इस कारण से 100 चीनी मिलें तैयार होने वाली हैं। श्री गडाख को इस बारे में अच्छी जानकारी है। जिस जिले में पानी आता है, वहाँ संपन्नता आती है। विदर्भ में सरकार ने इसका अनुसरण करने का निश्चय किया था। पानी की उपलब्धता की वजह से पश्चिमी महाराष्ट्र का आर्थिक दृष्टि से समुचित विकास हुआ। पर कैपिटा इन्कम में बढ़ोतरी हुई। कृष्णा घाटी में शेयर जारी कर उसके हिस्से का विकास करने की नीति अपनाई। पानी रोका तो किसानों को पानी मिलेगा। 100 चीनी मिलें तैयार होंगी। इन चीनी मिलों से टैक्स मिलेगा, सेल्स टैक्स और अन्य उत्पाद भी मिलेंगे। इन सबसे 1,150 करोड़ रुपए का राजस्व बढ़ेगा। आपने कोयना परियोजना पूरी की। जलविद्युत् परियोजना से मिलनेवाली बिजली काफी सस्ती यानी 24 से 25 पैसे प्रति यूनिट पड़ती है। ऐसा होते हुए महाराष्ट्र राज्य विद्युत् निगम 4.50 रुपए की दर से बिजली देता है, इसीलिए अब विद्युत् निगम पर अंकुश लगाने की आवश्यकता है। हमने शेयर जारी नहीं किए होते तो क्या विद्युत् का निर्माण हुआ होता? हमने शेयर जारी नहीं किए होते तो क्या लिफ्ट इरिगेशन हुआ होता? सिंचाई योजना में होने वाला निवेश भी अनुत्पादक नहीं है, तब वह उत्पादक है। आप हमारा विरोध बेशक करें, लेकिन हमारी नीतियों का विरोध न करें। एक-दो किसानों ने कुआँ बनाने के लिए कर्ज लिया, कुएँ पर पंप लगाने के लिए कर्ज लिया तो इस कर्ज से वह मिट गया, ऐसा होता नहीं। उसने कर्ज लेकर वह पैसा अपनी बेटी की शादी में उपयोग किया, तेरहवीं में उपयोग किया, तब वह कर्ज उस पर भारी पड़ता है। लेकिन अगर उसने कर्ज लेकर उससे इरिगेशन में लगाया तो पाँच वर्ष में पंप के, कुएँ के कर्ज को चुकाकर वह किसान अपना उत्पादन बढ़ा सकता है। इससे राज्य के विकास को नई दिशा, आर्थिक विकास का नया विचार हमने पहले रखा।

राज्य के मुख्यमंत्री कहेंगे कि यह राज्य कर्ज से दबा हुआ है। राज्य का खजाना खाली है, तब आप ही बताएँ कि कौन मूर्ख आदमी इस राज्य के बॉण्ड में निवेश करेगा? हमारे कार्यकाल में तैयार की गई नीतियाँ अगर गलत थीं, हमने बॉण्ड्स जारी कर राज्य को कर्ज में डुबो दिया, आपको ऐसा लगता है तो सहकारी क्षेत्र के लिए बॉण्ड्स जारी करने की आवश्यकता क्यों है? वह निर्णय क्यों लेना पड़ा? सिंचाई के लिए आप क्यों बॉण्ड्स जारी करते हैं? इस बारे में आप चिंतन करें। आप फ्लाई ओवर-पुलों का उद्घाटन करें। हमारे द्वारा बनाए गए फ्लाई ओवर में कुछ गलत हुआ है तो जाँच करें। उसमें एक पैसे का भी फर्क हो तो हमें बताएँ। आलोचना करें, लेकिन दूसरी तरह से। हमने फ्लाई ओवर बनाए, आप मुंबई-तलासरी एक्सप्रेस हाईवे बनाने वाले हो। उसके लिए टेंडर जारी किए हैं। इस सड़क का काम शुरू करो, उसे बनाओ। जब कैपिटल इन्वेस्टमेंट होता है, तब रोजगार आता है। जो निजी निवेश इस राज्य में आया, उससे 1,000 करोड़ रुपए निवेश के पीछे 1 लाख युवकों को रोजगार मिला है। इतना ही नहीं, तब इस जगह औद्योगिक मंदी के समय भी सीमेंट व स्टील की बिक्री हुई है। अगर आप ठीक से जाँच कर देखें तो महाराष्ट्र राज्य सड़क विकास निगम ने 300 करोड़ रुपए का राजस्व सरकार को दिया है। दो प्रतिशत राशि बैंक गारंटी की हैं। मशीनरी, सीमेंट, स्टील पर सेल्स टैक्स, कॉण्ट्रेक्टर टर्न ओवर टैक्स ये सब मिलाकर निजी निवेशकों से सरकार को 300 करोड़ रुपए का फायदा हुआ है। आप किसी भी देश में जाएँ, सरकार को आर्थिक परेशानी है और उस कारण निजी निवेश के अलावा विकल्प नहीं। विश्व का आर्थिक घटनाक्रम बदल रहा है। ऐसे समय में इस राज्य के ट्रस्टी के रूप में राज्य की इज्जत बचाने की बजाय मंत्रियों ने गाँव-गाँव घूमकर राज्य की बदनामी की है। अब इस राज्य में नया निवेशक आने वाला नहीं। लोग शेयर नहीं लेंगे, बॉण्ड नहीं लेंगे और राज्य की परियोजनाएँ आधी-अधूरी रहेंगी। एम.एस.आर.डी.सी. ने एक भी नया काम पूरा नहीं किया है। मुझे अच्छा नहीं लगता है। पिछले पाँच महीने में मैंने एम.एस.आर.डी.सी. की कभी भी आलोचना नहीं की।

एम. एस.आर.डी.सी. भी मेरे बच्चे जैसी है। अभी भी सुधार की गुंजाइश है। गाँव-गाँव जाओ, वहाँ पुल बनाओ, सड़कें बनाओ, नए निवेश कराओ। सिंचाई परियोजना के बारे में विदर्भ का बैकलॉग है। मुझे जानकारी मिली है कि केवल 900 करोड़ रुपए का अकोला जिले का बैकलॉग है। इंडीकेटर कमेटी की रिपोर्ट आई है। पश्चिमी महाराष्ट्र में अच्छा काम हुआ है, लेकिन हमारे यहाँ वह भी नहीं हुआ। हमारे सिंचाई बॉण्ड्स जारी करने के समय ही कृष्णा घाटी के बॉण्ड जारी हुए, अर्थात् हमें प्रतिसाद कम मिला। इस स्थिति में पश्चिम-उत्तरी महाराष्ट्र, विदर्भ, मराठवाड़ा काम कैसे होने वाला है? कृष्णा घाटी में काफी काम हुआ, लेकिन अब इस क्षेत्र में काम करने का समय आया, तब आपने मार्केट में सरकार की साख समाप्त कर दी। महाराष्ट्र की जनता आपको माफ करने वाली नहीं। आप काम के बारे में स्पर्धा करें; कार्य, कर्तव्य-निर्वहण के लिए स्पर्धा करें। महाराष्ट्र के विकास के बारे में मतभेद नहीं हो सकते। जमीन से जुड़े आदमी का, पीड़ितों का विकास होना चाहिए, इस बारे में मतभेद नहीं हो सकते। मेलघाट जिले में सौ गाँवों को हमने सड़कों से जोड़ा। वहाँ 2,500 बच्चे कुपोषण से मरते थे, वह संख्या कम हो गई। हमने गड़चिरौली का नक्शा बदल दिया। हमने पाँच सड़कें बनाईं, आप पचास बनाएँ। हमने 500 करोड़ रुपए उपलब्ध कराए थे। ''आप 1000 करोड़ रुपए निवेश कराएँ। आप राज्य का विकास करें, उसमें हमें कोई आपत्ति नहीं। जो सही है, उसे हम समर्थन देंगे और जो सही नहीं है, उसका विरोध करेंगे। सरकार आएगी और जाएगी, मुख्यमंत्री आएँगे और जाएँगे; लेकिन राज्य के विकास के साथ समझौता नहीं हो सकता। आप इस राज्य के विकास को प्राथमिकता दें। हमसे ज्यादा अच्छा काम करके दिखाएँ।''

❑

---

* राज्यपाल के अभिभाषण पर विधान परिषद् में हुई चर्चा पर 21 मार्च, 2000 को दिया गया भाषण।

किसान-अर्थनीति

अगर आपको मर्सिडीज गाड़ी खरीदनी है तो उसके लिए 6 प्रतिशत की ब्याज दर पर कर्ज मिल जाएगा। लेकिन ट्रैक्टर खरीदने पर 13 प्रतिशत ब्याज लिया जाता है। इसके लिए कौन जिम्मेदार है? 'वाइन फैक्टरी' के लिए 7 प्रतिशत की ब्याज दर पर कर्ज उपलब्ध है। यह 'वाइन फैक्टरी' 'शीत पेय' है या 'शराब', इस पर बहस जारी है। मैंने चीनी मिल बनाई। लोगों से गन्ना उत्पादन करने के लिए गाँव-गाँव घूमा। लेकिन किसानों को 7/12 प्रमाण-पत्र पर कर्ज का जिक्र आने से बैंक उनको कर्ज नहीं देता। बैंक कर्ज देने के लिए तैयार नहीं, तब किसान कहाँ जाएँ?

11

किसान पैकेज 2005

किसानों की आत्महत्या विषय पर इस सदन में तीन बार वॉकआउट और सात बार चर्चा हुई है। हमने किसानों की आत्महत्याओं के बारे में समय-समय पर सदन में आँकड़े दिए हैं। जिन किसानों ने आत्महत्याएँ की हैं, उनके परिवारों को 1-1 लाख रुपए की मदद देने की माँग पहले ही कर चुके हैं। इससे पूर्व की सरकार, यानी जब माननीय विलासराव देशमुख मुख्यमंत्री थे, उस समय जिन-जिन किसानों ने आत्महत्या की थी, उनके परिवारों को 1 लाख रुपए की मदद देने की माँग की गई थी। उस समय हमारे साथ श्री नारायण राणे भी थे। माँग करने के बाद सरकार ने माना कि गठबंधन सरकार के कार्यकाल में जिन किसानों ने आत्महत्या की थी, उन्हें 1-1 लाख रुपए की मदद दी थी, वैसी ही मदद हम भी दें; लेकिन श्री विलासराव देशमुख ने अपने वचन का पालन नहीं किया। जिन किसानों ने आत्महत्या की है, उनके परिवारों को इस सरकार ने मदद नहीं दी। अभी तक 1,200 किसानों ने आत्महत्या की है। इस बारे में माननीय मुख्यमंत्री ने पहली बार स्वीकार किया है कि 1,024 किसानों ने आत्महत्या की है। किसानों की आत्महत्याओं के बारे में इंदिरा गांधी इंस्टीट्यूट ऐंड डेवलपमेंट

और टाटा इंस्टीट्यूट ऑफ सोशल साइंस ने रिपोर्ट दी है। ये रिपोर्ट महाराष्ट्र सरकार की नहीं हैं।

मुंबई हाई कोर्ट में मुख्य न्यायाधीश के समक्ष एक याचिका दायर की गई है। उस पर मुख्य न्यायाधीश ने दो संस्थाओं की जाँच करने को कहा। इस बारे में रिपोर्ट की प्रति मेरे पास उपलब्ध है। यह जो रिपोर्ट है, इस पर श्री नारायण राणे को विचार करना चाहिए। टाटा इंस्टीट्यूट ऑफ सोशल साइंस की रिपोर्ट में कहा गया है—

> "A Committee of eminent persons, representatives from the institute and voluntary organisation be set up to arrive at complete list of farmers who have committed suicide. This Committee may have specific time limit to submit a comprehensive list to the court. The court should direct the district officials to investigate the circumstances leading to farmers suicide. Our investigation report from the activists in the file show that suicide by farmers are not clearly registered and investigated."

यह सरकार क्या करे ? अगर यह रिपोर्ट नहीं मिली होती तो सभी मामले दबा दिए जाते, यह विषय समाप्त हो गया होता। इस मामले में कलेक्टर और एस. पी. ने क्या किया ? हमने हजारों किसानों की सूची दी थी। माननीय श्री नारायण राणे को याद होगा कि जब वे और हम विपक्ष के नेता पद पर थे, तब हमने माननीय राज्यपाल महोदय को किसानों की आत्महत्याओं के संदर्भ में सूची दी थी, लेकिन इस सरकार ने उसे कचरे की टोकरी में डाल दिया। लेकिन किसानों द्वारा आत्महत्याएँ होती थीं और समाचार-पत्रों में खबरें छपती रही थीं। लेकिन उसका कोई परिणाम नहीं निकला। अब हाई कोर्ट ने समिति का गठन किया है। श्री राणे के जिले के अधिकारियों ने और श्री आर.आर. पाटिल के

पुलिस अधीक्षकों ने जिले-जिले में आत्महत्या करनेवाले किसानों के झूठे पंचनामे बनाए हैं। इसी कारण हाई कोर्ट ने मुख्य सचिव को आदेश दिया है कि इस बारे में तीन सप्ताह के भीतर जाँच कर अपने निर्णय से अवगत कराएँ। इस बारे में सरकार ने क्या रिपोर्ट दी है। शराब ज्यादा पीने से किसानों का मानसिक संतुलन बिगड़ा और उनकी मृत्यु हुई है। मेरा ऐसा कहना है कि किसानों का संतुलन नहीं बिगड़ा, माननीय मुख्यमंत्री और उप- मुख्यमंत्री महोदय का संतुलन बिगड़ गया है। उप-मुख्यमंत्री श्री आर.आर. पाटिल ने क्या किया है, वह बताता हूँ। उन्होंने 'लोकसत्ता' अखबार में लेख लिखा, जिसे मैंने पढ़ा, इसीलिए कहने की इच्छा है। असत्य लिखने की भी एक सीमा होती है। शेष मामलों में वे चतुर हैं। एकाध विषय को कैसे डायवर्ट करें, यह उन्हें अच्छी तरह से मालूम है।

जब भी महत्त्वपूर्ण विषय आता है, वे तुरंत बात बदलते हैं। साहूकारों के चंगुल में फँसने के कारण किसानों ने आत्महत्या की, ऐसा उन्होंने अपने लेख में उल्लेख किया है। श्री राणे साहब राजस्व मंत्री हैं। विदर्भ में किसानों को 7/12 प्रमाणपत्र पर कर्ज दिया गया, ऐसा लिखा है। मेरे भी 7/12 प्रमाणपत्र पर, कर्ज देने की बात लिखने के कारण एक भी बैंक मुझे कर्ज देने के लिए तैयार नहीं। हमारे 7/12 प्रमाणपत्र पर कर्ज लिखा जाएगा तो फिर हम किसके पास जाएँ? हमें अगर अपने लड़के की शादी करनी है तो साहूकार के पास जाना पड़ता है। इसी वजह से श्री पतंगराव कदम से पूछना चाहता हूँ कि साहूकारों पर कार्रवाई करने का अधिकार किस विभाग को है? मेरी जानकारी के अनुसार सहकारिता विभाग को है। अगर ऐसा हुआ है तो माननीय उप-मुख्यमंत्री को अपने विभाग में रहकर किसानों की आत्महत्या का विषय बदलने का कारण क्या है? श्री पतंगराव कदम इसे क्यों सहन करते हैं?

श्री पतंगराव कदम से अनुरोध करता हूँ कि एक रैली के सिलसिले में मैं बुटीबोरी, टाकलघाट में श्री ठाकरे नाम के किसान के घर गया था। ठाकरे

पर कर्ज होने के कारण उनकी बकरी 500 रुपए में बिकी थी, लेकिन उन्हें वे रुपए नहीं मिले और उन्होंने शिकायत की। लेकिन वहाँ के एस.पी. ने ठाकरे को साहूकार समझकर उन्हें ही पकड़ लिया। तब मैंने एस.पी. को फोन किया। उन्होंने मुझे बताया कि 'हमें एक टारगेट दिया गया है।'

नाबार्ड बैंक से भू-विकास बैंक को कर्ज रि-फाइनेंस दिया जाता है। इस देश में कृषि से संबंधित वित्त की आपूर्ति नाबार्ड बैंक से होती है। नाबार्ड बैंक 6 प्रतिशत की ब्याज दर पर कर्ज देती है और जिला सहकारी बैंक किसानों को दोगुने-तीन गुने ब्याज पर कर्ज देते हैं। वाह री सरकार! 150 करोड़ के घोटाले हैं और वे पैसे किसानों से वसूल करते हैं? 5 प्रतिशत नाबार्ड के, 3 प्रतिशत राज्य सहकारी बैंक के, 3 प्रतिशत जिला सहकारी बैंक के और 3 प्रतिशत सेवा सहकारी सोसाइटी के, ऐसे कुल मिलाकर 14 प्रतिशत ब्याज किसानों के मत्थे मढ़ दिया जाता है। अगर आपको मर्सिडीज गाड़ी खरीदनी है तो उसके लिए 6 प्रतिशत की ब्याज दर पर कर्ज मिल जाएगा। लेकिन ट्रैक्टर खरीदने पर 13 प्रतिशत ब्याज लिया जाता है। इसके लिए कौन जिम्मेदार है?

माननीय श्री अटल बिहारी वाजपेयी ने 1 करोड़ 20 लाख किसानों को किसान विकास-पत्र वितरित किए थे। श्री पतंगराव कदम कृषक-पुत्र हैं। किसानों को 13 प्रतिशत ब्याज पर कर्ज मिलता है, यह आपको मालूम है क्या? राज्य सहकारी बैंक 1 प्रतिशत, जिला सहकारी बैंक 1 प्रतिशत और सेवा सहकारी सोसाइटी 50 पैसे प्रतिशत ब्याज लें, ऐसा आदेश जारी किया। तभी किसानों को 7-8 प्रतिशत ब्याज पर कर्ज उपलब्ध हो सकेगा। अगर आपकी इच्छा हो तो यह हो सकेगा।

लेकिन आपको कोई काम करने नहीं देता। अधिकारी आपके आदेशों का पालन नहीं करते। आप मेरे मित्र हैं। आपको दरकिनार करने का सुनियोजित प्रयास जारी है। आपसे और श्री राणे से कुछ लोगों को डर लगता है। आपके आदेश वहाँ नहीं पहुँचते हैं। गन्ने की खेती के लिए कर्ज लेना है तो वह भी

14 प्रतिशत की दर से ब्याज लिया जाता है। ट्रैक्टर खरीद के लिए भी 13 से 14 प्रतिशत ब्याज पर कर्ज लिया जाता है। कुआँ बनाने के लिए भी कर्ज लेना है तो 14 प्रतिशत ब्याज पर कर्ज लेना ही है। कल मैंने यवतमाल जिले के एक किसान की आत्महत्या का जिक्र किया था। श्री मनोहर नाईक यवतमाल जिले के हैं। हमें बताएँ कि 'वाइन फैक्टरी' के लिए 7 प्रतिशत की ब्याज दर पर कर्ज उपलब्ध है। ये 'वाइन फैक्टरी' 'शीत पेय' है या 'शराब', इस पर बहस जारी है। मैंने चीनी मिल बनाई। लोगों से गन्ना उत्पादन करने के लिए गाँव-गाँव घूमा। लेकिन किसानों को 7/12 प्रमाण-पत्र पर कर्ज का जिक्र आने से बैंक उनको कर्ज नहीं देता। बैंक कर्ज देने के लिए तैयार नहीं, तब किसान कहाँ जाएँ?

जिला सहकारी बैंक किसकी है, भू-विकास बैंक किसकी है, राज्य सहकारी बैंक किसकी है? इन बैंकों पर किसका आदेश चलता है? पतंगराव कदम के निर्णय से संचालक मंडल समाप्त हो सकता है। इस बैंक की नीति का निर्धारण आप करते हैं। कृपया बताएँ कि 'भू-विकास बैंक' की नीति आपको मालूम है? भू-विकास बैंक के प्रत्येक कर्जदार का विवरण तैयार करें। जिन कर्जदारों ने 10,000 का कर्ज लिया है, उन पर 80,000 की वसूली बाकी है। यह उनका अमानवीय शोषण है। मैं एक कारखाने यूनियन का अध्यक्ष हूँ। उसमें 45 हजार श्रमिक काम करते हैं। उन पर 1,700 करोड़ रुपए का कर्ज था, लेकिन वह 700 करोड़ में निपटाया गया। कुल 1,000 करोड़ रुपए माफ हुए। माननीय फुंडकर साहब अपने जिले की सूत मिल के अध्यक्ष हैं। वह श्री टापरे की मिल थी। उस मिल पर 750 करोड़ रुपए का कर्ज था और बाद में वह 2,800 करोड़ रुपए तक हो गया। अंततः वह 2,800 करोड़ का कर्ज 650 करोड़ रुपए में निपटाया गया। मैं आपसे कहना चाहता हूँ कि आप रिजर्व बैंक की नीति अपनाएँ। जिन्होंने कर्ज लिया है, उनमें से 30 प्रतिशत अनुसूचित जाति के हैं और 10 प्रतिशत अनुसूचित जनजाति के हैं। आप शाहू, फुले, आंबेडकर का नाम लेकर किसानों के साथ ऐसा व्यवहार

करते हैं ? आपके जिलाधिकारी और एस.पी. झूठी रिपोर्ट और पंचनामे बनाते हैं। इस राज्य में 950 जाली रिपोर्ट और पंचनामे अधिकारियों ने तैयार किए हैं। मैंने पहले श्री शिवाजीराव पाटिल निलंगेकर से कहा था कि इन रिपोर्टों और पंचनामों पर विश्वास न करें। जो रिपोर्टें तैयार की गई हैं, उस बारे में माननीय मुख्यमंत्री महोदय ने कहा कि 1,042 किसानों की आत्महत्या का कारण फसल न पकना है। मुझे लगता है, यह देर से आई समझदारी है। हाई कोर्ट की वजह से सरकार की अकल ठिकाने आई है। सरकार का जो मानसिक संतुलन बिगड़ा था, वह इससे ठीक हुआ है। इस बहस के माध्यम से मैं यह भी माँग करता हूँ कि आत्महत्या करनेवाले किसानों के परिवारों के लिए कम-से-कम 2 लाख रुपए की आर्थिक सहायता की घोषणा की जाए। इस कार्य में केवल 20-21 करोड़ रुपए लगेंगे। इस अधिवेशन पर 70 से 80 करोड़ रुपए खर्च कर रहे हैं। ऐसी कई बातें हैं, जिन पर राज्य सरकार व्यर्थ खर्च करती है। महाराष्ट्र में आत्महत्या करनेवाले किसानों के परिवारों को देने के लिए राज्य सरकार के पास 20 करोड़ रुपए नहीं हैं ? सरकार की हालत इतनी पतली है क्या ? यह संवेदनहीन सरकार है।

अधिवेशन से पहले सरकार ने हमें चायपान पर आमंत्रित किया था। मैंने दोनों सदनों में विपक्ष के नेता माननीय रामदास कदम और भाऊ साहब फुंडकर से कहा कि राज्य में किसानों ने आत्महत्याएँ की हैं, इसलिए उन किसानों के घर जाकर उनके प्रति संवेदना व्यक्त की जानी चाहिए। जब हम मृत किसानों के घर गए, उस समय सरकार गुलछर्रे उड़ा रही थी। सरकार बताए कि पालक मंत्री आत्महत्या करने वाले किसानों के कितने परिवारों से मिले ? अरे, पैसों को छोड़ो, सरकार ने उन्हें सांत्वना तक नहीं दी। ये कैसे शासक हैं। मैंने जो पुस्तक लिखी है, उसका नाम है—'असहाय प्रजा और मुर्दाड सरकार'। इस सरकार ने संवेदना खो दी है। यह स्थिति क्यों पैदा हुई ? बीच में माननीय मुख्यमंत्री ने एक बैठक आयोजित की थी। उस बैठक का विषय ऐसा था कि महाराष्ट्र में ग्रामीण भाग में मतदान क्षेत्र

कम हो गए हैं। तब सभी विपक्ष के लोगों को उस बारे में सोचना चाहिए। डॉ. बाबा साहब आंबेडकर ने भारतीय संविधान में लिखा है कि—'इसके बाद चुनाव क्षेत्र की पुनर्रचना जनसंख्या के आधार पर होगी।' महात्मा गांधी ने कहा है—'भारत गाँवों में बसता है।' 85 प्रतिशत जनता गाँवों में और 15 प्रतिशत जनता शहरी भाग में रहती है। वर्ष 1947 से 2005 तक शासन किसका था? बीच के सात-आठ वर्षों की कालावधि को छोड़ दें तो पूरे समय में कांग्रेस पार्टी का ही शासन था। कांग्रेस का चुनाव-चिह्न बैलों की जोड़ी था, इसीलिए लोगों ने उसे वोट दिया। उसके बाद गाय-बछड़ा कांग्रेस का चुनाव चिह्न बना। उसके बाद पंजा, इसलिए लोगों ने उसे वोट दिया। लेकिन इस दौरान क्या हुआ? गाँवों की 35 प्रतिशत आबादी शहरों में चली गई और उस जगह झोंपड़ियाँ बनीं। प्रधानमंत्री ग्राम सड़क योजना के लिए श्री अटल बिहारी वाजपेयी ने मेरी अध्यक्षता में एक समिति बनाई। रिजर्व बैंक के डिप्टी गवर्नर और नाबार्ड के अध्यक्ष उस समिति में थे। केंद्र सरकार के महिला और बाल कल्याण विभाग के सचिव सहित उस समिति में शामिल थे। उन्होंने कहा, ''आदिवासी क्षेत्रों में रोज एक एयर बस की सवारी जितनी यानी 320 महिलाओं की मृत्यु होती है। आदिवासी क्षेत्रों में दलित, पीड़ित और शोषित समाज की महिलाओं की मृत्यु होती है; क्योंकि प्रसूति के लिए अस्पताल जाने के लिए उस क्षेत्र में सड़कें नहीं होतीं। 58 वर्षों में से 53 वर्ष कांग्रेस ने राज किया है। इस पार्टी ने 'गरीबी हटाओ' का नारा दिया। उससे किसानों की, दलितों की गरीबी नहीं हटी, खेतिहर मजदूरों की गरीबी नहीं हटी; लेकिन आपकी पार्टी के कार्यकर्ताओं की गरीबी हटी है। 'डॉ. बाबा साहब आंबेडकर जिंदाबाद' का नारा बार-बार दिया जाता है, लेकिन मेडिकल कॉलेज में प्रवेश के लिए 40-40 लाख रुपए देने पड़ते हैं। इंजीनियरिंग कॉलेज में प्रवेश के लिए 2 लाख, बी.एड. कॉलेज में प्रवेश के लिए 2 लाख, डी.एड. के प्रवेश के लिए 50 हजार रुपए देने पड़ते हैं। प्राथमिक पाठशाला है, तब वहाँ शिक्षकों की आधी तनख्वाह तुम्हारी और आधी तनख्वाह हमारी। गाँव-गाँव में राष्ट्रवादी कांग्रेस और

कांग्रेस पार्टी की मानो रोजगार गारंटी योजना चल रही है। जिन्हें यह नहीं मिलता, उन्हें देशी दारू की दुकान दे दी जाती है। माननीय सदस्य श्री रमेश निकोसे जैसे मात्र एकाध गरीब सदस्य वैसे ही रह गए हैं। उन्हें किसी ने पूछा नहीं। बाकी के लोगों को मात्र इंजीनियरिंग, मेडिकल, डी.एड., बी.एड. कॉलेज दिए गए हैं और उससे वे अच्छी तरह से अपना पेट भर रहे हैं। शुरुआत में 200 से 300 करोड़ रुपए के 'सहकार सम्राट्' थे, उसके बाद चीनी सम्राट् और शिक्षा सम्राट् पैदा हुए। यहाँ आने के बाद वे बार-बार महात्मा फुले, डॉ. बाबा साहब आंबेडकर और शाहूजी महाराज के नाम का उल्लेख करते हैं। माननीय उप-मुख्यमंत्री श्री आर.आर. पाटिल को मैं बहुत ही संवेदनशील समझता था, लेकिन अब मेरी गलतफहमी दूर हो गई है। माननीय सदस्य श्री आदिक से मेरा कहना मान्य होगा, क्योंकि वे बेचारे संवेदनशील हैं। आप सुनते नहीं हैं, किसानों को न्याय मिले, इसीलिए यह बहादुर नेता भूख हड़ताल पर बैठा था। उनसे सहानुभूति जताने की किसी ने कोशिश भी नहीं की। आपकी पार्टी के लोगों ने सलाह दी थी, लेकिन वह सलाह आपने नहीं मानी। यह सत्ता-मद है। ऐसी स्थिति क्यों पैदा हुई? पं. जवाहरलाल नेहरू बड़े नेता थे और साहित्यिक भी थे। उस समय तीन विषयों पर चर्चा होती होगी। जब मैं मंत्री पद पर था, तब श्री आर.आर. पाटिल और श्री जयंत पाटिल ने पूछा था, 'पूरा राज्य ही बी.ओ.टी. पर चलाने क्यों नहीं देते? ये दोनों ही आज मंत्री पद पर आसीन हैं। पं. नेहरू पर रूस का प्रभाव था और उस समय तीन विचारधाराएँ चलती थीं— साम्यवाद, समाजवाद और पूँजीवाद। अमेरिका को हम पूँजीवादी के रूप में देखते थे। रूस और चीन साम्यवादी देश थे, कांग्रेस पार्टी ने समाजवाद अपनाया; लेकिन उसका क्या हश्र हुआ, वह आपको दिखाई दे रहा है। 1947 से 2005 तक 5 हजार 60 करोड़ रुपए कांग्रेस की सरकार ने टेक्सटाइल मिल, स्टील फैक्टरी, ऊर्जा परियोजनाओं के प्रोजेक्ट और होटलों आदि पर खर्च किए हैं।

हमारे देश में 6.50 लाख गाँव हैं, लेकिन कांग्रेस के 52-53 वर्षों के कार्यकाल में केवल 1 लाख 43 हजार गाँवों में ही सड़कों का निर्माण हुआ है। गाँवों में पीने का साफ पानी भी उपलब्ध नहीं करा सके; लेकिन हमारे उप-मुख्यमंत्री कितने अच्छे हैं, मीठा बोलते हैं। गाँव में स्कूल की इमारत नहीं, इमारत है तो उसमें शिक्षक नहीं हैं, इमारत और शिक्षक दोनों हैं तो वहाँ शिक्षा नहीं। यही स्थिति स्वास्थ्य विभाग की भी है। कहाँ गए आपके स्वास्थ्य मंत्री? परसों ही मैं मेलघाट गया था। वहाँ 2,000 से ज्यादा बच्चे कुपोषण की वजह से मर गए हैं। हमारे डॉ. सुनील देशमुख अब राज्यमंत्री हैं। मैं उनसे पूछना चाहता हूँ कि यह सही नहीं है क्या? मेलघाट में आज क्या स्थिति है? मेलघाट में अस्पताल की क्या स्थिति है, कृपया आप उसे बताएँ। उस क्षेत्र में श्रीमती सोनिया गांधी आने वाली थीं, तब कहाँ-कहाँ से वहाँ डॉक्टर रखे गए? मैं मेलघाट गया था। वहा स्वास्थ्य अधिकारी से पूछा, आपके यहाँ कितने स्थान खाली हैं? सभी डॉक्टर हैं क्या? उस पर उन्होंने कहा कि अभी 8 जगह खाली हैं। मैं एक अन्य अस्पताल में गया। वहाँ एक डॉक्टर ने पूछने पर बताया कि मैं नाक-कान-गले का डॉक्टर हूँ। यहाँ कोई डॉक्टर नहीं आता था और श्रीमती सोनिया गांधी यहाँ आने वाली हैं, इसीलिए मेरी यहाँ तत्काल नियुक्ति की गई है। कुपोषणग्रस्त उस मेलघाट में माताओं और बच्चों की संख्या बहुत ज्यादा है। इसलिए वहाँ कई मौतें हुई हैं। लेकिन तब भी वहाँ किसी बाल रोग विशेषज्ञ, स्त्री रोग विशेषज्ञ डॉक्टर की नियुक्ति नहीं हुई है। केवल एक जगह थर्मोकोल के बक्से में कुछ बच्चे रखे हुए हैं। वहाँ आपने दो डॉक्टरों की नियुक्ति की, लेकिन उनमें से एक नाक-कान-गले का डॉक्टर था। यह आदिवासियों की स्थिति है। उस मेलघाट में अस्पताल की इमारत नहीं। जहाँ इमारत है, वहाँ डॉक्टर नहीं। इमारत और डॉक्टर दोनों ही हैं तो सेवा करनेवाली नर्स नहीं है और अगर तीनों ही हैं तो दवाइयाँ नहीं। आज भी उस मेलघाट के अस्पतालों की ऐसी स्थिति है। एक तरफ किसानों का कपास सस्ता और उस कपास से तैयार होनेवाला कपड़ा महँगा। फिर आपने उन किसानों को आश्वासन

क्यों दिए? अपने नेता माननीय श्री शरद पवार से पूछकर आपने ये आश्वासन दिए? आपने उनसे पूछकर कैबिनेट में इस बारे में निर्णय लिया? फिर किसानों को पहले ही बिजली के शून्य बिल क्यों दिए गए? कपास को 2,700 रुपए का भाव देने की आपने घोषणा क्यों की? ऐसे आश्वासन देकर चुनाव के बाद लाल बत्ती की गाड़ी में सवार हुए और अब कहते हैं—सॉरी, सॉरी… । आपने किसानों को क्यों फँसाया? 'जब हमारी पार्टी का घोषणा-पत्र जारी किया गया, तब मैं मुख्यमंत्री नहीं था', ऐसा हमारे मुख्यमंत्री माननीय श्री विलासराव देशमुख ने अब कहा है और प्रदेशाध्यक्ष श्रीमती प्रभा राव कहती हैं कि वह प्रिंटिंग मिस्टेक है। कैसी है आपकी सरकार? अब वे साहूकारों को गिरफ्तार करने लगे हैं, लेकिन क्या पुलिस आपके आदेशों का पालन कर रही है? मैं आपसे अनुरोध करता हूँ कि ये जो 1,024 किसान हैं, जिन्होंने आत्महत्या की है, उन पर जिला सहकारी बैंक, भू-विकास बैंक, सेवा सहकारी सोसाइटी का कितना ऋण है, इसकी आप जानकारी प्राप्त कर लें। मेरे पास इसका रिकॉर्ड है, रिपोर्ट है। जरूरत पड़ने पर मैं दे सकता हूँ। मेरे 7/12 के प्रमाण-पत्र पर एक ट्रैक्टर का कर्ज है तो मुझे दूसरा बैंक कर्ज नहीं देता, लेकिन इन किसानों के नाम दो-तीन बैंकों के कर्ज हैं। अंत में ये जिला सहकारी बैंक और अन्य सहकारी सोसाइटियाँ क्या सभी आपके हाथ में ही हैं? उन बैंकों में आपके लोगों ने क्या-क्या घोटाले कर रखे हैं, दुनिया सब जानती है। आपके पवन राजे ने तो हवा में गन्ना उगाया था और आपने कितने ही तीखे स्वर में कहा था; लेकिन ऐसे मामलों में कार्रवाई नहीं होती। मैं यहाँ पूरी जिम्मेदारी के साथ कहता हूँ कि जिन किसानों ने आत्महत्याएँ की हैं और आत्महत्याएँ हो रही हैं, वे बैंक कर्ज के कारण हो रही हैं। जिला सहकारी बैंक के वसूली अधिकारी श्री पवार नाम के अधिकारी ने किसानों को उनके घर जाकर धमकाया। अब हमारे मंत्री डॉ. पतंगराव कदम हमें सरकारी परिपत्रक और पत्र दिखाएँगे, लेकिन आपके परिपत्रक को कौन पूछता है। वास्तव में जिन किसानों ने आत्महत्या की, उस प्रत्येक किसान ने एक साथ कितने बैंकों,

सोसाइटियों से कर्ज लिया था, इसकी जानकारी आप जुटाएँ। मैं डॉ. पतंगराव कदम से अनुरोध करता हूँ कि ये जो आपकी मंत्रालयीय प्रशासन व्यवस्था है, उसे आपने अभी भी ठीक से जाना नहीं। उनकी भाषा अलग है। उनके मन में तय होता है। आपके सामने वे 'हाँ' करते हैं, लेकिन आपके जाने के बाद वे कुछ भी नहीं करते। मैं माफी चाहूँगा, लेकिन डॉ. पतंगराव की संवेदनशीलता मुझे अच्छी लगती है। आप वाकई में शुद्ध हृदय के स्वामी हैं। लेकिन उन्होंने आपके सर्कुलर की ऐसी की तैसी कर दी। उस सर्कुलर के अनुसार किसी भी प्रकार की कार्रवाई या अमल नहीं किया गया। आपने अपने सर्कुलर में कहा कि किसी से भी 10 प्रतिशत से अधिक ब्याज नहीं लिया जाएगा और अगर लिया जाता है तो सरकार ब्याज लेने वाले पर कार्रवाई करेगी। लेकिन तुम्हारी किसी ने नहीं सुनी, एक भी बैंक ने नहीं सुनी। आपके सर्कुलर का किसी एक बैंक ने भी पालन किया हो तो उस बैंक का नाम बताएँ। मुख्यमंत्री श्री विलासराव देशमुख की संगत से यह गड़बड़ हुआ है। कारण यह है कि वे कभी किसी को गंभीरता से नहीं लेते। उनके साथ रहकर आपने भी गंभीरता खो दी है, इसलिए मामले की तह में जाकर रिव्यू मीटिंग नहीं करते। इसीलिए आपको सही जानकारी नहीं मिली। आज रिजर्व बैंक के दिशा-निर्देशों के अनुसार सेटलमेंट जारी है। हमारे राज्य से राज्य भू-विकास बैंक को नाबार्ड फाइनेंस नहीं करती। मैंने नाबार्ड 1, नाबार्ड 2, नाबार्ड 3 और नाबार्ड 4 योजना कार्यान्वित की। उस समय नाबार्ड से 3 से 4 हजार करोड़ रुपए मिले। नाबार्ड के अधिकारी ऐसा कहते हैं कि हम भू-विकास बैंक को फाइनेंस कर सकते हैं, लेकिन उसकी गारंटी महाराष्ट्र सरकार दे। आप वह जिम्मेदारी लेने को तैयार नहीं। अब ली होगी…। हमारे कार्यकाल में गारंटी देने का विषय था, यह बात सही है। उस समय वित्त विभाग ने कहा था कि हम ये पैसे भुगतान नहीं कर सकते। उस समय मैंने काफी प्रयास किए थे। हमारे लोक निर्माण विभाग को पैसे चाहिए थे। आपका कहना सही है, लेकिन वह हमारी सरकार के अंतिम 6 महीने का विषय था। लेकिन आप 6 वर्ष से हैं। इन 6 वर्षों में

भू-विकास बैंक बंद पड़ गया है। नाबार्ड के 5 प्रतिशत ब्याज के पैसे 7 प्रतिशत की दर से आप दे सकते थे। इस बारे में आपने क्यों नहीं सोचा? आप कहते हैं कि हमने यह नहीं किया, मगर आपकी सरकार होते हुए आपने क्यों नहीं किया? अब 6 वर्षों से आप सोच-विचार कर रहे हैं, अगले 8 वर्षों में फैसला करें। उन बेचारे किसानों को मरने दो। अब 50 हजार किसानों को मरने दो, उनको जहर पीने दो, तब आपकी आँखें खुलेंगी। मानसिक संतुलन किसका बिगड़ा है? महाराष्ट्र में साहूकार कौन है? भू-विकास बैंक आपका, राज्य सहकारी बैंक आपका, जिला सहकारी बैंक आपका। इनके आप ही मालिक और आपके ही कर्ज हैं। इस बारे में सुप्रीम कोर्ट का निर्णय है। उप-मुख्यमंत्री श्री आर.आर. पाटिल को मैं सुप्रीम कोर्ट का निर्णय पढ़कर सुनाना चाहता हूँ। जब 10 हजार रुपए का कर्ज होगा, तब 10 हजार रुपए ब्याज लिया जा सकता है। यहाँ पर माननीय डॉ. हिराणी से लेकर डॉ. सुनील देशमुख तक राष्ट्रवादी कांग्रेस के सभी सदस्य मेरे सहयोगी हैं। माननीय श्री गडाख साहब सहकारिता आंदोलन से आए हुए हैं। कृपया आप बताएँ कि 10 हजार रुपए के कर्ज पर 10 हजार रुपए ब्याज लेकर केस बंद किया है क्या? माननीय जयंत पाटिल साहब जिला सहकारी बैंक के अध्यक्ष हैं। आप बताएँ कि 10 हजार के कर्ज पर 10 हजार रुपए ब्याज लेकर केस बंद किए हैं क्या? अगर है तो उसकी सूची उपलब्ध कराएँ। सुप्रीम कोर्ट का फैसला है और आपके विभाग का आदेश है। 10 हजार रुपए के कर्ज पर 70-80 हजार रुपए ब्याज वसूल करके उस किसान के घर के बरतन-भांडे से लेकर टी.वी., पलंग आदि जब्त करते हैं, यह कौन सा न्याय है? उद्योगपति पर 1,700 करोड़ का कर्ज होने पर उसका 700 करोड़ में निपटारा करते हैं। हमारे भाऊसाहब फुंडकर चेयरमैन होने पर सूत मिल का 26 करोड़ का कर्ज 6 करोड़ में निपटाएँ और 10 हजार रुपए के कर्ज पर 70 हजार ब्याज देने के बावजूद आप उसके घर के बरतन-भांडे जब्त करते हैं, यह कौन सा सामाजिक न्याय है? डॉ. बाबा साहब आंबेडकर, महात्मा फुले और शाहूजी महाराज का नाम लेकर किसानों

का सरासर शोषण हो रहा है, कृपया इसका उत्तर दें।

सुप्रीम कोर्ट का निर्णय है, आपका सर्कुलर है। आपके अभिभावक मंत्री कभी समीक्षा बैठक करते हैं क्या? मैं 'सहारा' टी. वी. पर गया था। उस समय मैंने श्री कृपाशंकर सिंह से पूछा कि मुंबई का पालक मंत्री कौन है? नाम मालूम है क्या? आपने इनको देखा है क्या? आपने पहचाना क्या? आपके अभिभावक मंत्री प्रत्यक्ष रूप में एक भी बैठक नहीं करते, समीक्षा नहीं करते, चर्चा नहीं करते। कुछ नहीं, प्रश्न नहीं। आत्महत्या करनेवाले किसानों के परिवारों को संवेदना प्रकट करने को तैयार नहीं। मेरा एक अनुरोध है। पिछली बार इसी सदन में कपास के प्रश्न पर बोलते हुए माननीय मंत्री श्री हर्षवर्धन ने मुझे आश्वासन दिया था कि विदर्भ में जहाँ-जहाँ 50 प्रतिशत से कम उपज हुई है, वहाँ कर्ज वसूली स्थगित की जाए, ऐसा आदेश सरकार ने जारी किया है। ऐसा उन्होंने आश्वासन दिया था। इस रिपोर्ट के अनुसार यवतमाल जिले में चार वर्षों से लगातार सूखा पड़ रहा है। यह राजनीति का मुद्दा नहीं है। किसानों की आत्महत्याएँ इस सरकार को, शासनकर्ताओं के लिए गर्व की बात नहीं है और न ही यह विपक्ष के लिए गर्व की बात है। राज्य में हो रही ये आत्महत्याएँ हम सभी के लिए शर्मनाक हैं, अमानवीय हैं, इस रिपोर्ट में क्या कहा गया है, वह देखिए—

> "Attitude of the Government : The crisis in agriculture is widespread and the number of farmers committing suicide is on the increase. The situation only seems to be getting worse. What has been the response of the government to the unfolding consequences of the crisis in agricultural sector? Despite the letters and faxes sent up by us to the District collectors except Mumbai citing the order of the Honourable High Court…"

मुंबई के जिलाधिकारियों को छोड़कर सभी जिलाधिकारी चीफ जस्टिस के पास आदेशानुसार आए, लेकिन उन्होंने जानकारी नहीं दी। यहाँ स्पष्ट रूप से कहा गया है—

> "Despite the letters and faxes sent up by us to the district collectors (except Mumbai citing the order of the Honourable High Court to solicit basic information regarding the deaths, only two Collectors (Jalna and Dhulia districts) got back with a response. This is despite the direction of the Honourable High Court asking the TISS to submit its report on the possible causes behind the suicides of the cultivators. We received information from the Divisional Commissioner Nagpur Commissioner Agriculture and Jt. Director, APC. Otherwise, there is a general lack of sensitivity to the situation that the farmers are facing."

आपने अपने एस.पी. और जिलाधिकारियों को जाली पंचनामे बनाने को कहा—वे घबरा गए। सही कहा तो मुसीबत। इधर उन्होंने आपके आदेश का पालन किया और उधर हाई कोर्ट को सच बताया तो मुसीबत आती है। अब अगर उप-मुख्यमंत्री श्री आर.आर. पाटिल से प्रश्न पूछा कि जिन एस.पी. और जिलाधिकारी ने जाली पंचनामे बनाए हैं, उन पर प्रशासन काररवाई करेगा क्या? तब इनके पास 'हाँ' कहने के अलावा कोई दूसरा रास्ता नहीं। आशय यह कि आपने इस मामले को दबाने का काम किया है। वैसे ही जैसे शराब ज्यादा पीने से, मानसिक संतुलन खराब होने से होता है और तब आपने 'लोकसत्ता' में लेख लिखा। किसका मानसिक संतुलन बिगड़ा है? किस साहूकार की पीठ सहलानी है? इस राज्य में साहूकार आप, पतंगराव

और विलासराव! आप मालिक हैं। जिला बैंक, भू-विकास बैंक और ये सभी आपके राज्य में चल रहे हैं। कोर्ट की रिपोर्ट है, ये आपकी संवेदनशीलता है। टाटा इंस्टीट्यूट ऑफ सोशल साइंसेज और इंदिरा गांधी शोध संस्थान की रिपोर्ट पर चर्चा होनी चाहिए। उसमें सरकार के बारे में क्या-क्या है ? चीफ जस्टिस ने निर्देश दिए और अब आपने पाँच वर्ष के बाद स्वीकार किया कि फसल के न पकने और कर्ज की वजह से 1,042 किसानों ने आत्महत्या की हैं। इसमें मानसिक संतुलन किसका बिगड़ा है, यह लोगों को तय करना चाहिए। किसकी पीठ सहलानी है, किसकी नहीं, यह लोगों को तय करना चाहिए। श्री आर.आर. पाटिलजी, अगर साहूकार जिम्मेदार हैं तो उन पर कार्रवाई अवश्य करें; लेकिन साहूकारों की बजाय 14 प्रतिशत ब्याज पर कर्ज देनेवाले भू-विकास बैंक, राज्य सहकारी बैंक, जिला सहकारी बैंक—इनका क्या करने वाले हैं ? सहकारिता में सभी संस्थाएँ, जिनमें जेनिंग प्रेसिंग होगी या सूत कारखाने होंगे या चीनी मिल, उनका ओ.टी.एस. कराएँ। इनमें क्या अपराध हैं ? There are two types of defalcation. One is bonafide and other is malafide. If it is malafide, then sack him. He may belong to any political party, sack him. But, if it is bonafide, तब फिर उन्हें न्याय दें।

यहाँ सब लोग बैठे हैं। वे कर्तव्यनिष्ठ हैं, वे अच्छे-अच्छे प्रोजेक्ट चलाते हैं, मैं भी प्रोजेक्ट चलाता हूँ। चार प्रोजेक्ट अच्छी तरह से चलते हैं और किसी एक प्रोजेक्ट में कोई व्यक्ति मुश्किल में होता है तो उसे छूट मिलनी चाहिए, यह केंद्र सरकार की नीति है। वह नाबार्ड ने आपको बता दिया, फिर भी आपके कोऑपरेटिव सचिवों, जॉइंट रजिस्ट्रारों ने इसका पालन क्यों नहीं किया ? आप पहले जारी सर्कुलर हमें न दिखाएँ। आप एक काम कर सकते हैं, जिले-जिले में जाकर आह्वान कर 'जनता दरबार' लगाएँ। सभी मामलों का तुरंत उसी स्थान पर निपटारा करें। श्री पतंगराव कदम साहब ने ऐसा किया तो आप महाराष्ट्र के मुख्यमंत्री ही नहीं, देश के प्रधानमंत्री

अवश्य हो सकते हैं, यह बात ध्यान में रखें। आप में यह क्षमता है, लेकिन यह काम करने का साहस नहीं है। आप मुख्यमंत्री पद की आशा छोड़ें, वह आपको अनुकूल नहीं होगा। हाँ लेकिन, आप प्रधानमंत्री अवश्य बन सकते हैं। अगर आपको यह करना है तो श्री राणे आपको सहयोग करेंगे। मेरा आपसे अनुरोध रहेगा कि जिलेवार आँकड़े दें। मैं 'जनता दरबार' लगाने वाला हूँ। नागपुर जिले में 'जनता दरबार' लगाकर किसानों द्वारा सहकारी बैंकों से लिये गए कर्ज की सूची लेने वाला हूँ और फिर आपके पास आऊँगा। 1,000 किसानों की विधवाओं को मैं आपके सामने लाने वाला हूँ। माननीय मंत्री श्री राणे साहब हमारे साथ थे। मैं और श्री उद्धव ठाकरे, श्री प्रमोद महाजन, हम सभी मिलकर यवतमाल जिले में गए थे। आत्महत्या करनेवाले किसानों के परिवारों को श्री राणे साहब और हमने जाकर 25-25 हजार रुपए की आर्थिक मदद की। यह संवेदनशीलता श्री राणे साहब के पास थी, आज भी वैसी ही संवेदना उनके पास है। आप वाकई में हमारे शूरवीर हैं, आपने उनको मदद की। आप श्री विलासराव देशमुख एवं श्री आर. आर. पाटिल से कुछ कहें। इन 1,024 लोगों को 2-2 लाख रुपए तीन दिन के भीतर जिलाधिकारी द्वारा दिए जाने चाहिए, इस प्रकार का आदेश आप निकालें। आपके राज में हमने काम किया है। यह इनका काम नहीं है। उन्हें सचिव कहेंगे, 'सर, मैटर सब-ज्युडीस है। वे कहेंगे—इट इज वेरी डिफिकल्ट, इट इज नॉट पॉसिबल आदि-आदि। लेकिन मैंने उनसे कहा—क्या पॉसिबल नहीं है ? फाइल निकालो, ऑर्डर दो, हस्ताक्षर करो। अगर ऐसे काम किया तभी काम होगा, नहीं तो होने वाला नहीं। मैंने श्री राणे के साथ काम किया है। मैंने ऐसा ही किया है। जब मुझे लगता था कि यह काम होना चाहिए तो मैं कुछ नहीं सुनूँगा, ऐसा मैं कहता था। 'नहीं साहब, यह बहुत डिफिकल्ट है। इसमें बहुत सी रुकावटें हैं', ऐसा कहा जाता था। मुझे एक मुख्य सचिव ने कहा कि हम ऐसा करते हैं, पहले मुख्यमंत्री के चेहरे के भाव पढ़ते हैं। उनके मन में क्या है, यह जानने की कोशिश करते हैं। काम करना है तो वैसा उत्तर देते हैं, काम नहीं करना है तो वैसा उत्तर देते हैं। हमारे जैसा

होशियार कोई नहीं। मंत्रियों को चुप कराना है तो ऐसा कहना चाहिए—सर, इट इज वेरी डिफिकल्ट, मैटर इज सब-ज्युडीस, देअर विल बी ए कंटेम्प्ट। उस पर मंत्री कहते हैं—रहने दो, रहने दो। मैं जब मंत्री था, तब कैबिनेट में सचिव ने सुप्रीम कोर्ट का आदेश होने की बात कही। उस पर सुप्रीम कोर्ट का क्या आदेश है, उसमें क्या लिखा है, उसे पढ़कर दिखाओ—मैंने ऐसा कहा। सुप्रीम कोर्ट के न्यायाधीश ने समुद्र के किनारे पर 2,200 स्क्वेयर फीट के ब्लॉक में तीनों खिड़की से हवा आनी चाहिए, ऐसा कहा है क्या? ऐसा विचार व्यक्त करें, यह मुझे नहीं जँचता, ऐसा मैंने कहा। उनके अधिकार उनके हैं और हमारे अधिकार हमारे हैं। मैं कानून का विद्यार्थी हूँ। इस विषय पर माननीय सदस्य श्री गुरुनाथ कुलकर्णी और मेरे विचार एक समान हैं। हम अपनी मर्यादा में रहें और न्यायालय अपनी सीमा पार न करे। हमें कुछ समझ नहीं आता, इसीलिए फाइलों के बड़े-बड़े गट्ठर ये अधिकारी हमारे पास भेजते हैं। आप अपनी टिप्पणी करते हैं, लेकिन बेचारे राज्य मंत्रियों को कोई पूछता नहीं। कुछ भी हो जाए, लेकिन किसानों की और आत्महत्या नहीं होनी चाहिए। मेरी एक ही प्रार्थना है। कपास के मूल्यों में उतार-चढ़ाव के तौर पर आपके पास 700 करोड़ रुपए जमा हैं। सन्1974 से 700 करोड़ रुपए ब्याज सहित जमा हैं।

विदर्भ मराठवाड़ा के कपास के किसानों के 700 करोड़ रुपए ब्याज सहित तुरंत लौटाएँ। 14 प्रतिशत का ब्याज लगाकर 700 करोड़ रुपए किसानों को वापस करें। दूसरी बात आत्महत्या करनेवाले किसानों के परिवारों को 2 लाख रुपए की सहायता प्रदान करें। तीसरी बात यह कि कपास का भाव 2,700 रुपए दें, ऐसा आपने स्वीकार किया है। उसके लिए कपास का 2,700 रुपए प्रति क्विंटल का भाव दें। इन दोनों रिपोर्टों के आधार पर ये तीनों माँगें पूरी करें। किसानों की आत्महत्या के मूल कारण क्या हैं, यह पता लगाने के लिए विधिमंडल की एक समिति गठित करें। हमने कुछ अध्ययन किया है, सरकार भी कुछ अध्ययन करे और इस बारे में किसानों को निश्चित

रूप से न्याय दिलाए। अगर आप नागपुर अधिवेशन के लिए आए तो प्रतिदिन आत्महत्या की कोशिश करनेवाले किसान आपके सामने होंगे। रोजाना लोगों का खून बहेगा। रोज किसान बलिदान देंगे, तब तुम्हारे आने का और हमारे रहने का फायदा नहीं, अगर इस अधिवेशन में किसानों को न्याय नहीं दिया गया तो इस अधिवेशन का कोई अर्थ नहीं। अगर तुम्हें किसानों के साथ न्याय नहीं करना तो तुम्हारे ये काम बेकार हैं। किसान बहुत उत्तेजित हैं। यह राजनीति का विषय नहीं है। इस बारे में सामूहिक रूप से, जिम्मेदारी से सभी को मिलकर संवेदना का परिचय देते हुए आत्महत्या करनेवाले किसानों के परिवारों को न्याय दिलवाएँ। आखिरी मुद्दा श्री आर.आर. पाटिल साहब को बताना चाहता हूँ। आंध्र प्रदेश के किसानों ने जब आत्महत्याएँ कीं तब किसानों के मसीहा, किसानों के राजा हमारे श्री शरद पवार साहब, जो कृषि मंत्री हैं, डॉ. मनमोहन सिंह के साथ आंध्र प्रदेश गए। मेरी एक जनसभा थी। आंध्र प्रदेश महाराष्ट्र से लगा हुआ है। आदिलाबाद जिले में किसानों ने आत्महत्याएँ की थीं। प्रधानमंत्री श्री मनमोहन सिंह साहब ने 600 करोड़ रुपए की मदद दी और 7 करोड़ रुपए का पैकेज आत्महत्या करनेवाले किसानों के परिवारों के लिए घोषित किया। वे वहाँ उनसे मिलने गए और आपने भी देखा, विदर्भ में किसानों ने आत्महत्याएँ कीं तो प्रधानमंत्री डॉ. मनमोहन सिंह, श्री शरद पवार, इनको तो छोड़ दीजिए—श्री आर.आर. पाटिल साहब तक उनके परिवारों का हाल-चाल पूछने नहीं गए। मुख्यमंत्री भी नहीं गए, आप भी नहीं गए। श्री राणे साहब जब हमारे साथ थे, तब गए थे। अब वे उस जगह गए या नहीं, मैं नहीं जानता। श्री आर.आर. पाटिल से मेरा प्रश्न है—आंध्र प्रदेश के किसानों के शरीर से खून बहता है और विदर्भ में कपास उत्पादक किसानों के शरीर से क्या पानी बहता है? हमारे साथ अन्याय क्यों किया गया? हमारा जन्म कोल्हापुर, सांगली, सातारा में नहीं हुआ। क्या यह हमारा गुनाह है? जब वहाँ सूखा पड़ा, हम साथ थे। गन्ने के दामों के बारे में भी समर्थन करता हूँ। आपके साथ हूँ, लेकिन विदर्भ के लिए भेदभाव की भावना क्यों? मतलब आत्महत्याएँ कहाँ हुई हैं? अकोला, अमरावती, बुलढाना,

यवतमाल, वर्धा और वाशिम—इन छह जिलों में आत्महत्याएँ हुई हैं और कुछ आत्महत्याएँ नागपुर, चंद्रपुर, भंडारा एवं गड़चिरोली क्षेत्रों में हुई हैं। महाराष्ट्र में हुई आत्महत्याओं में 85 प्रतिशत विदर्भ इलाके में हुई हैं। हमें न्याय क्यों नहीं मिलना चाहिए? आप हमें हमारा बैकलॉग देते नहीं। आश्वासन देने के बाद भी कपास का उचित मूल्य नहीं देते, हमने अपना खून बहाया, बलिदान दिया; लेकिन आप मदद करने के लिए भी तैयार नहीं। फिर यहाँ जनता में भेदभाव की भावना निर्माण क्यों नहीं होगी, इस पर आप शांति से सोंचे। यहाँ किसानों का मानसिक संतुलन नहीं बिगड़ा है, बल्कि सरकार का मानसिक संतुलन बिगड़ा है। सरकार का दिमाग ठिकाने पर नहीं है। साहूकारों की वजह से आत्महत्याएँ नहीं हुई हैं। डॉ. पतंगराव कदम के नेतृत्ववाले सहकारी क्षेत्र के बैंकों ने हमारा सत्यानास किया है। उस बारे में फैसला क्यों नहीं करते? नाबार्ड का ऋण 5 प्रतिशत की दर पर है। वह सीधे किसानों को 6 प्रतिशत की दर पर दिया जाए। मतलब एक प्रतिशत की ज्यादा ब्याज दर पर दिया जाए। इसके लिए ये सिस्टम क्यों चाहिए। बीच में कमीशनखोरी क्यों? कमीशनखोरों की आवश्यकता क्यों है? 150-150 करोड़ रुपए का जिन्होंने भ्रष्टाचार किया, वह वसूल होना चाहिए। नांदेड़ का बैंक 250 करोड़, उस्मानाबाद 150 करोड़, वर्धा जिला 50 करोड़, नागपुर जिला 150 करोड़ रुपए। आत्महत्या करनेवाले गरीब किसानों का शोषण कर उन्हें 3 प्रतिशत कमीशन देना और सुधार करवाना, यह कैसा न्याय है? मैं दूसरी माँग करता हूँ। सरकार फैसला करे। नाबार्ड से किसानों को 6.5 प्रतिशत की दर पर यथाशीघ्र ऋण प्राप्त होना चाहिए। ऐसा हो सकता है, लेकिन ऐसा करने के लिए सरकार को निर्णय लेना पड़ेगा। आज किसानों की जो स्थिति है, उसे देखते हुए सरकार को संवेदनशीलता से काम लेना चाहिए और इन माँगों पर सरकार गंभीरतापूर्वक विचार करे।

❑

* महाराष्ट्र विधान परिषद् में दिया गया भाषण।

देश का गरीब आदमी विकास प्रक्रिया में आना चाहिए। जनता को प्रोत्साहित करना जरूरी है। 21वीं सदी के परिप्रेक्ष्य में आर्थिक नीति एवं विकास का अध्ययन कर नीति तैयार की जाए, तभी लोगों का फायदा है और वही आज जनता की भी माँग है। जनता को हमारे लड़ाई-झगड़े में दिलचस्पी नहीं। उसे रोजगार चाहिए। उसको विकास की राजनीति में दिलचस्पी है।

12

वैश्विक मंदी

अमरीका में वैश्विक मंदी शुरू होने के कारण उसके प्रभाव भारत पर भी हुए हैं, इसीलिए विभिन्न आर्थिक नीतियों के संबंध में चर्चा हो रही है। मैं भी एक पार्टी का सदस्य होने के कारण एक विचारधारा का समर्थक हूँ। उस विचारधारा में जो आर्थिक विचार हैं, उस विचार के प्रति मैं भी प्रतिबद्ध हूँ। श्री जयंत पाटिल वाम विचारों के हैं। कांग्रेस ने समाजवाद को स्वीकार किया है, लेकिन हम सभी इस आर्थिक विषय पर चिंतन करें, इस प्रश्न को अगर सुलझाना है तो क्या करना चाहिए? प्रमुख रूप से यह प्रश्न केंद्र सरकार से संबंधित है। केवल राज्य के लिए इस प्रश्न को हल करने के लिए कुछ तो रास्ता निकालना होगा और कामगारों, किसानों, गरीब लोगों को मंदी से बचाना है तो कौन सा रास्ता सही हो सकता है, इस पर हमें विचार करना चाहिए।

इस प्रस्ताव पर होनेवाली चर्चा बहुत महत्त्वपूर्ण है, इसलिए इस चर्चा के बारे में लोगों को अवगत कराना चाहिए। सन् 1947 में देश को स्वतंत्रता मिली थी। उस समय पं. जवाहरलाल नेहरू प्रधानमंत्री बने। रूस के आर्थिक विचारों का प्रभाव पं. नेहरू पर था। रूस में उस समय साम्यवाद था। चीन में

मार्क्सवादी विचारधारा थी। रूस में स्टॉलिन और गोर्बोचेव थे। पं. नेहरू ने रूस का मॉडल भारत के लिए स्वीकार कर लिया था। उस समय प्रत्येक क्षेत्र में सरकार को ही काम करना चाहिए, इस प्रकार की नीति तय की गई थी। नोट छापने का कारखाना भी सरकार को अपने मालिकाना अधिकार में रखना चाहिए। रक्षा के लिए जो गोपनीय चीजों को तैयार करवाना होता और वह कार्रवाई गोपनीय होने के कारण सरकार को ही करना चाहिए, यह कार्य निजी क्षेत्र या किसी बाहरी व्यक्ति को नहीं देना चाहिए।

पं. जवाहरलाल नेहरू बड़े नेता थे, वैसे वे दार्शनिक भी थे। सदन में भाषण देते समय मैं उन पर और उनके विचारों पर प्रत्यक्ष या अप्रत्यक्ष रूप से किसी भी प्रकार की टिप्पणी नहीं करूँगा। पं. दीनदयाल उपाध्याय, डॉ. श्यामा प्रसाद मुखर्जी या गोलवलकर गुरुजी के आर्थिक विचारों से मैं सहमत हूँ। आप समाजवादी विचारों के हैं। पं. जवाहरलाल नेहरू के जो विचार थे, वे विचार आपके भी हो सकते हैं। मैंने विश्व के 35 देशों की यात्रा की और इस दौरान अमरीका में काफी घूमा। कुछ दिन पहले मैं इजराइल होकर आया हूँ। इस प्रस्ताव के माध्यम से जो विषय उठाया गया है और जिस विषय पर मुझे बोलने के लिए कहा गया है, वह मेरी पसंद का विषय है। किसी भी पुस्तक में लिखे आर्थिक विचारों के आधार पर 21वीं सदी में देश की आर्थिक नीति तय नहीं हो सकती, यह एक वैश्विक सत्य है। एकाध पुस्तक में लिखा हो कि यह हाथी है, इसीलिए मैं कहूँ कि यह हाथी है, ठीक नहीं है। जब प्रत्यक्ष रूप में हाथी दिखाई दे तो वह हाथी है और अगर आँखों को बैल दिखाई दिया तो वह बैल ही है। यही सोचकर उसका विचार करना चाहिए।

पं. नेहरूजी ने जिस प्रकार होटल उद्योग में पैसा लगाया, वैसे ही उन्होंने बाँध बनाए, पुल बनाए, क्योंकि वे जरूरी थे। वैसे ही भिलाई का स्टील प्लांट स्थापित किया। पॉवर प्लांट भी सरकार ने स्थापित किए। मुंबई विश्वविद्यालय के एक प्राचार्य हैं, उनको मैंने इस बारे में सहायता करने के

लिए कहा। उन्होंने मुझे पूरा सहयोग किया और आँकड़े निकालकर जानकारी उपलब्ध कराई। स्वतंत्रता-प्राप्ति के बाद वर्ष 2006 तक सार्वजनिक और सरकारी क्षेत्र में 5 लाख 60 करोड़ का निवेश हमने किया। उसमें से 98 प्रतिशत निवेश आज समाप्त हो गया है। वह निवेश इतना समाप्त हो गया है कि उसमें ब्याज एवं नफा भी निकलता नहीं और असेट्स भी समाप्त हो गए हैं। स्वतंत्रता-प्राप्ति के बाद हमारे देश की पहली प्राथमिकता क्या थी, यह पहले देखना चाहिए। अपने देश के विकास के क्षेत्र कौन से थे? हमारे विकास के क्षेत्र दो हैं—एक कृषि और दूसरा उद्योग। उद्योग क्षेत्र में अगर विकास करना है तो उसके लिए चार बातें जरूरी हैं, यानी पहला पानी, दूसरा ऊर्जा, तीसरा परिवहन और चौथा दूरसंचार। वैसे ही अगर कृषि क्षेत्र का विकास करना है तो उसके लिए भी चार बातें आवश्यक हैं—पानी, सिंचाई, उत्तम बीज और चौथा अति महत्त्वपूर्ण है—खेती से उत्पन्न होनेवाले कच्चे माल पर प्रक्रिया करनेवाले उद्योग और उसके लिए आवश्यक सुविधाएँ। उसमें निर्यात की भी सुविधा होनी चाहिए। लेकिन दुर्भाग्य से आज भी उस तरफ हमने ध्यान नहीं दिया है। केंद्र में जब वाजपेयी सरकार थी, तब उन्होंने प्रधानमंत्री ग्राम सड़क योजना बनाई और मेरी अध्यक्षता में उसके लिए एक समिति गठित की थी। देश में 6 लाख 50 हजार गाँव हैं, लेकिन आज भी उनमें से 2.5 लाख से ज्यादा गाँवों में सड़कें नहीं हैं। ग्रामीण क्षेत्रों में विकास को प्राथमिकता नहीं दी गई और बड़े-बड़े स्टील प्लांट व आई.टी.सी. जैसे होटल स्थापित किए गए। परिणाम यह हुआ कि 5 लाख 60 हजार करोड़ रुपए का निवेश भी मृत निवेश हुआ। इसका अर्थ यह नहीं कि सभी का ऐसा हुआ, ऐसा भी नहीं। आज भेल (BHEL) नाम की संस्था, जो भारत सरकार की है, वह टर्बाइन और बॉयलर बनाने का काम करती है। इस भेल कारखाने के पास तीन वर्ष तक के लिए काम के ऑर्डर हैं, लेकिन वह उसे पूरा नहीं कर सकती। इसलिए चीन में जो शंघाई इलेक्ट्रिक कंपनी है, उसके पास हमारे यहाँ की कई कंपनियों ने इस कार्य के लिए ऑर्डर दिए हैं। इस कंपनी की उत्पादन क्षमता प्रतिवर्ष 60 हजार मेगावाट की बिजली के उपकरण

बनाने की है। भारतीय उद्योगपतियों ने चीन में तीन कंपनियों को जो ऑर्डर दिए हैं, उनकी कीमत 1 लाख 10 हजार करोड़ रुपए है और एक प्रकार से चीन की अर्थव्यवस्था आप चलाते हैं, अगर ऐसा कहा जाए तो आश्चर्य नहीं होगा। अकेले रिलायंस की श्री अनिल अंबानी की कंपनी ने 25 हजार करोड़ रुपए के ऑर्डर्स चीन की इस शंघाई इलेक्ट्रिक कंपनी को दिए हैं। मेरे दिमाग में एक प्रश्न आया कि टेक्नोलॉजी में जो भेल की सीमेंस कंपनी से जॉइंट वेंचर है, तब वे इस कंपनी का विस्तार क्यों नहीं करते ? देश के ऑर्डर बाहर क्यों दिए जा रहे हैं ? लेकिन वह कंपनी पब्लिक अंडरटेकिंग है और बागडोर मंत्री के हाथ में है। प्रत्येक प्रस्ताव स्वीकृति के लिए कैबिनेट में जाता है। वहाँ उस पर चार-चार महीने तक टिप्पणी तक नहीं होती। परिणाम यह होता है कि फैसला ही नहीं होता। एक बात सही है कि जो सुचारु रूप से चल रहा है, उसका आपने विस्तार किया नहीं और पॉवर प्रोजेक्ट में इसका बुरा असर हम देख ही चुके हैं।

जब मैं लोक निर्माण मंत्री था, तब विश्व में तीन बातों पर चर्चा होती थी—एक निजीकरण, दूसरा वैश्वीकरण और तीसरा उदारीकरण। मैंने टोल के साथ फ्लाई ओवर बनाने की कल्पना को प्रस्तुत किया और लागू किया। तब मेरी इतनी आलोचना हुई कि आप सोच भी नहीं सकते। हमारे एक बड़े चिंतक हैं। उन्होंने मुझसे कहा कि टोल के माध्यम से पैसे लेकर पुल बनाने की आवश्यकता क्या है ? इस प्रकार पैसे इकट्ठा करके पुल क्यों बनाते हो ? मैंने उनसे कहा कि मैं ये पुल इसलिए बनाता हूँ कि मैं पिछड़े क्षेत्र का आदमी हूँ। मैंने मुंबई में कैपिटल मार्केट के पैसे से फ्लाईओवर बनाए और पूरे बजट को देहात की तरफ मोड़ दिया। पक्की सड़क बनाने के लिए 16 हजार गाँवों को यह बजट मुहैया कराया। गड़चिरोली जिले में मैंने 2 लाख 60 हजार करोड़ की सड़कें बनाईं। इस बारे में मैंने विचार किया कि ग्रामीण क्षेत्र के आदमी को, गरीब आदमी को, जिसको आज तक न्याय नहीं मिला, उसको न्याय मिलना चाहिए। यह करना है तो जहाँ 'पर कैपिटा इन्कम' और

जी.डी.पी. ज्यादा है, वहाँ उनके लिए—'If you want good service, you have to pay for it.' इस बात को अमल में लाया। इस प्रकार सरकार का सारा पैसा मैंने गरीब आदमी के लिए उपलब्ध कराया। "Inspiration behind this was to give priority to rural and poor sector of the society." गरीब और शोषित-पीड़ित आदमी तक बजट का स्रोत पहुँचाना चाहिए। नागपुर, पुणे, मुंबई जैसे शहरों में सरकार को स्वयं पैसा खर्च करने की आवश्यकता नहीं है। ग्रामीण क्षेत्रों में, विशेष रूप से गड़चिरोली जिले में, आज भी ऐसी स्थिति है।

देहातों में 18 घंटे लोडशेडिंग रहती है। स्कूल है, लेकिन स्कूल की इमारत नहीं। इमारत और शिक्षक होंगे तो विद्यार्थी नहीं। अगर तीनों हैं तो शिक्षा नहीं। इस प्रकार की स्थिति ग्रामीण क्षेत्रों में है। अस्पताल की ऐसी स्थिति है कि 80 प्रतिशत अस्पतालों में डॉक्टर नहीं हैं। वे गाँवों में रहते नहीं, किसी से मिलते नहीं। किसी का भी शासन होने दो, ये डॉक्टर लोग राजनेताओं के चहेते हैं। हम क्या गुनाह करते हैं? हमारे यहाँ के डॉक्टरों का गड़चिरोली जिले में स्थानांतरण होता है और उसे रद्द करने के लिए हम मंत्रीजी के पास जाते हैं। उनके यहाँ डॉक्टर नहीं, दवाइयाँ नहीं, शिक्षक नहीं। श्री शरद जोशी कहते हैं, उनके कहने का आधार है। वे कहते हैं, ''गाँवों में रहनेवाले लोग भारत के हैं और मुंबई, पुणे, नागपुर में रहनेवाले इंडिया में रहते हैं। उनके पास शेयर मार्केट का सूचकांक है। दुर्भाग्य से स्थिति ऐसी है कि बीच में शेयर मार्केट का इंडेक्स अधिक ऊँचाई तक नहीं पहुँच पाया। दूसरी तरफ किसान आत्महत्या कर रहे थे। एक तरफ मॉल चकाचौंध से भरे हैं, दूसरी तरफ बेरोजगार युवक रोजगार नहीं होने से आत्महत्या करते हैं।'' इस स्थिति से निपटना है, विश्व के सभी अर्थशास्त्रियों ने लिखा है कि कम-से-कम कुछ बातों के बारे में राज्य सरकार को उसकी नीति निर्धारित करनी चाहिए। इसमें पहली बात कौन सी होगी, समाज में जो गरीब, दलित, शोषित, पीड़ित आदमी है, जो गाँवों में रहता है। गांधीजी ने ठीक ही कहा था—

> "We want maximum production with the involvement of maximum number of person."

इस देश में ज्यादा-से-ज्यादा लोगों के सहयोग से ज्यादा-से-ज्यादा उत्पादन होना चाहिए। पं. जवाहरलाल नेहरू का सूत्र था—We want maximum production with the help of technology. दोनों विचारों का अपना महत्त्व है, लेकिन गांधीजी के विचारों को हम भूल गए।

मैं बाँस से बनी चीजों का उत्पादन करनेवाली संस्था का अध्यक्ष हूँ। मुख्यमंत्री श्री अशोक चव्हाण को साथ लेकर मैं भंडारा गया था। अकेले चीन में बाँस से बननेवाली चीजों के उत्पादन में 50 लाख लोगों को रोजगार मिला है। माननीय मुख्यमंत्री बाँस से बनी वस्तुओं को देख काफी प्रभावित हुए। उस समय वे उद्योग मंत्री थे। श्री बबनराव पाचपुते के यहाँ बैठक में मैंने कहा था कि बाँस के व्यवसाय में गरीब और आदिवासी लोग काम करते हैं। ये बाँस कंस्ट्रक्शन के लिए उपयोग में लाए जा सकते हैं। बाँस से घर बनाए जा सकते हैं। जंगलों में बाँस आधारित उद्योग में 20 से 25 लाख लोगों को रोजगार मिलना चाहिए। भंडारा जिले में बाँसों से चटाइयाँ बनाई जाती हैं। अकेले वेस्टर्न कोल फील्ड में ही करोड़ों रुपयों की चटाई खरीदी जाती है। उन्होंने अब चटाई खरीदना बंद कर दिया है। वहाँ चटाई बनानेवाले मजदूर संगठन के नेता हमारे एक विधायक हैं। धीरे-धीरे बाँस का उपयोग कम होता चला जा रहा है और ये श्रमिक बेकार हो गए हैं, इसलिए इस बारे में 'मॉडर्नाइजेशन एंड वेस्टर्नाइजेशन' इस प्रकार का शब्द प्रचलित है। हमें वेस्टर्नाइजेशन का विरोध कर मॉडर्नाइजेशन को बढ़ावा देना चाहिए। कंप्यूटरीकरण होना चाहिए। ये टेक्नोलॉजी होनी चाहिए, लेकिन कहाँ होनी चाहिए ? महापालिका के कचरे से खाद तैयार करने के लिए कंप्यूटर टेक्नोलॉजी की क्या आवश्यकता है ? उसके लिए हमारे पास टेक्नोलॉजी मौजूद है, लेकिन वहाँ सफाई कर्मचारियों को दरकिनार कर उनका रोजगार नहीं छीनना चाहिए। कहाँ मॉडर्नाइजेशन करना है और कहाँ नहीं करना, इसका हमको ध्यान रखना चाहिए।

मैं केवल पाँच मुद्दों को कहकर भाषण समाप्त करने वाला हूँ। इस देश में इन्फ्रास्ट्रक्चर का काम शुरू होना चाहिए, ऐसा कहा जाता था। मेरी मुलाकात दो उद्योगपतियों से हुई। उन्होंने दो बातें बताईं। पहली यह कि अगर केंद्र व राज्य सरकार आगे आएँ और हाउसिंग लोन 6 या 7 प्रतिशत पर देने की शुरुआत करें तो मंदी के कारण जो उद्योग पिछड़ गए, जैसे स्टील और सीमेंट, इस कोर सेक्टर में एकदम सुधार होगा। इसमें 10 प्रतिशत की ब्याज पर कर्ज देनेवाले बैंकों को 4 प्रतिशत का नुकसान होगा। सरकार ने अगर इसे दो साल वहन किया तो 15 हजार करोड़ रुपए लगेंगे, लेकिन इस बीच बेसिक कोर इंडस्ट्री में एकदम तेजी आ जाएगी। तीसरी बात थोड़ी विवाद की है। मैं उस बात का समर्थक हूँ। कुछ बातें सही करनी होती हैं। उनको हमें मानना चाहिए। स्विट्जरलैंड के बैंक में भारतीय लोगों का बहुत रुपया जमा है। अब तक वैश्विक मंदी के कारण उस पर शून्य प्रतिशत ब्याज मिलता था। अब निगेटिव (नकारात्मक) ब्याज शुरू हो गया है। आशय यह कि बैंक में रुपया जमा करने पर 2-3 प्रतिशत ब्याज मिलने की अपेक्षा वह कम होने लगा है। डॉलर और रुपए के अवमूल्यन के कारण उनकी स्थिति खराब है। मेरा अनुरोध है कि जिस प्रकार आप स्वैच्छिक योजना की घोषणा करते हैं, उसी प्रकार एकाध ऐसी योजना की घोषणा करें कि विश्व में जहाँ-जहाँ इस तरह का धन है, उसे लाएँ और सरकार के पास जमा कराएँ। लेकिन ऐसी स्थिति में हमारे शेयर मार्केट से अमरीका के उद्योगपति ने अपने डॉलर निकाल लिये, ब्रिटेन के उद्योगपति ने पैसा निकाल लिया, इस वजह से शेयर मार्केट एकदम नीचे आ गया। दुर्भाग्य है कि आप कैसे हैं, इसकी बजाय आप कैसे दिखाई देते हैं, इसका महत्त्व है। शेयर मार्केट के गिरने के तुरंत बाद लोग अपने शेयर बेचने लगे। उन्होंने मुझे सुझाया कि उन्हें 5 वर्ष के बॉण्ड दिए जाएँ और 5 वर्ष के बाद रिजर्व बैंक उनके धन पर 5 प्रतिशत की दर से ब्याज लगाकर वापस करे। वे पैसे देंगे, आप उन्हें बॉण्ड दें। उन्हें ऐसा लगता है कि इस देश में बाहर से कम-से-कम 5 लाख 80 हजार करोड़ रुपए से अधिक आएँगे, तब हमारी अर्थव्यवस्था में सुधार आएगा।

बीच में रिजर्व बैंक ने प्रयास किया था। एक बार 70-80 हजार करोड़ रुप लगाए, परिणाम दिखाई नहीं दिया। इसलिए शासन को इस पर विचार करन चाहिए।

हमारे सभी क्षेत्रों में कृषि क्षेत्र महत्त्वपूर्ण है। आपने उसे महत्त्व नहं दिया। केंद्र सरकार में सिंचाई विभाग नहीं है, जल संसाधन विभाग है। जब खेती को भरपूर पानी मिलता है, उसके कारण किसानों का उत्पादन ढाई गुन बढ़ता है। मैं एक बार सातारा व सांगली से सोलापुर जाने के लिए निकला उस रास्ते की मुझे पूरी जानकारी नहीं थी। उस समय आटपाडी, सांगोल आदि क्षेत्रों में गया। आचार-संहिता के कारण उस समय मैं निजी गाड़ी स सफर कर रहा था। मेरे साथ मुख्य अभियंता भी थे। मैंने उनसे कहा कि इस गाँव में पानी आया है, यह मैं कह सकता हूँ। आप मुझे केवल जानकारी दें सोलापुर पहुँचने तक मेरी सभी बातें सही निकलीं। उस मुख्य अभियंता न मुझसे प्रश्न किया, 'पश्चिमी महाराष्ट्र सारा सूखा हिस्सा था। लेकिन आपकी हर बात सच होती थी, आप कैसे जान जाते थे?' मैंने उनसे कहा, 'जिस गाँव में पानी है, उसमें सीमेंट-कंक्रीट की दुकानें थीं; जिस गाँव में पानी था वहाँ के होटलों में ग्राहकों की भीड़ थी; जिस गाँव में पानी था, उसमें कपड़े की दुकानों में भीड़ थी। जिस गाँव में पानी नहीं था, उस गाँव में टीन के पान ठेले थे और दुकानों में भीड़ भी नहीं थी। लोगों के चेहरे मुरझाए हुए थे। जब तक खेती को पानी नहीं मिलता, तब तक गाँव का विकास नहीं हो सकता। यह विकास का पहला मंत्र है। सिंचाई क्षेत्र में आज की कीमत के अनुसार महाराष्ट्र में 80 हजार करोड़ रुपए की परियोजनाएँ रुकी पड़ी हैं उनकी लागत बढ़ रही है। गोसी खुर्द परियोजना 672 करोड़ रुपए में तैयार होने वाली थी। उसकी कीमत बढ़कर 8,990 करोड़ रुपए हो गई है। देरी की वजह से कीमत बढ़ी है। अब सिंचाई और सड़क परियोजनाओं में 40 प्रतिशत निवेश हुआ है। हमने ऐसा निर्णय किया कि सीमेंट में 30 प्रतिशत फ्लॉय ऐश डाली जाए। थर्मल पॉवर स्टेशन से कोयले की जो राख निकलती

है, उस बारे में विधिमंडल में पर्यावरण को लेकर प्रश्न उठते थे। मैं कोई इंजीनियर नहीं हूँ। मेरी समझ ऐसी थी कि जब सीमेंट में फ्लॉय ऐश डालते हैं, तब सीमेंट में मिलावट होती है। एकाध इमारत गिरती तो कहा जाता कि सीमेंट में राख मिलाई जाती है। सच तो यह है कि सीमेंट में राख मिलाने से सीमेंट की ताकद बढ़ती है। वर्ली–बांद्रा पुल का जो काम चल रहा है, उस जगह; समुद्र में जो कंक्रीट का काम चल रहा है, उस काम के लिए जो सीमेंट उपयोग में लाया जाए, वह 30 प्रतिशत फ्लॉय ऐश का होना चाहिए, ऐसा निर्णय किया गया। वह शुद्ध सीमेंट नहीं है। चंद्रपुर के माननीय सदस्य श्री जैनुद्दीन जवेरी हमारे यहाँ से हजारों ट्रक फ्लॉय ऐश मुफ्त में लेकर जाते हैं। चंद्रपुर के एल. एंड टी. और माणिकगढ़ सीमेंट इनका आपस में कलह चल रहा है। यह फ्लॉय ऐश इस कंपनी को दो, उस कंपनी को दो, ये कहने के लिए विधायक–सांसद दिल्ली तक जाते हैं। एक समय जो फ्लॉय ऐश पूरे पर्यावरण का सत्यानास करने वाली थी, उस फ्लॉय ऐश को प्राप्त करने के लिए लाइन लगी हुई है। उसके लिए विधायक–सांसद और अन्य नेताओं के फोन जाते हैं। यह फ्लॉय ऐश निर्यात भी होती है।

नासिक की राख से कतार के दोहा स्थित एयरपोर्ट का काम चल रहा है। हमारे यहाँ की फ्लॉय ऐश से दोहा और दुबई के एयरपोर्ट का काम चल रहा है। नासिक महानगरपालिका के महापौर से मिलकर मैंने अनुरोध किया कि सीमेंट में 30 प्रतिशत राख मिलाकर नासिक की सड़कें बनाएँ; लेकिन वे इसके लिए तैयार नहीं हैं। सामान्य रूप से सीमेंट के एक कट्टे की कीमत 265 रुपए है। टैक्स के बगैर इसकी कीमत 56–60 रुपए है। विभिन्न करों के साथ बैग की कीमत 96 रुपए थी। फिर भी सीमेंट का बैग 265 रुपए में बिकता है। इस सीमेंट मार्केट पर 6 लोगों का नियंत्रण है। महाराष्ट्र सरकार द्वारा सीमेंट लीज (पट्टे) पर दी जाती है। सीमेंट के पट्टे के लिए चूनाखड़ी के लिए गड़चिरोली जिले में कैसी कलह मची हुई है, मुख्यमंत्री जानते हैं। सरकार को ऐसी घोषणा करनी चाहिए कि जो

व्यक्ति सीमेंट का कारखाना लगाएगा, हम उसे चूनाखड़ी देंगे। फ्लाय ऐश देंगे, उस कारखाने में 35 प्रतिशत सरकार की हिस्सेदारी रहे और जितना उत्पादन हो, उसमें 35 प्रतिशत उत्पादन पर महाराष्ट्र सरकार का अधिकार रहेगा। सरकार भिन्न-भिन्न कार्यों के लिए उसका उपयोग करेगी। वह सीमेंट उत्पादन खर्च में 15 प्रतिशत जोड़कर उपलब्ध होना चाहिए, यानी सरकार को सीमेंट की बोरी 115 रुपए की कीमत में उपलब्ध होगी। महाराष्ट्र सरकार के विभिन्न कार्यों में लगनेवाला सीमेंट 115 रुपए के हिसाब से मिले तो सिंचाई और सड़क परियोजनाओं की कीमत में सीधे-सीधे 15 प्रतिशत की कमी आ जाएगी। यह करते हुए आपका 10 से 20 वर्ष का जो कर है, वह सिक्यूटराइज किया जाएगा। उसके बदले में आप सरकार को उधार पर 8 हजार करोड़ रुपए का सीमेंट दें—ऐसा उन्हें कहें। लोहा उत्पादक कंपनियों को 10 हजार करोड़ रुपए का सीमेंट देने के लिए कहें और महाराष्ट्र में सिंचाई परियोजनाओं में जो ठेकेदार हैं, उन्हें कहें कि आप बैंक रेट के अनुसार डिफर पेमेंट पर परियोजना पूरी कराएँ। वैसे ही आपको लेबर के लिए जो खर्च आएगा, वह 5 वर्ष में ब्याज सहित दिया जाएगा, ऐसा भी कहा जाए। उसकी वजह से कृष्णा घाटी की सभी परियोजनाएँ 4 वर्ष में पूरी हो जाएँगी। पश्चिमी महाराष्ट्र में एक टेंभू योजना पूरी हो गई तो वहाँ क्या चमत्कार होने वाला है, यह वहाँ के माननीय सदस्यों को मालूम है। इसीलिए सिंचाई की परियोजनाएँ शुरू करने के लिए एक नया रास्ता निकालें। उसके कारण ग्रामीण क्षेत्रों में मंदी के जो दुष्परिणाम दिखाई देते हैं, उससे वहाँ की जनता बाहर आएगी। स्टील उद्योग द्वारा स्टील का उत्पादन कम करने के कारण खतरा उत्पन्न हो गया है। उसी वजह से चीन ने ऑर्डर रद्द किए हैं। रायगढ़ जिले के जे.एन.पी.टी. में जो लोग कबाड़ लाए थे, लोहे का कचरा लाए थे, वे भाग गए। वह कबाड़ पड़े रहने के कारण उसकी नीलामी चल रही है। अभी स्टील के दाम कम होने के कारण यह स्थिति पैदा हुई है। इसीलिए स्टील उत्पादकों से कहा जाए कि सरकार तुम्हारे पास से स्टील खरीदेगी। राज्य सरकार और केंद्र सरकार के विभिन्न

करों का 10 वर्ष का अनुमान लगाकर उसे सिक्यूटराइज करके उसकी कीमत के बराबर स्टील सरकार को दे दे। उसमें से 40 प्रतिशत राशि कृष्णा घाटी, विदर्भ सिंचाई निगम के अंतर्गत आनेवाली परियोजनाओं को दी तो उर्वरित 60 प्रतिशत में 20 प्रतिशत उसका फायदा होगा। इन परियोजना पर होने वाला अन्य खर्च बैंक के ब्याज की दर के अनुसार 5 वर्ष में दिया जाए। जिस परियोजना को 9 वर्ष लगते हैं, वह परियोजना 2 वर्ष में पूरी हुई तो इससे महाराष्ट्र की सिंचाई क्षमता बढ़ेगी और ग्रामीण क्षेत्र की तसवीर बदलेगी। इससे इस समस्या का अधिकांशत: समाधान हो सकेगा।

अपने देश का कच्चे तेल का आयाम बिल 2 लाख 80 हजार करोड़ रुपए है। उस समय एक बैरल की कीमत 148 डॉलर थी। अब वह ईश्वर की कृपा से 38 डॉलर पर आ गई है। अगर देश को इस समस्या का हल करना है तो श्री अटल बिहारी वाजपेयी द्वारा इस समस्या को हल करने के लिए दी गई दिशा के दृष्टिकोण से इस पर विचार किया जाना चाहिए। 'Diversification of agriculture towards energy and power sector.' ऐसे विचार उन्होंने व्यक्त किए थे। इस देश का किसान देश के लिए डीजल और पेट्रोल तैयार कर सकता है। मेरे पास उसका प्रोजेक्ट है, यह मैं कई बार कह चुका हूँ। अगर किसी को देखना हो तो आकर देख सकता है। इस समय मैं 28 मेगावाट बिजली तैयार करता हूँ। नागपुर शहर की आवश्यकता की पूर्ति हो सके, इतनी बिजली तैयार होती है। यह संभव है। हमारे पास गन्ने की चीपड़ से बिजली तैयार होती है। हमारे गाँव-गाँव में ऐसी ऊर्जा परियोजनाएँ बननी चाहिए। उससे लोडशेडिंग की समस्या हल होगी और रोजगार भी बढ़ेगा। सरकार ने इथेनॉल का उत्पादन बंद किया है। इस समय चीनी मिलों की अवस्था खराब है। अमरीका में मक्के से चीनी बनाई जाती है। यूरोप में चुकंदर से चीनी का निर्माण होता है और हमारे यहाँ गन्ने से चीनी तैयार की जाती है।

चुकंदर में भी बहुत अधिक मात्रा में चीनी है। वसंत दादा को-ऑपरेटिव चीनी उद्योग ने इस चुकंदर पर प्रयोग शुरू किया है। मैंने चुकंदर की खेती

की, उस समय साढ़े तीन किलो का चुकंदर का एक कंद निकला। उस चुकंदर में 18 प्रतिशत चीनी है और 110 दिन में उसकी फसल तैयार होती है। उसकी फसल के लिए पानी की भी कम आवश्यकता होती है। इस चुकंदर से इथेनॉल बनता है। ये इथेनाल पेट्रोल में 35 प्रतिशत और डीजल में 35 प्रतिशत मिलाया जाए तो काफी बचत हो सकती है। गाँव संपन्न होने चाहिए। पर कैपिटा इन्कम, जी.डी.पी. बढ़ना चाहिए। अभी आप ऐसा कहते हैं—जनसंख्या का प्रतिशत शहरी क्षेत्र में 35 और ग्रामीण क्षेत्रों में 65 प्रतिशत है। गाँव की ओर चलो, ऐसा जब महात्मा गांधी ने कहा था, उस समय गाँवों की जनसंख्या 85 प्रतिशत और शहरों की जनसंख्या 15 प्रतिशत थी। अगले वर्ष नगर विकास की रिपोर्ट आएगी, जिसमें ये शहरी और ग्रामीण क्षेत्र की जनसंख्या 50-50 प्रतिशत हो सकती है। इसका क्या कारण है ? ग्रामीण क्षेत्र के 36 विधानसभा क्षेत्र कम हो गए और ठाणे जिले में लोकसभा के चार लोकसभा क्षेत्र बढ़ गए हैं। गाँव में रोजगार मिलता तो गाँव के लिए सड़क होती, पीने का स्वच्छ पानी होता, दुधारू मवेशी होते, बच्चों की पाठशाला होती। तब वह चपरासी की नौकरी, मजदूरी करने के लिए शहर में क्यों आता ? लेकिन ग्रामीण क्षेत्र में यह न होने के कारण शहरों में झुग्गी-झोंपड़ियों की समस्या पैदा हुई।

महाराष्ट्र में भी इस मंदी का असर दिखाई देगा। उसके लिए सरकार एक कार्यक्रम बनाए और इस कार्यक्रम को तैयार करते समय हमें विश्वास में ले। राज्य के विकास की बात कभी भी दलीय राजनीति का विषय नहीं हो सकती। माननीय मुख्यमंत्रीजी से मैंने मिहान परियोजना के बारे में विचार-विनिमय हेतु पिछले 15 दिन में चार बार अनुरोध किया, लेकिन उनके पास समय नहीं है। मिहान परियोजना में 20 हजार करोड़ रुपए का निवेश होना है। पूर्व मुख्यमंत्री श्री विलासराव देशमुख जब-जब नागपुर आते थे, उस समय वे मिहान परियोजना के संबंध में मीटिंग करते थे। नागपुर की मिहान परियोजना को उन्होंने गति दी। वर्तमान मुख्यमंत्री श्री अशोक चव्हाण भी इस

परियोजना को गति देंगे, इस बारे में मेरे मन शंका नहीं है। 20 हजार करोड़ रुपए निवेश के कारण विदर्भ की अर्थव्यवस्था में तेजी आने वाली है।

जिसका राजा व्यापारी, उसकी जनता भिखारी। सरकार का कार्य धंधा और व्यापार करना नहीं है। देश में टेलीफोन की 12 कंपनियाँ लाने के लिए श्री प्रमोद महाजन और धीरूभाई अंबानी को धन्यवाद देना चाहिए। अभी 10 कंपनियों को आने दो और स्पर्धा होगी। मुझसे एक कंपनी के डायरेक्टर ने कहा कि मैं बस ड्राइवर और कंडक्टर को 15 हजार टेलीफोन मुफ्त देता हूँ।

मुझसे वे मिले। कंपनी का नाम नहीं लूँगा। 15 हजार टेलीफोन मुफ्त में देता हूँ। हमारे पैसे से केवल उन्हें फोन करना चाहिए। मतलब उनका मीटर चला। कंपनियाँ आईं, इससे प्रतिस्पर्धा बनी, इसीलिए सुधार हुआ। फायदा किसका हुआ ? फायदा रिक्शावालों को हुआ। आज सब्जीवाला फोन करता है और टमाटर का क्या भाव है, जान लेता है, ऐसी क्रांति हुई है। इस कारण स्व. राजीव गांधी और उनके तत्कालीन सहयोगी सैम पित्रोदा को सैल्यूट देना चाहिए। स्व. प्रमोद महाजन, स्व. राजीव गांधी उस समय टेक्नोलॉजी के क्षेत्र में क्रांति लाए। विमान परिवहन में पहले इंडियन एयर लाइंस एकमात्र कंपनी थी। अब 5 कंपनियाँ इस क्षेत्र में आई हैं।

इसका मतलब प्रतिस्पर्धा बढ़ गई है। ये स्पर्धा क्यों बढ़ी, इसका भी कारण है। कंपनी को लगने लगा है कि हमारी कंपनी को टिकना चाहिए। प्रतिस्पर्धा के कारण ग्राहकों का फायदा हुआ। साम्यवाद तंत्रज्ञान के उदारीकरण को मान्यता नहीं देता। पर उदारीकरण होना चाहिए, निजीकरण होना चाहिए, वैश्वीकरण होना चाहिए। इसका विकल्प नहीं, इसे कोई रोक नहीं सकता। आज चीन में जो निवेश हुआ है, वह नॉन रेजीडेंट चीनी जो इंडोनेशिया, मलेशिया, सिंगापुर में रहते हैं, उन्होंने किया है। अमरीका में जो चीनी हैं, वे रईस हैं। चीन की अर्थव्यवस्था खुली होने के बाद एन.आर.आई. चीनी लोगों ने 4,500-5,000 करोड़ डॉलर का निवेश किया। उसी वजह से चीन विश्व आर्थिक महाशक्ति बना। लेकिन आपको मंदी से घबराने की आवश्यकता

नहीं है। 18वीं सदी में मुगलों का शासन था। 19वीं सदी में अंग्रेजों का शासन था। यूनियन जैक सभी जगह लहरा रहा था। 20वीं सदी की महाशक्ति अमरीका है। सभी जगह अमरीका का बोलबाला था। 21वीं सदी आई.टी. और बायो-टेक्नोलॉजी की सदी है। भारत की अर्थव्यवस्था में प्रतिवर्ष 1 लाख 20 हजार करोड़ रुपए की बड़ी पूँजी इस उद्योग के माध्यम से आती है। अब इसका उत्पादन 80 हजार करोड़ रुपए पर आ गया है। भारतीय सॉफ्टवेयर इंजीनियरों ने विश्व में अपना झंडा फहरा दिया है। उसका कहीं भी सानी नहीं है। मेरा तो कहना है कि आप अधिक-से-अधिक मेडिकल कॉलेज खोलें। ये जो इंजीनियरिंग और मेडिकल कॉलेज के मालिक हैं, जो 200 से 1,000 करोड़ रुपए के मालिक हो गए हैं, वे विद्यार्थियों से कहते हैं कि मेरे कॉलेज में आओ, हम प्रवेश देते हैं। हमारी सरकार आती है हम तो पहला काम करेंगे, यानी मेडिकल कॉलेज खोले जाएँगे। मुफ्त में जगह देंगे। मेडिकल कॉलेज की फीस 20 हजार, 15 हजार, 8 हजार रुपए होने दो। प्रतिस्पर्धा होने दो। इस क्षेत्र में सबसे ज्यादा निवेश होने वाला है। भारत की यह ताकत है। उसका फायदा होने दो। जिस प्रकार 67 रुपए में किए जानेवाला फोन 1 रुपए पर आ गया, उसी प्रकार इंजीनियरिंग की फीस 5 हजार रुपए, 10 हजार रुपए पर आनी चाहिए। प्रतिस्पर्धा में गरीब आदमी का भला होता है।

मेरी केवल इतनी ही प्रार्थना है कि शिक्षा में क्या करना है, कृषि में क्या करना है, उद्योग में क्या करना है, इन्फ्रास्ट्रक्चर में क्या करना है, ऊर्जा क्षेत्र में क्या करना है, मेडिकल एजुकेशन में क्या करना है, सार्वजनिक आरोग्य में क्या करना है, इसकी कार्ययोजना निश्चित कर उसकी रूपरेखा तैयार कर नीति तय कराएँ। हम सरकार को सहयोग करेंगे। ये राज्य पहले नंबर पर आना चाहिए। आज राज्य 6-7वें स्थान पर चला गया, इसका मुझे दु:ख है। इसलिए मेरा सरकार से अनुरोध है कि जो वैश्विक मंदी की रिपोर्ट है, इसमें जो संकट आने वाला है, उसे ध्यान में रखते हुए इस पर काबू पाने

और आगे बढ़ने की नीति इस उद्देश्य से सरकार निर्धारित करे—और यदि इस कठिनाई को दूर करने का प्रयास किया तो निश्चित रूप से इस मंदी का राज्य की प्रगति पर इसका असर नहीं होगा। "There are some people who convert the problems in to opportunity." कुछ ऐसे लोग होते हैं जो समस्याओं को अवसरों में बदल देते हैं।

> "There are many people in politics and in India they convert the opportunities in problems."

लेकिन कई लोग ऐसे भी होते हैं, जो अवसरों से समस्याएँ खड़ी कर देते हैं। इसीलिए पर कैपिटा इन्कम और जी.डी.पी. नहीं बढ़ी। इसके लिए आपको वैश्वीकरण, निजीकरण और उदारीकरण के संबंध में नीति निर्धारित करते समय उसको बल देनेवाली नीति ही अपनानी चाहिए। देश का गरीब आदमी विकास प्रक्रिया में आना चाहिए। जनता को प्रोत्साहित करना जरूरी है। एम.एस.आर.डी.सी. के माध्यम से फ्लाईओवर तैयार होने से क्या परिणाम हुआ, यह आप देख ही रहे हैं। इसके निर्माण में लगे 40 हजार करोड़ रुपए सरकार के नहीं थे, लेकिन यह निजी पैसा था। वह बाहर निकला और विकास कार्य में लगा। फिर उसमें स्टोन क्रेशर्स हों, छोटे-छोटे ठेकेदार और मशीनरी हों, ऐसे अनेक काम इस प्रक्रिया का हिस्सा बने। इस पूरे क्षेत्र का इस मंदी की दृष्टि से विचार कर एक समृद्ध और संपन्न राज्य बनाना है तो मेरा यह अनुरोध है कि इस बारे में शासन जो नीति निर्धारित करने वाला है, उसे निर्धारित करते समय सभी दलों के लोगों को विश्वास में लेकर नीति निर्धारित करें। किताबी अर्थनीति को एक तरफ रखकर और 21वीं सदी के परिप्रेक्ष्य में आर्थिक नीति एवं विकास का अध्ययन कर नीति तैयार की जाए, तभी लोगों का फायदा है और वही आज जनता की भी माँग है। मैंने नागपुर में एक रैली की थी। उस रैली में लगभग तीन लाख लोग मौजूद थे और 40 हजार लोग बाहर भी थे। मैं पुणे गया था, उस कार्यक्रम में भी असंख्य बच्चे मौजूद थे। इसका अर्थ स्पष्ट है कि जनता की भी आज यही माँग है। इसका

कारण यह कि जनता को हमारे लड़ाई-झगड़े में दिलचस्पी नहीं। उसे रोजगार चाहिए। उसको विकास की राजनीति में दिलचस्पी है। इसीलिए मेरा ऐसा अनुरोध है कि शासन ने इस आशय से अपनी नीति बनाई तो महाराष्ट्र देश में पहले नंबर पर होगा।

❑

* महाराष्ट्र विधान परिषद् में 23 दिसंबर, 2008 को दिया गया भाषण।

“

अब मजे की बात यह कि सभी जगह कंप्यूटर लगे हैं। उन पर काम किया जाता है और फाइल्स पर भी काम किया जाता है। वास्तविक स्थिति देखें तो कंप्यूटर के कारण मानव श्रम कम लगता है, लेकिन यहाँ देखो। **कंप्यूटर और फाइल्स पर** भी काम हो रहा है। दोनों जगह काम चल रहा है। मतलब दोहरा काम। फिर खर्च में कैसे कमी आएगी।

”

13

महाराष्ट्र पर भारी कर्ज

महाराष्ट्र के बहुत ही संवेदनशील और राज्य की दृष्टि से अत्यंत महत्त्वपूर्ण प्रश्न पर चर्चा हो रही है। महाराष्ट्र दिवालियापन की दहलीज पर तो नहीं, लेकिन कगार पर खड़ा है। राज्य सरकार का खजाना पूरी तरह खाली हो गया है। दूरभाष और बिजली बिल को छोड़कर सभी बिल मंजूर न करने के आदेश सभी कोषागारों को दिए गए हैं। दूरभाष बंद होने के कारण मंत्री से लेकर सचिव तक सभी को सूचना देने के लिए मंत्रालय में बेकार की भाग-दौड़ करनी पड़ेगी और बिजली के अभाव में सब जगह अँधेरा हो जाएगा। पिछले डेढ़ वर्ष में बारह बार लिये गए ओवरड्राफ्ट का समाधान रिजर्व बैंक ने किया। कामकाज के बारह दिन की अवधि में सात-आठ दिन के भीतर वापस करने थे। जुलाई महीने में 350 करोड़ रुपयों का ओवरड्राफ्ट राज्य सरकार द्वारा नहीं दिया गया होता तो मंगलवार को सरकार के किसी भी धनादेश का समाशोधन नहीं होता और धनादेश वापस आने की बदनामी सरकार को झेलनी पड़ती। केंद्र सरकार से उसी समय अग्रिम राशि के रूप में 750 करोड़ रुपए हमारे पास आए, उसी वजह से सरकार की नाक बची। इस बारे में जितना कहा जाए उतना कम है।

नागपुर में विदर्भ सिंचाई निगम के बारे में कल विदर्भ के सभी दलों विधायकों की बैठक हुई। माननीय मुख्यमंत्री बीच में नागपुर आए थे अं उन्होंने 900 करोड़ रुपए के कार्यक्रम को जारी रखने के लिए धन उपल कराने का आश्वासन दिया। 650 करोड़ रुपए का वर्क ऑर्डर दिया गय 550 करोड़ के टेंडर स्वीकृत किए गए और 270 करोड़ रुपए ठेकेदारों ब बकाया हैं। इस निगम के 60 करोड़ रुपए कृष्णा खोरे ने निगम से उध लिये। वे नियम के अंतर्गत आते हैं या नहीं आते, इस बारे में सदन में च हुई। माननीय वित्तमंत्री ने सदन में बजट पर कहा था कि 1 अप्रैल के अं वे पैसे वापस करेंगे। माननीय मंत्री श्री राजेंद्र दर्डा साहब अप्रैल फूल न बनाएँगे, ऐसा 100 प्रतिशत विश्वास था। लेकिन उन्होंने भी ऐड़ा बनव पेड़ा खाया और हमें अप्रैल फूल बनाया, 1 अप्रैल को हमारे पैसे वापस न मिले। परसों जब यह प्रश्न उठाया गया, तब मालूम हुआ कि 35 करो मिले, 25 करोड़ रुपए दिए नहीं, इसके अलावा अभी ब्याज भी नहीं दिय

ठेकेदारों ने सिंचाई की सभी छोटी-बड़ी परियोजनाएँ बंद कर दीं। उनक काम बंद है। पैसे की परेशानी है, वह है, लेकिन सरकार कितनी लापरवाह इसका उदाहरण देखने को मिलता है। सिंचाई निगम को पिछले पूरे वर्ष पूर्णकालीन मैनेजिंग डायरेक्टर भी हमने नहीं दिया। शेयर जारी करने व अनुमति अगर दिसंबर-जनवरी में दी होती तो पैसे हो गए होते, लेकिन वि विभाग में लालफीताशाही के कारण अनुमति मार्च में मिली। उस समय लो इन्कम टैक्स रिटर्न भरते हैं। इसका परिणाम यह हुआ कि शेयर, बाजार में टि नहीं पाए। ऐसी स्थिति का निगम को सामना करना पड़ा। ऐसी ही स्थि मराठवाड़ा सिंचाई निगम की है। यही स्थिति तापी घाटी की है और कृष्णा घा की भी स्थिति वैसी ही है। ये सब होते हुए भी गठबंधन सरकार ने ये किय गठबंधन सरकार ने कर्ज लिये, उसी वजह से ये सब हुआ। इस प्रकार ए वाक्य का जाप इस सरकार ने पहले चार-छह महीने तक लगातार किया। मु याद आता है, उप-मुख्यमंत्री ने कहा, ''नाका वहाँ पुल नहीं, इसका अर्थ य

हुआ कि जहाँ आवश्यकता नहीं है, वहाँ पुल बनाए गए। सही अर्थों में मुंबई के फ्लाईओवर पुलों की परियोजना है। इस परियोजना से पूरे पैसे वसूल होते हैं। मुंबई शहर में फ्लाईओवर बनाए, एक्सप्रेस हाइवे बनाए, हाइवे एक्सप्रेस की स्थिति थोड़ी दूसरे प्रकार की है। लेकिन मेरी जानकारी के अनुसार फ्लाई ओवर पर पेट्रोल और डीजल का जो सरचार्ज लेते हैं, वह लगभग 70–80 करोड़ रुपए है। उसके साथ ही टोल से मिलनेवाले पैसे का हिसाब कर सकते हैं। 115 करोड़ रुपए वापस करने हैं। प्रत्यक्ष में 135 से 140 करोड़ रुपए मिलते हैं। यानी प्रत्येक वर्ष फ्लाईओवर से 20–25 करोड़ रुपए का लाभ लेता है। मुंबई में निजी निवेश से बनाए गए पुलों से लोगों को सुविधा प्राप्त हुई है। इस निगम को 15–20 करोड़ ज्यादा मिले। इस परियोजना की सरकार पर कोई जिम्मेदारी नहीं है। एक्सप्रेस हाइवे की स्थिति कुछ ठीक नहीं है। अभी तक जितना यातायात होना चाहिए, उतना मिला नहीं। वहाँ जगह थी, एम.एस.आर.डी.सी. और सरकार ने उस जगह को छोड़ दिया। मेरा कहने का आशय यह है कि हमने जितने कार्य किए उसमें रेलवे फ्लाईओवर का भी समावेश है। निवेश करनेवाली वित्त संस्थाओं की वापसी हो रही है। उसकी जिम्मेदारी सरकार पर नहीं है।

सिंचाई निगम में बहुत ही अव्यवस्था है। वास्तव में निजी निवेश से परियोजना पूरा करते समय उसकी सुनियोजित ढंग से रूपरेखा तैयार की जानी चाहिए। दुर्भाग्य से उस पर विचार करने के लिए सरकार के पास समय नहीं है। अभी भी स्थिति बदल सकती है। कृष्णा घाटी या अन्य सिंचाई निगम अपने पैरों पर किस प्रकार खड़े हो सकेंगे, इस बारे में सदन में दो-तीन बार मैंने ही इस बारे में सुझाव दिए। लेकिन सरकार में इस बारे में चर्चा ही नहीं हो सकी। सत्ता में आए दो वर्ष हो गए, फिर से राजनीतिक दृष्टि से हमारे नाम पर ही ठीकरा फोड़ा जा रहा है, आखिर क्यों? पहले 6 महीने तक तुम्हें अच्छा लगा, लेकिन आगे भी शासन करते हुए आप हमें कोसते हैं। इन दो वर्षों में आपने कौन से झंडे गाड़ दिए? अगर यह प्रश्न एक सामान्य

आदमी ने आपसे पूछा तो आपके पास इसका क्या जवाब है? आप हमारे नाम पर कितने दिन तक ठीकरा फोड़ते रहोगे? ऐसा कहा गया कि शेयर कम करने की वजह से कर्ज बढ़ा है। सहकारिता मंत्री ने फिर से शेयर जारी करने की घोषणा क्यों की? आप बैंक गारंटी के बारे में कहते हैं। महाराष्ट्र में कई अच्छी परियोजनाएँ बन सकती हैं, उसका जिक्र पहले हो चुका है। यहाँ बैंक गारंटी लेना भी औपचारिकता है, लेकिन आपके वित्त विभाग ने ऐसी भूमिका निभाई है कि किसी भी स्थिति में बैंक गारंटी नहीं लेगी। उस वजह से ग्रामीण क्षेत्र के किसानों के कृषि उपज पर व्यापार करनेवाले उद्योगों के लिए जो मार्ग था वह भी बंद हो गया है। आशय यह कि स्थिति पेंडुलम की तरह है—कभी इधर, कभी उधर। पहले सूत मिलों के लिए और अन्य दूसरे उद्योगों के लिए आपने गारंटी ली। अब स्थिति ऐसी है कि को-ऑपरेटिव क्षेत्र में एक भी नया कारखाना नहीं लग सकता। जब तक सरकार गारंटी नहीं लेती, तब तक सहकारिता क्षेत्र में कोई भी कर्ज देनेवाला नहीं और सरकार गारंटी लेने वाली नहीं। तब ये परियोजना कैसे तैयार होंगी? इस पर आप विचार नहीं करते। इस बारे में सरकार द्वारा टोकने की नीति अपनाने के कारण ऐसी स्थिति पैदा हुई है। यह मेरा पहले भी विचार था और आज भी यही विचार है।

वित्त विभाग में आई.ए.एस. सचिव नियुक्त किए जाते हैं। वहीं पर नियुक्त ये अधिकारी और अवर सचिव कई बार आपको मूर्ख बनाते हैं। आज वैश्विक अर्थव्यवस्था में प्रवेश करते समय हमारे वित्त विभाग का सचिव मात्र आई.ए.एस. न हो, बल्कि उसे अर्थशास्त्र का भी ज्ञान होना चाहिए। उसी प्रकार आप जब तक कैपिटल इन्वेस्टमेंट नहीं लाते तब तक पर-कैपिटा इन्कम और जी.डी.पी. नहीं बढ़ेगी। लेकिन आप इस पर कहीं भी विचार करने के लिए तैयार नहीं हैं। उसने स्टार्ट कहा तो स्टार्ट और स्टॉप कहा तो स्टॉप, ऐसी आपकी स्थिति है। रिजेक्ट करो कहा तो रिजेक्ट, ऐसी भी स्थिति है।

न्यायालय की स्वीकृति, जज के लिए स्वीकृति, लेकिन उसका स्टेनो नहीं है। मानवाधिकार आयोग की स्वीकृति; साहब की नियुक्ति हो गई है, लेकिन उनके बैठने के लिए स्थान नहीं है और उनका स्टाफ नहीं है। इस वजह से वे चौपाटी पर टहलते दिखाई देते हैं। अब क्या करना है? फिर उनको क्यों रखा जाए? उनको हटाकर उनकी तनख्वाह बंद करो। मुझे कहना है कि कोई भी कार्य किया जाए, तो वह पूरी समग्रता और एकजुटता से हो। आप मशीन को मान्यता देते हैं, लेकिन ऑपरेटर को नहीं। आप शिक्षा संस्थाओं को मान्यता देते हैं, लेकिन शिक्षकों को नहीं और शिक्षकों को मान्यता देते हैं, लेकिन क्लास की अनुमति नहीं देते। मतलब कहीं भी कोई तालमेल नहीं। तालमेल और विवेक का अर्थशास्त्र में विचार करना होता है। ये जानने की इस सरकार को समझ नहीं। इसमें वित्तमंत्री की कोई गलती नहीं। वजह, उनको एक्सपोजर ही नहीं है। मंत्रालय में कंप्यूटराइजेशन होना चाहिए। लगभग 17 हजार करोड़ रुपए का प्रशासनिक खर्च आप करते हैं। आपने सुचारु तरीके से महाराष्ट्र में कंप्यूटरीकरण किया है। उसकी बजाय एक दशांश मैनपावर में ये सरकार चल सकती है क्या? कई विभागों का आधुनिकीकरण हो सकता है। यहाँ पाटणकर साहब बैठे हैं। जब महाराष्ट्र सड़क विकास निगम की स्थापना हुई, उस समय 47 कर्मचारी थे और कभी भी राज्य मंत्रियों के पद बनने के बाद और दस-बीस का स्टाफ बढ़ता है। राज्यमंत्री का नामांकन किया। उनका स्टाफ, ड्राइवर वगैरह सब मिलाकर कुल 70-80 से ज्यादा नहीं होगा। इस निगम ने 4,500 करोड़ रुपए का काम किया और सहकारी विभाग में मात्र 1,700 करोड़ रुपए का काम करने के लिए 25 से 30 हजार का स्टाफ है। कभी आप इस प्रशासन के बारे में नई आधुनिक संकल्पना का विचार करें। ऐसा विचार आपने कभी गंभीरतापूर्वक किया है? अब मजे की बात यह कि सभी जगह कंप्यूटर लगे हैं। उन पर काम किया जाता है और फाइल्स पर भी काम किया जाता है। वास्तविक स्थिति देखें तो कंप्यूटर के कारण मानव श्रम कम लगता है, लेकिन यहाँ देखो। कंप्यूटर और फाइल्स पर भी काम हो रहा है। दोनों जगह काम चल

रहा है। मतलब दोहरा काम। फिर खर्च में कैसे कमी आएगी।

विश्व के विभिन्न देशों को देखने का अवसर मुझे मिला है। मैं हांगकांग गया था। वहाँ के मंत्रालय में मुझे मात्र 300 व्यक्ति मिले। चीन में मैंने देखा कि ऑफिस में लोगों की भीड़ नहीं है। अब लोग पैसे भी ए.टी.एम. या कंप्यूटर से निकालते हैं। कंप्यूटर से बिजली के बिल भरे जाते हैं। आपने भी देखा होगा कि इस प्रकार के सॉफ्टवेयर विकसित किए गए होते तो कितना प्रशासनिक खर्च हम कम कर सकते थे। वह खर्च हमने कम नहीं किया। इसके उलट वह बढ़ता ही गया। औरंगाबाद में 70 करोड़ रुपए से ज्यादा राशि ठेकेदारों को देने के लिए बाकी है। राज्य का विचार करें तो कोई भी विभाग लें, लोक निर्माण विभाग, सिंचाई विभाग, ऊर्जा विभाग हो, ठेकेदार को पेमेंट देने का अधिकार आपने चीफ इंजीनियर के पास से ले लिया है। इसका परिणाम क्या हुआ? 20-25 लाख का पेमेंट लेने के लिए भी उनको मंत्रालय आना पड़ता है, मंत्रियों से मिलना पड़ता है। सभी अच्छे ही होते हैं, ऐसा नहीं। वास्तव में देखा जाए तो यह स्थिति बिलकुल ठीक नहीं है। हमारे पास प्रशासनिक सुधार नहीं है, आधुनिक व्यवस्थापन की संकल्पना नहीं, लोगों में काम करने की इच्छा-शक्ति का अभाव है। इसकी वजह से सभी कुछ अव्यवस्थित है।

कर्मचारियों के बारे में मैं एक बात कहना चाहता हूँ। पाँचवाँ वेतन आयोग लागू हुआ, उसकी जिम्मेदारी केवल इसी सरकार की है, ऐसा मैं कहनेवाला नहीं। 1984 में तत्कालीन मुख्यमंत्री श्री शरद पवार ने कहा था कि केंद्र सरकार के कर्मचारियों की तरह सभी लाभ राज्य सरकार के कर्मचारियों को भी हम दें। आपने कर्मचारियों की हड़ताल समाप्त की, भाषण समाप्त किया और यहाँ आए तो कुछ और ही कहते हैं।

आपको आर्थिक स्थिति के बारे में कड़े फैसले करने पड़ेंगे। राज्य सरकार कर्मचारियों को वेतन देने की दुकान नहीं है। ग्रामीण इलाकों में जो जमीन से जुड़ा आदमी है, उसको गाँव में जाने के लिए सड़क नहीं है, उसके पीने के

लिए शुद्ध पानी नहीं, उसके घर में बिजली नहीं, उसके लिए सरकार को काम करना कि नहीं, या आपका सभी पैसा कर्मचारियों को वेतन देकर समाप्त करना है ? महाराष्ट्र में 50 प्रतिशत कृषि पानी के पाइपों (पंप के माध्यम) से कनेक्शंस नहीं दिए गए हैं। उसमें बिजली से चलनेवाले 50 प्रतिशत पंप विदर्भ में हैं। आज किसान दु:खी है। वर्षा ज्यादा हुई तो उसका नुकसान होता है और वर्षा कम हुई तो उसका नुकसान होता है। बिजली के पंप लगाए गए हैं, लेकिन आप कनेक्शन देते नहीं। फिर ग्रामीण इलाकों के लोगों को क्या करना चाहिए ? आम आदमी काम से गया। कर्मचारियों का बोनस बंद हुआ है। हमारे द्वारा शुरू किया गया झुनका-भाकर (बेसन की सब्जी और ज्वार की रोटी) केंद्र ने हमसे विशेष प्रेम होने के कारण, बंद कर दिया गया है। आश्रमशाला बंद किए हैं। सैनिक स्कूलों का अनुदान बंद किया है।

राज्य के मंत्रिमंडल में आनेवाला प्रत्येक मंत्री दैनिक भत्ते पर है। प्रजातंत्र में हमेशा के लिए मंत्री नहीं होता। मंत्री पद की शपथ लेने के बाद एक दिन उस पद से उसे हटना पड़ता है। शराब का नशा बाद में चढ़ता है, सत्ता का नशा उससे ज्यादा होता है। शराब के नशे से ज्यादा खराब सत्ता का नशा है। मंत्री होने के बाद कई बदल जाते हैं, लेकिन पद गया कि बीस वर्ष तक मंत्री पद पर रहे लोग नरीमन पॉइंट पर अकेले घूमते देखे जाते हैं। उनके साथ एक भी कार्यकर्ता नहीं होता। यहाँ एक बात का जिक्र करना चाहता हूँ कि एक बार माननीय श्री जयवंतराव टिलक साहब के यहाँ हम लोग भोजन के लिए गए। मुख्यमंत्री आए और हड़बड़ी में एक पूर्व मंत्री का पैर धोती में अटक जाने से वे जमीन पर गिर पड़े। वास्तव में देखा जाए तो इतनी हड़बड़ी करने की आवश्यकता नहीं थी, लेकिन हमारे प्रजातंत्र की यही मजबूरी है। कोई भी मंत्री आया और लोग उसका स्वागत करने के लिए जाते हैं। गले में हार डालकर मंत्री महोदय का स्वागत करते हैं, लेकिन बाहर आने के बाद क्या कहते हैं—'बुढयाच्या मढयावर हार पहनाने गया था।' इस पर आपको ऐसा दिखाई देगा कि वे सम्मान की दृष्टि से हार पहनाने और स्वागत करने

के लिए नहीं, बल्कि अपना चेहरा दिखाने के लिए जाते हैं।

इस राज्य में सत्ता हाथ में आते ही लोग बदल गए हैं। इस सरकार ने सभी जगह जाकर नारा लगाया कि राज्य कर्ज बाजारी (सरकार कर्ज में डुबी है) हुआ है। राज्य दिवालियेपन की स्थिति में है। राज्य की आर्थिक स्थिति खराब हो गई है। ऐसा कहने में राज्यमंत्री भी अपवाद नहीं हैं। ये सब भाजपा-शिवसेना गठबंधन सरकार ने किया है, ऐसा सभी जगह कहा गया। ग्रामीण इलाकों में पानी नहीं, सड़कें नहीं। केवल मुंबई में पुल बनाए जा रहे हैं। सभी खजाने खाली कर दिए गए हैं, ऐसा कहा गया है। राज्य के सभी गाँवों और पूरे देश में राज्य की छवि खराब की गई। जिम्मेदार कार्यकर्ता ऐसा कभी भी करने वाले नहीं हैं। माननीय प्रधानमंत्री श्री अटल बिहारी वाजपेयी ने ऐसा कभी भी नहीं कहा। गैट करार पर श्री नरसिंहराव और डॉ. मनमोहन सिंह ने हस्ताक्षर किए हैं। प्रजातंत्र में एक सरकार निर्णय लेती है और दूसरी सरकार उस पर अमल करती है। एनरॉन के प्रश्न पर आप जो राजनीति कर रहे हैं, इस प्रकार करना ठीक नहीं। 10 या 15 वर्ष के बाद, 8 या 10 हजार करोड़ रुपए के एरियर का चार्ज राज्य पर लगेगा, उस समय आपको महसूस होगा कि इसका परिणाम कितना भयंकर हुआ है। मैं एनरॉन का समर्थक नहीं हूँ और विरोधी भी नहीं हूँ। इस करार के बारे में जिस प्रकार से घोषणा की गई और जिस तरह से आप इस पर कार्य कर रहे हैं, वह देखने के बाद, इस समय की भयंकर स्थिति के बाद एनरॉन का प्रश्न भी इस राज्य पर हजारों करोड़ रुपए की भूल की सजा दिए बिना नहीं रहेगा। अंतरराष्ट्रीय न्यायालय में केस लड़ने के लिए भी 2.5 करोड़ रुपए लगते हैं। ये पैसे सरकार के पास हैं कि नहीं, मुझे मालूम नहीं। वहाँ आग्रह चलनेवाला नहीं। तिजोरी में अगर पैसे नहीं हैं तो लंदन में कोई भी वकील केस लड़ने के लिए तैयार नहीं होगा। सरकार को पैसे देने ही पड़ेंगे। लेकिन इस बारे में एक लापरवाही मेरे देखने में आई।

इस राज्य की आर्थिक स्थिति को समझनेवाली गंभीर और जवाबदार सरकार दिखाई नहीं देती। राज्य का जो उत्पादन है वह तीन बातों पर निर्भर

करता है। बिक्री कर, स्टांप ड्यूटी और उत्पादन शुल्क—इस प्रकार ये तीन बातें हैं। वर्ष 1999-2000 में बिक्री कर 15 हजार 460.93 करोड़ था। प्रत्यक्ष रूप में 10 हजार 509.02 करोड़ रुपए मिले। बिक्री कर के बारे में जो प्रयत्न करने चाहिए थे, वे नहीं किए गए। मंत्री महोदय ने विभागानुसार बैठक बुलाई क्या? सरकार में दो बातें होती हैं। अच्छा काम करनेवाले व्यक्ति को सम्मान नहीं मिलता और काम न करने वाले व्यक्ति को सजा नहीं मिलती। जनता में इस बारे में दूसरी भावना पैदा होती है। किसी भी कानून और नियम के बारे में सम्मान नहीं और उससे भय भी नहीं। ऐसी भावना आम आदमी के मन में कायदे-कानून के संदर्भ में देखने को मिलती है। मैं जब नागपुर का पालक मंत्री था, तब एक्साइज दोगुना हो गया था। पुणे में श्री शेलार नाम के अधिकारी थे। इस मंत्रिमंडल में कुछ लोगों के रिश्तेदार भी हैं। वे ईमानदार अधिकारी थे और उन्होंने एक्साइज के बारे में कड़ी मेहनत की। इस वजह से नागपुर के डिस्टलरी वालों ने उनका स्थानांतरण करवाने का प्रयत्न किया। लाखों रुपए लेकर मुंबई आए और उनका स्थानांतरण करवाने का प्रयास किया। उनके आने का उद्देश्य मुझे समझ में आया। उसके बाद मैंने इस बारे में प्रचार करना शुरू किया। अगर इस अधिकारी का स्थानांतरण हुआ तो मैं यह आरोप लगाऊँगा कि इस मामले में 50 लाख रुपए रिश्वत दी गई। उसके बाद उस अधिकारी का स्थानांतरण नहीं हुआ। उसके बाद नागपुर के आयुक्त श्री शृंगारी आए। उनका बुलाकर स्वागत किया। उन्होंने कहा कि जो एक्साइज के चोर हैं उन्हें बाहर निकालें। आपको आश्चर्य होगा कि नागपुर के एक्साइज में दोगुनी वृद्धि हुई; लेकिन अब फिर से वहीं आ गया। जिस विभाग में आप काम करते हैं, वहाँ आपको कार्यकुशल और अच्छे लोग रखने चाहिए। उन्हें काम करने के लिए प्रोत्साहन देना चाहिए। इस बारे में स्पष्ट रूप से निर्णय लेने की आवश्यकता है। मुझे मालूम है कि केवल मंत्री ही स्थानांतरण नहीं करते, इसके लिए विधायक भी जिम्मेदार हैं। सभी विधायक या मंत्री कहें कि मैं स्थानांतरण करने वाला नहीं हूँ, ऐसा निश्चय आपको करना होगा। जिन लोगों में अपना या सरकार का उत्पादन

बढ़ाने की क्षमता है, उनकी क्षमता के अनुसार अगर लगे तो आप उनका स्थानांतरण अवश्य करें। इस तरह आपने कभी किया है क्या? एक्साइज अधिकारियों के एक मामले में आपको भी अच्छी जानकारी है। उसकी क्षमता क्या थी? आपके जैसे मजबूत कार्यकर्ता को डॉमिनेट करने की उसकी क्षमता थी; लेकिन ये क्षमता आई कैसे, इस पर विचार किया जाना चाहिए। सबसे महत्त्वपूर्ण प्रश्न यह है कि जब तक राज्य का उत्पादन नहीं बढ़ता तब तक कल्याणकारी कार्य करने के लिए खर्च करने के लिए पैसा उपलब्ध होने वाला नहीं। तब वह बिक्री कर हो, एक्साइज हो, स्टांप ड्यूटी हो, वहाँ आप नामित अधिकारी को कार्य-कुशल और सरकार को सक्षम होना चाहिए। मैनेजमेंट का नया कंसेप्ट है 'Audit of Performance'—तब कार्यक्षमता का ऑडिट भी आपको करना चाहिए। कार्यक्षमता के बारे में उनको आपकी ओर से प्रोत्साहन दिया जाता है क्या? मैं एक उदाहरण देता हूँ। मैं जब मंत्री था, हमारे विभाग में एक कुशल इंजीनियर थे। उनका मैंने सम्मान किया। इस कार्यक्रम में सम्मान राज्यपाल के हाथों हुआ, तब एक अधीक्षक अभियंता आकर अकेले में मुझसे मिले। उन्होंने नमस्कार किया और कहा कि हमारे जीवन में ऐसा हुआ नहीं कि कोई अच्छे काम करने के लिए सम्मान मिले। इस सम्मान से वे इतने उत्साहित थे कि आप कल्पना नहीं कर सकते। एक और उदाहरण दूँगा, दलित समाज में एक उप-अभियंता ने एक पुल बनाया। उसके लिए उनका नाम लिम्का बुक ऑफ वर्ल्ड रिकॉर्ड्स में भी आया। लोक निर्माण विभाग को 9000 आई.एस.ओ. मिला। मैंने इतना ही कहा कि आप अपने विभाग को सूचना दें कि उस अभियंता का सम्मान करें, लेकिन उनका सम्मान होना तो दूर स्थानांतरण हो गया। यानी जो अच्छा काम करता है उसे प्रोत्साहन कोई नहीं देगा, उसके अच्छे काम की प्रशंसा कोई करनेवाला नहीं। फिर लोगों को प्रेरणा कैसे मिलेगी? कहने का तात्पर्य यह कि जो अधिकारी-कर्मचारी राज्य का राजस्व बढ़ाते हैं, उनको प्रोत्साहित किया जाना चाहिए; लेकिन उन पर स्थानांतरण की तलवार लटकी रहती है और जो भ्रष्ट हैं, अक्षम हैं उन्हें महत्त्वपूर्ण जगह दी जाती है। उनको उनकी इच्छा के

अनुसार पोस्टिंग दी जाती है। जो सरकार का राजस्व बढ़ाते हैं, उनको सजा मिलती है। ऐसा होता रहा तो हमारा राजस्व कैसे बढ़ेगा? उनके पास गाड़ी नहीं, कंप्यूटर नहीं। ये सारे सिस्टम आपको लगाने पड़ेंगे। जब श्री जयंत पाटिल इस राज्य के वित्त मंत्री बने, मुझे लगा कि एक अच्छा व होशियार आदमी राज्य का वित्त मंत्री बना है। उनके पीछे उनके पिताश्री का पुण्य था। उन्होंने स्वयं भी कार्य करके दिखाया था। उन्होंने कई अच्छे काम किए। मैंने सोचा विकास के कारण यशस्वी हुआ आदमी महाराष्ट्र के वित्तमंत्री पद पर बैठा है तो वह इस राज्य को एक नई दिशा देगा, लेकिन अब कहना पड़ता है कि इस राज्य की आर्थिक स्थिति को एक दिशाहीन निर्देशन मिला। वर्ष में 12-12 बार ओवरड्राफ्ट लेकर इस राज्य की जितनी बदनामी हो सकती है उतनी बदनामी करने का प्रयास हुआ। राज्य की आर्थिक स्थिति खराब हुई। हमारा राजस्व बढ़ना चाहिए था, वह हुआ नहीं।

मैंने जब निजीकरण की बात कही थी, तब लोगों ने उसका विरोध किया था। अब पटने साहब इस बारे में बोलेंगे, तब उनको बोलने देना चाहिए। आज चीन बदल गया है। कैसी वामपंथी और कैसी दक्षिणपंथी हलचल। जयंत पाटिल साहब और पटने साहब चीन व शंघाई गए, तब वे अमरीका से ज्यादा वहाँ के विचारों से प्रभावित होकर आएँगे। जयंत पाटिल कैसे काम करते हैं, उसकी हमें जानकारी है। जो वाम थे, वे समाप्त हो गए हैं। उन्हीं की जमीन पर वे खत्म हैं। चीन में निजी निवेश को उन्होंने बड़े पैमाने पर प्रोत्साहन दिया है। आज हमारे गाँवों में जल आपूर्ति की क्या स्थिति है? कर्ज अदा नहीं करते, बिजली का बिल भरते नहीं, वैसे ही पानी का भी बिल देते नहीं। इसका अर्थ यह हुआ कि इसका पूरा भार सरकार पर है। निवेशकों की आर्थिक स्थिति देखकर उन्हें प्रोत्साहन दिया जाना चाहिए। एक आदमी अच्छा है तो अच्छा होगा। जयंत पाटिल अच्छे हैं। उनका सुपर मार्केट अच्छा है। ये उनके अपने प्रयास के कारण है। अब अर्थ बदल गया है। भारत में सभी को मिलकर काम करना यानी किसी को भी काम नहीं

करना। सभी एक-दूसरे की टाँग खींचते हैं, ऐसा आज के संदर्भ में अर्थ हो गया है। और अंत में आपको 100 प्रतिशत सच्चे कार्यकर्ता मिलेंगे तो ही यह संभव हो पाएगा। यह कहने में अच्छा लगता है, लेकिन इस सरकार का आर्थिक मुद्दों पर अपयश ही है। अनिवासी चाइनीज थे, वे अमरीका से बड़े पैमाने पर निवेश लाए और उन्होंने चीन का नक्शा ही बदल डाला। हम केवल रशिया, माओ और मार्क्स के नाम की माला जपते बैठे हैं। कल मुझे एक फोन आया। कोलकाता के एक कांग्रेस के नेता ने मुझे कोलकाता आने के लिए कहा। उनको मैंने कहा, "मैं भाजपा वाला हूँ।" उन्होंने कहा कि आप आएँ और हमें निजीकरण का विचार समझाकर बताएँ। यह कोई पाश्चात्य देश का विचार नहीं है। अमरीका का विचार नहीं है। कई बातों में हमें कठोर निर्णय लेने पड़ते हैं। हमारी क्षमता नहीं, लेने के लिए पैसे नहीं, तब आप कैसे स्वीकार करते हैं? सभी सूत मिल, उसी तरह चीनी मिलों को पैसे देने के लिए तैयार हैं। आपके पास पैसे हैं क्या? हमारी सरकार आई तो हम हमारे दस लोगों को पैसे देंगे और बाद में आपकी सरकार आई तो आप अपने दस लोगों को पैसे देंगे और बाकी रहे 90 लोगों को देते हैं, देते हैं कहकर अपने आगे-पीछे घुमाना। इनका क्या होने वाला है? इन लोगों को कैपिटल मार्केट में जाने दो। वे अपने पैरों पर खड़े होंगे। हमारे जिले में सिंचाई की आठ परियोजनाएँ बी.ओ.टी. के आधार पर प्रस्तावित हैं। उसमें चार को बैंक ऑफ इंडिया ने और चार को सेंट्रल बैंक ने कर्ज देने की बात स्वीकार की है। किसानों ने गन्ना बोया। 150 रुपए प्रति टन की कटौती करना और बैंक को कर्जा वापस करना मान्य किया। पश्चिमी महाराष्ट्र, कृष्णा नदी घाटी में लिफ्ट इरिगेशन की योजना तैयार हो रही हैं। उस जगह आधा-अधूरा काम है। उनको आप कहें कि आप बैंक के पास जाइए और पूरा करिए! इतने वर्ष पाणी पट्टी (पानी का कर) ले। इतनी सुविधा हम तुम्हें देते हैं। कम-से-कम पानी की आपूर्ति तो शुरू होगी। ऐसे कितने विकल्प हैं। कृष्णा घाटी परियोजना भी कैसी व्हायबल हो सकती है, ये मैं कई बार कह चुका हूँ। तब आप अपना पुरुषार्थ दिखाएँ, कुछ करके दिखाएँ,

अपना प्रभुत्व दिखाएँ, स्थितियों पर विजय पाएँ, चुनौती स्वीकारने को तैयार रहें, मजबूत इच्छा-शक्ति रखें, बदलाव कैसे नहीं होगा। वह हुए बिना नहीं रहेगा। लेकिन इस इच्छा-शक्ति को प्रकट करना है कि नहीं, यह मुख्य बात है। इसीलिए मैं इस बारे में चिंतित हूँ और ईश्वर से प्रार्थना करता हूँ कि इस प्रगतिशील और सक्षम राज्य की गाड़ी फिर से पटरी पर लाने के लिए उन्हें सद्बुद्धि दे।

❑

* दिनांक 26 जुलाई, 2001 को विधान परिषद् में दिया गया भाषण।

"

ग्रामीण क्षेत्र में बहुत क्षमता है। वहाँ जनता दलित, पीड़ित, शोषित है। आप कितनी ही बड़ी-बड़ी बातें करें, लेकिन भूखे पेट आदमी को किसी भी प्रकार का ज्ञान नहीं दिया जा सकता।

"

14

किसानों के हित

महाराष्ट्र के ही नहीं बल्कि देश के एक महत्त्वपूर्ण विषय पर मुझे प्रस्ताव रखने का अवसर प्राप्त हुआ। यह इतना महत्त्वपूर्ण विषय है कि गरीब जनता का पूरा जीवन बदल सकता है। शहरी क्षेत्रों में झुग्गी-झोंपड़ियों की समस्या सामने है। ग्रामीण क्षेत्रों में रोजगार के अवसर विपुल मात्रा में उपलब्ध हों तो शहरी क्षेत्रों की अनेक समस्याओं का समाधान हो सकता है।

प्रधानमंत्री श्री अटल बिहारी वाजपेयी ने पूरे देश के ग्रामीण क्षेत्रों में सड़कों के डामरीकरण की दृष्टि से एक समिति बनाई। उस समिति की जिम्मेदारी मुझे सौंपी गई। देश के सभी राज्यों का अध्ययन करते समय एक बात मेरे ध्यान में आई कि कई गाँवों में जो सड़कें बनने वाली हैं, उन सड़कों के अगल-बगल में पेड़ लगाए जाएँ और उसके लिए वृक्ष रोजगार योजना शुरू की तो कम-से-कम 50 लाख ग्रामीण युवकों को रोजगार मिल सकता है। 21वीं सदी में प्रवेश करते समय जो विषय सबसे ज्यादा महत्त्वपूर्ण है और विश्व में जिसकी विस्तार से चर्चा हो रही है, उसमें एक बायो टेक्नोलॉजी है। इस देश में 15 से 20 हजार करोड़ रुपए इसके लिए खर्च होते हैं। आप रासायनिक खाद कई देशों से आयात करके अपने देश में

लाते हैं। कई प्रकार के कीटनाशक बनानेवाली कंपनियाँ हैं। साथ ही कई फर्टिलाइजर कंपनियाँ हैं। उनको कच्चा माल मँगाना पड़ता है। उससे बड़ी मात्रा में विदेशी मुद्रा अपने देश से बाहर जाती है। ऑर्गेनिक मैन्युअल और बायो टेक्नोलॉजी का उपयोग कर अगर कृषि का उत्पादन किया गया तो उसमें अनाज तथा सब्जियों और अन्य कई प्रकार के उत्पादन बढ़ सकते हैं। मुंबई और दिल्ली जैसे शहरों में ऑर्गेनिक धान को विशेष महत्त्व दिया जाता है। इसके लिए आर्गेनिक मैन्युअल, बायो फर्टिलाइजर और बायो इनसेक्टीसाइड्स—इन तीन बातों को प्राथमिकता देना बहुत ही महत्त्वपूर्ण है। ये बायो फर्टिलाइजर, बायो इनसेक्टीसाइड्स और ऑर्गेनिक मैन्युअल तैयार करना है तो इसमें निबौली बहुत ही उपयोगी सिद्ध होगी। कई जगह गौमूत्र पर प्रयोग कर खाद तैयार करने का प्रयास किया गया है। ये सभी प्रयोग अपने देश में सफलतापूर्वक पूरे हुए हैं। ग्रामीण क्षेत्रों में परिवर्तन करने की क्षमतावाला यह महत्त्वपूर्ण विषय है। महाराष्ट्र का क्षेत्रफल 307 लाख हेक्टेयर है और उसमें से केवल 180 लाख हेक्टेयर जमीन खेती संबंधी कार्यों के लिए उपयोग में लाई जाती है। 145 लाख हेक्टेयर जमीन अनुपजाऊ और घाटियों के उतार-चढ़ाववाली है। महाराष्ट्र राज्य हमेशा से ही प्रयोगवादी रहा है। राज्य में विशेष रूप से वृक्षारोपण में और उससे संबंधित अन्य प्रोजेक्ट शुरू करने में पुणे व सांगली जिले में कई स्वयंसेवी संस्थाओं ने सफलतापूर्वक प्रयोग किए हैं। श्री मोहन धारिया ने उस तरीके से इस विषय का अध्ययन किया, प्रयोग किया और इसका महत्त्व लोगों के सामने लाने का प्रयास किया। देश श्री मोहन धारिया का आभारी है। उन्होंने जो रिपोर्ट दी है, वह बहुत अच्छी और महत्त्वपूर्ण है। उनकी रिपोर्ट को महाराष्ट्र सरकार की स्वीकृति मिल गई है।

कोई भी प्रोजेक्ट तैयार करना है तो जागृति, प्रशिक्षण और खोज—इन तीन बातों पर ध्यान देना होता है। हमारे किसान विदेशों में जाने लगे हैं। हमारा माल निर्यात होने लगा है। हमारे फल-सब्जियों का निर्यात होने लगा

है। उसका अच्छा परिणाम देखने को मिलता है। यह बहुत ही संतोषजनक बात है। नासिक से 350-400 करोड़ रुपए के अंगूर निर्यात किए जाते हैं। सोलापुर से बेर व अनार निर्यात किए जाते हैं। फूलों का निर्यात होता है, यह भी अच्छी बात है। जमीन की उत्पादन क्षमता हम कैसे बढ़ा सकते हैं, यह हमें देखना है। बायो टेक्नोलॉजी के उपयोग से बायो फर्टिलाइजर के उपयोग से विश्व के निर्यात मार्केट में कैसे अपनी साख बना सकते हैं। आपके पास निश्चित रूप से यह क्षमता है। मुझे एक वर्ष पहले इजराइल जाने का अवसर मिला था। ग्रामीण कृषि मेरी पसंद का विषय होने के कारण मैं वहाँ 5-6 दिन था। वहाँ केवल 6 इंच वर्षा होती है। हमारे यहाँ 30 इंच वर्षा होते हुए भी हम जो चमत्कार नहीं कर सकते, वह चमत्कार वे बंजर व अनुपजाऊ जमीन में 6 इंच वर्षा से ही करके दिखा सकते हैं। उन्होंने क्रांतिकारी परिवर्तन करके दिखाया है। इजराइल के उत्पाद की आज विश्व में अच्छी माँग है।

मैं आपके सामने एक नया विचार रखना चाहता हूँ। अनुपजाऊ जमीन की बात 8-10 वर्ष पहले की होगी। मुझे निश्चित समय अभी याद नहीं है। श्री शरद पवार ने कहा था कि इस जमीन के बारे में अर्बन लैंड सिलिंग पर छूट दें। इस क्षेत्र में कैपिटल इन्वेस्टमेंट निजी क्षेत्र से आई, तब वैसा करें। इस सूचना पर चारों तरफ माहौल गरमा गया। उस समय श्री शंकरराव चव्हाण दिल्ली में होते थे। उन्होंने भी विरोध किया। कई दलों ने विरोध किया, मेरी पार्टी ने भी विरोध किया। मैं लोगों से कह रहा था कि विषय को समझें। कोई भी विषय फलाने आदमी ने रखा, इसलिए उसका विरोध करने की बजाय उस बारे में वस्तु-स्थिति पर विचार करके उसे स्वीकार करना चाहिए। वन विभाग के पास आज 65 लाख हेक्टेयर जमीन है। उसमें से 28 लाख हेक्टेयर जमीन विदर्भ में है। वन विभाग की 40 लाख हेक्टेयर जमीन उजाड़ पड़ी हुई है। आपको 1 हेक्टेयर क्षेत्र में वन लगाने हों, उसे उपजाऊ करनी हो, फूलों की खेती करनी हो, फलों की खेती करनी हो या अनाज का उत्पादन करना हो तो उसमें कम-से-कम 20 हजार रुपए प्रति हेक्टेयर का

खर्च आता है। 40 लाख हेक्टेयर में व्यवस्थित रूप से जंगल उगाना है तो उसके लिए 80 हजार करोड़ रुपए का खर्च आएगा। मुझे मालूम है कि यह सरकारी योजना है। योजना के परिणाम संतोषजनक नहीं आते। अधिकारी कागजों पर खर्च कुछ दिखाते हैं और होता कुछ और है। इससे प्रत्यक्ष रूप से योजना का 10 से 12 प्रतिशत काम ही हो पाता है। गरीबों तक यह योजना पहुँच नहीं पाती। निजी निवेश की बात की जाती है तो लोगों को ऐसा महसूस होता है कि शरीर पर तिलचट्टे-कॉकरोच घूमने लगे हों। वे तत्काल प्रतिक्रिया व्यक्त करने लगते हैं—ये उद्योगपतियों के मित्र हैं, पूँजीपतियों के मित्र हैं। मुझे इसकी सभी शब्दावली कंठस्थ है। 'मैं काम करनेवाला नहीं हूँ और दूसरे को भी काम नहीं करने दूँगा। कोई काम करेगा तो उसका विरोध करूँगा,' ऐसी यह मनोवृत्ति है।

महाराष्ट्र में वन विभाग की भूमि सहित 145 लाख हेक्टेयर अनुपजाऊ जमीन है। इस पूरी जमीन पर हरियाली करनी हो, वन औषधि लगानी हो, वृक्ष लगाने हों, वन क्षेत्र बनाना हो तो इसमें कितना निवेश करना होगा? मैंने इसका पूरा हिसाब नहीं लगाया, लेकिन एक अनुमान के अनुसार 1 लाख 90 हजार करोड़ की बड़ी राशि लगने की संभावना है। जब इतना निवेश करना पड़े तो उसे करना चाहिए क्या? इसका विज्ञान यह है कि कोई भी परियोजना आप तैयार करते हैं, उस समय उस परियोजना में लगनेवाली लागत, उस पर लगनेवाला ब्याज, उससे होनेवाला फायदा और वह कितने दिन में मिलेगा, इसका अंदाज लगाकर हम उस परियोजना का इंटर्नल रेट ऑफ रिटर्न निकालते हैं। उसे 'आई.आई.आर.' कहते हैं। मैं साढ़े चार वर्ष मंत्री रहा। कह-कहकर थक गया, मुंबई-पुणे एक्सप्रेस हाईवे के लिए एक पैसा नहीं लगनेवाला। लोगों की टिप्पणी ऐसी थी—आप क्यों बनाते हो? सरकारी खजाना खाली है। सरकारी खजाने में पैसा नहीं है। सरकार के पैसे के बिना निजी क्षेत्र के व्यक्ति को अवसर दिया और अगर उसने निवेश किया, तब तीन महत्त्वपूर्ण बातें हो सकती हैं—पहली बात,

रोजगार के अवसर। सूत्र ऐसा है कि 1,000 करोड़ रुपए का जब निवेश होता है तो 1 लाख लोगों को रोजगार मिलता है। आप नीम के पेड़ लगाओ। केंद्र सरकार ने 100 करोड़ रुपए का प्रावधान केवल वनौषधि लगाने के लिए किया है। चीन में बाँस के लिए चीन सरकार ने 1,800 करोड़ रुपए अलग से रखे हैं। मैं एक स्वयंसेवी संस्था में काम करता हूँ। यह संस्था बाँस की कुछ वस्तुएँ बनाती है। बाँस से बनी वस्तुएँ अब निर्यात होने लगी हैं। उसमें 80 आदिवासी काम करते हैं। ग्रामीण क्षेत्र में बहुत क्षमता है। वहाँ जनता दलित, पीड़ित, शोषित है। आप कितनी ही बड़ी-बड़ी बातें करें, लेकिन भूखे पेट आदमी को किसी भी प्रकार का ज्ञान नहीं दिया जा सकता। यह अनुपजाऊ भूमि है। सरकार इतना निवेश नहीं कर सकती। मैं श्री मोहन धारिया का अभिनंदन करता हूँ। उन्होंने इसका बहुत विस्तार से अध्ययन करके ही आँकड़े तैयार किए। मैं पुणे गया और उनके वनराई में विशेषज्ञों को बुलवाया। उन्हें मैंने अपने कंप्यूटर पर प्रेजेंटेशन दिखाकर उनसे पूछा कि यह करने के लिए पैसे नहीं हैं। 60 हजार करोड़ रुपयों का ग्रामीण सड़कों का प्रोजेक्ट मैंने वाजपेयीजी को दिखाया। इस बारे में कैबिनेट में फैसला होना बाकी है। इस प्रोजेक्ट को तैयार करने के लिए सरकार के पास पैसे नहीं हैं। निजी निवेश के माध्यम से इस प्रोजेक्ट को तैयार किया और उसमें 500-600 सौ करोड़ रुपए खर्च करके केवल सड़कों के अगल-बगल उपयोगी वृक्ष लगाए गए तो उसका बहुत फायदा होगा।

मैं अंधविश्वासी नहीं हूँ। नागपुर के फार्मेसी डिपार्टमेंट के डॉक्टर डोरेल हैं। उन्होंने गौ विज्ञान केंद्र में गौमूत्र के कॉन्स्ट्रेंट तैयार किए। उस पर कड़वी निबौली का प्रयोग कर कपास के कीड़ों पर उसका छिड़काव किया। उसमें उन्हें सफलता मिली। गाय के सींग में गोबर और पानी भरकर कुछ दिन जमीन में गाड़कर रखा और उससे तैयार हुई खाद का प्रयोग करने पर 1 एकड़ पर सफल परिणाम दिखाई दिया। इस क्षेत्र में नीरी नाम की संस्था काम करती है। आपके पास वह टेक्नोलॉजी है, आपके

पास नए प्रयोग हैं। दलित, शोषित, पीड़ित आदिवासी जनता को रोजगार नहीं। ये गरीब लोग मुंबई, नागपुर, औरंगाबाद आदि शहरों में आकर मलबे पर रहते हैं। मजबूरी में वहाँ रहते हैं। 21वीं सदी में जाते हुए इन्हें भी साथ लेकर चलना चाहिए। तेंदू पत्ते का उदाहरण लें। गड़चिरौली जिले से तेंदू पत्ते से सरकार को लगभग 100 करोड़ रुपए की आमदनी होती है। सही मायने में ये क्षेत्र नक्सली समस्या से जूझ रहा है। तब भी तेंदू का अच्छा उत्पादन हो रहा है।

भवन निर्माण के लिए बाँस सबसे अच्छा मैटेरियल है। बाँस 'प्रेस' करके उसके लेमिनेटिंग बोर्ड तैयार होते हैं और सारे विश्व में इनका प्रयोग होता है। बाँस प्रोजेक्ट में 70 आदिवासियों को रोजगार मिला होने से प्रतिमाह 3,000 से 4,000 रुपए उनको मिलते हैं। इस माध्यम से मुझे सरकार से सिर्फ इतना ही कहना है कि आपके पास विपुल मात्रा में अनुपजाऊ जमीन है और इस क्षेत्र में अनेक लोगों के पास रोजगार नहीं है। तब इन 2 बातों पर विचार करके इसमें से कोई रास्ता निकल सकता है। उससे अनेक लोगों को रोजगार मिल सकता है। आपके पास जो जगह है, उस स्थान पर वृक्ष रोजगार योजना शुरू की जा सकती है।

सुशिक्षित बेरोजगारों को काम मिलेगा और पैसे भी। 50 किलोमीटर के क्षेत्र में अगर वृक्ष लगाएँ तो दस लोगों को कुछ वर्ष के बाद 2-3 लाख रुपए मिल सकते हैं। एक गाँव से दूसरे गाँव के लिए जो रास्ता जाता है, उस बीच की 2-4 किलोमीटर की दूरी में सड़क के दोनों ओर वृक्ष लगाए जा सकते हैं। दो-तीन वर्ष के लिए मेंटिनेंस का खर्च आएगा; लेकिन पाँच-छह वर्ष के बाद जो कुछ उत्पादन होगा, उसमें से आधा पैसा इन युवकों को और आधा ग्राम पंचायत को मिल सकेगा। ये पैसे उस गाँव के विकास की दृष्टि से उपयोग में लाए जा सकते हैं। यहाँ पर जो राष्ट्रीय राजमार्ग हैं, जिला मार्ग हैं, वहाँ पेड़ लगाए जाने चाहिए और आठ-दस वर्ष के बाद इन पेड़ों की कीमत बहुत ज्यादा दिखाई देने लगेगी। इस बारे में मैं आपको साग वृक्ष का उदाहरण देता हूँ। अगर

आपने साग वृक्ष लगाया तो 10-15 वर्ष के बाद एक वृक्ष की कीमत 2 से 4 लाख रुपए मिल सकती है। देश में साग वृक्ष की लकड़ी की बड़े पैमाने पर माँग है। पर्यावरण की दृष्टि से, रोजगार उपलब्ध कराने की दृष्टि से, उद्योग-व्यवसाय की दृष्टि से इस ओर ध्यान देने की आवश्यकता है। व्यवसाय की दृष्टि से कहने का अर्थ मेरा आशय टाटा-बिरला को वहाँ लाना नहीं है। आपके पास जो अनुपजाऊ जमीन है, उसको उत्पादन के लिए तैयार किया जाए तो उसके लिए प्रति हेक्टेयर 25 हजार रुपए का खर्च आता है। जिसके पास पैसे हैं, वही व्यक्ति यह काम कर सकता है। अगर आपने पेड़ लगाए तो बड़े पैमाने पर रोजगार पैदा हो सकते हैं। बायो फर्टिलाइजर, बायो इंसेक्टीसाइड, बायो पेस्टिसाइड बनने वाले हैं। उसके साथ ही रासायनिक खादों का उपयोग कम होने के लिए पत्तियों और वनस्पतियों से खाद तैयार होने वाली है। इतना ही नहीं, इसके कारण ग्रामीण क्षेत्रों में उत्पादन भी बढ़ने वाला है। पर कैपिटा इन्कम और जी.डी.पी. में वृद्धि होने वाली है। इन युवकों को अपने गाँव में रोजगार के अवसर उपलब्ध होने वाले हैं। उससे उनके खर्च करने की क्षमता भी बढ़ने वाली है। उनके खर्च करने की शक्ति बढ़ने से उद्योग-व्यवसाय भी बढ़ सकते हैं।

इस बारे में श्री मोहन धारिया ने बहुत काम किया है। बहुत से प्रयोग किए हैं। कोंकण में सड़क के दोनों ओर केवल हापूस आम के पेड़ लगाए गए हैं। उनके साथ-साथ पी.डब्ल्यू.डी. के रेस्ट हाउस में हापूस आम के वृक्ष लगाए हैं। उससे हजारों रुपए की आमदनी होती है। इस हापूस आम की पेटियाँ यहाँ आने के बाद 150 से 200 रुपए दर्जन के भाव से मंत्रालय के पास बिकता है। इसीलिए इस पर आपका ध्यान जाएगा कि सरकारी अतिथि गृह के क्षेत्र में और वैसे ही सड़कों की अगल-बगल आम, जामुन आदि फलों के वृक्ष लगाने पर आपको उनसे आमदनी हो सकती है। मैं आपको एक उदाहरण देना चाहता हूँ। सांगली में श्री बापू साहेब पुजारी ने 50 हजार वृक्ष लगाए। उनमें अब अनार लगे हैं। हमारे नागपुर में भी उसी

प्रकार का प्रयोग किया था। वनराई नाम की संस्था ने पुणे, नासिक नगर इन जिलों में बहुत से प्रयोग किए हैं। इस प्रकार यह स्वयंसेवी संस्था काम करती है, लेकिन उनके कार्य करने की एक सीमा है। अपने राज्य में अनुपजाऊ जमीन उत्पादन योग्य बनाना है तो उसके लिए बड़े पैमाने पर निवेश की आवश्यकता होगी। अनुपजाऊ जमीन पर वृक्ष लगाना है तो उसके लिए बड़े पैमाने पर कैपिटल इन्वेस्टमेंट करना ज़रूरी है। सरकार के पास पैसे हों तो सरकार को ये काम करना चाहिए, लेकिन सरकार की मशीनरी और सरकार द्वारा इतने बड़े पैमाने पर पैसे उपलब्ध कराना—यह व्यावहारिक दृष्टि से संभव नहीं। फिर ग्रामीण भाग में कोई 10-12 एकड़ वाला किसान हो, कई युवक होंगे, जो आगे आएँगे। उन्हें इस योजना में लगाएँ। वे अपने पैसे इसमें लगाएँगे और इस प्रकार उसके बाद जो-जो पैसे लगा सकते हैं, उनको एक निश्चित प्रणाली के तहत आप ला सकते हैं। केवल उसमें पारदर्शिता की आवश्यकता है। एक उद्योगपति ने आवेदन किया और 1,000 हेक्टेयर जमीन माँगी, इसलिए तुरंत उसे दे दी जाए, ऐसा होने न दें। आपसे कहता हूँ कि रिलायंस को कर्नाटक सरकार ने 5 हजार हेक्टेयर अनुपजाऊ जमीन दी, तुरंत उसकी आलोचना होने लगी। मैं रिलायंस का पक्ष नहीं लेता, उलटे मैंने तब मुंबई-पुणे सड़क के लिए रिलायंस का टेंडर रिजेक्ट किया; लेकिन मेरा ऐसा कहना है कि इस प्रकार आपके पास अनुपजाऊ जमीन पड़ी हो और रिलायंस अथवा अन्य इस प्रकार की बड़ी कंपनी आपके सामने आकर कहे कि वह जमीन हमको दे दो वृक्षारोपण के लिए, तो देने में कोई आपत्ति नहीं। पहले ही उस जमीन से आपको एक पैसे की आमदनी नहीं और माना रिलायंस को नहीं देनी है तो इसके लिए टेंडर मँगाएँ। लेकिन किसी एक ने कहा कि मैं इसके लिए 500 करोड़ रुपए लगाता हूँ, तो उस जगह ड्रिप, स्प्रिंकल आदि सभी कुछ लगाता हूँ, उसके लिए अच्छी लेबोरेटरी तैयार करता हूँ, टिश्यू लेता है, उपयोगी पेड़ लगाता है आदि-आदि। इस प्रकार का कहीं भी निवेश कोई भी हो, केवल उसमें सर्वप्रथम रोजगार के अवसर उपलब्ध होते हैं और इसलिए मेरा आपसे

अनुरोध है कि महाराष्ट्र में राष्ट्रीय राजमार्ग, राज्य महामार्ग, जिला मार्ग, रेलवे आदि के बगल में वैसे सभी अनुपजाऊ जमीन के लिए एक वृक्ष रोजगार योजना तय करें, वृक्ष पट्टे पर निश्चित करें। कितने हेक्टेयर के लिए कौन आएगा? किसको देना है आदि के बारे में पारदर्शिता वाली प्रक्रिया पहले तय करें। ये आपकी संपत्ति है, करोड़ों रुपए की संपत्ति है। उसका कोई भी मालिक नहीं। जमीन केवल उजाड़ पड़ी हुई है। वहाँ पर्यावरण की दृष्टि से हरियाली हो, इसके लिए ऐसी ही कोई योजना बनाएँ। उससे पर्यावरण का प्रश्न हल होगा, उसके साथ-साथ रोजगार का प्रश्न भी हल हो सकता है। उससे राज्य की आमदनी बढ़ेगी, राष्ट्रीय आमदनी बढ़ेगी, पर कैपिटा इन्कम बढ़ेगी, जी.डी.पी. बढ़ेगी, रोजगार के नए अवसर पैदा होंगे और उससे ग्रामीण क्षेत्रों में दरिद्रता दूर होगी। ग्रामीण क्षेत्रों में गरीबी उन्मूलन हो, इस दृष्टि से भी ये विचार आपके सामने रखता हूँ। पश्चिम बंगाल में साम्यवादी सरकार ने इस प्रकार का प्रयोग शुरू किया, वह अच्छा है। केंद्र सरकार भी इस बारे में कुछ करने की इच्छा रखती है। 21वीं सदी में आयुर्वेद को बहुत ज्यादा महत्त्व दिया जा रहा है। हल्दी के पेटेंट के लिए विश्व में बहस हुई, होड़ लगी, वह गैट करार के कारण। इन सब बातों का अब महत्त्व बढ़ गया है। सभी जगह हर्बल की माँग है। शैंपू हो या साबुन, सभी हर्बल का प्रयोग करने लगे हैं। तब अपने पास जो लाखों हेक्टेयर अनुपजाऊ जमीन पड़ी हुई है, उसकी उत्पादन क्षमता बढ़ाकर लोगों को उसमें रोजगार देने की दृष्टि से विचार कर सकते हैं। इसके लिए आपको थोड़ा व्यावसायिक दृष्टिकोण अपनाना होगा, ऐसा मुझे आपसे कहना है। इसमें 'व्यावसायिक' शब्द का अर्थ ठीक से समझा जाना चाहिए! इसका अर्थ यह परियोजना किसी उद्योगपति की झोली में डालो, मैं ऐसा नहीं कहता। इस परियोजना के लिए आवश्यकता पड़ने पर पैसे के लिए बॉण्ड्स जारी कर सकते हैं। विभिन्न प्रकार के लोग पैसा लगा सकेंगे। केंद्र सरकार द्वारा विभिन्न प्रकार की सहूलियतें भी दी जा सकेंगी। लेकिन इस योजना को अमल में लाने के लिए पारदर्शिता जरूरी है। अन्यथा कुछ बड़े उद्योगपति केवल फायदा लेने

के लिए इस योजना में शामिल हो सकते हैं। जैसा वृक्षारोपण का हुआ। उसमें उद्योगपति आए, लेकिन उन्होंने उसका नाजायज फायदा उठाया। तब योजना भी लीकप्रूफ होनी चाहिए। गरीब आदमी के हितों को सामने रखकर योजना बनाई जानी चाहिए।

❑

* महाराष्ट्र विधान परिषद् में 21 जुलाई, 2000 को दिया गया भाषण।

विदर्भ में किसानों की आत्महत्या का विषय केवल विदर्भ, महाराष्ट्र या देश तक ही सीमित नहीं रह गया है, बल्कि यह पूरे विश्व में चर्चा का विषय बन गया है। इन आत्महत्याओं के बारे में एक आश्चर्यजनक बात यह है कि जितने पैकेजों की घोषणा की जाती है, उसके बाद भी आत्महत्या करनेवालों की संख्या में कमी होने के बजाय बढ़ती जाती है। इसका कारण यह है कि इन पैकेजों का फायदा इन किसानों को नहीं मिलता।

15

किसानों की आत्महत्याएँ

विदर्भ में किसानों की आत्महत्या का विषय केवल विदर्भ, महाराष्ट्र या देश तक ही सीमित नहीं रह गया है, बल्कि यह पूरे विश्व में चर्चा का विषय बन गया है। इन आत्महत्याओं के बारे में एक आश्चर्यजनक बात यह है कि जितने पैकेजों की घोषणा की जाती है, उसके बाद भी आत्महत्या करनेवालों की संख्या में कमी होने के बजाय बढ़ती जाती है। इसका कारण यह है कि इन पैकेजों का फायदा इन किसानों को नहीं मिलता। विदर्भ में किसानों के महत्त्व की दृष्टि से तीन क्षेत्र हैं; उसमें भंडारा, चंद्रपुर, गड़चिरोली और नागपुर का आधा भाग धान की फसल के लिए है। वहीं पश्चिमी विदर्भ में सोयाबीन और कपास की फसलें होती हैं। कपास के बारे में कहा जाए तो जब से कॉटन मोनोपॉली स्कीम शुरू हुई है, कपास उत्पादक किसानों का विकास होने के बजाय आत्महत्याओं में बढ़ोतरी होने लगी। पड़ोस के गुजरात में राजकोट वगैरह क्षेत्र में कपास का उत्पादन होता है। वहाँ एकड़ में 8 से 10 क्विंटल से ज्यादा कपास का उत्पादन होता है, लेकिन विदर्भ में 1 एकड़ में मात्र 2 से 2.5 क्विंटल कपास की फसल होती है। यह वस्तुस्थिति है।

संकरित कपास का उत्पादन बढ़े, इसके लिए रासायनिक खाद और

फव्वारा प्रणाली से सिंचाई करने के खर्च की लागत लगाई जाए तो आज कपास का प्रति क्विंटल जो भाव मिलता है, उसमें उत्पादन में लगी लागत भी नहीं निकलती। कुछ दिन पहले सोयाबीन का भाव 2,800 रुपए प्रति क्विंटल था, लेकिन अब 1,400-1,500 रुपए सोयाबीन का भाव मिलता है। एक एकड़ में 8 से 10 क्विंटल सोयाबीन होता था, लेकिन अब यह 2 से 2.5 क्विंटल पर आ गया है।

विदर्भ में सरकार ने 6 जिलों के लिए पैकेज घोषित किया। इस पैकेज में किसानों को सहकारी बैंकों से 6 प्रतिशत की अल्प ब्याज दर पर ऋण दिया जाए, ऐसा निर्णय लिया गया। आपके यहाँ किसी किसान को 6 प्रतिशत की दर से ऋण मिला है क्या? विदर्भ के लिए सहकारी आंदोलन वरदान की अपेक्षा शाप साबित हुआ है। पतंगरावजी कदम ने कहा था कि किसानों को 6 प्रतिशत की दर से कर्ज उपलब्ध कराएँगे। क्या एक भी किसान को 6 प्रतिशत की दर से कर्ज दिलवाया है? कई स्थानों पर कर्ज देना बंद हो गया है और जहाँ कर्ज दिया जा रहा है, वहाँ किसानों को 12-12, 14-14 प्रतिशत की दर से कर्ज लेना पड़ता है; जिन किसानों को कर्ज मिलता नहीं है, उनको साहूकारों से 24-24, 30-30 फीसदी पर कर्ज लेना पड़ता है। बैंकों का दिवाला निकल गया है। कई बैंकों ने पैसे लिये, लेकिन इन बैंकों के पैसे कहाँ गए, यह एक अलग प्रश्न है। इसके उलटे इन बैंकों को सरकार की ओर से संरक्षण दिया जा रहा है। विदर्भ में आत्महत्या से प्रभावित 6 जिलों के किसानों को मदद मिले, इन जगहों पर आत्महत्याएँ रोकने के लिए मुख्यमंत्री ने 1075 करोड़ रुपए का पैकेज दिया था, उस पैकेज का क्या हुआ? आपने जो पैकेज घोषित किया, उसमें जिन पैसों का वितरण किया गया, उन रुपयों में से एक-एक रुपए का हिसाब सरकार देगी क्या? पूर्व वित्तमंत्री श्री जयंत पाटिल ने जैसे पहले श्वेतपत्र जारी किया था, क्या उसी प्रकार का श्वेतपत्र इस पैकेज के बारे में जारी करने का साहस आप में है? प्रधानमंत्री ने महाराष्ट्र के लिए सन् 2006 में 3,750 करोड़ रुपए के पैकेज

की घोषणा की थी और माननीय मुख्यमंत्री ने सन् 2005 में 1,075 करोड़ रुपए का पैकेज दिया था। मैं सरकार को चुनौती देता हूँ कि इन दोनों पैकेजों में जो पैसे खर्च हुए हैं, उसके बारे में सरकार श्वेतपत्र जारी करे और महाराष्ट्र की 10 करोड़ जनता को वस्तुस्थिति से अवगत कराए।

'दूध का दूध, पानी का पानी' हो जाने दो।

विदर्भ में छह आत्महत्याग्रस्त जिलों को 50 लाख रुपए दिए गए। ब्याज माफी के लिए 712 करोड़ रुपए दिए गए। ब्याज माफी का फायदा किसानों को नहीं हुआ, बल्कि सहकारी बैंकों को हुआ। जिन बैंकों की स्थिति दयनीय थी, पैकेज से उनकी स्थिति में सुधार हुआ है। नाम पैकेज का और फायदा बैंकों को।

ओवर ड्यू रिस्ट्रक्चरिंग से 1,300 करोड़ रुपए बैंकों को मिले। इसका अर्थ यह हुआ कि 2,012 करोड़ रुपए बैंकों को मिले। राष्ट्रीयकृत बैंक बड़े-बड़े उद्योगपतियों के कर्ज पर ब्याज की बात तो छोड़ दो, मूल की 40 प्रतिशत राशि तक माफ कर दी जाती है, और हमारे किसानों के 1 लाख रुपए के कर्ज पर 10 लाख रुपए वसूल किए जाते हैं। नागपुर के नजदीक बेला गाँव में मेरी चीनी मिल है। सिंचाई के लिए सोसाइटियाँ बनाते हैं। मेरे क्षेत्र के किसानों के घरों को जब्त करने के वारंट निकाले गए हैं। मैं आपको कितने सबूत और दूँ।

सहकारिता फसल संबंधी ऋण में एक नियम है, अगर एक किसान ने 10 हजार रुपए ऋण लिया और उस किसान ने मूल 10 हजार रुपए की राशि जमा कर दी, तब और वसूल नहीं किया जाता। मैं इस प्रकार के कितने ही उदाहरण दे सकता हूँ। सहकारी बैंक साहूकारों की अपेक्षा ज्यादा वसूल करते हैं। 1 लाख के ऋण पर 5 लाख रुपए वसूल करने के बाद भी नोटिस भेजा जाता है। भू-विकास बैंक इस नीति पर सरकार ने रोक नहीं लगाई है। जिला सहकारी बैंक, सेवा सोसाइटी की नीति पर रोक नहीं लगाई। आप

साहूकार को दोष क्यों देते हैं? असली साहूकार तो सहकारी बैंक हैं, सत्तारूढ़ पार्टी के मंत्रियों की सहकारी संस्थाएँ हैं। राज्य सहकारी बैंक सत्तारूढ़ दल के लोगों के है। नांदेड़ जिला बैंक में 280 करोड़, उस्मानाबाद जिला बैंक में 285 करोड़, नागपुर जिला बैंक में 150 करोड़, वर्धा जिला बैंक में 60 करोड़ रुपए का घोटाला हुआ है। इन रुपयों की वसूली के लिए 5 प्रतिशत ब्याज पर मिलनेवाला कर्ज, उसमें भी 3 प्रतिशत राज्य सहकारी बैंक का कमीशन, 3 प्रतिशत जिला बैंक का कमीशन और 3 प्रतिशत सेवा सहकारी सोसाइटी का कमीशन, ऐसे कुल मिलाकर 14 प्रतिशत की दर से किसानों को कर्ज दिया जाता है। पड़ोस के मध्य प्रदेश में किसानों को 6 प्रतिशत की दर पर ऋण दिया जाता है, लेकिन अपने राज्य में किसानों को वो मिल नहीं सकता। सरकार, बैंकों के संचालकों को पालने-पोसने के लिए किसानों का शोषण जारी है। यहाँ पर नागपुर जिले के मंत्री उपस्थित हैं, उनसे आप पूछिए कि कितनी बैंकों से 6 प्रतिशत की दर से किसानों को ऋण दिया गया है? ये सहकारिता के नाम पर किसानों का जो शोषण चल रहा है, उसे रोकना चाहिए। मर्सिडीज गाड़ी के लिए 7-8 प्रतिशत की दर से कर्ज मिल सकता है; लेकिन किसानों को कृषि के लिए ट्रैक्टर खरीदने के लिए उन्हें 15 प्रतिशत की दर से कर्ज उपलब्ध होता है। यह कैसा न्याय है?

मैं पैकेज की तह में नहीं जाना चाहता, लेकिन उसकी कुछ बातों को सदन के पटल पर रखना चाहिए। विधायक श्री राठौड़ किसानों को आपूर्ति किए जानेवाले उपकरण लाए थे। उसमें से एक हल सदस्य श्री दिवाकर रावते ने मेरे सामने अपने हाथों से नमा (मोड़ दिया) दिया। सरकार ने इतना 'मजबूत' हल दिया कि उसे हाथों से ही नमाया जा सकता था। प्रधानमंत्री के पैकेज में दी गई गायें बड़े-बड़े नेताओं में बाँट दी गईं। इन गो-सेवकों ने श्री माणिकराव ठाकरे के मार्गदर्शन में यवतमाल जिले में मनमानी की। मैं उनको गो-सेवक कहता हूँ। किसानों को सहयोगी व्यवसाय के रूप में गाय, भैंस, पशु, खाद, बछियाएँ दी गईं। डॉ. पतंगराव कदम वरिष्ठ मंत्री हैं। वे बहुत

ज्ञानी हैं। राज्य में भ्रष्टाचार के लिए एक आचार-संहिता होनी चाहिए—पैसा किससे खाना है। गरीब आदमी की जेब में हाथ नहीं डालना इतना तो सरकार तय करे!

प्रधानमंत्री के पैकेज में किस-किसको हिस्सा दिया गया है, इस संबंध में जानकारी मैंने सूचना के अधिकार के नियम के तहत प्राप्त की है। इसका अर्थ यह है कि मेरे पास इस बारे में साक्ष्य मौजूद हैं। कामधेनु दूध उत्पादक सहकारी संस्था मर्यादित लोणी, रजिस्टर्ड नं.-201, श्री उत्तमराव देवराव पाटील पूर्व सांसद 2 पशु, श्रीमती सुशीलाबाई उत्तमराव पाटिल (पत्नी) 2 पशु, राजेंद्र उत्तमराव पाटिल (पुत्र) 2 पशु, मनीष उत्तमराव पाटिल (पुत्र) 2 पशु, श्री लक्ष्मण हणमंतराव पवार, उनकी ही संस्था के कर्मचारी 2 पशु। मतलब 10 गायें उन्होंने ली हैं।

इस प्रकार श्री उत्तमराव पाटिल के घर के लोगों ने ही 10 गायें ली हैं। उत्तमराव पाटिल गो-सेवक हैं। पहले वह लोणी के सरपंच पद पर थे, बाद में सांसद हुए और कुल 6 बार वे यवतमाल जिले के सांसद रहे। ऐसे पूर्व सांसद ने पैकेज में से 10 गायें अपने घर के लिए हड़प लीं। इस बारे में मेरे पास सभी साक्ष्य मौजूद हैं। आर.टी.आई. के तहत मैंने जानकारी हासिल की है।

इसके बाद मैं दूसरा उदाहरण देता हूँ। पैनगंगा स्वयं सहायता बचत गट पाटण, तहसील-झरी जामनी, जिला-यवतमाल के अध्यक्ष श्री वामनराव कासावार अब विदर्भ के सिंचाई निगम के अध्यक्ष हैं। वे पूर्व विधायक होते हुए भी श्री प्रकाश देवराव कासावार 2 गाय, श्री चंद्रशेखर देवराव कासावार 2 गाय, श्री आकाश देवराव कासावार 2 गाय, श्री देवराव बापूराव कासावार 2 गाय—इस प्रकार 8 गायें हड़प लीं। श्री वामनराव कासावार वणी विधानसभा से कांग्रेस के पूर्व विधायक हैं। उनके भाई, पोते आदि गाय बाँटने आए थे। इस प्रकार गो-सेवकों की कोई कमी नहीं। कौन पहले हड़पेगा, इसमें कांग्रेस और राष्ट्रवादी कांग्रेस के बीच प्रतिस्पर्धा चल रही है।

गाय बँटवारे में भारतीय जनता पार्टी और शिव सेना के लोग शामिल हों तो उनके नाम बताएँ। मेरे पास जो नामों की सूची है, उसमें हमारे लोगों के नाम नहीं हैं; लेकिन अगर कोई हो तो उसके खिलाफ भी कार्रवाई की जाए। इसके बाद मैं तीसरा उदाहरण देता हूँ। शिरोली तहसील घाटंजी, जिला यवतमाल के आनंद शेतकरी बचत गट ने भी गायें ली हैं। श्री आशीष सुरेश लोणकर, श्री अनिल नरसिंगराव लोणकर, श्री रमेश नरसिंगराव। इन्होंने गायें ली हैं। श्री सुरेश लोणकर राज्य साक्षरता परिषद् के पूर्व अध्यक्ष होने से इन्हें राज्य मंत्री स्तर का दर्जा प्राप्त था। लाल बत्ती की गाड़ी लेकर घूमते थे और लाल बत्ती की गाड़ी होते हुए उन्होंने गायें प्राप्त की थीं। इस प्रकार आप गरीब लोगों की सेवा करते हैं। अल्प भू-धारक, गरीबी रेखा के नीचे की यह गो-सेवक मंडली है। इस प्रकार श्री लोणकर ने 6 गायें पाई थीं।

इसके बाद मैं और उदाहरण प्रस्तुत करता हूँ। गाय लेने में राष्ट्रवादी पार्टी के कार्यकर्ता भी पीछे नहीं हैं। वाघाडी दूध उत्पादक सहकारी संस्था ने भी गायें ली हैं। श्री सूर्यकांत रामराव गाडे, जो जिला बैंक के उपाध्यक्ष हैं।

मुझे 25 मुद्दे रखने थे, लेकिन वे सभी मुद्दे न रखते हुए मैं केवल एक मुद्दा रखूँगा। श्रीयुत श्रीकांत गाडे उनके भाई हैं और यवतमाल में राष्ट्रवादी पार्टी के वरिष्ठ नेता हैं। श्री चंद्रकांत गाडे भी उनके भाई हैं, जो वर्तमान में कृषि उत्पन्न बाजार समिति के सभापति हैं। मुझे सूचना के अधिकार के अंतर्गत यह जानकारी मिली है। राज्यमंत्री श्री जयप्रकाश दांडेगावकर से अनुरोध करता हूँ कि उन्हें मेरे पास उपलब्ध जानकारी चाहिए क्या? जिलाधिकारी के हस्ताक्षर सहित सभी अधिकृत जानकारी मेरे पास है। श्री गाडे ने 6 गायें ली थीं। श्री शिवाजीराव मोघे पूर्व मंत्री और नागपुर के पूर्व पालक मंत्री थे। वे मुझ पर काफी नाराज हुए थे। मैं आपकी सरकार को खलनायक जैसा लगता हूँ। आपको जो करना हो, करें। मैं सभी प्रकार की जाँच की चुनौती के लिए तैयार हूँ। श्री शिवाजीराव मोघे के सगे भाई श्री आनंद शिवराम मोघे 2 गाय, विजय आनंद मोघे-भतीजे 2 गायें, ये सभी

अल्प-भूधारक और गरीबी रेखा से नीचे हैं। वास्तव में इनके आश्रम और शिक्षा संस्थाएँ चल रही हैं। इनका शिक्षा संस्थाओं का धंधा सरकार से अनुदान लेकर जोरों से चल रहा है।

मुझे इस बात का आश्चर्य होता है कि इस आपूर्ति का जो ठेकेदार है, जिसने इन गायों की आपूर्ति की है, उनका नाम श्री अमोल हनुमान क्षीरसागर है। इस व्यक्ति ने सरकार को योजना में गाय वितरण के लिए उपलब्ध कराईं और इस व्यक्ति का नाम लाभधारकों में छठे स्थान पर है और यह व्यक्ति वास्तव में अल्प भू-धारक, दरिद्र, गो-सेवक होने के कारण ही उसने भी इस योजना से 2 पशु लिये हैं। अब मैं अन्य एक योजना में जो बाँटा गया है, उस बारे में जानकारी देना चाहता हूँ। 500 पंपों की खरीद की और किसानों को 108 पंप दिए गए। पंपों के घटिया होने के कारण और अधिक माँग नहीं हुई। उपकरणों को वापस किया गया। कृषि मंत्री श्री थोरात के पश्चिमी महाराष्ट्र के नेता कैसे भी हों, लेकिन विदर्भ में अल्प भू-धारक, गरीबी रेखा के नीचे के ये जो गो-सेवक हैं, इन्होंने प्रधानमंत्री पैकेज में लाभ पाने का जो काम किया है, उसकी उन्हें जानकारी लेनी चाहिए। विदर्भ में ऐसे नररत्नों का भंडार है, इसीलिए हमारे विदर्भ की प्रतिष्ठा और मान-सम्मान केवल विदर्भ में नहीं, पश्चिमी महाराष्ट्र भी नहीं, बल्कि पूरे विश्व में पहुँच गया है।

पंप, बैटरी के पंप, बैटरी द्वारा चलाए जानेवाले पंप—ये सारे चीन से खरीदे गए हैं। 20 डॉलर का पंप, उसकी कीमत 1,025 रुपए थी। बैटरी द्वारा संचालित 4,187 पंप खरीदे गए और कुल 42.59 लाख रुपए की लागत आई। उद्योग विकास निगम ने 1 करोड़ 72 लाख रुपए दिए। उसमें 1 करोड़ 29 लाख रुपए ज्यादा लगे हैं। मतलब, इसमें कोई भी पीछे नहीं है। जिसको मिला उसी ने हाथ मारा। ब्रिकेट नाम की मशीन है। इसके 426 नग खरीदने के आदेश निकाले हैं। एक नग की कीमत 1,40,000 रुपए तय की गई। 426 नगों के लिए 5 करोड़ 96 लाख 74 हजार 80 रुपए होते थे। इसमें भी महाराष्ट्र सरकार का 2 जनवरी, 1992 का निर्णय-उद्योग और ऊर्जा विभाग

की जी.आर. के अनुसार ये उपकरण भारतीय लघु उद्योग से खरीदने के लिए रिजर्व होते हुए भी भारतीय थोक विक्रेता ने चीन और स्पेन से इनकी खरीद की है। आशय यह कि हमारे अधिकारी भी कितने डायनामिक हैं, इससे यह स्पष्ट झलकता है।

भारत के नियंत्रक व महालेखाकार की रिपोर्ट में आपकी सरकार के बारे में क्या कहा गया है, उसे मैं दिखाना चाहता हूँ। मैं आपके विधान मंडल के सचिव से असंतुष्ट हूँ। जो महत्त्वपूर्ण रिपोर्ट है, जिसमें सरकार की आलोचना है, रिपोर्ट सदन के सामने लाते ही नहीं। उस पर जाँच कमेटी बैठानी चाहिए। नारायण राणे ने बीच में एक रिपोर्ट दिखाई थी।

इस रिपोर्ट के बारे में मेरा अनुरोध है कि इस रिपोर्ट को प्रकाशित करवाएँ। जो पैकेज लिया गया है, उस बारे में कैग ने इस रिपोर्ट में टिप्पणी की है। ए.जी. ने उसमें 'ये भयंकर है', ऐसा कहा है। मुझे ऐसा लगता है कि इन सब की जाँच हुई है। दूसरी डॉ. नरेंद्र जाधव समिति की रिपोर्ट है। उसी प्रकार इंदिरा गांधी ह्यूमन रिसोर्सेस संस्था की रिपोर्ट है, स्वामीनाथन समिति की रिपोर्ट है। उसमें जो कहा गया है, उसके बारे में आपने संज्ञान नहीं लिया। पहली बात ऐसी है—वो बिचारे तो गए, वे बड़े नेता थे। उन्होंने 'लोकसत्ता' में लेख लिखा और कहा—विदर्भ में किसानों की आत्महत्या शराब के ज्यादा पीने और मानसिक संतुलन खराब होने से होती है।

सिंचाई का विषय राज्य की सूची में है। इस देश में तीन सूचियाँ हैं। एक राज्य सूची, दूसरी केंद्रीय सूची और तीसरी समवर्ती सूची। जब तक गाँवों का विकास नहीं होता, किसानों का विकास नहीं होगा। पर कैपिटा इन्कम नहीं बढ़ेगी तब तक इस देश का विकास नहीं होगा। कृषि का विकास करने के लिए तीन बातें आवश्यक हैं। एक, किसानों को आवश्यकता के अनुसार पानी मिले, कृषि को 24 घंटे सस्ती बिजली मिले, अच्छे बीज और खाद सस्ती दरों पर मिले। कृषि उपज प्रक्रिया पर चलनेवाले उद्योग, स्पेशल इकोनॉमिक जोन—तहसील स्तर पर होने चाहिए। आज हम बड़े-बड़े

उद्योगपतियों की सेज की चिंता करते हैं, लेकिन कपास के लिए यवतमाल में सेज (SEZ) निर्माण करके वर्धा और यवतमाल जिलों में टेक्सटाइल इंडस्ट्री लगाने पर विचार नहीं करते। वस्त्र उद्योग मंत्री और उस समय के मुख्यमंत्री ने एक अनुबंध किया। वह अनुबंध कर उन्होंने कोल्हापुर और लातूर में सूत मिल लगाई। कपास का उत्पादन विदर्भ में होता है और सूत की मिल वहाँ संयुक्त उपक्रम में लगाई। वहाँ पर सूत मिल लगाने के लिए सुविधाएँ मुहैया करवाई गईं। मेरा सरकार से अनुरोध है कि जिन स्थानों पर कपास पैदा होती है, उसी क्षेत्र में सूत की मिलें लगाई जाएँ। तब यह सिंचाई का विषय केंद्रीय सूची में नहीं था। उसी के अनुसार आज तक गाँवों की सड़कें तैयार करने का विषय नहीं था। उस समय श्री अटल बिहारी वाजपेयी ने मेरी अध्यक्षता में एक समिति का गठन किया था। उस समिति में नाबार्ड के अध्यक्ष थे, रिजर्व बैंक के डिप्टी गवर्नर थे। मैंने उनके सामने प्रधानमंत्री सड़क योजना प्रस्तुत की। उस समय सभी नौकरशाह खड़े होकर कहने लगे कि प्रत्येक गाँव के लिए सड़क का निर्माण करने की जिम्मेदारी केंद्र सरकार की नहीं, राज्य सरकार की है। उनके अनुसार केंद्र सरकार अपने पैसे सड़क निर्माण पर खर्च नहीं कर सकती। उस समय मैंने श्री अटल बिहारी वाजपेयी से पूछा कि नियमों के बंधन में रुकने के बजाय इस देश में हजारों लोग मरते हैं, उनकी उपज शहरों में जाती नहीं। लाखों-करोड़ों बच्चे स्कूल नहीं जाते। अगर कोई बीमार हुआ तो उसकी मृत्यु होती है, क्योंकि अस्पताल नहीं पहुँच पाता। आजादी मिले 55 वर्ष हो गए, तब भी 6.5 लाख गाँवों में से केवल 2 लाख 20 हजार गाँवों को जाने के लिए रास्ते हैं। इसलिए यह राज्य सरकार का विषय है, ऐसा कहकर इसे टालना उचित नहीं। जनता ने आपको चुना है, आप नियमों में संशोधन करें और उसे लागू करें। श्री अटल बिहारी वाजपेयी ने वह सुझाव माना और दस दिन में लाल किले से प्रधानमंत्री सड़क योजना की घोषणा की और आज 60 हजार करोड़ रुपए की प्रधानमंत्री ग्राम सड़क योजना इस देश में तैयार हुई। सिंचाई का इतना बड़ा विषय केंद्रीय सूची में नहीं आया। मेरा अनुरोध है कि केंद्र से 40-50 हजार करोड़ रुपए की व्यवस्था कराई जाए और महाराष्ट्र में सिंचाई के लिए केंद्र सरकार

50 प्रतिशत की राशि दे और राज्य सरकार 50 प्रतिशत की राशि मिलाए। राज्य सरकार के 7 हजार करोड़ और केंद्र सरकार के 7 हजार करोड़ रुपए, इस प्रकार कुल 14 हजार करोड़ रुपयों की व्यवस्था हो जाए तो पाँच वर्ष में महाराष्ट्र सुजलाम-सुफलाम हो जाएगा। कृष्णा घाटी का कार्य, विदर्भ में सिंचाई का काम पूरा हो जाएगा। टेंभू परियोजना से लेकर सभी योजनाएँ पूरी होंगी। पाँच वर्ष में महाराष्ट्र में पानी का संग्रह इतना अधिक हो जाएगा, जिससे सिंचाई क्षमता इतनी बढ़ जाएगी कि इस बारे में कोई प्रश्न ही उत्पन्न नहीं होगा। केंद्र सरकार यह योजना मंजूर करे। आप इस बारे में कैबिनेट में प्रस्ताव रखकर जैसे अन्य जगह 50 प्रतिशत राज्य सरकार और 50 प्रतिशत केंद्र सरकार राशि उपलब्ध कराती है, उसी प्रकार सिंचाई के लिए 50 प्रतिशत केंद्र सरकार और 50 प्रतिशत राज्य इस अनुपात को स्वीकार करें। अगर सरकार इस कार्य को संपन्न करती है तो पाँच वर्ष में राज्य की तसवीर बदल जाएगी। मैं दो प्रतिशत मुद्दे भी नहीं रख पाया, लेकिन महत्त्व के मुद्दों के बारे में आज इस सदन में घोषणा की जाए। जिन गो-सेवकों ने प्रधानमंत्री पैकेज को लूटा, जिन्होंने गायें लूटीं, उन्होंने माननीय प्रधानमंत्री को फँसाया है। इसीलिए इस प्रधानमंत्री पैकेज की जाँच सी.बी.आई. से करानी चाहिए। गरीब किसानों की, आत्महत्या करनेवाले किसानों के परिवार पर जिन अल्प भू-धारक गो-सेवकों ने गाज गिराई है, जिन्होंने गरीबी रेखा के नीचे के जीवन-स्तर के जाली सर्टिफिकेट दिए और गरीब किसानों को डुबोया, उनको हथकड़ी लगाकर जेल भेजने का साहस सरकार दिखाए। इस बारे में सी.बी.आई. से जाँच करवाकर उन पर कड़ी कार्रवाई होनी चाहिए।

❑

* महाराष्ट्र विधान परिषद् में 26 दिसंबर, 2008 को दिया गया भाषण।

‘इंडिया टुडे’ पत्रिका में गुजरात के कुछ चित्र दिखाए गए। उन्होंने सभी बड़ी नदियों पर सीमेंट के बाँध बनाए और पानी को रोका। उसका परिणाम यह हुआ कि जिस कच्छ क्षेत्र में पानी का अकाल था, उस क्षेत्र में पानी-ही-पानी हो गया। मैंने स्वयं इस बारे में प्रयास किया और उसमें असफल रहा। कारण, शासन तंत्र की उदासीनता।

16

जल संपदा

सम्माननीय जल-संसाधन मंत्री ने जो विधेयक पेश किया है, उसके समर्थन के लिए मैं खड़ा हुआ हूँ। यह बात सच है कि राज्य के विकास के निष्कर्ष के बारे में अर्थशास्त्र की दृष्टि से विचार किया जाए तो तीन बातें महत्त्वपूर्ण हैं—पर कैपिटा इन्कम कितनी है, जी.डी.पी. कितनी है और कितनी संख्या में रोजगार उपलब्ध हैं ? इस निष्कर्ष के आधार पर आप राज्य की प्रगति की गति ज्ञात कर सकते हैं। पिछले 40 वर्षों के इतिहास में महाराष्ट्र का विकास होते हुए भी विषमता पैदा हुई है, विशेष रूप से ग्रामीण क्षेत्रों में बुरा प्रभाव पड़ रहा है, शहरी क्षेत्र की ओर लोगों का स्थानांतरण हो रहा है। इसका प्रमुख कारण कौन सा है ? ग्रामीण क्षेत्रों में रोजगार नहीं होने के कारण ही ग्रामीण क्षेत्रों के युवक शहरों की ओर जाते हैं।

ग्रामीण क्षेत्रों में आर्थिक और सामाजिक परिवर्तन हो सकता है। चुनाव-प्रचार के कारण मुझे महाराष्ट्र के अनेक स्थानों पर हेलीकॉप्टर से घूमने का अवसर मिला। हेलीकॉप्टर से देखने में थोड़ी सी हरियाली और शेष भूभाग अनुपजाऊ दिखाई देता था। इस अनुपजाऊ भूमि में उत्पादन शून्य है। उत्पादकता शून्य है और रोजगार-उपलब्धता शून्य है; लेकिन इस जमीन का

उपयोग हो सकता है। अनुत्पादक क्षेत्र में इस अनुपजाऊ जमीन का उपयोग करने की दृष्टि से केंद्र सरकार ने 100 करोड़ रुपए आयुर्वैदिक औषधियों के पेड़-पौधों के लिए सुरक्षित रखे हैं। सामाजिक वनीकरण के माध्यम से ऐसा हो सकता है। वैसे भी नीम, हरड़, आँवला आदि उत्पादों की विश्व में माँग है। इस अनुपजाऊ भूमि में इनका उत्पादन करें तो आँवला, हरड़, बहेड़ा जैसे वनस्पति उत्पादों को जर्मनी जैसे देशों में भेज सकते हैं। इस क्षेत्र में पानी जमा करके बड़े पैमाने पर रोजगार का निर्माण हो सकता है। ये जो कुछ डेड असेट्स हैं, उनसे उत्पादकता बढ़ाने की कल्पना अच्छी है। महाराष्ट्र में कई जगह, कोंकण जैसे क्षेत्र में अच्छी वर्षा होती है, लेकिन बारिश का पानी बह जाता है और गरमियों में पीने के लिए भी पानी नहीं मिलता। इस पानी को हमें एकत्र करना चाहिए। श्री सुधाकर नाईक जब महाराष्ट्र के मुख्यमंत्री थे, उस समय उन्होंने इस विषय में विशेष रुचि ली थी। उन्होंने इसके लिए कई तरह के प्रयास किए। निगम के लिए यह अच्छी बात है, लेकिन मंत्रालयीन प्रणाली और उसमें काम करनेवाले नौकरशाहों के कारण काम करने में कठिनाई होने वाली है। जल संवर्धन योजना के लिए कितने धक्के खाने पड़ते हैं, क्या-क्या करना पड़ता है, मुझे ज्ञात है। इस प्रयास में आधा पानी व्यर्थ बह जाता है। आप एक बहुत कठिन काम करने के लिए निकले हैं, लेकिन इस काम के बारे में सरकार के पुराने रिकॉर्ड अच्छे नहीं हैं।

सड़क कार्य के संबंध में मैं दिल्ली गया। उस दौरान ग्राम विकास मंत्रालय से मेरा वास्ता पड़ा। योजना आयोग के साथ हम विचार-विमर्श करते थे। प्रधानमंत्री भी हमारे साथ होते थे। मैंने एक मुद्दा प्रधानमंत्री के सामने रखा, वह उन्हें जँचा भी। केंद्र सरकार और राज्य सरकार का ग्राम विकास कार्यक्रम के पैसे का ऑडिट होता था। केवल काम का ऑडिट नहीं होता। किसने जाली बिल लगाकर रेवेन्यू स्टांप पर सर्टिफिकेट दिया। कहते हैं कि फलाना काम हो गया, लेकिन आप प्रत्यक्ष रूप से उस काम को देखने नहीं जाते, इसलिए उस कार्य का प्रभाव दिखाई नहीं देता। सरकार का पैसा

खर्च होता है, लेकिन परिणाम देखने को नहीं मिलता। आपने निगम बनाया, उस निगम में कौन-कौन होगा, उनके नाम मैंने पढ़े। निगम में तीन मंत्री, पाँच विधानसभा सदस्य तथा विधान परिषद् के तीन सदस्य चुने हैं। आपने अधिकारियों को भी मनोनीत किया है। आपको प्रोफेशनल मैनेजमेंट से काम कराना है कि राजकीय मैनेजमेंट रखना है? आपको कुछ लोगों को संतुष्ट करना है तो आप इसे लें, उनके लिए ये ठीक है। आपका प्रोफेशनल उद्‌देश्य दिखाई नहीं देता। एम.एस.आर.डी.सी. में काम करते हुए 50-51 लोगों ने 4,000 करोड़ रुपए का काम किया। मैनेजमेंट छोटा था। आपने इतने बड़े पैमाने पर पदाधिकारियों को लिया, कर्मचारी वर्ग लिया, इसमें केवल विचार, परिचर्चा, चर्चा इसके अलावा दूसरा कुछ भी होने वाला नहीं। कैबिनेट तक फाइल पहुँचने में एक वर्ष लगेगा। अधिकारी होशियार हैं। आपकी फाइल को कैसे अटकाना है, उनके पास तक पहुँचने नहीं देना, इसके लिए उनके पास एक्सपर्ट्स हैं। यह बिल अधूरा है। आपको सरकार ने यहाँ जो अधिकार दिए हैं, वे और ज्यादा दिए जाने जरूरी थे। आपको किसी भी बात के लिए बार-बार मंत्रालय आने की आवश्यकता नहीं होनी चाहिए। वित्त विभाग के, योजना विभाग के सचिव यहाँ हैं। आपको पारदर्शिता, रिजल्ट ओरिएंटेड, समयबद्ध नीति निर्धारित करनी चाहिए।

श्री जयंत पाटील ने आदेश जारी किया कि नई भरती न करें। तब आप निगम भी नहीं बना सकते। उनके द्वारा जारी आदेश महाराष्ट्र के दूर-दराज में पहुँच गए हैं। उसमें कहा गया है कि नई नियुक्ति नहीं कर सकते। यह नहीं किया जा सकता, वह नहीं किया जा सकता। प्रत्येक बात के लिए आप मंजूरी लेने के लिए जाएँगे क्या? कितने पैसे आपको मिलेंगे और कितने आप खर्च करेंगे? वित्त विभाग ने सरकारी गारंटी देने के लिए एक वर्ष तक फाइल घुमाई। निगम बनाने के लिए सात महीने घुमाई।

It is easy to construct highways but it is difficult to get the permission from Mantralaya.

जल संवर्धन के काम के लिए या वृक्षारोपण के काम के लिए रोजगार गारंटी योजना और जवाहर रोजगार योजना की 50 प्रतिशत निधि मिलने वाली है। ये सभी महत्त्व के होते हुए भी निर्णय लेने की प्रक्रिया में फाइल वर्षों तक घूमती रहेगी, तब पैसे उपलब्ध होने का कुछ भी फायदा होने वाला नहीं। केवल कर्ज का बोझ बढ़ेगा, लेकिन काम कुछ भी होने वाला नहीं। लेकिन उस कर्ज का अच्छी तरह से निवेश किया तो फायदा होने वाला है। मैं आपसे कहना चाहता हूँ कि केंद्र सरकार के 'कपार्ट' से एन.जी.ओ. को अनुदान मिलता है। वह अनुदान सीधा निगम को मिले। अगर ऐसा किया तो कई योजनाओं को तुरत-फुरत स्वीकृति दे सकेंगे और जिस प्रकार पैसे का ऑडिट करते हैं, वैसे ही कार्य का भी ऑडिट करें, अन्यथा आपने 200 करोड़ रुपए जुटाए तो भी आपका महाराष्ट्र राज्य विद्युत् निगम होने में समय लगने वाला नहीं। ये विद्युत् निगम कर्ज के बोझ से दबा हुआ है। इस निगम की करोड़ों रुपए की आमदनी होते हुए भी यह कटोरा लिये घूमता है। उसके कई कारण हैं। मैंने चंद्रपुर से नागपुर तक सड़क के दोनों ओर पेड़ लगाने का अनुरोध बल्लारपुर पेपर मिल से किया। आपको कितने पैसे चाहिए, यह भी पूछा? उन्होंने कहा कि हम पेड़ लगाते हैं, हमें पैसे क्यों दोगे? इन पेड़ों को लगाने में 8 लाख रुपए खर्च होने वाले थे। हमने फाइल पर लिखा और वित्त विभाग के पास गए। आपने पेड़ लगाने के लिए टेंडर जारी किए थे क्या? ऐसा कहकर वित्त विभाग ने यह फाइल नामंजूर कर दी। आज भी वह फाइल मंत्रालय में धूल फाँक रही है।

मैंने 'वृक्ष रोजगार योजना' नाम की एक योजना केंद्र सरकार को अपनी कमेटी के माध्यम से सुझाई थी। माननीय प्रधानमंत्री को वह योजना अच्छी लगी। प्रत्येक गाँव के आस-पास 2-4 किलोमीटर सड़क होती है। उस जगह पर ठेकेदारों द्वारा वृक्षारोपण किया जाए। युवक भी इस कार्य में सहभागी बनें। दो-तीन वर्षों तक इन युवकों को 1200 से 1500 रुपए तक स्टायपेंड दें, वैसे ही उनको साइकिल-रिक्शा, पानी एवं औजार दें। इन सब

वृक्षों की वे देख–रेख करें। तीन वर्ष के बाद जो उत्पादन होगा, उस समय हुए उत्पादन में आधा युवकों को और आधा उत्पादन ग्राम पंचायत को मिले। उससे इस गाँव का विकास होगा।

इन्फ्रास्ट्रक्चर में जितना रेट ऑफ रिटर्न है, उसकी अपेक्षा कहीं ज्यादा वृक्षारोपण में है। विश्व बाजार में आयुर्वैदिक उत्पादों की अच्छी माँग है। अगर अच्छी तरह से वृक्षारोपण किया तो अच्छी आमदनी हो सकती है। डॉ. पतंगराव कदम से मैं कहना चाहता हूँ कि वे सिरोंचा, एटापल्ली क्षेत्रों में जाकर देखें। एक सागवान का वृक्ष 1 लाख रुपए का है। वन विभाग के ही अधिकारी पेड़ काटते हैं और दो नंबर की कमाई करते हैं। सरकार किसी की भी हो, लेकिन यह लगातार हो रहा है। मैं श्री मोहन धारिया के पास पुणे गया था। उस वक्त पुणे में कई विशेषज्ञ को बुलाकर उनके साथ चर्चा की। चार घंटे तक यह चर्चा हुई। मुझे इस बात की खुशी है कि पुणे और पश्चिमी महाराष्ट्र में वृक्षारोपण का अच्छा काम हुआ है। इस क्षेत्र में अच्छी तरह से काम करनेवाले अनेक लोग मुझे पुणे में मिले थे। उनकी कल्पना महाराष्ट्र के दूर–दराज के भंडारा, गोंदिया जिले तक पहुँच गई और उसपर अमल किया तो बहुत बड़ा लाभ होगा।

मैंने इस क्षेत्र में चीनी मिल लगाने का निश्चय किया है। उसके लिए गन्ने का ज्यादा उत्पादन करना पड़ेगा, तब जिला परिषद् से जानकारी प्राप्त की। इस चीनी मिल के कार्यक्षेत्र में कितने केटी बाँध हैं। बताया गया कि 6,000 हेक्टेयर जमीन पाःटबंधारे क्षेत्र में आ सकती है, इतने केटी बाँध हैं। लेकिन उस जगह पानी रोका नहीं जाता। बरसात का सारा पानी बह जाता है। उसकी किसी को चिंता नहीं है। सरकार को या जिला परिषद् किसी को भी उसकी फिक्र नहीं है। पैसे आते हैं और खर्च हो जाते हैं; लेकिन वे कहाँ खर्च किए जाते हैं, यह किसी को भी मालूम नहीं। ऐसी स्थिति है। निगम के पास बॉण्ड के माध्यम से 15 और 16 प्रतिशत ब्याज पर जो पैसे आने वाले हैं, वे किसी के भी हवाले किए गए तो यह निगम कर्ज के बोझ के नीचे

दबकर समाप्त हुए बिना नहीं रहेगा। इस पैसे का निवेश सही तरीके से होना चाहिए। जल संपदा के लिए, नए वृक्षारोपण के लिए, रोजगार उपलब्ध कराने के लिए अगर इस पैसे का उपयोग किया जाता है तो ग्रामीण क्षेत्रों से शहर की ओर आनेवाले हजारों युवकों के झुंड गाँव में रुक जाएँगे। इस परियोजना में इतनी क्षमता है। 'इंडिया टुडे' पत्रिका में गुजरात के कुछ चित्र दिखाए गए। उन्होंने सभी बड़ी नदियों पर सीमेंट के बाँध बनाए और पानी को रोका। उसका परिणाम यह हुआ कि जिस कच्छ क्षेत्र में पानी का अकाल था, उस क्षेत्र में पानी-ही-पानी हो गया। मैंने स्वयं इस बारे में प्रयास किया और उसमें असफल रहा। कारण, शासनतंत्र की उदासीनता। इसका एक उदाहरण मैं बताता हूँ—माननीय सुधाकरराव नाईक ने मुझसे कहा कि एक जी.आर. ऐसा निकाला है कि प्रत्येक पुल या ब्रिज कम बाँध ऐसा बनाना चाहिए और पानी रोकना चाहिए। मुझे उनकी बात जँची। मैंने तत्परता से फॉलोअप किया। जल संपदा, सिंचाई, लोक निर्माण—इन सभी विभागों से प्रयास करने के बाद भी पैसा नहीं मिल सका। अतः इस प्रकार का एक भी बाँध नहीं बन सका। लोक निर्माण विभाग के एक इंजीनियर ने कहा कि हमारा काम पुल बनाना है, पानी रोकना हमारा विषय नहीं है। उन्होंने ऐसा भी कहा कि प्रत्येक जगह जमीन के नीचे रोक पाना संभव नहीं, उस वजह से पानी नीचे से बाहर जाएगा। बाद में एक डिजाइन तैयार किया गया। नगर जिले में श्री डबले नाम के एक इंजीनियर थे। उन्होंने छोटे-छोटे ब्लॉक तैयार किए और सेंट्रीग में ब्लॉक बिठाकर पुल बनाया। 1 लाख रुपए की लागत की जगह यह पुल 60 हजार रुपए में बना। वहाँ पानी रोकने की व्यवस्था की। मैंने आदेश निकाला कि इस प्रकार के पुल सभी गाँवों में बनाए जाएँ। 1 लाख का काम 60 हजार में होता, लेकिन उस बारे में कहीं भी उत्साह नहीं था। उस वजह से उस पर जिस मात्रा में अमल होना चाहिए था, हुआ नहीं। इसकी वजह यह है कि ज्यादा बजट का पुल बनाने में सभी की रुचि है, पैसे बचाने में किसी को रुचि नहीं। उस स्ट्रक्चर में कितना ही पैसा लगे, किसी को कोई लेना-देना नहीं। आप कर्ज लेकर पैसा इकट्ठा करते हैं, इस एक-

एक पैसे का महत्त्व है तो एक-एक पैसा आपको राज्य के विकास के लिए उपयोग में लाना चाहिए। आप सहजता से ज्यादा पैसा जमा कर सकते हैं। पैसे मिलना, उपलब्ध होना मुश्किल नहीं है। इस कार्य के लिए आपको जितना पैसा चाहिए, उतना मिल सकता है। 200 क्या 10-20 हजार करोड़ भी मिल सकते हैं। पैसे की कमी नहीं है। मैं जिस केंद्रीय समिति का अध्यक्ष हूँ, उसके द्वारा केंद्र सरकार को 80 हजार करोड़ रुपए का काम करवाना है। प्रधानमंत्री ने कहा कि इतना पैसा कहाँ से आएगा? मैंने कहा कि साहब, पैसा आने वाला है। उनके सेक्रेटरी ने मुझसे कहा कि इट इज इंपॉसिबल। उनसे मैंने कहा कि मैं कहता हूँ, इसलिए यह संभव है। आप बाकी कुछ न देखें। बाद में मैंने उनसे कहा कि इतना पैसा उपलब्ध है, लोग पैसा देने के लिए तैयार हैं। केवल लोगों का विश्वास जीतने की आवश्यकता है। उस पैसे का सुयोग्य उपयोग करने की आवश्यकता है। यह राजनीति का विषय नहीं है। यह सामाजिक विषय है, आर्थिक परिवर्तन का विषय है। शोषित, पीड़ित, दलित जनता राज्य में, देश में है। गरीब आदिवासियों को नमक तक नहीं मिलता, तब वे लोग लाल चींटियों को पीसकर नमक की जगह खाते हैं। ऐसी जनता जिस भाग में रहती है, उस मेलघाट में आदिवासी बच्चे कुपोषण से मरते हैं। मेलघाट में पानी नहीं मिलता, लेकिन वहाँ खूब वर्षा होती है। आपसे इतना ही निवेदन है कि आप छोटी-छोटी परियोजनाएँ तैयार करें। परियोजना की वित्तीय उपयोगिता देखें, पैसे दें, पैसे का ऑडिट करें, किए गए कार्य का ऑडिट करें, प्रत्येक परियोजना की वित्तीय उपयोगिता अलग-अलग रिकॉर्ड करें।

अब कंप्यूटर के कारण क्रांति हुई है। अगर अपने विभाग में सभी कार्य कंप्यूटराइज्ड किए, उसी तरह से सॉफ्टवेयर विकसित किए तो आपको पूरी जानकारी मिल सकेगी। इसलिए पूरा सिस्टम, मैनेजमेंट कंप्यूटराइज्ड करें। सीडैक ने हमें उसके मॉडल तैयार करके दिए थे, आपको भी देंगे। सिंपिलिफिकेशन इन प्रोसिजर, ट्रांसपैरंट अॅप्रोच, कमिटमेंट और उसके साथ-

साथ पैसे व काम दोनों का ऑडिट और सभी महत्त्व की बातें यानी इस क्षेत्र में काम करनेवाले आदमी का, अधिकारियों के कार्य का मूल्यांकन होना आवश्यक है। जो अच्छा काम नहीं करते, उनकी छुट्टी करें। आज सबसे बड़ी मुश्किल है कि अच्छा काम करनेवाले व्यक्ति को सम्मान नहीं और अच्छा काम न करनेवाले को सजा नहीं। यह सरकार की विशेषता है। इसलिए जो अच्छा काम करता है, उसे प्रोत्साहित करें। महाराष्ट्र में पानी का प्रश्न हल करने, पर्यावरण का प्रश्न हल करने, वनीकरण की गति को तेज करने और रोजगार की उपलब्धता बढ़ाने का एक नया स्वप्न लेकर इस निगम के माध्यम से साकार करें। मैं शुभकामनाएँ देता हूँ और इसका समर्थन करता हूँ। लेकिन आपसे अनुरोध है कि इसको अमल से लाते समय केवल पैसे लगाकर रुकें नहीं। प्रत्येक परियोजना की एकोंटेबिलिटी देखें, वह लोगों को बताएँ, तभी आपका उद्‌देश्य पूरा होगा। अन्यथा फिर एक बार बीमार निगम बनाने का पाप आपने किया, ऐसा इतिहास में लिखा जाएगा, अतः आपके हाथों से शुभ कार्य हो।

❑

* 14 दिसंबर, 2000 को विधान परिषद् में दिया गया भाषण।

समस्याएँ

“

नक्सलियों ने पशुपतिनाथ से लेकर तिरुपति तक रेड कॉरिडोर तैयार करने का षड्यंत्र रचा है। आतंकवादी आते हैं और हजारों-सैकड़ों की संख्या में निरपराध लोगों की हत्याएँ करते हैं। दूसरी जगह नक्सलवादी आते हैं और वे भी निरपराध लोगों की हत्या करते हैं। क्या सरकार ने इस समस्या को सही अर्थों में समझा है?

”

17

नक्सल समस्या

मनुष्य की संवेदनशीलता कैसे समाप्त हो जाती है, इसका ज्वलंत उदाहरण एक घटना में मिलता है। दिनांक 21 मई को धानोरा गाँव के पुलिस स्टेशन से 20 मिनट के दूरी पर और गाँव से 3 किलोमीटर दूर 5 महिलाओं सहित 16 पुलिसवालों की हत्या हो गई। पुलिस इंस्पेक्टर श्री अय्यर की आँखें निकाल ली गईं। महिला पुलिस कर्मचारी श्रीमती अलका गावंडे गर्भवती थीं, तब भी उनके पेट में गोलियाँ दागी गईं। श्रीमती फिरोदिया के दोनों हाथ तोड़ दिए गए। समाचार-पत्रों में इस बारे में काफी कुछ प्रकाशित हुआ। इस बारे में जो जानकारी मुझे मिली, वह इस प्रकार है—उनकी हत्या अत्यंत क्रूरता के साथ की गई है। क्रूरता की भी कोई हद होती है। इस मामले में नक्सली हत्यारे सभी हदों को पार कर गए।

नक्सलियों ने पशुपतिनाथ से लेकर तिरुपति तक रेड कौरिडौर तैयार करने का षड्यंत्र रचा है। आतंकवादी आते हैं और हजारों-सैकड़ों की संख्या में निरपराध लोगों की हत्याएँ करते हैं। दूसरी जगह नक्सलवादी आते हैं और वे भी निरपराध लोगों की हत्या करते हैं और तीसरी जगह महाराष्ट्र के मराठा आरक्षण के मुद्दे पर जाति-जाति को लड़वाने में हमारे लोग अपनी शक्ति

व्यर्थ कर रहे हैं। क्या सरकार ने इस समस्या को सही अर्थों में समझा है? सौभाग्य या दुर्भाग्य से कहो, मुझे नक्सलग्रस्त क्षेत्र में जाने का दो बार मौका मिला। एक बार छत्तीसगढ़ चुनाव के समय छत्तीसगढ़ के मुख्यमंत्री श्री रमनसिंह ने कहा था कि महाराष्ट्र की सीमा से लगे छत्तीसगढ़ के जो गाँव हैं, वहाँ प्रचार के लिए आप आएँ। मेरे वहाँ जाते समय मेरे साथ गए महाराष्ट्र की पुलिस के हथियार उन्होंने ले लिए। उसके बाद मैं हेलीकॉप्टर में बैठा। मैंने चार चुनाव सभाओं को संबोधित किया। मैं सच कह रहा हूँ, पहले मैंने अपने कुलदेवता से प्रार्थना की, तब हेलीकॉप्टर में बैठा। सभी गाँव पूरी तरह से नक्सली थे। मुझे लगा कि अब दोबारा दिन देखने को नहीं मिलेगा। लेकिन मैं सकुशल वापस आ गया। दूसरे दिन उसी जगह, उसी गाँव में जब चुनाव अधिकारी मतपेटी ले जा रहे थे, तभी उनके हेलीकॉप्टर पर गोलियाँ चलाई गईं। दूसरी भूल मैंने लोकसभा चुनाव के दौरान अपने स्वभाववश की। मैं इस बार धानोरा, सिरोंचा और एटापल्ली जगहों पर गया। गड़चिरोली से सिरोंचा 185 किलोमीटर है। मैं इन तीनों जगह सभाओं को संबोधित करने गया। वहाँ पुलिस अधीक्षक और अन्य अधिकारियों से बात की। उन्होंने कहा कि यहाँ आना चाहिए। लोकतंत्र की दृष्टि से आप लोग आएँगे तो ठीक रहेगा; लेकिन कोई भी यहाँ आता नहीं है। मैंने कैसे 'हाँ' कहा और कैसे निश्चय किया, यह मुझे नहीं मालूम; लेकिन मैं उस जगह पर गया। मेरा सिर शर्म से झुक गया। मैं धानोरा गाँव में दोपहर एक बजे पहुँचा। उस समय मेरी सभा में तीन से साढ़े तीन हजार लोग उपस्थित थे। भरी दोपहरी में सभा हुई। तापमान 47 डिग्री था। उस समय उस जगह हेलीकॉप्टर से उतरने के बाद चार पुलिसवालों ने मुझे कवर किया और बंदूकों को तानकर रखा। उनके साथ-साथ मैं स्टेज पर गया। वहाँ पहुँचने पर वहाँ उपस्थित अधिकारियों से उन्होंने कहा कि आने के बाद साहब सबसे पहले बोलेंगे। इसी कारण जो भाषण हो रहा था, उसे बंद कराया गया। मैं बोलने के लिए खड़ा हुआ। मेरा भाषण समाप्त हुआ। मुझे कार्यकर्ताओं ने कहा कि साहब, चाय पियो। वहीं उसी समय पुलिस का आदमी बोला—साहब, मेरी आपसे प्रार्थना है कि आप

जल्दी-से-जल्दी इस स्थान को छोड़ दें तो अच्छा होगा। मैंने चाय नहीं पी। मैं उठा और हेलीकॉप्टर में बैठकर निकल गया। धानोरा, सिरोंचा और एटापल्ली इन तीनों गाँवों में एक सी ही स्थिति है। ये कट्टर नक्सलवादी इलाके हैं। मतलब मैं आंध्र प्रदेश की सीमा से लगे इलाके में गया था। यह परिस्थिति क्यों पैदा हुई? आपको मालूम होगा कि बाबा आमटे ने अथवा श्री सुरेश द्वादशीवार ने इस बारे में कुछ स्थानों पर लिखा है। आज भी गड़चिरोली जिले में नमक के स्थान पर चींटियों को पीसकर उसका उपयोग नमक की तरह किया जाता है, ऐसी हालत है। जब मैं मंत्री था, अपनी जिद से वन और पर्यावरण कानून का उल्लंघन करके गड़चिरोली में उस समय 250 करोड़ रुपए की लागत से सड़क और पुल बनाने के काम किए। इस जिले को न्याय मिलना चाहिए, इस दृष्टि से मैंने विशेष रूप से प्रयास किए। मैं सभी कार्य नहीं कर सका। लेकिन मेलघाट में 100 के 100 गाँवों को सड़क से जोड़ दिया। एक बात मेरे ध्यान में आई, जिसे मैं जानने के बाद सोच-समझकर कहना चाहता हूँ कि इस जगह प्रशासन निष्प्राण है। उसका अस्तित्व नहीं है। गड़चिरोली जिले में डॉक्टरों के कितने पद खाली हैं? तहसीलदारों के कितने पद नहीं भरे गए हैं? पटवारी के कितने स्थान रिक्त हैं? शिक्षा विभाग में कितनी जगह खाली हैं? इसकी सूची निकलवाएँ। सभी पार्टियों के विधायकों को तबादले करवाने का शौक चढ़ा रहता है। एक-दो का स्थानांतरण हुआ, उसका स्थानांतरण रद्द करने के लिए पत्र लिखते हैं। मंत्रियों के पास जाते हैं। मैं उनको दोष नहीं देता। वे आग्रह करनेवाले नहीं होते, इसलिए सभी स्थानांतरण रद्द हो जाते हैं।

स्कूल की इमारत है, लेकिन शिक्षक नहीं; शिक्षक हैं तो इमारत नहीं। दोनों हैं तो विद्यार्थी नहीं। तीनों हैं तो शिक्षा नहीं। ऐसी स्थिति है। मैं एक ट्रस्ट का अध्यक्ष था। इसके अंतर्गत हम 350 विद्यार्थियों का एक स्कूल चलाते थे। आर्थिक तंगी के कारण वह स्कूल बंद हो गया, वहाँ शिक्षा की व्यवस्था उपलब्ध नहीं है। अस्पताल की स्थिति ऐसी है कि उसमें दवाई

नहीं, डॉक्टर नहीं। वहाँ कोई डॉक्टर बंग, डॉक्टर प्रकाश आमटे, डॉक्टर विकास आमटे जैसा सेवाभावी डॉक्टर काम करते हुए मिल सकता है; लेकिन बाकी हालात बहुत खराब हैं। आप वहाँ सरकारी अस्पताल की रिपोर्ट निकलवाएँ तो मानवता पर कालिख पोतनेवाली बात होगी। वहीं के स्कूलों की स्थिति खराब है। मुझे कहते हुए शर्म आती है। 16 वर्ष से छत्तीसगढ़, मध्य प्रदेश, महाराष्ट्र और आंध्र प्रदेश राज्यों को जोड़नेवाले नेशनल हाइवे का काम चल रहा है। उस हाइवे पर पराणा के पास नदी पर एक पुल है। मैं उस जगह गया था। मैंने अपने समय में अत्यधिक जिम्मेदारी के साथ प्रयास किया, लेकिन मैं काम नहीं कर सका। बाद में श्री खंडूरी मंत्री बने, उस समय प्रयास किए गए; लेकिन तब भी उस पुल का काम नहीं हुआ। उसके बाद माननीय श्री लालकृष्ण आडवाणी के उप-प्रधानमंत्री बनने पर मैं उन्हें अहेरी लेकर गया। उस समय मेरे आग्रह पर वहाँ काम करने का समय निश्चित हुआ, लेकिन तत्काल ही लोकसभा चुनाव घोषित हो गए। सड़क के लिए भूमि अधिग्रहण तथा वन विभाग के क्लियरेंस की क्या स्थिति है? यह जिला महाराष्ट्र में सबसे समृद्ध है। लेकिन जनसंख्या के संदर्भ में महाराष्ट्र में सबसे गरीब जिला है। नेशनल हाइवे पर पराणा नदी के पुल का काम बंद पड़ा है। राज्य को जोड़नेवाला हाइवे का काम 16 वर्ष से चल रहा है। उसका सर्वे नहीं हुआ है। उसकी दयनीय अवस्था पर पुस्तक लिखी जा सकती है। लेकिन उस सड़क को बनाने की आवश्यकता किसी को भी महसूस नहीं होती। वडसा से लेकर दूसरी तरफ सिरोंचा तक रेल लाइन बिछाने का प्रस्ताव है। वहाँ दलदल होने के कारण किसी दूसरे साधन का उपयोग नहीं हो सकता। आप लोग सीधे गड़चिरोली जाते हैं, लेकिन गड़चिरोली से सिरोंचा के बीच दूरी 200 किलोमीटर है। सिरोंचा-एटापल्ली-अहेरी-धानोरा ये गाँव गड़चिरोली से काफी दूर हैं। अगर इस भाग को मिला दें तो एक जिला बन सकता है। हमारे माननीय मुख्यमंत्री, माननीय गृहमंत्री या और अन्य मंत्री महोदय वहाँ जाते हैं, पुलिस की सलामी लेते हैं, वहाँ पुलिसवालों से मिलते हैं, छावनी का निरीक्षण करते हैं और वापस आ जाते हैं। लेकिन उस क्षेत्र

में कोई नहीं जाता। उस हिस्से में पुलिस अधिकारियों ने कभी बैठक नहीं की। क्या महाराष्ट्र पुलिस महासंचालक एक बार भी सिरोंचा गए हैं? सरकार ने एस.आर.पी. का मुख्यालय नागपुर में बनाया है। गड़चिरोली जिले के लिए एस.आर.पी. फोर्स रिजर्व किया गया है, लेकिन मुख्यालय नागपुर में ही है। गड़चिरोली जिले में युद्ध जैसी स्थिति है तो एस.आर.पी. का मुख्यालय नागपुर में क्यों स्थापित किया गया? नागपुर से गड़चिरोली जाने के लिए साढ़े तीन घंटे लगते हैं और गड़चिरोली से सिरोंचा के लिए चार घंटे लगते हैं। मतलब यह कि नागपुर से सिरोंचा जाने के लिए साढ़े सात घंटे लगते हैं। वहाँ आग लगती है और मुख्यालय नागपुर में है। शासन इस पर विचार क्यों नहीं करता? जहाँ घटना होती है, वहाँ एस.आर.पी. का मुख्यालय होना चाहिए। उस जगह पुलिस फोर्स तैनात की जानी चाहिए। उस क्षेत्र के लिए केंद्र सरकार ने हेलीकॉप्टर उपलब्ध कराने की घोषणा की है; लेकिन हेलीकॉप्टर कहाँ हैं? आज नक्सलवादियों के पास सैटेलाइट फोन हैं, वायरलेस सुविधा है, चीनी डिजाइन की एके-47 राइफलें हैं; बम, गोले, रॉकेट लांचर हैं। उनके पास सेना जैसा सक्षम सिस्टम है। लेकिन राज्य की पुलिस मशीनरी को कौन सा प्रशिक्षण दिया है? बकरी को शेर के आगे डाल देने जैसी उन पुलिसवालों की मौत हुई।

21 मई के दिन 16 लोगों की मृत्यु हो गई। 1 फरवरी को 15 लोग मारे गए। 3 पुलिसवालों को मार दिया गया। मुखबिरों की हत्या हो रही है। इन पुलिसवालों को किसी भी प्रकार का प्रशिक्षण नहीं दिया गया है। नागपुर और मुंबई में काम करना और नक्सल प्रभावित क्षेत्रों में काम करना, इन दोनों में बहुत अंतर है। आज पुलिसवालों की स्थिति ऐसी है कि उन्हें पुलिस का प्रशिक्षण नहीं दिया जाता। उनके हथियार, इंटेलिजेंस सभी की स्थिति दयनीय है। नक्सलियों के बारे में जानकारी नहीं मिलती। जिनसे खबरें मिलती हैं, उन्हें मार दिया जाता है। मुझे पुलिस से सहानुभूति है, मेरे इस वाक्य का दूसरा अर्थ न निकालें। मैं धानोरा तहसील में 47 डिग्री तापमान

में दोपहर एक बजे गया था। तब बगल के मकानों की कवेलू की छत पर टीन की चद्दरों पर वे लोग काला कपड़ा बाँधकर खड़े थे। उनको देखकर मेरी आँखों में पानी भर आया। मेरे पहुँचने से पहले 60 से 70 लोग 47 डिग्री तापमान में घर की छत पर खड़े थे। उनमें दो लड़कियाँ थीं। वहाँ कुछ क्षण के लिए रुका। हेलीकॉप्टर में जाते हुए मेरी स्थिति गड़बड़ा गई थी। लेकिन वे दो घंटे से भरी दोपहरी में खड़े थे। उनके बारे में कुछ भी नहीं कहूँगा। लेकिन वहाँ एक बात जरूर है। प्रशिक्षण के अभाव में पुलिस अधिकारियों के द्वारा परोक्ष या अपरोक्ष रूप से वहाँ के स्थानीय लोगों पर कई बार अन्याय और अत्याचार होता है। मैं उस बारे में ज्यादा कहना नहीं चाहता। उन गरीब आदिवासियों की हालत कैसी है? इधर से सरकारी अधिकारी अत्याचार करते हैं और उधर से नक्सलवादी। खबर देने पर नक्सलवादी उन्हें मार देते हैं और खबर नहीं दी तो पुलिस मारती है। आदिवासी महिलाओं के बारे में क्या कहूँ? मुझे उस बारे में किसी पर टीका-टिप्पणी नहीं करनी है, लेकिन प्रशासन सतर्क, सजग नहीं है। जब तक इस जिले का विकास नहीं होता, तब तक बेरोजगारी की समस्या दूर नहीं हो सकती। जमशेदजी टाटा टाटानगर जाने से पहले सुरजागढ़ गए थे, वहाँ के लौह खनिज की गुणवत्ता अच्छी थी। उद्योग लगाने के लिए जमशेदजी टाटा वहाँ गए थे, लेकिन वहाँ जाने के लिए सड़कें नहीं थीं, रेलवे नहीं थी, इसलिए वे नहीं गए। वन और पर्यावरण के बारे में आपने 1980 में कानून बनाया, इस कारण गड़चिरोली जिले में एक भी सिंचाई परियोजना शुरू नहीं हुई। सभी काम बंद हैं। सड़कों के काम बंद पड़े हैं। वन विभाग काम नहीं करने देता। 1980 के कानून के अनुसार इस काम की चाबी दिल्ली में है। गड़चिरोली जिले में वैनगंगा बहती है। मैं जब अकलूज में हेलीकॉप्टर से घूमा, गरमी के मौसम में भी वह नदी पानी से लबालब दिखाई दी। अकलूज गाँव के पास जो नदी है, उसपर जगह-जगह पर के.टी. बाँध बनाए गए हैं, यह उसका कारण है। किसी भी प्रकार की परियोजना गड़चिरोली जिले में नहीं चल रही है। कार्य करने के लिए वन

विभाग की मंजूरी चाहिए। सन् 1980 का जो कानून आपने बनाया है, उस बारे में सुप्रीम कोर्ट ने भी फैसला दिया है। आपने 'आदिवासी विकास निगम' बनाया। मैं बायोडीजल के लिए रतनज्योत मोहसाल करंजी तेल का बीज 8 रुपए किलो लेने के लिए तैयार हूँ, लेकिन नगर निगम उस बीज को 4.50 रुपए में लेता है। उसे वह बाहर बाजार में बेचने नहीं देता। आदिवासी वनों से जो पैदा करते हैं, उसको बाजार मूल्य से आधी कीमत दी जाती है। सरकार ने आदिवासियों की भलाई के लिए कानून बनाया। उसके अनुसार आदिवासियों का माल बाहर के लोग नहीं खरीद सकते। मोहा के फूल जिसे चाहिए, वह उसकी उतनी कीमत देगा। कीमत ज्यादा मिली तो फूल ज्यादा इकट्ठे होंगे। आदिवासी जंगल में घूम-घूमकर फूल इकट्ठा करते हैं। उनको 4.50 रुपए के बदले 10 रुपए मिलते हैं तो वे उन्हें मिलने चाहिए। लेकिन मोहा के फूल बाहर के आदमियों को नहीं बेचे जा सकते, यह हमारा नियम है। उन फूलों को निगम केवल 3 या 4 रुपए किलो खरीदता है तो क्या यह उनका शोषण करना नहीं हुआ? यह आपकी कैसी प्रणाली है? धान के बाजार में 1,200 रुपए प्रति क्विंटल रेट होते हुए आप उनसे 700 रुपए प्रति क्विंटल धान की खरीद करते हैं। 'आदिवासी विकास निगम' आदिवासियों की मदद करने के लिए स्थापित किया गया है या उनका शोषण करने के लिए? श्री सुधाकर नाइक जब राज्य के मुख्यमंत्री थे, तब एक कृति (Action) कार्यक्रम तैयार किया गया था। उस कार्यक्रम के प्रमुख के रूप में श्री वामनराव गड्डमवार को लाल बत्ती की गाड़ी दी गई थी। लेकिन कैसा कार्यक्रम और कैसा काम? वह विशेष कृति कार्यक्रम तैयार नहीं हुआ। आज भी इस विभाग में सड़कों के काम बड़े पैमाने पर अटके पड़े हैं। पुल बनाने के काम रुके हुए हैं। मैंने लोक निर्माण विभाग के मंत्री के रूप में कार्य किया है। मंत्रालय में जो अवर सचिव बैठे हैं, उनको गड़चिरोली जिले में भेजो। इन अधिकारियों का तबादला जब तक नहीं होता तब तक प्रशासनिक व्यवस्था में सुधार नहीं होगा। मंत्रालय में बैठकर फाइल पर चिड़िया बनानेवाले जो अधिकारी हैं, उनका स्थानांतरण

गड़चिरोली जिले में करना चाहिए। वहाँ की गरमी, हवा और पानी कैसा है, इसका उनको अनुभव होना चाहिए। गड़चिरोली जिले में आदिवासियों के लिए सभी नियमों को शिथिल कर निर्माण कार्य का रजिस्ट्रेशन उपलब्ध करा दें, ऐसा नियम मैंने लोक निर्माण मंत्री रहते हुए बनाया था। वहाँ ठेकेदारों को विभिन्न नियमों में और वैसी अन्य सुविधाएँ उपलब्ध कराएँ। क्योंकि इस क्षेत्र के विकास का काम करने के लिए कोई भी ठेकेदार आगे नहीं आता। इस बारे में मैंने वित्त विभाग को फाइल भेजी थी। उस विभाग ने वह फाइल खारिज कर दी। वित्त विभाग ने कहा कि ऐसा नहीं किया जा सकता है। ऐसी राय प्रकट की कि आदिवासी क्षेत्र में रोजगार के अवसर पैदा करने चाहिए; वहाँ आदिवासी लोगों को काम करने के लिए प्रोत्साहित किया जाना चाहिए। आदिवासी क्षेत्र में ठेकदारों को काम करने के लिए तैयार करना चाहिए। आज गड़चिरोली जिले की स्थिति बहुत ही चिंतनीय है। मेरी फाइल के बारे में कहा गया—यह बात नियमों के अंतर्गत नहीं आती। इस विषय के बारे में मंत्रिमंडल की बैठक में चर्चा करें, उसके बाद फैसला लें। जिन अधिकारियों ने मेरी फाइल पर लिखा था, उन अधिकारियों को उस क्षेत्र की जमीनी हकीकत के बारे में मालूम नहीं है। महाराष्ट्र राज्य वन विकास निगम और आदिवासी विकास निगम का निर्माण आदिवासियों के जीवन पर कुल्हाड़ी चलाने के लिए किया गया है। ऐसा लगता है कि इन नियमों का कुछ भी उपयोग नहीं है। आदिवासियों को गुलामी और शोषण से मुक्त कराना है तो उनकी वस्तुओं—माल की अच्छी कीमत देनी होगी और उन्हें इस समस्या से मुक्त कराना होगा। वन पर्यावरण के कानून के मुताबिक, जो प्रोजेक्ट नहीं होते, वह प्राथमिकता के आधार पर पूरे करने चाहिए। इस क्षेत्र में, जो आंध्र प्रदेश की तरह कोल्हापुर टाइप बाँध मंजूर हो गए हैं, उन्हें पूरा करना चाहिए। उस क्षेत्र में पानी रोकने के लिए सिंचाई प्रोजेक्ट हाथ में लेने चाहिए!

They are not the part and parcel of the Naxalite Movement. They are not supporting the Naxalite Movement. However, the Naxalites are blackmailing them at the cost of their trade.

वे पैसा देते हैं। सीमेंट फैक्टरियों और नक्सलवादियों के बीच लेन-देन का संबंध है। तेंदू पत्ता व्यापारियों से संबंध हैं। जंगल जाकर तेंदू पत्ता की खरीद करते हैं और उनसे व्यापार-व्यवहार करते हैं। आदिवासी विकास निगम को जंगल में नहीं जाने देते, खरीद नहीं करने देते। आप जंगल में मत जाइए, खरीद करो मत। अर्थव्यवस्था खोली जानी चाहिए। Let there be a competition.

एक न्यूनतम दर निर्धारित करनी चाहिए। इससे कम दर पर खरीद न की जाए। कम कीमत पर खरीद की गई तो वह अपराध होगा, ऐसा आदेश जारी करें।

वन संरक्षण कानून के कारण विकास कार्य बंद हैं। राष्ट्रीय महामार्ग, राज्य महामार्ग तथा अन्य सड़कों के काम बंद हैं। लोक निर्माण मंत्री को इसकी जानकारी है या नहीं, मुझे नहीं मालूम। मुख्यमंत्री को चाहिए कि निर्माण विभाग, सिंचाई विभाग, वन विभाग और आदिवासी कल्याण विभाग की संयुक्त बैठक करवाएँ। आदिवासी कल्याण विभाग ने मशीनें बाँटीं, साइकिलें बाँटीं और माल कमाया। इन सबकी बजाय इस पैसे का उपयोग जिले की सड़कों के लिए उपयोग किया जाए। मैंने लोक निर्माण मंत्री के रूप में यही किया था। आदिवासी विभाग का पैसा बाँध तैयार करने और निर्माण कार्य के लिए उपयोग में लाया गया था। उस जिले को पानी मिलना चाहिए, अच्छे रास्ते बनने चाहिए, अस्पताल होना चाहिए, अच्छे उपकरण मिलने चाहिए, अच्छे डॉक्टर वहाँ जाने चाहिए। मेडिकल कॉलेज में आदिवासियों के लिए अलग से मेरिट लिस्ट बनाएँ। उसके लिए संविधान संशोधन करने के लिए केंद्र सरकार से सिफारिश करें। एम.बी.बी.एस. डॉक्टर

वहाँ जाने के लिए तैयार नहीं हैं। उस क्षेत्र में रहने के लिए तैयार नहीं हैं। क्या उन आदिवासियों को केवल तड़प-तड़पकर मरना है ? जो डॉक्टर जीवन भर आदिवासी क्षेत्र में काम करने वाले हैं, उनकी अलग से सूची बनाएँ। उन्हें जीवन भर उस क्षेत्र में प्रैक्टिस करनी चाहिए। श्री दत्ता मेघे ने बाबा आमटे के बच्चों से एक भी पैसा न लेकर उनके मेडिकल कॉलेज में एडमिशन दिया था। आज इसकी आवश्यकता है। आज जो गरीब आदमी की सेवा कर रहा है, उनका मैं अभिनंदन करता हूँ। एक भी डॉक्टर वहाँ जाने के लिए तैयार नहीं है। श्री बंग की संस्था वहाँ काम कर रही है। श्री विकास आमटे के गड़चिरोली प्रोजेक्ट में शेर के बच्चों को उनके साथ खेलते हुए आप देख सकते हैं। उनको प्रशासन मदद नहीं करता। कुष्टरोगियों को अनुदान नहीं मिलता, इसीलिए भूखों मरने की नौबत आती है, लेकिन आप कुछ नहीं कर सकते। जो अच्छे काम करते हैं, उनकी तो मदद करो। आपके कल्याण अधिकारी घूस लिये बिना केस फाइल मंजूर नहीं करते। अनुदान मिलने का मतलब ? बिना पैसे दिए फाइल आगे नहीं बढ़ती। जिनको अनुदान की आवश्यकता है, वे कहते हैं—हमें भीख नहीं चाहिए। 'सर्च' नाम की संस्था उस क्षेत्र में अच्छा काम कर रही है। यह प्रश्न केवल गृह विभाग का नहीं। यह एक संवेदनशील समस्या है। पशुपतिनाथ से लेकर तिरुपति तक रेड कॉरिडॉर एरिया प्लान है। उनके पास रॉकेट लांचर हैं, अच्छे उपकरण हैं। हमारी पुलिस के पास अत्याधुनिक हथियार, उपकरण नहीं हैं। अपने मंत्रित्व काल में मैंने सीमा सड़क संघटन को इस क्षेत्र की सड़कें बनाने का काम सौंपा था, लेकिन आज बी.आर.ओ. के लोग मुफ्त में तनख्वाह ले रहे हैं। उनका काम बंद पड़ा है, उनको काम मिलता नहीं और साथ ही अनुदान भी। इसका कारण काम के बदले वे घूस देने को तैयार नहीं। उनकी जगह कोई अन्य ठेकेदार वहाँ आकर और संबंधित विभाग के सभी अफसरों को पैसे देकर अपना काम स्वीकृत करवा लेता है। बी.आर.ओ. और सेना के लोग ऐसा कभी भी नहीं करेंगे। ऐसी ही स्थिति पुलिस की भी है। नक्सलवादियों की तुलना में हमारे पुलिसवाले—हथियार, प्रशिक्षण और

टेक्नोलॉजी के हिसाब से कमजोर दिखाई देते हैं। मुझे ऐसा कहने का नैतिक अधिकार नहीं है, लेकिन यह बताना जरूरी है कि पुलिसवालों को भी ओवरटाइम देना शुरू करें। अच्छा काम करनेवाले को सम्मान मिलना चाहिए और निकम्मों को सजा। अपने राज्य में राहुल गोपाल नाम के एक अधिकारी थे। उनके मामले में मैं तत्कालीन गृहमंत्री श्री आर.आर. पाटिल के पास पाँच बार गया। इसका कारण यह था कि एक छोटी सी बात के लिए अच्छे अधिकारी को दुष्परिणाम भुगतना पड़ा। यह आदमी अच्छा काम करता था, ड्यूटी के लिए रात-बेरात भी जाता था। मुझे ऐसी जानकारी है। जो ऐसे अच्छे अधिकारी हैं, उनके बारे में बोनाफाइड मिस्टेक और मालाफाइड मिस्टेक, इस प्रकार से विचार किया जाना चाहिए। छोटे-मोटे मामलों में कानून का भय दिखाकर उनको तंग न करें।

मैं मन से यह बात कह रहा हूँ। इस प्रकार अगर कोई ईमानदारी से काम करता है तो उसे करने दो। एम.पी.एस.सी. मामले में पुजारी नाम के अधिकारी के संदर्भ में माननीय मुख्यमंत्री ने जल्दी निर्णय नहीं लिया, इसलिए मैं खड़ा रहा और कहा कि हिम्मत है तो विधानसभा चुनाव लड़कर दिखाएँ। पुजारी की जाँच करना आपका अधिकार है। पुलिस अधिकारियों का मनोबल बढ़ानेवाले काम किए जाने चाहिए और उसके लिए डिटेल इंटिग्रेटेड प्रोजेक्ट पैकेज तैयार करके उस पर अमल हो तो फायदा हो सकता है। इसके साथ-ही-साथ मैं यह प्रार्थना करता हूँ कि ऐसे समय में जो जिम्मेदार होते हैं, उन्हें ही अधिक खतरा होता है। इसलिए मैं कहना चाहता हूँ कि मेरे साथ गड़चिरोली, सिरोंचा, एटापल्ली—इस दुर्गम विभाग का आप दौरा करें। The people will remember you for 100 years.

कारण यह कि पिछले दस-बीस वर्षों में एक भी मंत्री गड़चिरोली के दुर्गम क्षेत्र में नहीं गया। आप दोनों गए, उसके लिए आप दोनों का अभिनंदन करता हूँ। जनता का मनोबल राजा को ही बढ़ाना चाहिए। राजा जब तक जनता के साथ खड़ा नहीं होगा, तब तक जनता का साहस नहीं बढ़ सकता।

इसलिए सरकार को भी पुलिस का मनोबल बढ़ाना चाहिए। मतलब यह कि कोई भी पुलिसवाला केवल बंदूक से नहीं लड़ता, बुलेट से नहीं लड़ता। सच में, असली लड़ाई तो वह मन से लड़ता है, इसलिए उसके मनोबल को बढ़ाना अति आवश्यक है। यदि मनोबल नहीं है और उसके हाथ में ए.के. 47 राइफल जैसे अत्याधुनिक हथियार भी दिए गए तो वह नहीं लड़ सकता। इस प्रकार की राइफलें न भी हों, लेकिन मनोबल का होना जरूरी है। आज उसका यह मनोबल ही खोखला हो गया है। इसीलिए प्रार्थना है कि गड़चिरोली जिले में जो खनिज संपदा है, उसके आधार पर उद्योग स्थापित करने की जो सरकार की नीति है, उसकी रिपोर्ट सरकार के पास है। इस जिले में खड़िया/चूना बड़ी मात्रा में मौजूद होने से ए.सी.सी.एल. ऐंड टी. जैसी कंपनियों के माध्यम से उद्योग स्थापित करने का प्रयास किया जा सकता है। उसी प्रकार गड़चिरोली जिले में यूरेनियम का भंडार भी बड़े पैमाने पर दिखाई दिया है। विश्व में जितनी खनिज-संपदा है उतनी ही खनिज-संपदा यहाँ के जंगलों के नीचे है। दिल्ली के वन विभाग के अधिकारियों को कोई कितना ही समझाकर कहे, लेकिन वे कुछ भी सुनने को तैयार नहीं। शेषन साहब ने 1980 के वर्ष में कानून बनाकर पूरे विदर्भ की गरदन काट दी। अब इस जगह कोई भी झाड़ी, जंगल शेष नहीं है। आज इस जगह 100 एकड़ में एक भी पेड़ नहीं दिखाई देता। तब ऐसा होते हुए झाड़ी जंगल, झाड़ी जंगल कहकर इस जगह कोई प्रोजेक्ट भी नहीं लगाया जाता। इन अधिकारियों को क्या हो गया है ? इनका कहना है—'No, we are not concerned with record, we do not believe in records.' But, whatever written with the revenue department's record is final for that purpose.

इस जगह कोई भी कार्य नहीं कराना, सड़क नहीं बनाना, पानी की पाइप लाइन नहीं बिछानी, बिजली के खंभे भी नहीं गाड़ने—इस प्रकार का अन्याय विदर्भ पर हो रहा है। चारों ओर से विदर्भ का शोषण हो रहा है।

वहाँ 47 डिग्री सेल्सियस की भीषण गरमी में पुलिस के जवान काम करते हैं, उसके लिए मैं उन्हें सलाम करता हूँ। इसलिए इन पुलिसवालों को बेकार में मत मरने दो। जब माननीय प्रधानमंत्री की गाड़ी आती है, विपक्ष के नेता श्री लालकृष्ण आडवाणी की गाड़ी आती है, तब जमीनी सुरंग का पता लगाने के लिए पहले दो गाड़ियाँ आगे भेजी जाती हैं। आपकी आर्थिक स्थिति क्या इतनी खराब है कि जमीनी सुरंग का पता लगाने के लिए चार गाड़ियाँ भी आप खरीद नहीं सकते? इतने बड़े व्यक्ति के आने पर उन्हें अच्छी प्रकार की सुरक्षा नहीं दे पाते। नक्सलवादियों के पास रॉकेट लांचर हैं, सैटेलाइट फोन हैं; लेकिन हमारे जवानों को अत्याधुनिक हथियार नहीं दिए जाते, मुझे यह समझ में नहीं आता। अपने जवानों को विश्व के अत्याधुनिक हथियार क्यों नहीं देते? हमारे पुलिसवालों के पास जो बंदूकें हैं, वे दूसरा महायुद्ध समाप्त होने के बाद की हैं। पुलिसवाले यूनियन नहीं बना सकते, वे कुछ बोल नहीं सकते, इसलिए इसका फायदा उठाकर पुलिस जवानों के साथ इस तरह का व्यवहार किया जाता है। इसी जगह 16 जवानों की मौत हो गई। इससे पहले 15 जवान मारे गए। इसमें मुखबिर भी मारे गए। इस जगह अब तक लगभग 700-800 लोग मारे गए हैं। ये जो घटनाएँ हैं, मानवीयता को कलंकित करनेवाली हैं। इस घटना के आधार में एक कार्यक्रम तैयार करें और इस कार्यक्रम में जो फील्ड पर जाएँ, उनको समिति में रखें, ऐसी मेरी आपसे प्रार्थना है। मंत्रालय में जो उप-सचिव, अवर सचिव हैं, उन्हें इस कार्यक्रम को बनाने के लिए न कहें। उनका इस कार्यक्रम से कोई संबंध नहीं है। इस बारे में उन्हें कोई जानकारी भी नहीं है। गड़चिरोली जिले के बारे में उन्हें बिलकुल जानकारी नहीं। गड़चिरोली का 'ग' तक उनको नहीं मालूम। इनके आदेश को भी आप न मानें। आप शासक हैं, तब शासन को प्रैक्टिकल जानकारी देनी चाहिए और उस जानकारी के आधार पर एक्शन प्लान तैयार करना होगा। वह टाइम बाउंड एक्जिक्यूटिव करने के लिए माननीय मुख्यमंत्री की अध्यक्षता में एक समिति गठित की जानी चाहिए। अगर हर माह इसकी बैठक की गई तो कुछ हद तक इस प्रश्न का हल

निकल सकता है और पुलिसवालों की जान बच सकती है। अधिवेशन में नियम 289 के अधीन इस विषय पर माननीय दिवाकर रावते साहेब को प्रस्ताव रखना पड़ेगा। आज की जो परिस्थितियाँ हैं, उन्हें देखकर लगता है कि इस प्रकार की घटनाओं को रोका जाना संभव नहीं। यह तो शुरुआत है। भविष्य में इससे भी बड़ी घटनाएँ होने की आशंका है, इसलिए संवेदनशील राजा के रूप में सरकार कुछ कर दिखाए, इतना ही मेरा अनुरोध है।

❑

---

* महाराष्ट्र विधान परिषद् में 9 जून, 2009 को दिया गया भाषण।

आतंकवादी हिंदू या मुसलमान नहीं होता। इन आतंकवादियों को मुसलिम मत कहो। ये जिहादी आतंकवादी हैं। कोई भी सच्चा हिंदू या सच्चा मुसलमान ऐसा कार्य नहीं करेगा। एक समय ऐसा था कि वोट बैंक के लिए अपीजमेंट ऑफ माइनॉरिटी होती थी। अब वोट बैंक के लिए अपीजमेंट ऑफ टेररिस्ट हो रही है। संसद् पर हमला करनेवाले अफजल गुरु को हाई कोर्ट और सुप्रीम कोर्ट ने फाँसी की सजा सुना दी है, लेकिन अभी तक फाँसी नहीं दी गई है।

18

मुंबई आतंकी हमला

बुधवार, 26 नवंबर, 2008 को रात 9.30 के आस-पास कोलाबा के नजदीक नरीमन हाउस, पाँच-सितारा होटल ताज व ओबेरॉय पर आतंकवादियों ने भयानक हमला किया। इस हमले में 183 लोग मारे गए और 300 से अधिक घायल हुए। छत्रपति शिवाजी टर्मिनस में अंधाधुंध गोलीबारी हुई। देखा जाए तो शुरू में ऐसा लगा कि यह गैंगवार है। कुछ भी समझ पाना असंभव था कि क्या हो रहा है। सभी ऊहापोह की स्थिति में थे। लेकिन आधे घंटे के बाद समझ में आया कि हमलावर आतंकवादी हैं। इस अप्रत्याशित हमले में जिन्होंने महाराष्ट्र का सम्मान बढ़ाया, वे थे—हेमंत करकरे, अशोक कामटे, विजय सालसकर। इन तीन बड़े अधिकारियों के साथ-साथ 14 अन्य पुलिसकर्मी भी शहीद हुए।

यह हमारे जीवन का सबसे भयानक समय था। इन आतंकवादियों के साथ लड़ते हुए उन्होंने जिस शौर्य का प्रदर्शन किया, इसके लिए मैं उन जाँबाजों का आदर करता हूँ और उनको श्रद्धांजलि अर्पित करता हूँ। जिन निर्दोष लोगों की जानें गईं, उनके प्रति शोक और संवेदना व्यक्त करता हूँ। सदन में कई प्रकार की चर्चाएँ हुईं। लोकतंत्र में सत्तारूढ़ और विपक्ष दोनों

दल होते हैं। सत्तारूढ़ दल अपना पक्ष रखता है और विपक्ष उस पर अपना विरोध दर्शाता है। यह परंपरा नई नहीं है; लेकिन सदन में आतंकवादियों के उस हमले पर चर्चा हो रही है, जो वास्तव में एक युद्ध ही था। ऐसा ही कहा जाना चाहिए कि पाकिस्तान ने हमारे देश के खिलाफ जंग छेड़ दी है। जो पाकिस्तानी आतंकवादी हमारे देश में घुसे हैं और निर्दोष लोगों की हत्या कर रहे हैं, उनसे हमारे देश को मुकाबला करना है, सरकार को मुकाबला करना है। इसलिए मैं सदन के सामने पहले ही स्पष्ट रूप से कहना चाहता हूँ कि इन आतंकवादियों से लड़ते समय सरकार जो भी कठोर कदम उठाएगी या जो कार्रवाई करने वाली है, उसको हमारा सक्रिय समर्थन मिलेगा। हम देश के लिए हैं और आपके साथ खड़े हैं। इस बारे में सरकार को कठोर कार्रवाई करनी चाहिए, त्वरित निर्णय लेना चाहिए, ऐसी हमारी भावना है। इसलिए यहाँ किसी प्रकार की राजनीति न करते हुए हमने इस विषय को केवल घटना तक ही सीमित रखने के प्रयास किए हैं।

कानून और व्यवस्था के बारे में अलग-अलग प्रकार के प्रश्न होते हैं। उन पर अलग-अलग तरीके से चर्चा होगी। उस चर्चा में आपको जो कहना है, वह कहिए। उस पर बहस होगी, क्योंकि यह लोकतंत्र का मंदिर है। यह सर्वोच्च सदन है और इसमें अनेक मौलिक विचार सुनने को मिलते हैं। इसके साथ-ही-साथ इस संदर्भ में सरकार से जो गलतियाँ हुई हैं, उनको सामने रखकर सुधार की दृष्टि से विचार रखने की भी आवश्यकता है। अत: जो कमियाँ होंगी, उनको भी स्वाभाविक रूप से इस चर्चा में शामिल करने का प्रयास है। अतीत में जो धब्बा लगा है, वह दोबारा न लगे, इसके लिए उससे सबक लेकर भविष्य की नीति निर्धारित होनी चाहिए। उस बारे में कई बातों पर विचार करने की आवश्यकता है।

देश में आतंकवादी घटनाएँ होना अब कोई नई बात नहीं रह गई है। अक्तूबर 2005 में नई दिल्ली में तीन बम-विस्फोट हुए, जिनमें 62 लोग मारे गए। सन् 2006 में वाराणसी में एक मंदिर और रेलवे स्टेशन पर हुए विस्फोट

में 20 लोग मारे गए। मुंबई की लोकल ट्रेन में वर्ष 2006-07 में हुए विस्फोट में कई लोग मारे गए। मालेगाँव में हुए विस्फोट में 30 लोग मरे और 100 घायल हुए; समझौता एक्सप्रेस में हुए विस्फोट में 66 जानें गईं; हैदराबाद में मक्का मसजिद में जो विस्फोट हुआ था, उसमें 11 लोग मारे गए; हैदराबाद में किए गए आतंकवादी हमले में 30 लोग मरे और 60 घायल हुए; अजमेर शरीफ दरगाह में हुए विस्फोट में 2 लोग मरे, रामपुर में केंद्रीय रिजर्व पुलिस बल के जवानों पर भी हमला हुआ।

13 मई, 2008 को राजस्थान के जयपुर में हुए बम विस्फोट में 68 लोगों की जानें गईं; कम शक्तिवाले बम-विस्फोट में बंगलौर में 1 व्यक्ति की मौत हो गई। अहमदाबाद में दो घंटे के अंदर बीस बम-विस्फोटों में 27 लोग मारे गए। 13 सितंबर, 2008 को नई दिल्ली में हुए छह बम विस्फोटों में 26 लोगों की मौत हुई; 27 सितंबर, 2008 को नई दिल्ली के महरौली इलाके में अस्थायी बाजार में हुए विस्फोट में 3 लोगों की मृत्यु हुई; गुजरात में मोडासा में मसजिद के पास हुए विस्फोट में 1 की मौत हुई और 21 घायल हुए; मालेगाँव में हुए विस्फोट में 5 लोग मारे गए। 21 अक्तूबर, 2008 को मणिपुर में पुलिस कमांडो कार्यालय में हुए बम-विस्फोट में 17 व्यक्ति मारे गए; असम में हुए 18 बम-विस्फोटों में 77 लोगों की मौत हो गई और अब मुंबई में ताज होटल, ओबेरॉय होटल एवं छत्रपति शिवाजी टर्मिनस पर आतंकवादियों के हमले एवं बम-विस्फोट में 183 लोगों की जान गई और 300 से ज्यादा घायल हुए।

बम-विस्फोटों का सिलसिला जारी है। मैंने इतनी सारी घटनाओं का वर्णन इसलिए किया है कि ये घटनाएँ अचानक नहीं हुई हैं। पाकिस्तान का भारत के खिलाफ यह एक प्रकार का छद्म युद्ध है। हिंदुस्तानी सेना के सामने पाकिस्तान की सेना टिक नहीं पाएगी, यह बात पाकिस्तान की समझ में आ चुकी है। इसलिए उसने हिंदुस्तान को कमजोर करने के लिए जाली नोट छापने का रैकेट तथा अफीम, गाँजा एवं चरस भेजना शुरू किया।

आई.एस.आई. ने लश्कर-ए-तैयबा और अल कायदा की मदद से हिंदुस्तान में आतंकवादी कैसे भेजे जा सकते हैं और उनका उपयोग करके हिंदुस्तान की एकता, अखंडता और सार्वभौमिकता को कैसे समाप्त किया जा सकता है—उसके लिए उसने वेल प्लांड क्रिमिनल कॉन्स्पिरंसी स्पॉन्सर्ड बाय द गवर्नमेंट का सहारा लिया है। यही उनकी योजना है। जब यह घटना हुई, उसके कुछ समय बाद मैं पाकिस्तानी टी.वी. देख रहा था। मुंबई में जो घटना घटी, उसके बारे में वहाँ दूसरी ही चर्चा चल रही थी। उस चर्चा को सुनकर मुझे धक्का लगा। उस चर्चा का ब्योरा मैं यहाँ देना नहीं चाहता हूँ। इस घटना में भी एक अच्छी बात यह हुई कि गिरगाँव चौपाटी पर हमारे बहादुर पुलिस जवानों ने एक आतंकवादी को जिंदा पकड़ लिया। आतंकवादी के हाथ में स्टेनगन होने के बावजूद तुकाराम ओबंळे और उसके सहयोगियों ने इस घटना के दौरान जिस शौर्य का प्रदर्शन किया, वह उल्लेखनीय है। आतंकवादी हमले में एक आतंकवादी को जिंदा पकड़ना अपने आप में बहुत बड़ी बात है। इस एकमात्र घटना के कारण हम अंतरराष्ट्रीय समुदाय को बता सकेंगे कि इस हमले की योजना कहाँ बनी, उसके पीछे किसका हाथ है, यह आतंकवादी कहाँ का निवासी है, कहाँ इसने प्रशिक्षण लिया? इस घटना के पीछे कौन है—ये बातें जीवित पकड़े गए आतंकवादी के माध्यम से हम पूरी दुनिया को बता सकेंगे। मारे गए आतंकवादियों की पार्थिव देह पाकिस्तान वापस भेजने के लिए पाकिस्तान के उच्चायुक्त को पत्र लिखा गया; लेकिन पाकिस्तान सरकार ने कहा कि इन आतंकवादियों से हमारा कोई संबंध नहीं है। उस पत्र को उन्होंने कूड़ेदान में डाल दिया। कितनी निष्ठुरता है कि अपने नागरिकों की पार्थिव देह लेने के लिए वे तैयार नहीं। हमारे माननीय प्रधानमंत्री ने आई.एस.आई. के डायरेक्टर को चुनौती दी कि आप यहाँ आएँ और जाँच करें। यह सुनकर मुझे अच्छा नहीं लगा। सही कहा जाए तो जिस चोर ने चोरी की, उसे ही चोरी की जाँच के लिए कहा जाए, यह क्या ठीक नीति है? अभी भी पाकिस्तान में 'उलटा चोर कोतवाल को डाँटे' की स्थिति है। लेकिन आज अमेरिका, पश्चिमी देश, अंतरराष्ट्रीय समुदाय, ब्रिटेन के प्रधानमंत्री

द्वारा दिल्ली में दिया गया वक्तव्य फ्रांस व जर्मनी जैसे सभी देश दृढ़ता से भारत के साथ खड़े हैं। हमारे पास आतंकवादियों के बारे में जो पक्के सबूत हैं, इसीलिए सभी देश आज हमारे साथ हैं। निरपराध लोगों की हत्या का पाप किसने किया है, यह सड़क किस घर की ओर जाती है, यह सिद्ध करने के लिए बहुत सारे सबूत इस घटना में मिले हैं। अपने देश में आतंकवाद नया नहीं है। आतंकवादी हमलों के बारे में केंद्र सरकार ने समय-समय पर सूचित किया था। ऐसी घटना हो सकती है, इसकी आशंका भी व्यक्त की थी। केंद्रीय गृह राज्यमंत्री श्रीप्रकाश जायसवाल ने मुंबई हमले के बाद सार्वजनिक तौर पर कहा कि समुद्र के रास्ते आतंकवादी हमला हो सकता है, पूर्व में ऐसी जानकारी हमने दी थी। दो वर्ष पहले केंद्र सरकार ने राज्य सरकार से ऐसे हमले के बारे में आशंका व्यक्त की थी। आगे उन्होंने कहा कि इसके लिए केंद्र ने गुजरात और महाराष्ट्र को विशेष राशि भी दी थी। इस बारे में मेरा पहला प्रश्न यह है कि इस कार्य हेतु जो राशि दी गई थी, उसका उपयोग महाराष्ट्र सरकार ने अभी तक क्यों नहीं किया? समता परिषद् में क्या चल रहा है—महाराष्ट्र में अपनी इंटेलिजेंस का इतना ही काम था, ऐसा कहा तो कोई गलत नहीं है। इस बारे में मुंबई पुलिस आयुक्त और पुलिसवालों ने आपके घर जाकर माफी माँगी थी। समता परिषद् में क्या चल रहा है, यह जानने के लिए इंटेलिजेंस को इस्तेमाल किया गया था; लेकिन जिस समय केंद्र सरकार ने समुद्र की ओर से गंभीर खतरे की ओर इशारा किया था, उस समय हमारे इंटेलिजेंस कमिश्नर, पुलिस महासंचालक ने क्या किया? राज्य के पुलिस महासंचालक ने इस बारे में क्या कार्रवाई की?—इसका उत्तर सदन को मिलना चाहिए।

मुझसे एक पत्रकार ने पूछा कि इस राज्य में सबसे शक्तिशाली व्यक्ति कौन है? उसे लगा कि मैं माननीय मुख्यमंत्री, उप-मुख्यमंत्री या फिर गृहमंत्री में से कोई एक नाम लूँगा। मैंने उनसे कहा—इस राज्य के सबसे शक्तिशाली व्यक्ति श्री सुबोध कुमार हैं। वे इस राज्य के गाइड और फिलॉसाफर हैं। वित्त

मंत्रालय में उनके बिना पत्ता तक नहीं हिलता। उनकी आज्ञा के बिना कोई निर्णय नहीं होता। वे इस राज्य के सबसे शक्तिशाली 'लौह पुरुष' हैं।

पिछले नौ वर्षों में गृह विभाग की कितनी अतिमहत्त्वपूर्ण फाइलें वित्त विभाग के पास भेजी गईं? उसमें कितनी फाइलें रिजेक्ट हुईं, इसकी जाँच होनी चाहिए। अगर वित्त मंत्री ने किसी विभाग के लिए बजट तय कर दिया तो उस विभाग की फाइल को रिजेक्ट करने का अधिकार उनको है? तब इस बारे में प्रशासनीय जाँच की जानी चाहिए। केवल राजनेताओं के इस्तीफा दे देने से यह मामला यहीं समाप्त नहीं हो जाता। मैं प्रशासन के बारे में कहता हूँ, इसलिए कई अधिकारी मुझसे नाराज रहते हैं। ये अधिकारी किसी फाइल को कैसे ब्रेक लगाते हैं, यह मैंने देखा है। अगर हथियार खरीदने की फाइल रिजेक्ट होने वाली है और इंटेलिजेंस विभाग में रिक्त पद भरने के बारे में मंत्रिमंडल ने चार वर्ष पूर्व लिये निर्णय के बारे में अभी तक ऑर्डर नहीं निकाले तो आखिर क्या होने वाला है? पुणे शहर के आयुक्त श्री सतपाल सिंह ने कहा है कि चंडीगढ़ स्थित प्रयोगशाला द्वारा नामंजूर कर दिए गए बुलेटप्रूफ जैकेट खरीदे गए। श्री अशोक कामटे जैसे बहादुर के हेलमेट में गोली पार चली जाती है, इस पर मुझे शर्म आती है। इस प्रकार के हेलमेट कहाँ से आए? हेमंत करकरे की बुलेटप्रूफ जैकेट में गोली पार हो जाती है। अगर उनको अच्छे किस्म के हेलमेट और बुलेटप्रूफ जैकेट मिले होते तो उन बहादुर अधिकारियों के प्राण बच सकते थे। सरकार के पास अच्छी किस्म की बुलेटप्रूफ जैकेट खरीदने के लिए पैसे नहीं हैं क्या?

मैं एक माह पूर्व इजराइल में दस दिन रहा था। वहाँ मैं इजराइल एयरक्राफ्ट इंडस्ट्री में गया। उनके बुलेटप्रूफ जैकेट मलमल के कपड़े जैसे हैं। उसमें गोली पार नहीं जा सकती। मेरे इस आरोप को आप गंभीरता से लें, ये बुलेटप्रूफ जैकेट ए.के.-47, एम-6 जैसी गन से छूटनेवाली गोलियों के लिए नहीं हैं। दुनिया के सभी आतंकवादियों के पास अत्याधुनिक हथियार हैं, वहीं हमारे पुलिस बल के पास अभी भी पुराने हथियार हैं। अत्याधुनिक

हथियारों का सामना पुराने हथियार कैसे करेंगे?

दूसरे महायुद्ध में रिजेक्ट की गई बंदूकों का स्टॉक खरीदकर उन्हें पुलिसवालों को दे दिया गया। माननीय मुख्यमंत्री महोदय बताएँ कि यह बात सही है या गलत? मुंबई पुलिस आयुक्त से जब यह पूछा गया कि विभाग के पास कितनी ए.के.-47, एम-6 टरबाइन थीं, तब उन्होंने कहा कि वे हथियार नक्सल प्रभावित विभाग के लिए दिए गए हैं। मुंबई अतिसंवेदनशील है, मुंबई के हथियार नक्सलियों से निपटने के लिए दे दिए गए। आपकी सरकार इतनी गरीब है क्या? सरकार के पास हवाई जहाज और हेलीकॉप्टर खरीदने के लिए धन है। सरकारी कर्मचारियों को पाँचवें वेतन आयोग की अनुशंसा के अनुसार वेतन देने के लिए पैसे हैं। अब वेतन आयोग की अनुशंसा लागू करने के बारे में विचार चल रहा है; लेकिन राज्य की सुरक्षा के लिए, हथियार खरीदने के लिए सरकार के पास पैसे नहीं हैं। कोंकण में जब आर डी एक्स पकड़ा गया, उस समय हुई चर्चा में तत्कालीन गृहमंत्री श्री छगन भुजबल ने अच्छा उत्तर दिया था। उन्होंने कहा था, समुद्र पर पैनी नजर रखने के लिए सरकार स्पीड बोट खरीदने वाली है। समय आने पर स्वतंत्र तटरक्षक दल तैयार करेंगे, निगरानी रखने के लिए हेलीकॉप्टर खरीदेंगे। मैं माननीय मुख्यमंत्री से पूछना चाहता हूँ, उनके हेलीकॉप्टर कहाँ गए? स्पीड बोट कहाँ गईं? आपने इन सबकी खरीद करने की बात कही थी, लेकिन उस पर अमल क्यों नहीं हुआ? अगर आपने कही बातों पर अमल किया होता तो आज हमें यह दिन नहीं देखना पड़ता। कस्टम विभाग के पास चार बोट हैं; वे भी बंद पड़ी हैं। कस्टम विभाग के कर्मचारी ने बताया कि उन बोटों का प्रयोग अधिकारियों के परिवारों को समुद्र में घुमाने के लिए किया जाता है। हम उस पर टिप्पणी नहीं कर सकते, क्योंकि वह विभाग राज्य सरकार के अधीन नहीं है। आतंकवादी हमले में हमारे देशभक्त पुलिस अधिकारियों और कर्मचारियों की जानें चली गईं।

"Who is responsible for the negligence? The master is

always responsible for the servant." यह जो लापरवाही और गैर-जिम्मेदारानापन है, उसके लिए कौन जिम्मेदार है? गृहमंत्री या मुख्यमंत्री सभी मसलों को नहीं देख सकते। बजट पास होने के बाद बजट के अनुसार खर्च क्यों नहीं करने दिया गया? केंद्र सरकार ने इस बारे में आपको पहले ही सूचित किया, लेकिन इसके बावजूद सभी बेखबर रहे। केंद्रीय गृहमंत्री ने अलर्ट किया था। पूर्व केंद्रीय मंत्री श्री शिवराज पाटिल ने डायरेक्टर जनरल ऑफ पुलिस के सामने ये बातें रखी थीं। ऐसा होने के बाद भी श्री अनामी राय क्या कर रहे थे? सरकार ने दो अधिकारियों को नजरअंदाज कर उनकी राजनीतिक नियुक्ति की थी। ये नियुक्तियाँ किसके कहने पर की गई थीं। श्री अनामी राय को इस घटना के संदर्भ में क्यों नहीं जिम्मेदार ठहराया जाता? इस घटना के समय वे कहाँ थे? इसका जवाब आप दें। सम्माननीय उप-मुख्यमंत्री से मैं कहना चाहता हूँ कि स्व. कामटे की पत्नी ने मुझसे एक प्रश्न किया था और उससे मेरा मन अभी भी विचलित है। उस शूरवीर की पत्नी ने पुणे में प्रश्न किया था—मेरे पति का स्वर्गवास हो गया है। वे अब हमारे बीच नहीं हैं लेकिन गोरेगाँव में रहनेवाले स्व. विजय सालस्कर अपनी पत्नी और बच्चों से कहकर, गन लेकर तुरंत घर से निकलकर घटनास्थल पर पहुँच गए थे, वैसे ही स्व. करकरे भी हमले के तुरंत बाद घटनास्थल पर पहुँच गए थे। मैंने ऐसा भी सुना है कि स्व. करकरे ने भी अपनी पत्नी से ऐसा ही कहा था, 'मैं अगर बुलेटप्रूफ जैकेट पहनता हूँ तो भी यह सही अर्थों में बुलेटप्रूफ नहीं।' ऐसी जैकेट पहनकर वे घटनास्थल पर गए और अपना जीवन दाँव पर लगा दिया। स्व. कामटे ने भी अपना जीवन न्योछावर कर दिया। स्व. दाते का भी इस घटना में दुःखद निधन हुआ। उस समय मुंबई के दक्षिण विभाग के संयुक्त पुलिस आयुक्त कहाँ थे? उस समय ए.सी.पी. कहाँ थे? वे घटनास्थल पर कितने बजे पहुँचे? यह बहुत ही गंभीर और दुःखद घटना है। मुंबई में कई बड़े पुलिस अधिकारी हैं। श्रीमती त्यागी, श्री दयाल जैसे बड़े पुलिस अधिकारियों के कार्यालय दक्षिण मुंबई में हैं। मेरे मन में एक प्रश्न है, इस घटना की जानकारी मिलते ही दूर गोरेगाँव में

रहनेवाले स्व. सालस्कर अपनी बंदूक लेकर घटनास्थल पर पहुँच गए थे, लेकिन वरिष्ठ अधिकारी क्यों नहीं पहुँच पाए? उनकी वीरता कहाँ सो गई थी? इस बारे में उत्तर कभी मिलेगा या नहीं और इस संबंध में कभी जाँच होगी या नहीं? इस घटना के समय जो अधिकारी घर में बैठे थे, उनके खिलाफ कार्रवाई की जानी चाहिए और उन्हें नौकरी से बेदखल कर देना चाहिए। हजार नामर्दों की सेना की तुलना में दस मर्दों की सेना ज्यादा कारगर होती है। जो अधिकारी घटनास्थल पर नहीं पहुँचे, उनके खिलाफ कड़ी कार्रवाई होनी चाहिए। सरकार ने पुलिस विभाग का राजनीतिकरण कर दिया है। चुनाव की चिंता होने से अपने क्षेत्र में आपको अमुक एस.पी. चाहिए, इस प्रकार का आग्रह किया जाता है। सभापति महोदय, आप लोकनिर्माण मंत्री थे। उस विभाग में मैंने भी मंत्री के रूप में काम किया। मैंने विधायकों की सिफारिश या मंत्रियों के कहने पर अधिकारियों के तबादले नहीं किए। इसीलिए श्री मनोहर जोशी मुझसे नाराज हो गए थे। कार्यकारी अभियंता, वरिष्ठ अधिकारियों के तबादले विधायकों की सिफारिश पर कभी भी नहीं किए। तब विधायक के रूप में आपको भी इस बात पर विचार करना चाहिए। लेकिन वैसा विचार न करके हम विधायक लोग फलाने अधिकारी का तबादला होना चाहिए, इस तरह के पत्र लिखते हैं और वैसा ही अनुरोध मंत्रियों से करते हैं। फलाने नाम के अधिकारी को मेरे शहर/गाँव में नियुक्त करें, उनको ऐसा कहते हैं। अच्छे पुलिस अधिकारी दूसरी जगह भेज दिए और जो काम नहीं करते, केवल भाषण देते हैं, ऐसे पुलिस अधिकारी इस जगह आ गए हैं। कोंकण, मुंबई और महाराष्ट्र की भूमि पर सभी अधिकारी पराक्रमी अधिकारी हैं, अर्थात् मराठी या गैर-मराठीभाषी, ऐसा मैं विवाद नहीं करता; लेकिन हमारे पास जो अधिकारी हैं, वे प्राणों की परवाह न करते हुए लड़ते हैं। मुंबई में जो हमला हुआ था, उस समय जो अधिकारी कार्रवाई के लिए निकले। उनके पास इंडिका गाड़ी थी, लेकिन उस गाड़ी की ऊँचाई कम होने के कारण उससे ज्यादा ऊँचाईवाली गाड़ी लेकर तीनों अधिकारी एक साथ बैठे। आतंकवादियों से लड़ते हुए शौर्य का प्रदर्शन किया और उसमें वे शहीद हो

गए; लेकिन ऐसी घटना दोबारा नहीं होनी चाहिए। इस सुरक्षा व्यवस्था में जहाँ भी कमी है, उसकी जाँच होनी जरूरी है। केवल राजनेताओं के इस्तीफे से काम नहीं चलेगा। सम्माननीय उप-मुख्यमंत्री से मैं कहना चाहता हूँ कि इंटेलिजेंस के लिए जिम्मेदार पुलिस महासंचालक श्री अनामी राय को पद से हटा देना चाहिए। उन्हें घर वापस भेज देना चाहिए। वह मुंबई की कानून-व्यवस्था को सँभालने में सक्षम नहीं हैं, इस प्रकरण से यह पूरी तरह सिद्ध हो गया है। इसके लिए आपको कड़ा कदम उठाना चाहिए। उन पर कार्रवाई होनी चाहिए कि इसी कारण से मैं ऐसी माँग कर रहा हूँ। पुलिस महासंचालकों की बैठक में केंद्रीय गृहमंत्री श्री शिवराज पाटिल ने जो कहा, उसे मैं आपको पढ़कर सुनाता हूँ। उस परिषद् में श्री अनामी राय उपस्थित थे—

"Our coastal areas are coming under increased threat from terrorist groups, which have decided to use the sea route to infiltrate into India. They also plan to induct arms and ammunition through the sea routes." —Shri Shivraj Patil addressing the Directors General and Inspectors General of Police in November 2006. said, "We understand they (the terrorist) have been collecting information regarding location of various refineries on or near the Indian coastline...Some Lashkar-e-Taiba operatives are also being trained specially for sabotage of oil installations. There are plans to occupy some uninhabited island off the country's coastline to use them as bases or launching operations on the Indian coasts."

डी.जी. की कॉन्फ्रेंस में दिया गया उनका यह भाषण है; लेकिन आप पर उसका कोई प्रभाव नहीं। आपने अपनी समुद्री सीमा के बारे में क्या चिंता की, कुछ भी नहीं और अब इस घटना के बाद तीन नौकाएँ दे रहे हैं। आपने समय रहते इस पर कार्रवाई क्यों नहीं की ? कोंकण के समुद्री किनारे पर जब

आर.डी.एक्स. पकड़ा गया, तभी यह कार्रवाई आपने क्यों नहीं की ? आपकी इस लापरवाही के कितने गंभीर परिणाम हुए हैं, यह बात विचारणीय है। सन् 2006 के नवंबर में केंद्रीय गृहमंत्री ने आपको सावधान किया था। उन्होंने तब आपसे कहा था—

On November 22, 2008 that is literally on the eve of the attacks in Mumbai, he told the police Chiefs, "To control terrorism in the hinterland, we have to see that infiltration of terrorists from other countries does not take place through the sea routes and through the borders between India and friendly countries. The coastlines also have to be guarded through Navy, Coast Guards and Coastal Police."

नौ सेना, तटरक्षक दल और तटरक्षक पुलिस इनमें आपस में कुछ भी तालमेल नहीं था। भुजबल साहब, यह मैं नहीं कह रहा हूँ, यह आपके ही केंद्रीय गृहमंत्री श्री शिवराज पाटिल साहब ने कहा है।

"The states special branches and the CID should identify the persons forming part of the sleeper cells and lodging in cities and towns and studying in educational institutions and working in industries and professions." And four days later, the terrorists using the exact same sea route, do the same exact thing that these worthies have been warning others about.

केंद्रीय रक्षामंत्री द्वारा लोकसभा में दिया गया उत्तर मैं आपको पढ़कर सुनाता हूँ। उसमें कहा गया है—

The Minister of Defence has been no less alert. On March 9, 2007, he was asked in the Lok Sabha, whether "the intelligent agencies have warned about the possibility of terrorists trying to infiltrate through the sea route or trying to target our offshore installations?" He answered, "Yes sir. There are reports about terrorists of various tanzeems being imparted training and likelihood of their infiltration through sea routes." He was asked, "whether maritime terrorism, gun running, drug trafficking and piracy are major threats that India is facing from the sea borders of the country?" His answer, "Yes sir."

यह देश की संसद् में रक्षा मंत्री द्वारा दिया गया उत्तर है। यह आपके पास भी आया है। यह सब आपको पहले ही बताया जा चुका है। यह सब पूरी दुनिया को मालूम था। राज्यसभा में गृहमंत्री ने कुछ प्रश्न पूछे थे, मैं आपको पढ़कर सुनाता हूँ। उनमें ऐसा कहा गया था—

On May 9, 2007 the home minister was asked in the Rajya Sabha, whether "It is a fact that there are strong apprehensions of terrorist threats to the country through the sea route?" As per available reports, he answered, "Pak based terrorist group, particularly Let, have been exploring possibilities of induction of manpower and terrorist hardware through the sea-route."

यह उत्तर 9 मई, 2007 को राज्यसभा में दिया गया है। इसमें उन्होंने लश्कर-ए-तैयबा का नाम लिया है। अब इसमें कौन सी गोपनीयता है? आप कितने बेखबर रहेंगे? यह संवेदनशील प्रशासक के लक्षण हैं?

मुंबई की समुद्री सीमा पर खतरा है, इस पर संसद् में चर्चा हुई और आपने गश्ती नौकाएँ खरीदने का आदेश 27 तारीख को दिया। जब लोग मारे

गए तब आपने आदेश दिए। यही नहीं, इससे भी ज्यादा भयानक बात मैं आपके सामने रखने वाला हूँ। आपकी पुलिस ने गुजरात के मछुआरों के नामों के साथ जानकारी दी थी, उस बारे में हमारे पास साक्ष्य हैं। मेरे पास एम.के. नारायणन का भाषण है। आई.बी. ने सरकार को पत्र लिखा। श्री छगन भुजबल राज्य के उप-मुख्यमंत्री होने के नाते क्या यह जानकारी देने का साहस दिखाएँगे? केंद्र सरकार ने 19 नवंबर, 2008 को राज्य सरकार को पत्र भेजा। उस पत्र में लिखा है—आतंकवादियों के द्वारा समुद्र मार्ग से मुंबई पर हमला होने वाला है, ताज होटल पर हमला होने वाला है, ऐसी उन्होंने जानकारी दी थी। तब भी आप कुछ नहीं करते, कैसे अधिकारी हैं? यह कैसी सरकार है, यह क्या हो रहा है? आपने इस पत्र पर कोई कार्रवाई नहीं की। आपकी कैबिनेट की सब-कमेटी है। उस कमेटी में मुख्यमंत्री, उप-मुख्यमंत्री, गृहमंत्री और वरिष्ठ अधिकारी हैं। इन सबकी बैठक बुलाकर उसमें अपनी मशीनरी को सूचना देना, इस सबका प्रबंध करना, इस बारे में आपने कुछ भी नहीं किया? शांत, तटस्थ, निराकार, मृत शरीर के समान सरकार निष्क्रिय पड़ी रही। इतने अधिकारी और लोगों की जानें हमने गँवाईं, उनको बचाने के लिए सरकार ने कुछ भी नहीं किया।

सरकार को पुलिस विभाग की कार्यप्रणाली पर विचार करना चाहिए। उनके पास कितनी फायरिंग रेंज है? श्री आर.आर. पाटिल ने जानकारी दी। एन.एस.जी. का एक पुलिसवाला 400 राउंड गोलियाँ चलाता है और अपना पुलिसवाला पूरे जीवन में चार गोलियाँ नहीं चलाता। आपके पास कितने फायरिंग ग्राउंड हैं? उस जगह कितने पुलिस कर्मचारियों को प्रैक्टिस देते हैं? पुलिस बल के प्रशिक्षण की क्या व्यवस्था है? मैं ईमानदारी से स्वीकार करता हूँ। पुलिस प्रशिक्षण महाविद्यालय के बारे में मैं ज्यादा कुछ नहीं कहता। जो लोग डंपिग यार्ड जैसे बेकार हैं, जिनका कोई उपयोग नहीं, उनको आप प्रशिक्षण महाविद्यालय का प्रिंसिपल बनाते हैं। मेरी आपसे प्रार्थना है कि पुलिस अधिकारियों और पुलिस कर्मचारियों को प्रशिक्षण देने की

व्यवस्था अपग्रेड की जाए। सेना में श्री चौधरी नाम के मेजर जनरल थे। उन्होंने नेशनल सिक्यूरिटी गार्ड की स्थापना की। उस व्यक्ति ने माननीय आर.आर. पाटिल के समक्ष प्रेजेंटेशन किया कि आपकी यह मशीनरी किस प्रकार अपग्रेड की जा सकती है। लेकिन इस सरकार को उस बारे में कुछ करने की आवश्यकता महसूस नहीं हुई। मंत्रियों को जगह मिलती है, विधायकों को सस्ती दरों पर जगह मिलती है, इंजीनियरिंग और मेडिकल कॉलेज बनाने के लिए आप पहाड़ियों का उपयोग करते हैं; लेकिन पुलिस प्रशिक्षण के लिए, फायरिंग रेंज के लिए उनको जगह नहीं मिलती। राज्य के कई जिलों में पुलिस को प्रशिक्षण देने की व्यवस्था नहीं है। इसलिए मेरी आपसे प्रार्थना है कि पुलिस प्रशिक्षण देने के लिए एक अलग से कैडर बनाएँ और सेना से सेवानिवृत्त मेजर, लेफ्टिनेंट, कर्नल तथा एन.एस.जी. के रिटायर्ड मेजर दत्ता जैसे मिलिटरी के अधिकारी नियुक्त करके एन.एस.जी. स्तर की 5 अकादमी राज्य के अलग-अलग क्षेत्रों में शुरू करें। प्रत्येक जगह पर एन.एस.जी. के स्तर के 500-500 प्रशिक्षित कमांडो होने चाहिए। एक विदर्भ में, एक मराठवाड़ा में, एक पश्चिमी महाराष्ट्र में, एक कोंकण में, एक ठाणे में और विशेष रूप से मुंबई में इस प्रकार के कमांडो प्रशिक्षण केंद्र बनाए जाएँ। उसके लिए विशेष रूप से एक अधिकारी नियुक्त करें, उनका अलग कैडर बनाएँ, उन्हें अलग से भत्ता दें।

भले फाइनेंस का ऑडिट नहीं भी हो तो चलेगा, लेकिन 'Make audit for performances' कार्यक्षमता का ऑडिट जरूर करें, और वह करना है तो उसे ज्यादा सुविधाएँ मुहैया कराओ। नियमों को दुरुस्त करो। मैं उस जगह पर था। सम्माननीय सदस्य श्री तावड़े दो दिन वहाँ थे। मैं उस स्थान पर गया और देखकर निकल गया। मैंने दो दिन तक देखा। हमें अच्छा नहीं लगा। लोग कहते थे कि क्रिकेट खिलाड़ियों को छोड़ने के लिए एयरकंडीशन बस और जिन्होंने हमारे प्राणों की रक्षा की, वे बेचारे 'नेशनल सिक्यूरिटी गार्ड' के जवान बेस्ट की बसों में सफर कर रहे थे। आम आदमी

को यह सहन नहीं हुआ। लोग तुम पर नहीं, हम पर गुस्सा थे। सी.एन.बी.सी. चैनल की एक चर्चा में मैं शामिल हुआ था। वहाँ जो लोग उपस्थित थे, उन्होंने सभी राजनेताओं को चारों तरफ से घेर लिया। उनके मन में सबके लिए नाराजगी थी। ये छोटी-छोटी घटनाएँ हैं। जिन्होंने अपनी जान संकट में डालकर आतंकवादियों को खत्म किया और प्राणों की बाजी लगाकर जो लड़े, उनको जीत के बाद वहाँ से ले जाने के लिए उचित व्यवस्था भी नहीं की गई, ऐसा क्यों? मंत्रालय में एक ही ऑर्डर है कि आपके कोई गेस्ट आएँ, तब एक गेस्ट पर चालीस पैसे ही खर्च कर सकते हैं। चार बिस्किट, प्लास्टिक की डिश, एक नमकीन बिस्किट, एक क्रीम का बिस्किट, एक पारले जी का बिस्किट और एक कोकोनट बिस्किट तथा काली-कलूटी चाय। 40 पैसे एक व्यक्ति पर खर्च करना है, ऐसे जी.ए.डी. के ऑर्डर हैं। आज भी वही चल रहा है। महाराष्ट्र सरकार इतनी कंगाल है क्या? ये लोग क्या सरकार चलाएँगे। इनकी सलाह पर सरकार चलने वाली है क्या? हम जैसा कहेंगे, सरकार वैसे चलेगी। आपको फाइल पर जो लिखना है, लिखो। आपके अनुसार सरकार चलने वाली नहीं। गालियाँ हम खाते हैं, मंत्री इस्तीफा देते हैं और ये अधिकारी उस स्थान पर नियम बताएँगे, नियम बदलो। जनता के हित के लिए नियम बदलने का अधिकार कैबिनेट और मंत्री महोदय को है। जिम्मेदारी निर्धारित होती है तो होने दो। हम जवाबदार रहें। मंत्री पद जाने के बाद भी जवाबदार रहें।

हमारे पुलिसवालों की क्या स्थिति है? उनको आज हम कौन सी सुविधा मुहैया करवा रहे हैं? वे तुलना करते हैं। पूर्व पुलिस महानिदेशक श्री अरविंद ईनामदार का एक लेख आया था। उन्हें किसको रिपोर्ट करनी है? गृह सचिव को रिपोर्ट करनी है? इस बारे में मैंने काफी दिन पहले बोला था। मुझे लगता है, आई.ए.एस. अधिकारियों में स्पेशलाइजेशन के ग्रुप बनने चाहिए। आज पत्रकारों के भी बीट है। भाजपा का बीट हो तो पाँच वर्ष से वो भाजपा की रिपोर्टिंग करता है। कांग्रेस का बीट, यह इनका बीट! ऐसी

व्यवस्था होती है। इन्फ्रास्ट्रक्चर का क्षेत्र है। पावर का क्षेत्र है। ऐसे भी उन्होंने बीट किए हैं। आई.ए.एस. सभी विभागों के काम देखते हैं। जैसे ताश के 52 पत्तों में जोकर होता है, वह किसी भी जगह फिट होता है, वैसे ही ये होते हैं। ये जोकर हैं, ऐसा मेरा कहना नहीं है। लेकिन ये कहीं भी फिट बैठते हैं। वे शिक्षा विभाग, समाज कल्याण विभाग, महिला और बाल कल्याण विभाग, परिवार नियोजन विभाग और उद्योग चलाते हैं। मतलब सभी विभागों के एक्सपर्ट ये ही होते हैं। उसमें भी वर्गीकरण करना चाहिए कि ये पाँच अधिकारी एक विभाग का स्पेशलाइजेशन करेंगे। "One person specialise in one subject. This is the key of success."

आप सौ काम एक साथ करेंगे तो वे पूरे होंगे नहीं। आप प्रशिक्षण के लिए अलग कैडर बनाएँ। इसीलिए मेरी आपसे प्रार्थना है कि पुलिस विभाग में एकाध अच्छा अधिकारी महासंचालक हो तो उसे सचिव के पद के रूप में प्रमोट क्यों नहीं किया जाता? जितना उसको समझ में आता है, उतना इनको समझ में आएगा क्या? आज जाँच करें और जिम्मेदारी निश्चित करें। जिन हैलमेट में गोलियाँ धँस गईं, उन हैलमेट की खरीद किसने की? खरीद ये करेंगे और लड़ेंगे वो। बुलेटप्रूफ जैकेट में गोलियाँ घुस जाती हैं। उनको क्यों खरीदा गया। चंडीगढ़ की लेबोरेटरी द्वारा रिजेक्ट करने के बाद भी जिनमें गोलियाँ घुस गईं, वे थर्ड क्लास बुलेटप्रूफ जैकेट क्यों खरीदी गईं? इसका उत्तर कौन देगा? मंत्रालय की कमेटी तैयार की जाएगी। सेंट्रलाइजेशन ऑफ पावर होगा। फिर किसी कंपनी से यह सब बोगस माल हम पर लादा जाएगा। कुछ लोगों को 'लक्ष्मी-दर्शन' होगा तो क्या पुलिसवालों को ऐसे बुलेटप्रूफ जैकेट अपने गले में डालकर मरना चाहिए? यह कैसे चलेगा? मैं उप-मुख्यमंत्री श्री छगन भुजबल से कहना चाहता हूँ कि इन सभी बातों में आपको सुधार करना होगा।

राष्ट्रीय सुरक्षा बल के जवानों को हवाई जहाज उपलब्ध नहीं था। किसी एयरवेज के हवाई जहाज में एन.एस.जी. के उन 195 लोगों को

बिठाकर जल्दी से मुंबई नहीं लाया जा सका। जो विमान मिले वे जेट जैसे तेज नहीं थे। बहुत स्लो स्पीड विमान थे। उस विमान को मुंबई पहुँचने में तीन घंटे लगे। मुंबई में आपातकालीन स्थिति होने के कारण जेट विमान में बैठे यात्रियों को उतारकर इन जवानों को उस विमान से लाने की आवश्यकता थी। ऐसा क्यों नहीं किया गया? दिल्ली से रात साढ़े ग्यारह बजे सहायता माँगी गई। माननीय मुख्यमंत्री के अलावा केंद्र से कोई अन्य सहायता नहीं माँग सकता या बात नहीं कर सकता, ऐसी मेरी जानकारी है। रात साढ़े ग्यारह बजे तत्कालीन गृहमंत्री श्री शिवराज पाटिल से बात हुई। घटना रात साढ़े नौ बजे हुई थी। आतंकवादियों के हमले की गंभीरता को देखते हुए उस समय कंट्रोल रूम से इस संबंध में फैसला होना चाहिए था। मैं आरोप नहीं कर रहा हूँ; लेकिन त्वरित कार्य बल को यहाँ लाने में नौ घंटे लगते हैं। उन नौ घंटों में अनेक बेकसूर लोग मारे गए, कितनी बड़ी लापरवाही है। विमान माँगने में देरी होना, उसके बाद विमान नहीं मिलना, यहाँ पहुँचने के बाद हवाई अड्डे से घटनास्थल तक लाने की व्यवस्था में रुकावट आना। इन सब बातों पर माननीय श्री छगन भुजबल को विचार करना चाहिए। आज की गलतियों से सीखकर भविष्य में गलतियाँ न हों, इसीलिए आज इसका ध्यान रखना जरूरी है।

भविष्य में अच्छी नीति बनाई जाए, तभी महाराष्ट्र सुरक्षित रह सकेगा। यह किसी पार्टी का सवाल नहीं है, किसी जाति का सवाल नहीं, पंथ, धर्म का भी नहीं। नदी का पानी जब गाँव में घुसता है तो वह सभी के घरों को ढहाता है। ऐसी घटनाओं के कारण सभी का जीवन खतरे में है। इसलिए यह चिंता का विषय है। अत: सरकार को इस बारे में गंभीरता से विचार करना चाहिए, यह मेरी प्रार्थना है। एन.एस.जी. महासंचालक ने ऐसी जानकारी दी है कि 192 कमांडों को तैयार होने में एक क्षण का भी विलंब नहीं हुआ। लेकिन उनको दिल्ली से मुंबई लाने के लिए हवाई जहाज उपलब्ध नहीं था। मुझे यह बात सहन नहीं हुई। दिल्ली से मुंबई आने के लिए प्रत्येक घंटे हवाई

जहाज उपलब्ध रहता है। ऐसे कई जहाज हवाई अड्डे पर खड़े रहते हैं। प्रशासन को किसी भी एयरवेज को कहना चाहिए था कि तुम्हें तत्काल रवाना होना है, पैसे के बारे में बाद में बात करेंगे। सबसे पहले इन कमांडो को हवाई जहाज से मुंबई लेकर जाओ। आपके पास कई निजी एयरलाइंस हैं। प्रशासन ने अगर उनसे कहा होता तो वे मना नहीं करते। एक मिनट में हवाई जहाज मिल सकता था। उस विमान से कमांडो उसी समय आ गए होते; लेकिन इस स्थिति को नियंत्रण में लाने के लिए कदम उठानेवाला कोई नहीं था। मुझे ऐसी जानकारी मिली है कि उस समय कोई भी मंत्री आगे आने को तैयार नहीं था। मैं उस बारे में बोलना नहीं चाहता। माननीय श्री छगन भुजबल का मैं धन्यवाद करता हूँ। आगे आनेवाले वे पहले मंत्री थे। उस समय उन्होंने कहा था—कोई नहीं जाता तो सबसे पहले मैं वहाँ पहुँचूँगा। यह सुनने के बाद बाकी मंत्री आगे आए। इस बारे में सभी को आत्मचिंतन करने की आवश्यकता है। आत्मचिंतन से भूतकाल में हुई गलतियों को सुधारने, वर्तमान में विचार करके भविष्य का आकलन करने की ऐसी गलतियाँ दोबारा न हों, इसकी चिंता करनी चाहिए। मतलब खतरा टला नहीं है। माननीय मुख्यमंत्री ने सर्वदलीय बैठक बुलाई थी, उस समय उप-मुख्यमंत्री श्री छगन भुजबल, विपक्ष के नेता श्री पांडुरंग फुंडकर, सम्माननीय सदस्य श्री विनोद तावडे और मैं स्वयं उपस्थित था। उन्होंने हमें बताया था कि 22 आतंकवादी हैं, उनमें से 10 बाहर आए, लेकिन 12 आतंकवादी कहाँ गए? 22 थे या नहीं, उन्हें किसने जानकारी दी? यह जानकारी गलत है क्या? इस बारे में प्रत्येक पहलू पर विचार करने की आवश्यकता है।

फाइव स्टार होटल में कई पर्यटक भी जाते हैं। मैंने श्री रतन टाटा से एक्सरे मशीन के बारे में पूछा। उन्होंने कहा, माफ करें। इस होटल की 3-6 माह की बैलेंस शीट से जाहिर होता है कि होटल को 200-200 करोड़ रुपए का मुनाफा होता है। इतना मुनाफा होने के बाद भी होटल का मालिक पर्यटकों की सुरक्षा के लिए एकाध एक्सरे मशीन नहीं लगवा सकते? उस

होटल में आतंकवादी इतना ज्यादा गोला-बारूद अपने साथ नहीं लाए थे। इससे पहले कुछ आतंकवादी ताज और ओबेरॉय होटल के कमरों में रहे थे। उन्होंने वहाँ गोला-बारूद इकट्ठा किया, उस जगह अपना अड्डा बनाया। वहाँ उनकी कनेक्टिविटी होनी ही चाहिए। कोई भी व्यक्ति 80 किलो वजन का सामान लेकर भाग सकता है क्या? इस पर मुझे विश्वास नहीं होता। इन आतंकवादियों में से कुछ पर्यटक बनकर भाग गए होंगे, ऐसा प्रतीत होता है। इस होटल में माह-दो माह पहले कौन-कौन यात्री रह रहे थे, इसकी जानकारी होटल के व्यवस्थापक के पास होनी चाहिए। इन आतंकवादियों ने इस होटल में किस देश के आदमी हैं, कौन से देश का पासपोर्ट उनके पास है, यह देखकर उन्हें चुनकर मारा। अति अमानवीय कृत्य उन नराधमों ने किया। महिलाओं के बारे में जानकारी बहुत लज्जास्पद है। उसे इस सदन में नहीं रखा जा सकता। महिलाओं के बारे में जो कुछ किया गया है, वह बहुत घृणास्पद है। इस बारे में सरकार से मुझे एक बात पूछनी है कि इतने बड़े होटल में सुरक्षा व्यवस्था के लिए सरकार कुछ नियम बनाने वाली है या नहीं? एक्सरे मशीन से लेकर प्रत्येक सामान की जाँच करनेवाली मशीन होनी चाहिए। हवाई अड्डे पर माननीय मंत्री महोदय के सामान की जाँच की जाती है तो उन्हें गुस्सा आता है। मुख्यमंत्री हों, मंत्री हों, विधायक हों—इन सबको सुरक्षा की दृष्टि से चेकिंग के लिए सहयोग करना चाहिए। आज स्थिति यह हो गई है कि कोई भी तुम्हारी जेब में कब बम रख देगा, पता भी नहीं चलेगा। इसीलिए जनता के प्रतिनिधि सुरक्षा के बारे में जागरूकता बढ़ाएँ। सुरक्षा सबके हित के लिए है। सुरक्षा का अलग-अलग कॉन्सेप्ट तैयार करना होगा। मंत्रालय की सुरक्षा और ऑफिस की सुरक्षा अलग-अलग होनी चाहिए। विश्व में ऑफिसों में ऐसी व्यवस्था है कि वहाँ काम करनेवाले व्यक्ति जब तक मशीन में कार्ड नहीं डालते, प्रवेश नहीं कर सकते। हमारे यहाँ कमरों में कोई भी घुस आता है, कोई भी आकर बैठ जाता है। मेरा यह कहना है कि होटल में सुरक्षा के संदर्भ में नियम बनाने चाहिए।

अनुभवी और दक्ष अधिकारियों के माध्यम से होटल, कॉर्पोरेट सेक्टर इन सबके बारे में एक बात तय की जानी चाहिए और वह बात प्रत्येक क्षेत्र की सुरक्षा के मानक स्थापित करने की होनी चाहिए। वे सूचीबद्ध किए जाने चाहिए।

ये सब क्या हुआ? आतंकवादी हिंदू या मुसलमान नहीं होता। इन आतंकवादियों को मुसलिम मत कहो। ये जिहादी आतंकवादी हैं। कोई भी सच्चा हिंदू या सच्चा मुसलमान ऐसा कार्य नहीं करेगा। एक समय ऐसा था कि वोट बैंक के लिए अपीजमेंट ऑफ माइनॉरिटी होती थी। अब वोट बैंक के लिए अपीजमेंट ऑफ टेररिस्ट हो रही है। संसद् पर हमला करनेवाले अफजल गुरु को हाई कोर्ट और सुप्रीम कोर्ट ने फाँसी की सजा सुना दी है, लेकिन अभी तक फाँसी नहीं दी गई है। उसने माफी के लिए आवेदन किया है।

इन आतंकवादियों के कारण पुलिस का मनोबल कम हुआ है। मुझे किसी की आलोचना नहीं करनी है और न ही किसी का नाम लेना है। पाँच-सात घटनाएँ हुई हैं, जिनसे पुलिस का मनोबल कम हुआ है।

मेरा मानना है कि इस देश में आतंकवादियों का तुष्टीकरण नहीं होना चाहिए। प्रत्येक मुसलमान आतंकवादी है, ऐसा कदापि नहीं है और ऐसा किसी का कहना भी नहीं है। आतंकवादी का कोई धर्म नहीं होता, इस संबंध में मैंने पहले भी उल्लेख किया है। भारत सरकार ने 'जिहाद' शब्द का प्रयोग किया है। लश्कर-ए-तैयबा या अल कायदा, आई.एस.आई. के संदर्भ में उसका प्रयोग दिखाई देता है। यह शब्द मैंने मुसलिम धर्म के किसी भी व्यक्ति के लिए प्रयोग नहीं किया है। ऐसा अर्थ मुझे अपेक्षित नहीं है। मुझे वैसी आलोचना भी नहीं करनी है। मुंबई में मौलाना श्री इब्राहिम ताहिर ने कहा कि ये आतंकवादी मुसलिम धर्म के नहीं। इसके लिए मैंने श्री इब्राहिम ताहिर के निवास-स्थान पर फोन करके उनका अभिनंदन किया। इब्राहिम ताहिर ने कहा कि वे आतंकवादी इसलाम धर्म के नहीं हैं। उनको हम इस

देश में इस प्रकार का घिनौना कृत्य करने नहीं देंगे। उसके लिए मैंने मुसलिम मौलवी का अभिनंदन किया। हमारी भावनाओं को उन्होंने प्रकट किया।

पुलिस विभाग का मनोबल क्यों गिर रहा है, इस बारे में मैं यहाँ जानकारी दे रहा हूँ। आप भारतीय संविधान देखें। उसमें लिखा है कि अपराधी की जाति, पंथ, धर्म और भाषा नहीं होती। अपराधी अपराधी होता है। उच्चतम न्यायालय का निर्णय सर्वोपरि होता है। लेकिन वस्तुस्थिति ऐसी है कि आतंकवादी को फाँसी की सजा सुनाई गई है।

मैं यहाँ किसी भी पार्टी की आलोचना न करते हुए अपनी बात कह रहा हूँ। इस राज्य में जो घटना हुई, उसी आशय से मैं अपनी जानकारी देने का प्रयास कर रहा हूँ। पुलिस का मनोबल क्यों गिरा, इस पर सरकार को गंभीरता से विचार करना चाहिए। पुलिस का मनोबल कम नहीं होना चाहिए, ऐसा मेरा स्पष्ट मत है और इसीलिए मुझे अपने विचार रखने हैं। इसकी वैचारिक भूमिका समझें। मैं अंत:करण से कह रहा हूँ, राजनीति की दृष्टि से न देखें। ऐसी बहुत सी बातें हैं, जिनको मैंने टाल दिया है।

बशीर नाम का आतंकवादी गुजरात में पकड़ा गया। वहाँ मुठभेड़ के दौरान पांडे नाम का अधिकारी शहीद हो गया। समाजवादी पार्टी और कांग्रेस ने उसके परिवार को 5-5 लाख रुपए के चेक दिए। बाद में पार्टी ने कहा कि यह मुठभेड़ फर्जी है। इसलिए चेक वापस किए गए। ऐसी घटनाओं को टालना चाहिए। इसमें राजनीति नहीं होनी चाहिए। इससे पुलिस का मनोबल गिरता है। इसीलिए 'Appeasement of terrorists for vote bank politics' न करें, सरकार से ऐसी मेरी प्रार्थना है।

पोटा, टाडा—इस कानून को जो कहना है, कहो। अगर मेरी स्मरण-शक्ति सही है तो श्री छगन भुजबल जब गृहमंत्री थे, तब उन्होंने पोटा के अधीन आठ आतंकवादियों को गिरफ्तार किया था और उन पर कार्रवाई की थी। आतंकवाद पर कार्रवाई करने के लिए जो कानून हैं, जिन्हें राज्य सरकार

ने अनुमति दी है, वे केंद्र सरकार ने रोक रखे हैं। उन कानूनों को राष्ट्रपति की स्वीकृति नहीं मिली है। उस बारे में मेरे पास रिकॉर्ड उपलब्ध है। लेकिन मैं उसे पढ़कर सदन का समय बरबाद नहीं करना चाहता। महाराष्ट्र सरकार पोटा जैसा कानून लागू करे और आतंकवादियों पर कड़ी कार्रवाई की जाए—ऐसी मेरी प्रार्थना है।

महाराष्ट्र की समुद्री सीमा 750 किलोमीटर लंबी है। इस समुद्री सीमा की सुरक्षा के लिए अभी तक पदों की मंजूरी नहीं है, कार्यालय नहीं, बोट नहीं हैं। केवल हवाई महल बनाने से काम नहीं चलेगा। 750 किलोमीटर लंबे समुद्री किनारे की सुरक्षा की योजना आप कितने दिन में कार्यान्वित करेंगे? आपने क्या उपाय किए हैं? सुरक्षा के लिए कितनी स्पीड बोट लगाने वाले हैं? कितनी पुलिस की चौकियाँ स्थापित करने वाले हैं? चेक पोस्ट कहाँ पर होंगे? केंद्र सरकार और राज्य सरकार की एजेंसियों के बीच कैसा तालमेल करने वाले हैं? इन एजेंसियों की अब तक कितनी बैठकें हो चुकी हैं? इस बारे में कृपया स्पष्ट करें।

यह एक गंभीर घटना है, इसकी जाँच होनी चाहिए। श्री दामोदर तांडेल और मछुआरे श्री एकनाथ धनू ने पुलिस अधिकारियों को जानकारी दी थी कि प्राकृतिक गैस महामंडल की नौका जहाँ होती है, उसके पास दो बोट संशयास्पद स्थिति में दिखाई दे रही हैं। मुंबई पर हमले के बाद उस रात से ये बोट गायब हैं। उस बोट से ही आतंकवादी कुबेर बोट पर गए थे, यह बात सामने आई। इस सरकार में जो मंत्री हैं, विशेष रूप से मत्स्य व्यवसाय विभाग के संचालक श्री गोरख मेघ ने पैसे लेकर 500 बँगलादेशी नागरिकों को लाइसेंस दिए हैं, ऐसा श्री तांडेल ने कहा है। इस जानकारी से माननीय सदस्य श्री जितेंद्र आव्हाड को अगर कष्ट हुआ हो तो मैं क्षमा चाहता हूँ। लेकिन पैसे लेकर 500 बँगलादेशी लोगों को अनुमति दी गई, इसकी जाँच अवश्य होनी चाहिए।

समुद्री तटों की सुरक्षा करनेवाली केंद्र और राज्य सरकार की जो एजेंसियाँ

हैं, उनकी संयुक्त बैठक होनी चाहिए। आज इन एजेंसियों में तालमेल दिखाई नहीं देता। कोई किसी से कुछ नहीं कहता, उनका आपस में सामंजस्य नहीं, इसलिए इनमें समन्वय स्थापित करने की पहल करें, ऐसी मेरी प्रार्थना है। कारण यह है कि उनकी नौकाएँ, अधिकारी, कर्मचारी सब का सही दिशा में उपयोग होना चाहिए, इसलिए यह सामंजस्य जरूरी है। मेरे पास इस तरह की बहुत सी जानकारियाँ हैं, लेकिन समयाभाव के कारण मैं उन्हें प्रस्तुत नहीं कर सकूँगा। कस्टम की चार बोट धूल चाट रही हैं, लेकिन सरकार को इसकी जानकारी नहीं। ऊरण कारंजा, मुरुंड, श्रीवर्धन, अलीबाग में गस्ती नौका लापता है। यह इतनी भयानक स्थिति है और यह जानकारी भी उन्हीं के लोगों ने मुझे दी है। इस प्रकार से हम अपनी समुद्री सीमाओं की रक्षा कैसे कर पाएँगे? इसके लिए प्रयास करना आवश्यक है। समुद्री सीमा की दृष्टि से गंभीर मामला है। मतलब दिनांक 31 मार्च, 2008 को सरकार ने आधिकारिक रूप से कहा कि कोस्टल सिक्यूरिटी सिस्टम, किनारा सुरक्षा योजना सन् 2005 में लागू की गई; लेकिन उस योजना का क्या हुआ, इसकी जानकारी नहीं। इस योजना में केंद्र-शासित प्रदेश और ट्रिब्यूनल के लिए 400 करोड़ रुपए की खरीद की उम्मीद थी। उसमें से 151 करोड़ महाराष्ट्र के लिए हैं। उस 151 करोड़ रुपए में से 73 पुलिस स्टेशन, 97 चेक पोस्ट, 98 आउट पोस्ट, 30 बैरक, 55 पुलिस स्थानक बनाने की बात कही गई थी और उसके निमित्त 151 करोड़ रुपए खर्च करने के लिए कहा गया था। इसके अलावा 73 समुद्री पुलिस चौकियों के लिए 204 नौकाएँ, 153 जीपें खरीदने की बात कही गई थी; लेकिन मुझे लगता है, ये बोट और जीपें वहीं से लाकर यहाँ उपयोग की जा रही हैं। साथ ही 312 मोटर साइकिल देने की बात भी इसमें शामिल थी। मोटर साइकिलें कहाँ गईं, मालूम नहीं।

ख्वाजा यूनुस अहमद के मामले में, राहुल गोपाल मामले में पूर्व उप-मुख्यमंत्री श्री पाटिल के पास गया था। पुलिस ने 5-10 प्रतिशत भूल की होगी तो पुलिस अधिकारियों की अनदेखी की जाए। लेकिन इस प्रकार

आप पुलिस अधिकारियों पर कार्रवाई करने लगे तब तो उनके मनोबल की धज्जियाँ उड़ जाएँगी। शायद आपको याद होगा कि मैं विपक्ष का नेता था, उस समय माननीय श्री विलासराव देशमुख मुख्यमंत्री थे। मैंने उस समय ख्वाजा यूनुस मामले में आयोग वगैरह न बिठाने की बात कही गई थी। उस समय आपने उस निर्णय को टाल भी दिया था; क्योंकि अगर अच्छे पुलिस अधिकारियों को समाप्त किया जाता रहा तो पुलिस काम कैसे करेगी। ऐसी ही बात प्रफुल्ल भोंसले नाम के एक अधिकारी के संदर्भ में हुई। उसको ख्वाजा यूनुस अहमद के केस में निलंबित किया गया। वास्तव में उस पर इस केस में चार्जशीट भी नहीं थी। वह निर्दोष है, इसलिए उसे तत्काल बहाल कर पुलिस का मनोबल बढ़ाएँ, ऐसा मेरा सुझाव है। आतंकवादियों से लड़नेवाले ऐसे अधिकारियों को इस प्रकार हतोत्साहित करना ठीक नहीं। इसका कारण यह है कि अपराधियों को 12-15 वर्ष की सजा होती नहीं, उन पर केस चलते नहीं; लेकिन ऐसे अपराधियों पर कार्रवाई करनेवाले पराक्रमी पुलिसवालों पर आप कार्रवाई करते हैं। इसलिए इस बारे में विचार करके तुरंत निर्णय लेना आवश्यक है। ऐसा ही किया जाता रहा तो कौन आतंकवादियों से लड़ेगा? अंतिम बात, मतलब मुझे एक एस.एम.एस. मिला है—

'The world suffers a lot-not because of violence of bad people, but because of silence of good people.'

''दुनिया ने बहुत सहा और सह रही है, उसका कारण सज्जन पुरुष हैं। दुर्जन व्यक्तियों की हिंसा से नहीं बल्कि अच्छे लोगों के मौन के कारण दुनिया ने ज्यादा दुःख सहन किए हैं।''

इस परिस्थिति पर विजय पाने के लिए एक संवेदनशील राजकीय सोच चाहिए। शासन पर जनता का रोष किस प्रकार का है, इस बारे में एक प्रतिक्रिया व्यक्त करते हुए लिखा गया है—

‘नौ आतंकी देश पर भारी, कैसी यह सरकार है,
क्या अपने इस देश में यारो कमजोरों की सरकार है,
देश से ज्यादा वोट प्यारा, यह कैसा व्यापार है।
कुरसी की खातिर यह मच रहा हाहाकार है,
ऐसी निकम्मी सरकार का धिक्कार है, धिक्कार है, धिक्कार है!’

अब आम आदमी का सरकार और राजनेताओं पर से विश्वास उठ गया है। इस चर्चा के माध्यम से विश्वास कायम करना है तो पुलिस विभाग में सुधार करने के बारे में एक एक्शन प्लान तैयार करें। प्रशिक्षण से लेकर आधुनिक अस्त्र-शस्त्र लेने तक, समुद्र मार्ग की सुरक्षा तक प्लान तैयार करें। इस प्लान को मंजूर करते समय गृहमंत्री को पूरे अधिकार होने चाहिए। वर्तमान गृहमंत्री जब वित्तमंत्री थे, उन्होंने गृहमंत्री के कार्य को अनदेखा किया। गृह मंत्रालय की फाइलें मंजूर नहीं करने से इन आतंकवादी हमलों में गृहमंत्री की कुरसी चली गई। वित्त विभाग ने गृह विभाग की सभी फाइलें दबा दीं। जो महत्त्वपूर्ण फाइलें हों, तब उनके लिए कैबिनेट सब-कमेटी तैयार करके उस सब-कमेटी पर मुख्यमंत्री, उप-मुख्यमंत्री और गृहमंत्री को नियुक्त करें। संवेदनशील फाइल का निर्णय उस सब-कमेटी में किया जाए। सुबोध कुमार जैसे अधिकारी संवेदनशील फाइल को धड़ाधड़ नामंजूर कर रहे हैं और सरकार चल रही है। भुजबल साहब, आप ऐसी गाफिल सरकार न चलाएँ। आनेवाले समय में कुछ तो सुपरिणाम सामने आएँ। पुलिस विभाग से राजनीति समाप्त करें। इनको निकाला, उनको बुलाया, इसमें ये व्यक्ति कोर्ट का दरवाजा खटखटाते हैं और तमाशा हमारा बनता है। पुलिस में नियुक्तियाँ आप किसकी अनुमति से करते हैं? पुलिस की नियुक्तियों में आप क्यों हस्तक्षेप करते हैं? लोगों का कहना है कि फैसला दिल्ली में होता है। नियुक्तियों के बारे में दिल्ली से कैसे अधिकारी निर्णय लेते हैं? अच्छा काम करनेवाले अधिकारी को सम्मान नहीं और बुरा काम करनेवाले को दंड नहीं, ऐसी स्थिति है। जो अच्छा है, उसे स्वीकार करो; जो काम करनेवाले

हैं, उनको प्रोत्साहन दो। उसमें जाति-धर्म आड़े नहीं आए। जो बुरा है, अकुशल है, उस पर कार्रवाई करो। आपने मुख्यमंत्री और उप-मुख्यमंत्री के इस्तीफे लिये, लेकिन इस पूरे प्रकरण में साउथ मुंबई में बसे जिम्मेदार पुलिस अधिकारी इस घटना के समय घर से बाहर नहीं निकले। जिन्होंने केवल तमाशा देखने का काम किया, उन पर आप क्या कार्रवाई करने वाले हैं, कृपया बताएँ? घटिया स्तर की बुलेटप्रूफ जैकेट खरीदी गई और हमले में जिन पुलिस अधिकारियों और पुलिसवालों की मृत्यु हुई, उसके लिए आप किस पर कार्रवाई करने वाले हैं? लोहे के हैलमेट के अंदर गोलियाँ घुस जाती हैं, उसके लिए कौन जिम्मेदार है? इंटेलिजेंस के अधिकारी क्यों नहीं आए? जो दोषी हैं उनके खिलाफ कार्रवाई करो, जिससे जनता का विश्वास बढ़े। नहीं तो ऐसी स्थिति आएगी कि क्राइसेस ऑफ क्रेडीबिलिटी का प्रश्न आपके और मेरे सामने खड़ा होगा। प्रसिद्ध व्यंगचित्रकार श्री लक्ष्मण ने 'टाइम्स ऑफ इंडिया' में एक कार्टून बनाया था। उसमें दिखाया गया था—खादी के कपड़े पहनकर एक व्यक्ति दौड़ रहा है। उसके पीछे लोग दौड़ रहे हैं। वह लोगों को कह रहा था—

'कॉल मी एनीथिंग, बट डोंट कॉल मी लीडर'

आज हमारी ऐसी स्थिति हो गई है। प्रतिष्ठा और सम्मान बचाना हो तो पुलिस विभाग में राजनीतिक हस्तक्षेप बंद कर गुणवत्ता के आधार पर सुधार कीजिए।

❑

---

* महाराष्ट्र विधान परिषद् में दिया गया भाषण।

“

मुंबई में 2 करोड़ 20 लाख कार्य-दिवस प्रदूषण संबंधित बीमारियों के कारण खराब होते हैं। 9 लाख 1 हजार लोग प्रदूषण के कारण अस्थमा की बीमारी से त्रस्त हैं। 24 हजार प्रौढ़ और 2 लाख 20 हजार बच्चे, इतने लोगों को प्रदूषण के कारण ब्रांकाइटिस हुआ है। इस परिस्थिति को बदलना होगा। मुंबई हमारी संस्कृति है, विरासत है। उसे ठीक-ठाक रखना चाहिए। सरकार को पर्यावरण सहित एक अच्छा प्लान तैयार करना चाहिए।

”

19

मुंबई की समस्याएँ

मुंबई देश की व्यावसायिक और औद्योगिक राजधानी है। विश्व में कहीं भी जाएँ, भारत (इंडिया) शब्द के साथ-साथ मुंबई का उल्लेख किया जाता है। मुंबई विश्व-प्रसिद्ध है। राष्ट्र को इस पर अभिमान हो, ऐसा यह शहर है। यहाँ मिल-जुलकर सब साथ रहते हैं। शहर की जनसंख्या दो करोड़ के आस-पास होने के कारण नागरिकों को सभी प्रकार की सुविधाएँ बहुत ही मुश्किलों के बाद भी मुहैया कराना, पूरी व्यवस्था सुचारु रूप से चलाना, इस दृष्टि से यह विश्व का अद्‌भुत शहर है। महाराष्ट्र की दृष्टि से मुंबई यह एक बहुत ही महत्त्वपूर्ण शहर है। इस शहर की विशेषता यह है कि यह नेचुरल हब है। इसके एक ओर समुद्र है, दूसरी ओर सड़क और तीसरी तरफ रेल यातायात, ऐसा अद्‌भुत संगम हुआ है। अंतरराष्ट्रीय हवाई अड्डा, अंतरराष्ट्रीय बंदरगाह, भारत को जोड़नेवाला रेलवे जंक्शन ये इस शहर की विशिष्टता है। रात को 12 बजे अगर महिला घर से बाहर निकलती है तो उसे किसी प्रकार का कोई खतरा नहीं, यह इस शहर की प्रकृति है। अब थोड़ी कठिनाई जरूर पैदा हुई है, लेकिन तब भी यह शहर उसी प्रकार चल रहा है।

शिक्षा, चिकित्सा और संस्कृति इन तीनों क्षेत्रों में इस शहर में सभी

सुविधाएँ उपलब्ध हैं। मुंबई 437.71 कि.मी. क्षेत्र में फैला हुआ है। मेट्रोपोलिटन एरिया 4,355 वर्ग कि.मी. है। मुझे मिली जानकारी के अनुसार, मुंबई की कुल जनसंख्या 1 करोड़ 77 लाख 27 हजार 61 थी। मेरी यह जानकारी कुछ दिनों पूर्व की है। लेकिन अब 2 करोड़ होने की संभावना है। जनसंख्या घनत्व 45 हजार 949 प्रति वर्ग किलोमीटर है। मुंबई की सबसे महत्त्वपूर्ण बात यह है कि इसके के चारों ओर समुद्र है। इससे यातायात व्यवस्था पर काफी भार है। मुझे इसी वर्ष इंस्टीट्यूट ऑफ इंजीनियर्स में रेलवे अधिकारियों की कॉन्फ्रेंस का उद्घाटन करने का अवसर मिला था। कोंकण रेलवे बनानेवाले श्रीधरन ने कॉन्फ्रेंस की अध्यक्षता की। मैंने उद्घाटन भाषण में कहा—रेलवे को एक ही बात करनी चाहिए और वह यह छत्रपति शिवाजी टर्मिनस परिसर में बने ऑफिसर्स क्वार्टर्स में रहनेवाले अधिकारियों के लिए कल्याण, डोंबिवली क्वार्टर बनाकर उन्हें वहाँ रहने के लिए भेजा जाए। वे अधिकारी रोज आने-जाने में धक्के खाएँगे, तब उन्हें लोकल रेलवे की भीड़ का अहसास होगा। इसके बगैर वे रेल यात्रियों का दु:ख समझ नहीं पाएँगे। ऐसा मैंने उस समय गुस्से में कहा था।

दिल्ली में मेट्रो है। मुंबई के लिए लोकल रेलवे है। फिर वह एल.आर.टी. हो या मेट्रो रेल या फिर ब्रॉडगेज पर चलनेवाली मुंबई की लोकल हो। सेंट्रल रेलवे, दक्षिण रेलवे, पूर्ण-मध्य रेलवे इनके टर्मिनल्स मुंबई में हैं। मुंबई में एल.आर.टी. हो, स्काइ बस हो, ब्रॉडगेज और मीटरगेज रेलवे हो, इन सबकी व्यवस्था के लिए मेट्रो रेल कॉरपोरेशन बनाना चाहिए, इसमें केंद्र सरकार और महाराष्ट्र सरकार की हिस्सेदारी होनी चाहिए। इस प्रकार का मेरा प्रयास था। मैं हमेशा से कहता हूँ कि गड़चिरोली जिले की बात मंत्रालय में बैठे इन अधिकारियों के ध्यान में क्यों नहीं आती? उसी प्रकार मुंबई का रेलवे का प्रश्न दिल्ली की संसद् में बैठे जनप्रतिनिधियों के ध्यान में नहीं आता। मुंबई की एल.आर.टी., मोनोरेल या स्काई बस, ब्रॉडगेज पर चलनेवाली लोकल रेलवे के स्टेशन इन सबके बारे में विचार कर मेट्रो रेल कॉरपोरेशन बनाना

चाहिए। उसमें 51 प्रतिशत इक्विटी राज्य सरकार और 49 प्रतिशत इक्विटी केंद्र सरकार की हो। बाहर के लोगों को भी 10–10 प्रतिशत इक्विटी दी जाए और प्रोफेशनल कॉरपोरेशन बनाने का विचार बनाएँ। जब तक ये पहली बात नहीं होगी, तब तक मुंबई की समस्या का समाधान नहीं होगा। मेरे पास आँकड़ों सहित जानकारी है। मुंबई की सबअर्बन ट्रेन से रोजाना 75 से 80 लाख लोग सफर करते हैं। बसों में 60 लाख, टैक्सी और ऑटोरिक्शा में 10 लाख लोग और 12 से 15 लाख लोग निजी वाहनों से सफर करते हैं। वैसे ही मुंबई में बाहर के वाहन भी आते–जाते हैं। इन सब बातों पर विचार करें तो मुंबई की सबसे बड़ी समस्या यातायात की है। मेरा सरकार से अनुरोध है कि केंद्र सरकार ने मुंबई रेलवे की तरफ ध्यान नहीं दिया। दिल्ली मेट्रो के लिए केंद्र सरकार ने 9,500 करोड़ रुपए दिए हैं। दिल्ली देश की राजधानी है। वहाँ मेट्रो के लिए 9,500 करोड़ रुपए दिए जाते हैं, तब मुंबई मेट्रो के लिए कितने रुपए देने चाहिए?

आज रिलायंस के प्रोजेक्ट चल रहे हैं। उसके बदले में इंटीग्रेटेड एम.एम.आर.डी.ए. ने प्लानिंग की तो उसकी लागत कितनी आएगी? हम रेल के डिब्बे और अन्य चीजें बाहर से लाते हैं। इस वजह से इनकी कीमत में बढ़ोतरी होती है। उस लागत का भुगतान करने की क्षमता जनता में है क्या? यह सब तकनीक भारत में लाकर उसका निर्माण तथा उत्पादन का कार्य भारत में किया जाता तो उसकी लागत कम होती और वह अधिक सुविधाजनक होता। इसे करने की बहुत आवश्यकता है। आज विश्व में सात से आठ कॉरपोरेशन हैं, जिनमें से चीन, सिंगापुर और जर्मनी के कॉरपोरेशन मैंने देखे हैं। आपको जो टेक्नोलॉजी अच्छी लगती है, उसे चुनें। आप विशेषज्ञों की राय लेकर और जैसी आपको अच्छी टेक्नोलॉजी चाहिए, उसे स्वीकारें। वे अगर मल्टिप्लाय करते गए तो लागत में कमी आएगी। इसका असर यह होगा कि रेल टिकट की कीमत कम होगी। कल अगर सौ रुपए की टिकट होती है तो इतना महँगा टिकट कौन खरीदेगा। मुंबई का आम आदमी इतना

महँगा टिकट खरीद सकता है क्या? टिकट सस्ता होगा, तभी मुंबई का आदमी यात्रा कर सकेगा। इसलिए मेरा अनुरोध है कि तत्काल मेट्रो कॉरपोरेशन का गठन किया जाए। इस कॉरपोरेशन के गठन करने से मुंबई शहर की एक बहुत बड़ी समस्या का निवारण होगा।

मुंबई शहर में तीसरी महत्त्वपूर्ण समस्या जल परिवहन की है। मैं मंत्री था, तब से जल परिवहन के बारे में चर्चा हो रही है। तब श्री नितिन जोशी की हिमगिरि वाटर ट्रांसपोर्ट कंपनी थी। उस कंपनी के साथ वाटर ट्रांसपोर्ट के बारे में एक अनुबंध हुआ था। 1975-76 की समयावधि में स्व. शंकरराव चव्हाण इस राज्य के मुख्यमंत्री थे। उस अनुबंध पर किसी भी प्रकार से अमल नहीं किया गया। क्यों नहीं हुआ, इस बारे में मैंने सदन में कई बार प्रश्न उठाया। मैं कुछ दिन पहले ऑस्ट्रेलिया और सिंगापुर गया था। वहाँ हॉवरक्रॉप्ट के बारे में मैंने जानकारी प्राप्त की। बोरीवली से गेटवे ऑफ इंडिया तक हॉवरक्रॉप्ट से अगर सफर किया जाए तो उसका डॉलर में किराया 200 रुपए होगा। इतना महँगा टिकट लेकर यात्री जल मार्ग से यात्रा कर सकते हैं क्या? वह बात संभव नहीं। मैंने उस समय सरकार को सुझाव दिया था कि अगर मुंबई में जल परिवहन तैयार करना है तो आप प्राइवेट जेट्टी के माध्यम से इस ट्रांसपोर्ट को कमर्शियल रूप प्रदान करो। बी.ओ.टी. के आधार पर जेट्टी डेवलप करें। आप कर सकते हैं, लेकिन आपके पास इतना पैसा नहीं है। इस बारे में बीच की अवधि में प्रस्ताव आया था। वह प्रस्ताव इस समय एम.एस.आर.डी. के पास है। मुंबई शहर के लिए ऐसे शब्दों का प्रयोग नहीं करना चाहिए, लेकिन दुर्भाग्य से उन शब्दों का प्रयोग करना पड़ रहा है। इस शहर की स्थिति ठीक वैसी ही है जैसे जिसके चार पति हों— एम.एम.आर.डी.ए., एम.एस.आर.डी.सी., मुंबई महापालिका तथा राज्य सरकार। इन सभी में सामंजस्य का अभाव है और नगर विकास विभाग की अनुमति के बिना ये काम नहीं किए जा सकते। मुंबई शहर के विकास के लिए अलग-अलग प्राधिकरण होने से विकास संबंधी फैसले नहीं होते। जल

परिवहन के बारे में मैं सरकार से अनुरोध करता हूँ कि आप 10 प्रतिशत एम.आई.डी.सी. के, 10 प्रतिशत एम.एम.आर.डी.ए. के, 10 प्रतिशत शेयर सरकार स्वयं मिलाए—इस प्रकार कुल मिलाकर 49 प्रतिशत शेयर इकट्ठे करें। ऑटोमोबाइल में जानी-मानी कंपनियाँ—उसमें टाटा, महिंद्रा एंड महिंद्रा हो या कोई अन्य कंपनी आगे आएगी। हॉवरक्रॉफ्ट का इंजन भारत में तैयार करें। कंसल्टेंट विदेशी हो। डिजाइन और आर्किटेक्चर विदेशी हों, लेकिन उसका निर्माण भारत में हो। जो चीज बाहर के देशों में लागत की दृष्टि से 70 करोड़ की होगी, वही आपको अपने देश में 30 से 35 करोड़ रुपए में बन सकती है। एक हॉवरक्रॉफ्ट में एक बार 200 व्यक्ति यात्रा कर सकते हैं। हॉवरक्रॉफ्ट तीन मंजिला और चार मंजिला बनाए जा सकते हैं। लोकल रेलवे में जनता कीड़ों और चींटियों की तरह सफर करती है। मुझे विश्वास है कि जल परिवहन के लिए हॉवरक्रॉफ्ट सेवा शुरू की गई तो नरीमन पॉइंट से बोरीवली तक 25 मिनट में पहुँचा जा सकेगा। उस हॉवरक्रॉफ्ट को अगर नरीमन पॉइंट तक लाया गया तो पार्किंग की परेशानी होगी। सभी हॉवरक्रॉफ्ट ओबेरॉय होटल के सामने पार्क किए गए तो उस समय क्या करेंगे? इसके लिए आपको इंटरनेशनल कंसल्टेंट बुलाकर समुद्र के नीचे आठ मंजिली या दस मंजिली पार्किंग स्पेस बनाना पड़ेगा। विश्व में इस प्रकार की व्यवस्था कई स्थानों पर की गई है। इस बात पर चर्चा करना संभव है, लेकिन इसके अनुभवी विशेषज्ञ भारत में नहीं हैं। टेक्निकल कंसल्टेंट विदेशों से लाएँ। वेंडर्स और कॉण्ट्रेक्टर भारतीय हों। उत्पाद की लागत कम करें। कैपिटल लागत कम होगी। इससे आपके ग्राहकों को सस्ता सफर करने को मिलेगा। नरीमन प्वांइट से बोरिवली तक जल मार्ग से सफर करने का व्यय ज्यादा-से-ज्यादा 30 रुपए होना चाहिए। ये बात हो सकती है। इस बारे में केंद्र सरकार से माँग करनी चाहिए कि इस प्रकार के हॉवरक्रॉफ्ट तैयार होने वाले हैं, उसके लिए जो मशीनें लगने वाली हैं, जो पाट्र्स लगने वाले हैं, वे—

They all should be exempted from all the types of

taxes of Central as well as State Government. You reduce the cost also.

इससे गरीब आदमी भी सफर कर सकेगा। मैं उद्योगपतियों को सहूलियत दें, इसलिए नहीं कह रहा हूँ। सामान्य गरीब आदमी को सफर करना है, उसके वहन करने की क्षमता के अनुसार किराया हों, ऐसी जल परिवहन व्यवस्था तैयार की जानी चाहिए। रेल परिवहन व्यवस्था करनेवाला कॉरपोरेशन, मेट्रो जैसा कॉरपोरेशन और जल परिवहन के लिए एक कॉरपोरेशन, ऐसे स्वतंत्र कॉरपोरेशन बनाने चाहिए। रोप-वे जैसी सुविधा को भी अमल में लाया जा सकता है। वह काफी सस्ती सेवा है। लिफ्ट होती है, उसमें सात से आठ लोग बैठकर यात्रा कर सकते हैं। समुद्र परिसर में यह व्यवस्था की जा सकती है। बोरीवली से नरीमन प्वाइंट के मार्ग पर आने-जाने के लिए ऐसी व्यवस्था की गई तो उसकी लागत भी कम होगी और बरसात में भी ये व्यवस्था शुरू रखी जा सकती है। बांद्रा-वरली सागर सेतु मार्ग पर ऊपर की तरफ सीमेंट का पिलर बनाकर उसमें लिफ्ट हैंग करवाकर और राउंड द क्लॉक वाली व्यवस्था आधारित रोप-वे शुरू कर सकते हैं। मैंने स्विट्जरलैंड में इस प्रकार की व्यवस्था देखी है।

विश्व में जो सबसे अच्छी टेक्नोलॉजी है, उसे लाएँ। लेकिन जो कंस्ट्रक्शन का काम है, मैन्युफेक्चरिंग का काम है, वह टाटा, बिरला, गोदरेज को करने दें। भारत में इस कार्य को करने से लागत कम होगी। मैं जब लंदन गया था, जिस होटल में रुका था, वहाँ एक महिला मर्सिडीज गाड़ी से उतरी और मेरे कमरे में आई। मैंने उससे पूछा कि क्या काम है? उसने कहा कि शौचालय साफ करने के लिए आई हूँ, यानी कि शौचालय साफ करनेवाली महिला मर्सिडीज गाड़ी से आती है। मैंने उससे पूछा, आपको तनख्वाह कितनी मिलती है? उसने पौंड में मिलनेवाली रकम बताई। हिसाब लगाने के बाद मालूम पड़ा कि उसे 3,60,000 रुपए के बराबर वेतन मिलता है। जिस जगह बिस्लेरी पानी की एक बोतल 300 रुपए में मिलती है,

वहाँ लागत भी ज्यादा आएगी। आपको भारत में 10 हजार रुपए महीने के वेतन पर काम करनेवाले लोग मिल जाएँगे। 50 हजार रुपए वेतन में इंजीनियर्स तैयार हैं। मैं सदन से यही कहना चाहता हूँ कि विश्व में किसी भी देश में जो लागत है, वह उनके पर-कैपिटा इन्कम के अनुसार हमारी अपेक्षा कितनी ज्यादा आती है। उस वजह से उनके रहन-सहन का स्तर हमसे अच्छा और महँगा है। जल परिवहन की सुविधा भी, ये भारतीय लोगों के माध्यम से भारतीय रुपए में की तभी वह व्यावहारिक होगी, अन्यथा व्यावहारिक होनेवाली नहीं। एम.एम.आर.डी.ए. इसका परीक्षण करे। मुंबई की परिवहन व्यवस्था के संदर्भ में बोलते समय ऐसा दिखाई देता है कि लोगों में गुस्सा व्याप्त है। प्रत्येक जिले में हवाई अड्डा होना चाहिए, ऐसा कहा तो समाचार-पत्र लिखते हैं—'ये उद्योगपतियों के हमदर्द हैं', इसलिए हवाई अड्डे की माँग करते हैं। हवाई अड्डे इसलिए होने चाहिए, गड़चिरोली जिले में हवाई अड्डा हुआ तो 50 करोड़ रुपए निवेश करनेवाले सभी व्यक्ति, जो मुंबई में रहते हैं, उन्हें सुविधा होगी। यहाँ का आदमी गड़चिरोली जाता है तो उसे रेल की सुविधा, सड़कों की सुविधा, विमान की सुविधा चाहिए। जमशेदजी टाटा चंद्रपुर के सुरजागढ़ में आए थे। उन्होंने आयरन के लिए जगह पसंद की थी, लेकिन परिवहन की सुविधा न होने की वजह से उन्होंने बिहार को पसंद किया। एम.एम.आर.डी.ए. ने कफ परेड में हेलिपैड बनाया है, लेकिन सिक्यूरिटीवाले कितने हैं? कोई वी.आई.पी. आया तो रास्ता बंद करो, पुलिस को खड़ा करो, बैरिकेट्स लगाओ, अधिवेशन शुरू होने से पहले विधान भवन के बाहर प्रत्येक वर्ष अस्थायी कंपाउंड वॉल बनाई जाती है। एक ही बार में कंक्रीट वॉल बना दी जाए। पैसे बचाओ। अमरीका के राष्ट्रपति जब मुंबई आते हैं, तब हाथों के इशारे से, सीटियों की आवाज से रास्ते बंद करते हैं। मुंबई में तत्काल हेलिकॉप्टर ट्रांसपोर्ट सुविधा प्रदान करें। निजी डेवलपर्स आगे आएँगे। उनको पूरी सुविधाएँ प्रदान करो। वरली, रेसकोर्स, कफ परेड पर स्टेशन बनाएँ। इस प्रकार के 25 स्टेशन बनाएँ। मंत्री और उनकी गाड़ियाँ आती हैं, उस समय उनके साथ-साथ उनके

समर्थक, सुरक्षाकर्मी और कार्यकर्ता इन सबको मिलाकर कई गाड़ियाँ होती हैं। मैं वरली में रहता हूँ। उस जगह भी रात-बेरात गाड़ियाँ आती-जाती रहती हैं और उससे लोगों को परेशानी होती है। जब मैं मंत्री था, उस समय का अनुभव है। मैं अब भी ट्रैफिक सिग्नल पर रुकता हूँ, इसलिए जितने वी.आई.पी. आते हैं, उन्हें सीधे सांताक्रुज हवाई अड्डे से मंत्रालय की छत पर लाएँ और मंत्रालय की छत से सांताक्रुज अथवा सहारा हवाई अड्डे पर ले जाकर उतार दें। मंत्रालय की छत पर ऐसी जगह उपलब्ध है। हेलिपैड की अनुमति भी दी गई। अगर ऐसा किया गया तो मुंबई में आने के बाद मंत्रालय तक आने के लिए 1000-1000, 1500-1500 गाड़ियों की भीड़ नहीं होगी। इसका कारण यह कि भीड़ किसी को भी अच्छी नहीं लगती। पूर्व प्रधानमंत्री श्री अटल बिहारी वाजपेयी ने एक बार मेरे सामने ही कहा था कि मुझे इतनी सिक्यूरिटी नहीं चाहिए। कभी आवश्यकता होती है, लेकिन कभी ऐसा भी होता है, जिससे जनता को परेशानी का सामना करना पड़ता है। मेरा अनुरोध है कि वाटर ट्रांसपोर्ट, रेलवे ट्रांसपोर्ट और हेलिकॉप्टर ट्रांसपोर्ट इत्यादि सुविधाएँ उपलब्ध कराई गईं तो रास्ते की भीड़ कम होगी और सुविधा भी मिलेगी।

मुंबई में 2 करोड़ 20 लाख कार्य-दिवस प्रदूषण संबंधित बीमारियों के कारण खराब होते हैं। 9 लाख 1 हजार लोग प्रदूषण के कारण अस्थमा की बीमारी से त्रस्त हैं। 5,800 लोग हॉस्पिटल में प्रदूषण के कारण दाखिल होते हैं। 24 हजार प्रौढ़ और 2 लाख 20 हजार बच्चे, इतने लोगों को प्रदूषण के कारण ब्रांकाइटिस हुआ है। इसका विचार करके अगर मुंबई में सरकार ने सी.एन.जी. बसें उपलब्ध करवाईं, तब मंत्रियों की गाड़ियाँ पेट्रोल की बजाय सी.एन.जी. पर चलाई जाएँ और जैसे ही ऐसा निर्णय लिया तो तब प्रदूषण के स्तर में फर्क पड़ सकता है। मेरे मंत्रित्वकाल में सरकार की सभी एंबेसडर गाड़ियों को सी.एन.जी. में तब्दील करने का आदेश मैंने दिया था। आज उसे नौ वर्ष हो गए, लेकिन वैसा निर्णय नहीं लिया जाता। इस समय जो गाड़ियाँ

हैं उनकी हालत यह है कि हॉर्न के अलावा गाड़ी के सभी पार्ट्स से आवाज आती है। इसी वजह से पुरानी समस्याएँ खड़ी होती हैं। मेरे भी इसी प्रकार की दुर्घटना के कारण चार वर्ष व्यर्थ हो गए। सरकारी गाड़ियाँ पेट्रोल से चलती हैं और उसमें से बहुत ज्यादा मात्रा में पेट्रोल बेच दिया जाता है। इसीलिए ये सभी गाड़ियाँ सी.एन.जी. में कन्वर्ट कराइए और प्रदूषण कम करने में मदद करें। इसकी वजह यह है कि प्रदूषण कम करना बहुत जरूरी है। मंत्रालय आनेवाले महत्त्वपूर्ण मार्ग, यानी ईस्टर्न एक्सप्रेस हाइवे, वेस्टर्न एक्सप्रेस हाइवे, सायन-पनवेल और एल.बी.एस. मार्ग ऐसे चार प्रमुख रास्ते हैं। इन पर हर रोज 4 लाख गाड़ियाँ आना-जाना करती हैं।

मुंबई में वरली-बांद्रा सी लिंक परियोजना बन गई है, यह अच्छी बात है। सही अर्थों में इस परियोजना से बांद्रा से वसई को और बांद्रा से नरीमन प्वाइंट को जोड़ा जाना चाहिए। नरीमन प्वाइंट से अंडरग्राउंड टनल बनाकर न्हावा-शेवा से शिवडी सड़क तक जोड़ा जाना चाहिए और समुद्र से संपूर्ण लिंक करना चाहिए। अगर यह हुआ तो मुंबई के बाहर का ट्रैफिक बाहर-ही-बाहर निकल गया तो मुंबई में प्रदूषण होने वाला नहीं। जे. जे. हॉस्पीटल का फ्लाईओवर का कार्य जिस समय मेरे कार्यकाल में किया गया, उस समय खूब आलोचना हुई। वी.टी. से जे.जे. हॉस्पीटल तक जाने के लिए पहले 35 मिनट लगते थे, लेकिन ओवरब्रिज बनने के बाद अब केवल 3 मिनट का समय ही लगता है। आज एयरपोर्ट रोड एलिवेटेड हो गया है। आप जैसा एलिवेटेड रोड बना रहे हैं, लेकिन आज विश्व में सड़कों में टनल बनाए जाते हैं। माहिम जंक्शन में हमेशा ट्रैफिक जाम होता है। कई चौराहे आते हैं। अंडरग्राउंड टनल्स बनाने की आवश्यकता है। मुझे कभी-कभी लगता है कि हमने भूल की। हमने बहुत सी सड़कों पर पुल बनाए हैं। हमारे पास पैसे आएँगे, लेकिन मुंबई में जगह मिलने वाली नहीं। मेरा मन ऐसा कहता है कि मुंबई में जगह कम होने की वजह से पैसे ज्यादा लगे तो जगह-जगह अंडरग्राउंड्स टनल्स बनाने चाहिए। मैं पेरिस में घूम रहा था, तब एक टनल

में गया। उस समय टनल के ऊपर फुटबॉल मैच चल रहा था। You can donate an eye but you cannot donate a vision. मैं जो अच्छा देखता हूँ, वो अच्छा देखने की और उसमें से कुछ सीखने की मेरी इच्छा रहती है। लेकिन जिनको निर्णय लेने का अवसर मिला है, उनको विकास की समझ न होने के कारण मुंबई की जनता का हाल-बेहाल हो रहा है। सही अर्थों में विधायकों को विदेशों में नया सीखने के लिए भेजना चाहिए। मैंने कोंकण रेलवे के इंजीनियर्स को एम.एस.आर.डी.सी. के पैसे से हांगकांग भेजा था। वे इंजीनियर हांगकांग नहीं गए होते तो मुंबई-पुणे हाइवे की टनल्स इतनी बढ़िया बनने की संभावना नहीं थी। टेक्नोलॉजी में अब बड़े पैमाने पर बदलाव आया है। गाड़ी की तेज गति से ऊपर के पंखे घूमते हैं और पंखे घूमने से विद्युत् जनरेट होती है और उसमें लाइट लगती है। इससे भी आगे टेक्नोलॉजी चली गई है। विश्व में जो अच्छा है, उसे देखे बिना आप अच्छा नहीं कर सकते। ओवल मैदान के नीचे दस मंजिली पार्किंग बनाकर 60 से 70 हजार गाड़ियाँ खड़ी हो सकती हैं, ऐसा पार्किंग का प्रस्ताव है। सरकार से एक भी पैसा लिये बगैर मैंने वी.टी. से लेकर कफ परेड तक एल.आर.टी. चलवाई। मैंने जो प्रस्ताव रखा था, उस प्रस्ताव में लोगों को टैक्सी से आने की जरूरत ही नहीं पड़ेगी। लोग एल.आर.टी. में बैठेंगे और अपने ऑफिस के पास उतरेंगे। सिंगापुर में भी एल.आर.टी. प्रोजेक्ट है। ऑस्ट्रेलिया में तो एक इमारत से लगी दूसरी इमारतें ऐसी 20-20 किलोमीटर की लंबाई तक बनाई गई हैं। उसकी वजह से सड़कें खाली दिखाई देती हैं। विश्व के विकास को देखे बिना मुंबई का विकास कैसे होगा, ये इनको समझ में नहीं आएगा। इसलिए मेरा अनुरोध है कि इस बारे में अंडरग्राउंड टनल बनाने की आवश्यकता है। मलाबार हिल स्थित मुख्यमंत्री निवास की सड़क पर रात में बड़ी-बड़ी गाड़ियाँ खड़ी रहती हैं। दादर, शिवाजी पार्क, यहाँ भी सड़कों पर गाड़ियाँ खड़ी रहती हैं। वहाँ जो गार्डन हैं, मैदान हैं, उनके नीचे 10-20 हजार गाड़ियों की पार्किंग की व्यवस्था करें, लोग पैसे देने के लिए तैयार हैं। जैसा परिवार नियोजन है, वैसे ही गाड़ियों

की बढ़ती संख्या पर रोक लगानी पड़ेगी। 750 फीट के घर में रहनेवाले लोगों के पास चार-चार गाड़ियाँ हैं। बेटे की गाड़ी, बेटी की गाड़ी, पिता की गाड़ी, माँ की गाड़ी और कुत्ते के लिए भी गाड़ी है। सिंगापुर में अगर नई गाड़ी लेनी है तो पुरानी गाड़ी को भंगार में डाले बगैर नई गाड़ी नहीं ले सकते।

आज मुंबई शहर में जो टैक्सियाँ हैं, उनकी हालत बहुत खराब है। मुंबई अंतरराष्ट्रीय स्तर का शहर होने के कारण यहाँ पुरानी और खस्ताहाल टैक्सियों को तुरंत बदलने की आवश्यकता है; लेकिन उन्हें बदला न जाए, इसके लिए टैक्सी यूनियन के पदाधिकारी कोर्ट में याचिका दायर कर चुके हैं। जो पुरानी और खस्ताहाल टैक्सियाँ हैं, उनके बदले में नई और अच्छी टैक्सियाँ लानी चाहिए। उसके साथ-साथ फिएट टैक्सियों को बंद करना चाहिए। नई टैक्सियाँ खरीदने के लिए उन्हें कम ब्याज पर ऋण उपलब्ध कराना चाहिए। मुंबई शहर में कुछ पुरानी टैक्सियों को बदला गया है और उनके स्थान पर नई टैक्सियाँ लाई गई हैं। लेकिन सभी पुरानी टैक्सियाँ नहीं बदली गईं। पुरानी फिएट से बहुत अधिक मात्रा में प्रदूषण फैलता है। प्रदूषण न बढ़े, इसके लिए सभी टैक्सियाँ और ऑटो रिक्शा भी सी.एन.जी. से चलाए जाने चाहिए। लेड प्रदूषण और सल्फर प्रदूषण बड़े पैमाने पर बढ़ने के कारण मनुष्य के स्वास्थ्य पर प्रतिकूल असर पड़ता है, इसीलिए विद्युत् या सी.एन.जी. सै चलनेवाली गाड़ियाँ होनी चाहिए। उससे लेड प्रदूषण और सल्फर प्रदूषण को टाला जा सकता है।

मैं सरकार से अनुरोध करना चाहता हूँ कि वरली-बांद्रा सी लिंक परियोजना तैयार हो गई है, लेकिन इस प्रोजेक्ट को तैयार करने में सरकार की क्षमता कितनी है। हिंदुस्तान कंस्ट्रक्शन कंपनी को 420 करोड़ रुपए का कार्य मेरे मंत्रित्वकाल में दिया गया था और उस कार्य को पूरा करने के लिए ढाई वर्ष की समय सीमा तय की गई थी; लेकिन आपकी सरकार के सत्ता में आने के बाद इस कार्य की अवधि साढ़े नौ वर्ष कर देने से इस

प्रोजेक्ट की कीमत 1,680 करोड़ रुपए निश्चित की गई है। इस प्रकार लोगों के पैसे का अपव्यय किया जाता है और लोगों को फँसाया जाता है। मुंबई के फ्लाईओवर की कीमत 1,800 करोड़ रुपए तक की गई थी। गठबंधन सरकार के समय में हमने 1,000 करोड़ रुपए में फ्लाईओवर बनाए और 800 करोड़ रुपए की बचत की थी। मुंबई-पुणे हाइवे के कार्य का लोएस्ट टेंडर 3,600 करोड़ रुपए था। उसे रद्द कर दिया गया। लेकिन ये हाईवे 1,650 करोड़ रुपए में बनकर पूरा हुआ है। बांद्रा-वरली सी लिंक के 420 करोड़ रुपए का जो काम मैंने दिया था, वह काम आपकी सरकार ने 1,680 करोड़ रुपए में लिया है। आपके लिए जनता के पैसे की कोई कीमत नहीं।

नरीमन प्वाइंट से वसई तक समुद्र पर पुल बनाने की आज आवश्यकता है। आप में से कौन-कौन से माननीय सदस्य मलाड या बोरीवली में रहते हैं, ये मुझे नहीं मालूम; लेकिन अगर ये रास्ता शुरू होता है तो बोरीवली से नरीमन प्वाइंट 22 मिनट में पहुँचा जा सकता है। वरली-बांद्रा सी लिंक अब तैयार हो गया है। मैं वरली में रहता हूँ और माहिम से हवाई अड्डे तक पहुँचने के लिए मुझे 7 मिनट लगते हैं, लेकिन इस रास्ते के बनने से वरली से मैं 5 मिनट में माहिम पहुँचूँगा और वहाँ से 7 मिनट में एयरपोर्ट पहुँचूँगा, मतलब वरली से एयरपोर्ट तक जाने के लिए मुझे केवल 12 मिनट लगने वाले हैं। इसके साथ-साथ वी.टी. से एयरपोर्ट जाने के लिए 35 मिनट लगेंगे। इस वजह से गाड़ियाँ कम चलेंगी, पेट्रोल-डीजल की बचत होगी और प्रदूषण भी कम होगा।

कर्नाटक देश का ऐसा पहला राज्य है, जिसने राज्य परिवहन की गाड़ियाँ इथेनॉल मिश्रित डीजल से चलाई हैं। इससे 1 लीटर पर 1 रुपए की बचत होती है। इथेनॉल-मिश्रित डीजल से लेड प्रदूषण कम होने वाला है। अपने राज्य में एस.टी. और वैसे ही ट्रक अगर इथेनॉल-मिश्रित डीजल का उपयोग करें तो वह 1 रुपया सस्ता पड़ेगा और प्रदूषण भी कम होगा। एम.एम.आर.डी.ए. और नगर विकास विभाग को प्रदूषण कम करने के

लिए विभिन्न उपाय करने चाहिए। ये इथेनॉल ग्रीन फ्यूल है। इसे किसान बनाते हैं। प्रतिवर्ष 2 लाख 40 हजार करोड़ रुपए का कच्चा तेल आयात किया जाता है। उसके बदले में कोल्हापुर, सांगली, सातारा क्षेत्र के किसान इथेनॉल तैयार कर सकेंगे और इसे इथेनॉल के माध्यम से उपयोग किया तो विदेशी मुद्रा की बड़े पैमाने पर बचत होगी तथा साथ-ही-साथ किसानों को पैसे मिलेंगे और प्रदूषण में भी कमी आएगी; लेकिन इस कार्य के लिए सरकार को इच्छा-शक्ति प्रदर्शित करनी होगी। श्री शरद पवार के रूप में हमें अच्छे नेता मिले हैं। उनमें प्रशासकीय क्षमता है। उनमें से कुछ बातों के लिए हममें उनके प्रति आदर की भावना है। वरली-बांद्रा सी लिंक जैसी बड़ी परियोजना शहर में तैयार की गई। लोक निर्माण विभाग के मंत्री राष्ट्रवादी पार्टी के हैं, लेकिन राज्य में सड़कों का विकास नहीं हुआ है। राज्य में 6,000 मेगावाट बिजली की कमी है और ऊर्जा विभाग राष्ट्रवादी कांग्रेस के पास है। गृह विभाग के मंत्री भी राष्ट्रवादी पार्टी के हैं। राज्य में कानून और व्यवस्था संबंधी सत्तारूढ़ पार्टी में माननीय सदस्य ध्यानाकर्षण प्रस्ताव रखते हैं और नासिक में ऐसा हुआ, पुणे में वैसा हुआ, इस बारे में यहाँ इस प्रकार की चर्चा करते हैं। वे हमेशा ऐसे ही बोलते हैं, हमें उस बारे में बोलने की आवश्यकता नहीं। वे ही सरकार की भद्द पीटते हैं। एम.एस.आर.डी.सी. में श्री बापू करंदीकर नाम के एम.डी. थे। उनको माननीय श्री शरद पवार साहब ने मेरे पास भेजा। वे मेरे पास ढाई घंटे बैठे और कहा कि मुझे आपकी मदद चाहिए। ये आपके बच्चे के समान है, इस कारण इसे बचाना चाहिए। उस समय मुंबई-पुणे हाइवे घाटे में चला गया। इस वजह से इन पुरानी सड़कों का निजीकरण करवाने और उस पर टोल लगाकर इस रास्ते को व्हावेबल कराने का मैंने उन्हें सुझाव दिया। उन्हें सुझाव अच्छा लगने के बाद मैंने और श्री शरद पवार ने उनकी सहायता की। आज वह प्रोजेक्ट व्हायेबल है। श्री पवार के ये मन में है, लेकिन उनके शिष्य बिना लक्ष्मी-दर्शन के कुछ नहीं करते। इस वजह से कई लोगों की छुट्टी हो गई है। इस प्रकार इस वरली-बांद्रा पुल की शोकांतिका हुई। एक तरफ लागत

मूल्य इच्छानुसार बढ़ाओ, लेकिन काम नहीं करवाना। परियोजना में विलंब होने से पैसा किसका गया? मैं आचार संहिता की बात इसलिए करता हूँ, ये 400 करोड़ का काम आपने तीन वर्ष में 700 करोड़ रुपए में पूरा किया होता तो उससे जनता के कम-से-कम 900 करोड़ रुपए बचे होते। आप इस जगह 400 करोड़ की अनुमानित लागत 1,650 करोड़ रुपए तक ले गए। इससे आपने पूरे राज्य को गड्ढे में डाल दिया। अच्छा काम करनेवाले व्यक्ति को सम्मान नहीं, बुरा काम करनेवाले को दंड नहीं।

आपके यहाँ पर एक मोमीन नाम के अधिकारी हैं। वे लोक निर्माण विभाग के सचिव थे। इसी प्रकार श्री फकीर नाम के चीफ इंजीनियर थे। वे अभी भी हैं। दोनों ही मुसलमान हैं। इन दोनों अधिकारियों का मैं प्रशंसक हूँ। काम करनेवाले आदमी के साथ मैं पूरे मनोभाव के साथ खड़ा हूँ। मैंने उनकी भाषा, जाति, धर्म, पंथ नहीं देखा। जिसने काम किया उसका सम्मान किया और जो काम नहीं करता, उसे मैं बिना आगे-पीछे देखे बख्शता नहीं हूँ, तभी ये काम हुआ। आपका स्टाफ आपकी जाति का होना चाहिए, आपका सचिव आपकी जाति का चाहिए। वो आपकी जाति के नहीं, इसलिए उसे नियुक्त न करें, ऐसी बातें आपने किसलिए शुरू कीं? और फिर हमसे कहते हैं कि हमारा महाराष्ट्र बाबा साहेब आंबेडकर, महात्मा फुले, शाहूजी महाराज का है।

मुंबई गंदा शहर हो गया है। भीड़ के कारण सड़क पर चलना दूभर है। प्रदूषण बढ़ा, ट्रांसपोर्ट सिस्टम नहीं। जिन लोगों ने पुराने समय की मुंबई की पानी व्यवस्था और इलेक्ट्रिक व्यवस्था की है, उनको मैं सलाम करता हूँ। मुझे विश्वास नहीं होता, क्या वे जादूगर थे? कोई पाइप फोड़ता है, कोई पाइपलाइन फोड़ता है इतना होने पर भी घर में पानी और बिजली मिलती है, ये चमत्कार है।

अरे···मुंबई चल रही है और इसीलिए मेरा ईश्वर पर विश्वास है। आप कभी लोकल में सफर करें। आपको शर्म आएगी। मैं विपक्ष का नेता

था और मुझे डोंबीवली जाना था, इसलिए फर्स्ट क्लास में बैठा। मंत्री महोदय एक बार लोकल में सफर करें। उन्हें शर्म आएगी। मुझे डिब्बे में बैठे लोगों को देखकर शर्म आती है। स्त्री-पुरुष एक-दूसरे को धक्का मारते हुए कैसे लोकल में प्रवेश करते हैं, कैसे उससे उतरते हैं, यह सब देखकर मुझे लोक प्रतिनिधि होने पर शर्म आती है। हम ए.सी. गाड़ियों में घूमते हैं, लेकिन इन लोगों की क्या स्थिति है। मुंबई से प्राप्त पैसा दिल्ली जाता है। वे उसका फायदा लेते हैं और मुंबई के लिए कुछ नहीं देते। इस राज्य में रेलवे विस्तार करने के लिए 8-9 वर्ष क्यों लगते हैं? उस जगह अगर झुग्गी-झोंपड़ियाँ हैं तो वहाँ के लोगों के पुनर्वास करने के बारे में हमारे ही आदमी कोर्ट जाकर स्टे लेते हैं। मुंबई शहर में अच्छा काम करते हुए मुझे एक पोस्टकार्ड भी नहीं मिला कि आप अच्छा काम करते हैं। लेकिन कोर्ट में 125 रिट पिटीशन दाखिल की गई हैं कि काम रोका जाए। वरली-बांद्रा का काम रोको, ये बंद करो, वो बंद करो, ये क्या चल रहा है? हम कहाँ जा रहे हैं? आपका क्या होने वाला है? मुझे एक विनती करनी है कि मुंबई का प्रश्न भाषाई नहीं, धार्मिक नहीं, सांप्रदायिक नहीं है। मुंबई चारों तरफ समुद्र से घिरी हुई है, यानी कि विस्तार की जगह नहीं। मुंबई में मराठियों का प्रतिशत कम हुआ है, ऐसा कहा जाता है; लेकिन मुंबई में मराठियों की संख्या कम नहीं हुई है, लेकिन मुंबई में मराठी संस्कृति लोप हो रही है। मैंने परसों इंटरनेट पर देखा कि तमिलनाडु में तमिल भाषा का मंत्रालय है। कर्नाटक में कन्नड़ भाषा का मंत्रालय है। मेरा आपसे निवेदन है कि आज घर जाकर वेबसाइट खोलकर देखें। उन राज्यों में उन्होंने अपनी भाषा के लिए कौन-कौन से प्रयास किए हैं, वह देखें। आज महाराष्ट्र में संत ज्ञानेश्वर, संत तुकाराम, विट्ठल आदि के नाम लिये जाते हैं। ऐसा कहा जाता है कि महाराष्ट्र मराठी-भाषियों का है और हमारी मुंबई में विदेशी लोग आते हैं। वे बस जाते हैं, क्रिमिनल आते हैं, रेडलाइट एरिया बढ़ते हैं। किशोर बच्चे वहाँ जाते हैं और कई प्रकार की बीमारियाँ फैलती हैं। उनका जीवन बरबाद होता है, लेकिन इससे किसी को कोई लेना-देना नहीं। पहले एक बार पूर्व

मुख्यमंत्री श्री विलासराव देशमुख ने स्वीकार किया था कि मुंबई आनेवालों का ताँता रुकना चाहिए। मुंबई के बारे में विचार करते हुए मराठी, हिंदी, गुजराती इत्यादि किसी प्रकार का विचार न करके नागरीय सुविधाओं की मर्यादा को ध्यान में रखकर, बिजली, पानी और सड़कों की ओर ध्यान देना चाहिए। अगर यह नहीं किया जाता तो ठीक होने वाला नहीं। यह एक हॉल है, इसमें 100-150 लोग बैठे हैं, लेकिन आपने कहा कि नहीं, कोई भी आए। लेकिन यहाँ 20 हजार लोग बैठ सकते हैं, सभी को अधिकार है। वास्तविकता में यह संभव नहीं है। राज्य व्यवस्था की नियमावली के अनुसार दिए गए अधिकार के तहत कोई कहीं भी जाए, कहीं भी रहे, ये स्वीकार किया है। इससे हमारा कोई विरोध नहीं, लेकिन एक कमरे में कितने लोगों को ठूँसा जा सकता है? इसकी कोई सीमा है कि नहीं? महाराष्ट्र की संस्कृति, मराठी संस्कृति, इतिहास को भी आपको धरोहर और माँ समझना चाहिए। इस संस्कृति को बनाए रखना चाहिए। ये संस्कृति भारतीय जनता पार्टी की नहीं। इस पर शिवसेना की ठेकेदारी नहीं, इस पर कांग्रेस की ठेकेदारी नहीं, इस पर मनसे की ठेकेदारी नहीं। इस पर महाराष्ट्र की भूमि पर रहनेवाले प्रत्येक व्यक्ति का हक है। उसकी संस्कृति, उसका इतिहास है। ये विषय राजनीति का नहीं। कहीं तो आपको कहना चाहिए कि ये होने वाला नहीं। कुछ बातें स्पष्ट रूप से कहनी चाहिए। हर बात को वोट बैंक की राजनीति से जोड़ना, ठीक नहीं। कुछ बातों पर एक होकर निर्णय करें। सभी दलों को साथ में लेकर निर्णय लिया जाए तो कोई कठिनाई उपस्थित नहीं होगी।

मुंबई में अपराधों की संख्या बढ़ रही है। आज आतंकवादियों ने मुंबई को टारगेट बना लिया है। समुद्री सीमा सुरक्षित नहीं रह गई है। आई.एस.आई. से लेकर लश्कर-ए-तैयबा तक ने कई बम-विस्फोट की घटनाओं को अंजाम दिया है।

कानून और व्यवस्था की स्थिति चिंताजनक है। बिजली, पानी, सड़क

इस मामले में सहन-शक्ति की मर्यादा कभी की समाप्त हो गई है। सड़कें चौड़ी करने के लिए जगह नहीं। लोगों के लिए घर बनाने की जगह नहीं। नई बिल्डिंग बनाने के लिए स्थान नहीं। यहाँ जो मिल मजदूरों जैसे भूमि-पुत्र हैं, जिनके लिए हम हर अधिवेशन में लड़ते हैं, उनकी जगह पर वहाँ मॉल खड़े हैं। इन कामगारों की बेटियाँ आज लेडीज बार में जाकर मूँगफली और काजू की प्लेटें तथा शराब की बोतलें उठाने का काम करने लगी हैं। उनको रोजगार नहीं। उन्होंने इतने मॉल बनाए। उनमें मिल मजदूरों के बच्चे पोंछा लगाने के भी काबिल नहीं। उनमें से हर घर में एक भी लड़के को नौकरी नहीं मिल सकती थी क्या? सेक्शन-टू-सेक्शन हर केस में मिल मालिकों के बारे में आपने बदलाव किया। उन्होंने मात्र मिल की चिमनी रखी। फँसाने की भी कोई सीमा होती है। उस स्थान पर पुराने भवन की चिमनी दिखाई और अंदर एयरकंडीशन मार्केट बना दिए। ये सब चल रहा है। पार्किंग के लिए जगह बनाई। उसमें करोड़ों का कारोबार चल रहा है। लेकिन उस जगह मिलों में काम करनेवाले मजदूर मात्र भीख माँगते नजर आ रहे हैं। मुंबई में 67 हजार मजदूर काम करते थे। आज मात्र 33 हजार हैं। अनेक मजदूरों की मृत्यु को चुकी है। उनके परिवार को 225 वर्ग फीट का घर देना स्वीकार किया गया, लेकिन दिया नहीं। उनके वारिसों को प्रशिक्षण देने की स्वीकारोक्ति की, लेकिन दिया नहीं। हाई कोर्ट में जनहित याचिका दायर की गई। न्यायमूर्ति श्री जयनारायण पटेल ने सरकार को निर्देश दिए। उसका पालन होता नहीं। नगर विकास विभाग ने सेक्शन-टू-सेक्शन मरम्मत करवाना, लक्ष्मी-दर्शन करना और दनादन काम की मंजूरी। फिर कोई भी मुख्यमंत्री होने दो, काम चल रहा है। बाहर आकर कामगारों के विषय में चर्चा करना और मंत्रालय के भीतर बैठकर 'उनके' काम करके देना, ऐसा हो रहा है। इन मजदूरों में हिंदू, मुसलमान, बौद्ध सभी लोग शामिल हैं। ये मुंबई के पुराने बाशिंदे हैं। मेरा किसी से विरोध नहीं। जो मुंबई में कई वर्षों से रह रहे हैं, वे मुंबईकर हैं। ये मेरी नहीं, उद्धव ठाकरे द्वारा दी गई परिभाषा है, लेकिन उसकी अब सीमा है। आज महाराष्ट्र में 35 ग्रामीण विधानसभा निर्वाचन क्षेत्र कम हो गए।

मेरी बात ध्यान से सुनो—मैं आपसे कहता हूँ कि अगले दस वर्षों में और 50 ग्रामीण निर्वाचन क्षेत्र कम होने वाले हैं। शहरी जनसंख्या और ग्रामीण जनसंख्या 50-50 प्रतिशत पर आ गई है। यह अगर ऐसा ही चलता रहा तो शहरी जनसंख्या 70 प्रतिशत और ग्रामीण जनसंख्या 30 प्रतिशत होगी और उससे ग्रामीण निर्वाचन क्षेत्रों की संख्या में और कमी होगी। गाँव खाली होते जा रहे हैं। मुंबई, पुणे आदि शहरों में व्यापारिक बस्तियाँ बढ़ती जा रही हैं। झुग्गी-झोंपड़ियाँ बढ़ती जा रही हैं। इनका संबंध हमारी गलत आर्थिक नीतियों से है। हमें निर्णय लेना ही होगा। स्थिति को देखते हुए इस बारे में व्यावहारिक निर्णय लेने का समय आ गया है। आज मुंबई के मिल मजदूर हों, मुंबई में कोंकण से आए मछुआरे हों, आज मछलियाँ कहाँ हैं, मुझे बताएँ? क्या गटर में कभी मछलियाँ आती हैं? पूरे सागर को गटर बना दिया गया है। मुंबई का सारा गंदा पानी सागर में जाता है। मिठी नदी, केमिकल्स, ड्रेनेज सभी का पानी सागर में आता है। जो आता है, उसे सागर में फेंक दो। नागपुर महापालिका देश की पहली ऐसी नगरपालिका है, जिसने अपना ड्रेनेज का पानी शुद्ध करके 15 लाख रुपए में राज्य बिजली बोर्ड को दिया है और अब हम 100 करोड़ रुपए का पानी बेचने वाले हैं। आपके पास मुंबई शहर में जितना गंदा पानी है, उससे 40 हजार मेगावॉट विद्युत् का निर्माण हो सकता है। अहमदाबाद और नासिक जाकर शुद्ध करके अगर वह पानी विद्युत् निर्माण के लिए उपयोग किया गया तो बाँधों के पानी से बिजली बनाने के लिए नहीं भागना पड़ेगा। बिजली का एक नया जोन तैयार होगा। आपका सारा काम चौपट हो गया है, कुछ भी बचा नहीं है। आशा का अंकुर जैसा कोई इसमें से रास्ता निकालें। इस सागर को साफ करें। हम प्रदूषण को रोंके। सागर में जो पानी का जो प्रदूषण है, वह कम करें।

उसके साथ-साथ मुंबई के लिए हाफिज कांट्रेक्टर समिति थी। उस समिति के माध्यम से हमने ग्रीन बेल्ट बनाने की योजना तैयार की थी। इस चर्चा के माध्यम से मेरा सरकार से अनुरोध है कि मुंबई की ताकत क्या है? उसकी कमजोरियाँ क्या हैं? इस पर विचार करें। एम.एम.आर.डी.ए. को वर्ष

2025 तक मुंबई के विकास की एकात्मिक रूपरेखा तैयार करने के लिए कहें। इसके लिए विश्व स्तर के सलाहकार यहाँ बुलाएँ। मुंबई में जल, रेल, सड़क परिवहन इन सेवाओं के लिए अंतरराष्ट्रीय विशेषज्ञों से योजना तैयार करवा लें। आपके पास कई योजनाएँ हैं, उसे समाप्त कराइए। रद्दी में बेचिए और वर्तमान संदर्भ में योजना तैयार कराइए। विकास के नजरिए से काम करिए। ये मुंबई हमारी है। महाराष्ट्र के मराठियों की संस्कृति का प्रतिनिधित्व करनेवाली है। मराठी का अर्थ केवल मराठी बोलनेवाले नहीं। पिछले कई वर्षों में जिनका जन्म मुंबई में हुआ है, वे हमारे हैं। मुंबई हमारी संस्कृति है, विरासत है। उसे रखना चाहिए। सरकार को पर्यावरण सहित एक अच्छा प्लान तैयार करना चाहिए। उस कार्यक्रम को सरकार लागू करे। वह वरली–बांद्रा सेतु मार्ग जैसा न हो। वरली–बांद्रा सेतु 420 करोड़ रुपए में बनने वाला था, जो 1,600 करोड़ रुपए का हो गया। सरकार जनता का दिवाला न निकाले। इस परियोजना के लिए निश्चित समय सीमा हो। इस शहर को आनेवाले दस वर्षों में हम बदल दें, ऐसा निश्चय किया जाएगा तभी कुछ होगा।

❑

* महाराष्ट्र विधान परिषद् में 19 जून, 2009 में दिया गया भाषण।

मेरा सत्तारूढ़ दल से अनुरोध है कि मुसलिम वोट बैंक की राजनीति को दूर रखकर इस समस्या को देखे। मुसलिम समाज को सभी की तरह सामाजिक और शैक्षणिक न्याय मिलना चाहिए, ऐसी हमारी भूमिका है। 'जस्टिस टू ऑल ऐंड ॲपीजमेंट ऑफ नन', यह धर्मनिरपेक्षता का सिद्धांत है। किसी भी धर्म पर शक करने की आवश्यकता नहीं है। इस देश की अखंडता कायम रखने पर विचार करें। 1947 के स्वतंत्रता संग्राम के समय हिंदू और मुसलमान दोनों ने मिलकर एक साथ संघर्ष किया था। उस समय एक अखंड भारत की कल्पना की गई थी। लेकिन कुछ मुट्ठी भर लोगों की वजह से यह कल्पना ध्वस्त हो गई।

20

सांप्रदायिक सद्भाव

महाराष्ट्र के संभाजीनगर, औरंगाबाद में जो घटना हुई, वह बहुत ही दुर्भाग्यपूर्ण है। शिवशाही द्वारा दिया गया नाम कुछ लोगों को पसंद नहीं है, संभाजीनगर नाम उन्हें पसंद नहीं है। औरंगाबाद नाम ही उन्हें अच्छा लगता है। औरंगाबाद में जो नारे लगाए गए थे, वे बहुत भयावह और दुर्भाग्यपूर्ण हैं। इससे देश की अस्मिता को आघात पहुँचेगा। वहाँ पर 'सिमी' नाम का एक संगठन कार्य कर रहा है। उसने अंतरराष्ट्रीय स्तर पर भारत के खिलाफ जेहाद घोषित करनेवाले 'ओसामा बिन लादेन जिंदाबाद' जैसे नारे लगाए। राज्य में कानून और व्यवस्था की धज्जियाँ उड़ा दी गई हैं। इस गंभीर समस्या के कारण राज्य में कानून और व्यवस्था का जो संकट उत्पन्न हुआ है, वह सबके समक्ष है। पुलिस विभाग बिलकुल निष्क्रिय हो गया है। पत्रकारों पर लाठी चार्ज हुआ है। एक व्यक्ति की मौत हो गई है। नियम 93 के तहत इस विषय पर इस सदन में चर्चा होना जरूरी है। यह बहुत ही गंभीर और महत्त्वपूर्ण मामला है।

दिसंबर 1999 में संभाजीनगर में जो घटना हुई, वह बहुत ही दुर्भाग्यपूर्ण थी। उस समय पुलिस द्वारा किया गया लाठी चार्ज, साथ ही पत्रकारों पर

भी लाठियाँ बरसाई गईं। यह सब दुःखद है। ये सब घटनाएँ संभाजीनगर में ही क्यों हुईं? इसकी जाँच होनी चाहिए। सात साल पहले 6 दिसंबर को बाबरी ढाँचा ढहाया गया। सात वर्ष पूर्व हुई घटना को लेकर सभी लोगों का जमावड़ा हो गया था। उस हिंसक जमावड़े के लोग पुलिस आयुक्त के कार्यालय पर गए। महाराष्ट्र के इतिहास में यह पहली घटना है कि पुलिस आयुक्त के कार्यालय में इस प्रकार की अफरा-तफरी मची। अगर किसी संगठन को कोई कार्यक्रम करना है तो उसके लिए पुलिस कार्यालय से अनुमति लेनी चाहिए; लेकिन उन्होंने इस प्रकार की कोई अनुमति नहीं ली, इसीलिए कुछ नेताओं पर कार्रवाई हुई। उन लोगों पर की गई कार्रवाई के विरोध-स्वरूप कुछ नेता भारी संख्या में अपने समर्थकों के साथ पुलिस आयुक्त के कार्यालय पर गए। वहाँ दो प्रकार के लोग एकत्र हुए थे। उनमें कुछ लोग समाजवादी पार्टी के थे और कुछ दूसरे यानी सिमी गुट के थे। सिमी के लोगों का गुट जमावड़े की शुरुआत से ही आक्रामक रुख अख्तियार किए हुए था। सड़कों पर उतरने के बाद सिमी के लोगों ने कई वाहनों में तोड़-फोड़ की, अनेक दुकानों पर पत्थरबाजी की। इस प्रकार आक्रामक हुए ये लोग पुलिस आयुक्त के कार्यालय तक पहुँच गए। इन हिंसक लोगों ने एक स्कूटर को आग लगा दी और एक पुलिस उपनिरीक्षक इनामदार को उस आग में झोंकने का प्रयास किया; लेकिन उसने अपनी जान बचाते हुए कंपाउंड के बाहर छलाँग लगा दी। इस हिंसक भीड़ ने अनेक वाहनों को क्षति पहुँचाई, फर्नीचर की सीटें फाड़ीं, शीशे तोड़े। इतना ही नहीं, इस जमावड़े में शामिल कुछ लोगों ने पुलिस आयुक्त के कार्यालय में उपस्थित कर्मचारियों के क्वार्टरों में जाकर माँ-बहनों के साथ जो दुर्व्यवहार किया, वह बहुत ही निंदनीय है। गड़े मुरदे उखाड़कर दो संप्रदायों के बीच तनाव पैदा करना, उनमें सांप्रदायिक वैमनस्य फैलाने जैसी घटनाएँ ठीक नहीं हैं। जिम्मेदार राजनीतिक दल के नाते जाति-जाति में, धर्म-धर्म में सद्भावना का निर्माण कैसे हो, इस दृष्टि से उन्हें प्रयास करना चाहिए। संभाजीनगर में हुई घटना कोई साधारण घटना नहीं है। मैं यहाँ तक समझ सकता हूँ कि कुछ लोगों

ने जुलूस निकाला। उसमें कुछ लोग अनियंत्रित हो गए। उन्होंने पत्थरबाजी की, कुछ वाहनों की तोड़-फोड़ की। इस प्रकार कुछ लोगों की भावनाएँ भड़कीं।

लेकिन वहाँ जमा हुए लोग कैसे नारे लगा रहे थे? यह बात बहुत ही गंभीर है। सौभाग्य से वह रिकॉर्डेड वीडियो कैसेट हमारे पास है। इस प्रकार की वीडियो रिकॉर्डिंग सदन में दिखाने की परंपरा नहीं है। सर्वोच्च तथा सार्वभौम सदन में जनता के प्रतिनिधियों को अगर सही जानकारी देनी है तो इस प्रकार की वीडियो रिकॉर्डिंग दिखानी चाहिए। प्रचलित नियमों के अनुसार आपको क्या-क्या दिक्कतें हैं, इसका मुझे अंदाजा नहीं है। समाज के हित में इस सर्वोच्च सदन को इस बारे में सही-सही जानकारी मिलनी चाहिए। वहाँ जो लोग जमा थे, वे 'ओसामा बिन लादेन जिंदाबाद' के नारे लगा रहे थे। इस भीड़ ने भारत के खिलाफ धर्मयुद्ध का आगाज करनेवाले लादेन जिंदाबाद के नारे लगाए। सत्ताधारी पार्टी से ऐसा मेरा अनुरोध है कि जाति-धर्म का प्रश्न यहाँ नहीं आना चाहिए। हम मुसलिम समाज के विरोधी नहीं हैं। पिछले वर्ष आई.एस.आई. के माध्यम से मुंबई में बम विस्फोट कराए गए। सभी मुसलमान भाई दोषी हैं, ऐसा मैं कभी नहीं मानता।

मुंबई में आई.एस.आई. के माध्यम से पाकिस्तान ने बम विस्फोट कराए। उसमें अनेक बेकसूर लोगों की जानें चली गईं। हिंदुस्तान के लोकतंत्र को तहस-नहस करने और इस देश का सांप्रदायिक सौहार्द बिगड़े—ऐसा यह अंतरराष्ट्रीय स्तर पर एक षड्यंत्र था। स्पष्टत: इसमें पाकिस्तान का हाथ था, इसलिए इन सब बातों को ध्यान में रखते हुए हमें गंभीरतापूर्वक विचार करने की आवश्यकता है। मेरा सत्तारूढ़ दल से अनुरोध है कि मुसलिम वोट बैंक की राजनीति को दूर रखकर इस समस्या को देखे। मुसलिम समाज को सभी की तरह सामाजिक और शैक्षणिक न्याय मिलना चाहिए, ऐसी हमारी इच्छा है।

'जस्टिस टू ऑल ऐंड ॲपिजमेंट ऑफ नन', यह धर्मनिरपेक्षता का सिद्धांत है। किसी भी धर्म पर शक करने की आवश्यकता नहीं है। इस देश

की अखंडता कायम रखने पर विचार करें। 1947 के स्वतंत्रता संग्राम के समय हिंदू और मुसलमान दोनों ने मिलकर एक साथ संघर्ष किया था। उस समय एक अखंड भारत की कल्पना की गई थी। लेकिन कुछ मुट्ठी भर लोगों की वजह से यह कल्पना ध्वस्त हो गई। वर्ष 1947 का वह इतिहास हमें मालूम है। बाबरी मसजिद का प्रश्न खड़ा करके, धार्मिक स्थानों का सवाल खड़ा करके कानून और व्यवस्था को भंग करना, हिंदू और मुसलमानों को आपस में लड़ाना—ऐसे प्रयास कई अंतरराष्ट्रीय संगठन कर रहे हैं। इसीलिए, इस गंभीर विषय पर हमारी सरकार ध्यान देगी कि नहीं? उप-मुख्यमंत्री श्री छगन भुजबल के पहुँचने के बाद उन्होंने इस गोलीबारी की न्यायिक जाँच के आदेश दिए और उसके साथ-ही-साथ गृह राज्यमंत्री श्री कृपाशंकर सिंह ने सी.आई.डी. जाँच के आदेश दिए। वहाँ हुई पत्रकार परिषद् में डॉ. पद्मसिंह पाटिल, श्री गंगाधर गाडे ने कहा कि माननीय गृहमंत्री श्री छगन भुजबल ने हमें न पूछते हुए न्यायिक जाँच का आदेश दिया। इससे अब हम पुलिस आयुक्त को नियंत्रित नहीं कर पा रहे हैं। उनपर किसी भी प्रकार की कार्रवाई नहीं कर सकते। इससे न्यायिक जाँच पूरी होने के बाद ही कार्रवाई हो सकती है। ऐसा कहकर उन्होंने श्री भुजबल द्वारा की गई कार्रवाई से असहमति व्यक्त की। इतना ही नहीं, तब श्री भुजबल ने जो कार्रवाई की, उसके बारे में मेरा कहना है कि आप इस प्रकार के कदम उठाकर सामाजिक संतुलन न बिगाड़ें। हम राजनीतिक दृष्टि से एक-दूसरे के विरोधी हैं। मुझे मालूम है कि आपको कुछ बातों से एलर्जी है। मुझे मालूम है, आपको हिंदुत्व से वैरभाव है। आपके मन में हिंदुत्व के बारे में अच्छी सोच नहीं है; लेकिन यही राष्ट्रीयता है, यह ध्यान अवश्य रखें। अंतरराष्ट्रीय अपराधी लादेन हिंदुत्व को आघात पहुँचानेवाला कार्य करके देख रहा है। वह इस देश के मुसलिमों का नेता नहीं हो सकता। इस देश की अपनी समस्याएँ हैं। बाबरी मसजिद के बारे में तुम्हारे अलग-अलग मत हो सकते हैं उसके लिए हम एक साथ बैठकर विचार-विमर्श करें और आपस की समस्याओं का समाधान हम अपने देश में करें। लेकिन हमारे

देश की समस्याओं का निदान करने का अधिकार पाकिस्तान, उसकी खुफिया एजेंसी आई.एस.आई. और लादेन जैसे अंतरराष्ट्रीय अपराधियों को कतई नहीं है। इसे और अधिक गंभीरता से लेना होगा। उसका बहिष्कार किया जाना चाहिए। अध्यक्ष महोदय, आपकी जानकारी के लिए कहना चाहूँगा। मैंने वीडियो रिकॉर्डिंग देखी है। उस वीडियो कैसेट में हिंदुस्तान-विरोधी नारे लगाए गए हैं। लादेन की ओर से दिए गए नारे लगाए गए। धर्म की रक्षा के लिए नारे लगाए गए। ऐसी स्थिति में भी प्रशासन इस पर रोक लगाने वाला है कि नहीं, इसका उत्तर दें?

दूसरा प्रश्न यह है कि जिस समय यह भीड़ पुलिस आयुक्त के कार्यालय पर गई और पुलिस कर्मचारियों के क्वार्टरों पर जाकर माँ-बहनों के साथ जो अभद्रतापूर्ण बरताव किया, उसके बारे में विवरण समाचार-पत्रों में देखा जा सकता है। तब भी आप उनकी नीयत को नहीं समझेंगे? वहाँ किसकी माँ-बहनें थीं? मनुष्य को कभी भी विवेक नहीं खोना चाहिए। पुलिस आयुक्त के कार्यालय पर गए जुलूस में शामिल लोगों ने वहाँ माँ-बहनों के साथ जिस प्रकार का बरताव किया, मैं उसे इस सदन के समक्ष शब्दों में व्यक्त नहीं कर सकता। वहाँ की घिनौनी घटना को वर्णित नहीं कर सकता। मैं पहले ही कह रहा हूँ कि मुझे यहाँ ज्यादा कुछ कहना नहीं है। नवाब साहब, हमारे प्रिय मित्र श्री अजहर हुसैन इस बारे में ज्यादा बोलते नहीं। मैं उन्हें पिछले बीस वर्षों से जानता हूँ। नागपुर विश्वविद्यालय में विद्यार्थी जीवन के समय से उनके साथ काम करता रहा हूँ। उनका राजनीतिक जीवन मुझसे छिपा नहीं है। उनसे मेरे राजनीतिक मतभेद होने के बावजूद वे अबू आजमी का समर्थन नहीं करेंगे। सभापति महोदय, मामला गंभीर है। माननीय गृहमंत्री घायलों को देखने अस्पताल गए, तब उनका भी घेराव किया गया। इस राज्य के गृहमंत्री को लोगों के सामने सिर झुकाकर क्षमा-याचना करनी पड़ी, माफी माँगनी पड़ी। वहाँ आंदोलनकारियों ने पुलिस क्वार्टरों में जाकर माँ-बहनों की इज्जत के साथ खिलवाड़ किया। उनके द्वारा किया गया यह कृत्य हमारे गृहमंत्री

द्वारा समर्थनीय है क्या ? उन्हें यह स्पष्ट करना चाहिए। जब वहाँ पत्रकार गए तो उन पर लाठी चार्ज किया गया, यह दुर्भाग्यपूर्ण है। पत्रकारों को भी लाठियों से पीटा गया। इस कार्य में संलिप्त लोगों को किसी प्रकार का संरक्षण दिया जाए, ऐसा मेरा आशय बिलकुल नहीं है। लोकतंत्र में सही जानकारी जनता तक पहुँचाना अत्यंत आवश्यक है। मेरा आपसे अनुरोध है कि पत्रकारों पर लाठी चार्ज और उक्त घटना को एक साथ मिलाकर एक अलग राजनीति न करें। पत्रकारों के विषय को अलग रखें और अलग दृष्टि से देखें। जाँच का टर्म ऑफ रेफरेंस अलग से तैयार करें। जिन पत्रकारों के वीडियो कैमरे टूटे हैं या पत्रकारों के साथ मारपीट से जो क्षति और ठेस पहुँची है, मुआवजे के रूप में उसकी भरपाई करें। जो घायल हुए हैं, उनको मदद दी जानी चाहिए। इस घटना में पाए दोषियों पर बिना किसी दबाव के सख्त कार्रवाई करें, यह मेरी प्रबल इच्छा है। लेकिन इस पूरे घटनाक्रम में सरकारी तंत्र में तालमेल दिखाई नहीं देता। इस बारे में सभी के अलग-अलग निवेदन हैं। दुर्भाग्य से इस देश में राष्ट्रीय मुद्दे को भी वोट बैंक की दृष्टि से देखा जाता है। इस सदन में बहुत से लोग मेरे विचार से सहमत होंगे, लेकिन वे बोल नहीं सकते। क्योंकि अगले विधानसभा चुनाव में उन्हें भी उनके वोट चाहिए। ऐसी विचित्र स्थिति है! देश के मुसलिम समाज को राष्ट्र की मुख्यधारा में शामिल करें, उन्हें राष्ट्रीय संस्कार दें। उन्हें कंप्यूटर वगैरह का प्रशिक्षण देने की योजना बनाएँ। लेकिन विगत पचास वर्षों के समय में इस समाज को क्या दिया ? कबाड़ी की दुकान, चाय-पान की गाड़ी! उनको शिक्षा प्रदान की जानी चाहिए। उनके बच्चे डॉक्टर-इंजीनियर बनने चाहिए। मुसलिम समाज को विकास का मार्ग दिखाना चाहिए। इस समाज को सूचना प्रौद्योगिकी सिखानी चाहिए। लेकिन पिछले पचास वर्षों में आपने उन्हें क्या सिखाया ? केवल यही कि 'बीजेपी-शिवसेना वाले तुम्हारे दुश्मन हैं, बीजेपी-शिवसेना को वोट दोगे तो वह तुम्हें कटवा देंगे, पाकिस्तान भिजवा देंगे! अगर सुरक्षित रहना है तो कांग्रेस के चिह्न पर मुहर लगाओ!'

मेरा आपसे अनुरोध है कि 'हमको ही वोट दो' के राजनीतिक लाभ के लिए देश का सत्यानाश मत करो। जो सही है, उसे सही कहो; जो सही नहीं है, उसे सही मत कहो। इस घटना में राज्य सरकार ने एकतरफा भूमिका निभाई है। हमने पुलिस आयुक्त को निलंबित किया, ऐसा गृह राज्यमंत्री कहते हैं। श्री गाडे कहते हैं कि उनको अवकाश पर भेजा गया है। माननीय गृहमंत्री श्री छगन भुजबल कहते हैं कि वे अवकाश पर गए हैं और बाद में ऐसा कहते हैं कि उन्होंने 3 दिसंबर को अवकाश का आवेदन दिया है। इसमें सच क्या है, यह एक बार बता दीजिए। सरकार की भाषा एक होती है; लेकिन यहाँ एक कुछ कहता है तो दूसरा कुछ कहता है। मुझे इस बात की कल्पना है कि आपके आपस में कई मतभेद हैं। तुम्हारे आपस में संबंध अच्छे नहीं होने की वजह से निर्णय लेते समय कई समस्याएँ आती होंगी। अगर ऐसा है तो भी राज्य के हितों के लिए इस नाजुक मसले पर विचार करते समय जिम्मेदारीपूर्ण रवैया अपनाना होगा, यह मेरा अनुरोध है। इस राज्य में पिछले तीन महीनों में सात दंगे हुए हैं। हमारे साढ़े चार साल के शासन के दौरान राज्य में कानून और व्यवस्था की स्थिति कैसी थी? आपके सत्ता सँभालते ही दंगे क्यों शुरू हो गए? इसकी जड़ कहाँ है? श्रीकृष्ण आयोग के संदर्भ में जो प्रश्न है, उसके बारे में हमारे माननीय उप-मुख्यमंत्री ने घोषणा की है कि हम उसका एटीआर बदलेंगे। लेकिन माननीय उप-मुख्यमंत्रीजी, आप अकेले को एटीआर बदलने का अधिकार नहीं है। माननीय मुख्यमंत्री महोदय से पूछो, इस संबंध में राज्य के सुसंस्कृत मुख्यमंत्री ने कहा कि श्रीकृष्ण आयोग की रिपोर्ट का अध्ययन किए बिना हम निर्णय नहीं लेंगे। माननीय उप-मुख्यमंत्री ने कहा कि हम एटीआर बदलकर कार्रवाई करेंगे। यह क्या रीति है? क्या प्रोसीजर है? सभी के अपने अलग-अलग एजेंडे होने के कारण ही यह विचित्र स्थिति बनी है। सभी से मैं अनुरोध करूँगा कि जो हो गया, उसको भूल जाओ। कोई भी समाज-सुधारक व राजनीतिक नेता पुरानी बातों की परतें न खोले। हमें भविष्य का ध्यान करना चाहिए और जो हो

गया, उसे भूलना चाहिए। सद्‌भाव बढ़ाने का यही एक मार्ग है। कोयले को कितना ही साफ क्यों न कर लो, वह काला ही रहेगा। मन को जोड़ा नहीं जा सकता, वह भटकता ही है। माननीय गृहमंत्री महोदय, कानून और व्यवस्था बनाए रखने की जिम्मेदारी आपकी है। कानून और सुव्यवस्था बिगाड़ने की जिम्मेदारी आपकी नहीं है। कानून और व्यवस्था कैसे बिगड़ेगी, यह माननीय गृह राज्यमंत्री देख ही रहे हैं। संभाजीनगर में इस राज्य के गृह राज्य मंत्री द्वारा दिया गया वक्तव्य गैर-जिम्मेदारी का एक नमूना है। जब न्यायिक जाँच हुई नहीं है, तब आप आयुक्त और पुलिस पर कार्रवाई कैसे कर सकते हैं, उस बारे में कैसे बोल सकते हैं। कृपया बताएँ कि न्यायिक जाँच का परिणाम बाहर आया नहीं, 'दोषी कौन', यह सिद्ध नहीं हुआ और आपके मंत्रियों के बयान आते हैं कि इसे निलंबित किया जाएगा, उसे निकाला जाएगा! ऐसा आप कैसे कर सकते हैं? नई सरकार है, भूल हो सकती है; लेकिन इस भूल के परिणाम क्या होंगे, इस बारे में सोचें।

मेरा आरोप है कि इस राज्य में राजनीतिक स्वार्थ के लिए हिंदू-मुसलिम समाज में सद्‌भाव नहीं रहे, इन दोनों समाज के बीच दीवार, बाड़ रहनी चाहिए, अल्पसंख्यकों के संरक्षक हम ही हैं, दूसरी तरफ बैठे (विपक्ष) सभी दुश्मन हैं—ऐसा साबित कर इस राज्य में दंगे-फसाद फैलाने के कार्य सत्तारूढ़ दल के कार्यकर्ताओं द्वारा किए जा रहे हैं। इस पर ध्यान दिया जाना चाहिए। अध्यक्ष महोदय, मैं इन दंगों की विस्तारपूर्वक चर्चा करने का इच्छुक नहीं हूँ। हिंदुस्तान के खिलाफ नारे लगाए गए, उसकी वीडियो कैसेट उपलब्ध है। राष्ट्रीय स्वाभिमान को हानि पहुँचानेवाले वक्तव्य दिए गए, उसकी वीडियो कैसेट उपलब्ध है। मुझे यह कहते हुए सदन में अच्छा नहीं लग रहा है। गृहमंत्री ने हवाई अड्डे पर कुछ लोगों के नाम लिये। ए.सी.पी. पास में थे, उन्होंने कहा कि इन दस लोगों को तुरंत छोड़ो और दूसरी तरफ उन्होंने कहा—अगर नहीं छोड़ा तो कैसे छोड़नेवाले नहीं, ये मैं

मुंबई जाने के बाद देख लूँगा। सभापति महोदय, जिन स्थितियों में इन लोगों को पकड़ा गया, उनमें से कई लोगों पर गंभीर आरोप है। गंभीर मामले, गंभीर अपराध होने के बावजूद ऐसे कितने असामाजिक तत्त्वों को छोड़ा गया, उनके नाम बताएँ, यह मेरी पुरजोर माँग है।

अंत में मेरा एक अनुरोध है, इस प्रश्न को सांप्रदायिक रंग देने का प्रयास नहीं होना चाहिए। देश का स्वाभिमान, देश का वैभव, देश की एकता महत्त्वपूर्ण है। इसलिए निवेदन है कि केवल एक तरफ ही झुक जाना, वोट बैंक की ओर जाना और उसे अधिक महत्त्व देना, मैं इसके लिए आपको सतर्क करता हूँ कि अभी जो दूसरा समाज आपके साथ है, वह भी आगे आपके साथ नहीं रहेगा। आप अलग-थलग पड़ जाएँगे। जो सच है, वह सच है और जो गलत है, वह गलत है। अपराधी का न कोई धर्म होता है और न कोई जाति। धारा 302 के अंतर्गत अगर कोई अपराध करता है तो कानून उसकी जाति नहीं पूछता। हिंदू, मुसलिम, ब्राह्मण, जैन, मराठा व्यक्ति होने के आधार पर कार्रवाई नहीं होती। तब कानून के अनुसार उस पर कार्रवाई होती है। उस समय कार्रवाई करने की हिम्मत और निर्भीकता दिखाएँ। अभी-अभी संभाजीनगर को औरंगाबाद कहा जाए, ऐसा मुझे कहा गया। औरंगाबाद क्यों कहें? आपको संभाजीनगर नाम अच्छा नहीं लगता? हमने 'शिवराज्य' शुरू किया है। आपने उसका नाम बदल दिया। छत्रपति शिवाजी का नाम तुम्हें पसंद नहीं। शिवराज्य को लोकराज्य किया गया। तुम्हें बिन लादेन चलता है क्या? इसे स्पष्ट करें। अगर ऐसा नहीं करनेवाले तो जो निर्णय हुआ था, उसका अंत हुए बिना नहीं रहेगा। मैंने कल केवल इतना ही कहा था कि विनाशकाले विपरीत बुद्धि! गैर-जिम्मेदाराना हरकत करके इस राज्य में दंगे-फसाद को प्रोत्साहित करनेवाले और दंगे भड़कानेवाले इस राज्य के गृहमंत्री ही हैं।

इस प्रश्न पर विचार करते समय सरकार को किसी भी धर्म या पंथ का विचार न करके निरपेक्ष भाव से सोचना चाहिए। किसी भी धर्म की हाँ-हाँ

न करते हुए काम करना चाहिए। इस सदन के विपक्ष के नेता के नाते मैं आपको आश्वासन देता हूँ कि आपकी नीयत साफ होगी, विचार स्पष्ट होंगे तो हम आपको इस मुद्दे पर सहयोग करने के लिए तैयार हैं।

❑

* महाराष्ट्र विधान परिषद् में 6 दिसंबर, 1999 में दिया गया भाषण

“

जब व्यक्ति का जन्म होता है, उसके कपाल-भाल पर उसकी जाति नहीं लिखी होती। व्यक्ति के जन्म के बाद ही उसकी जाति बनती है। सबको एक साथ मिलकर इस बात के लिए कटिबद्ध होना चाहिए कि कल्याणकारी राज्य में ऐसा वातावरण बने, जिसमें जाति, धर्म, पुरानी अनेक कुप्रथाओं के आधार पर कोई भी छोटा या बड़ा न रहे। इस कल्याणकारी राज्य में सभी को समान अवसर मिलें। सही अर्थों में सामाजिक परिवर्तन का यह एकमात्र सही सूत्र है।

”

21

मंडल आयोग का समर्थन

राज्य के पिछड़े वर्ग के लोगों की शैक्षिक, सामाजिक और सांस्कृतिक प्रगति के संबंध में तथा राज्य में 'मंडल आयोग' को अमली जामा पहनाने के प्रस्ताव के समर्थन के लिए मैं अपने विचार प्रस्तुत कर रहा हूँ।

जब व्यक्ति का जन्म होता है, उसके कपाल-भाल पर उसकी जाति नहीं लिखी होती। व्यक्ति के जन्म के बाद ही उसकी जाति बनती है। सबको एक साथ मिलकर इस बात के लिए कटिबद्ध होना चाहिए कि कल्याणकारी राज्य में ऐसा वातावरण बने, जिसमें जाति, धर्म, पुरानी अनेक कुप्रथाओं के आधार पर कोई भी छोटा या बड़ा न रहे। इस कल्याणकारी राज्य में सभी को समान अवसर मिलें। सही अर्थों में सामाजिक परिवर्तन का यह एकमात्र सही सूत्र है। हमारे समाज में कई वर्ग आर्थिक रूप से पिछड़े हुए हैं। उनके साथ न्याय करने की दृष्टि से मंडल आयोग को अमल में लाए जाने की आवश्यकता है। बार-बार मनु का उल्लेख किया जाता है, घरानों का उल्लेख किया जाता है, जिनके पास आज बड़े-बड़े कारखाने हैं, करोड़ों की संपत्ति है, शराब की डिस्टीलरी है और उन्होंने यह सब पिछड़ेपन का कारण बताकर लिये हैं, क्या उन्हें ये सहूलियतें, सुविधाएँ लेनी चाहिए? ऐसे लोगों को स्वयं बड़प्पन

दिखाते हुए इस प्रकार की सहायता लेने से इनकार करना चाहिए। समाज के निचले तबके को सही अर्थों में सुविधाओं का लाभ मिलना चाहिए। आर्थिक आधार पर भी विचार किया जाना चाहिए।

दलित समाज के निचले तबके के लोगों को इस सुविधा का लाभ मिलना चाहिए। 'मैं सबसे ज्यादा पिछड़ा हूँ', यह कहने की स्पर्धा चल रही है। समाज की विचारधारा एकात्मक होनी चाहिए। प्रत्येक जाति-वर्ग का व्यक्ति समाज का अंग है और सभी के साथ समान न्याय होना चाहिए, सामाजिक परिवर्तन का यह मूल मंत्र है। पुराने समय में राजा-महाराजा होते थे। राज्य का कामकाज निपटाने के लिए उनकी जाति आधारित व्यवस्था होती थी; अगर आज भी इस तरह की कोई व्यवस्था कहीं नजर आती है तो उसे उखाड़ फेंकना चाहिए। राजा-महाराजाओं के पास जब कोई गरीब आदमी जाता था तो उन पर कुत्ते छोड़ दिए जाते थे। वह गरीब आदमी उस जगह नहीं जा सकता था। वैसी स्थिति आज भी कई स्थानों पर मौजूद है। लेकिन वही लोग आज सामाजिक न्याय की बातें करते हैं। टाटा-बिड़ला जैसे करोड़पति गरीबी हटाने की घोषणा करते हैं, तब मुझे लगता है, यह राजनीतिक दो-मुँहापन है। समाज के सबसे निचले स्तर के आदमी के पीछे कौन है? यह हमें देखना चाहिए। इस प्रकार समाज के सर्वांगीण विकास के लिए पुराने इतिहास के हवाले से मनु का बार-बार उल्लेख करके एक प्रकार से विवाद पैदा करने का प्रयास चल रहा है। बाबा साहब आंबेडकर और महात्मा फुले के विचारों का अनुसरण कर किसी भी सामाजिक मंच पर जाकर समाज-प्रबोधन करने के लिए मैं तैयार हूँ। सवर्ण समाज का जिक्र करके संघर्ष निर्माण करना, अगड़े-पिछड़े की बात छेड़कर क्या राजनीति की दुकान चलानी है? केवल महाराष्ट्र में ही नहीं बल्कि पूरे देश में भी इससे गंभीर स्थिति पैदा हो सकती है। जो कमजोर हैं, आर्थिक रूप से पिछड़े हैं, शिक्षा की दृष्टि से पीछे हैं, उनको सामाजिक न्याय, बराबरी का दर्जा और समान व्यवहार, समता, समरसता—यह सूत्र होना चाहिए और यही समाज-परिवर्तन

की आवश्यकता है। प्रस्ताव का समर्थन करते समय आर्थिक आधार को भी ध्यान में रखना चाहिए, ऐसा मेरा अभिप्राय है।

इस समाज में अनेक ऐसे व्यक्ति हैं, जो आरक्षण की श्रेणी में नहीं आते, लेकिन उनकी जातियाँ भिन्न-भिन्न हैं। पूर्व उप-प्रधानमंत्री श्री देवीलाल ने दिल्ली में रैली आयोजित की थी, उस रैली से दो दिन पहले तत्कालीन प्रधानमंत्री ने मंडल आयोग की घोषणा की। वह क्यों की, कैसे की, इसके मूल में जाने की मेरी इच्छा नहीं है। मुझे इस बारे में सिर्फ इतना ही कहना है कि मंडल आयोग को लागू करने से जो निचले तबके का आदमी है, जिसको जाति के आधार पर कोई फायदा नहीं मिला, उसके साथ ही जो आर्थिक दृष्टि से कमजोर हैं, उनको भी यह सुविधा प्रदान की जाए, इन दोनों बातों को एक साथ अमल में लाया जाए, तब समाज में सद्भाव रहेगा और समाज के कमजोर तबके को निश्चित रूप से इसका लाभ मिलेगा।

❑

* विधान परिषद् में दिनांक 10 दिसंबर, 1990 को दिया गया भाषण।

अन्य

“

आदमी उत्तम, अति उत्तम, सर्वोत्तम होता है, इसलिए प्रत्येक में कुछ सीखने की बातें होती हैं। मतलब जो अच्छा है, उसे ग्रहण करना चाहिए और जो बुरा है, भद्दा है, उसे छोड़ देना चाहिए। इससे ही आदमी अच्छा बनता है। मैं आपको विश्वास दिलाना चाहता हूँ कि इस सर्वोच्च सदन की प्रतिष्ठा, सम्मान, यश बढ़ाने के लिए निश्चित रूप से कार्य करूँगा।

”

22

सदन की प्रतिष्ठा

महाराष्ट्र विधानमंडल के इस सर्वोच्च सदन में मेरे जैसे कम अनुभव, ज्ञान और कम क्षमतावाले सहयोगी पर मेरी पार्टी और वरिष्ठ नेताओं, विशेष रूप से माननीय श्री अण्णा डांगे एवं श्री गोपीनाथ मुंडे ने यह जिम्मेदारी सौंपी है, इसलिए मैं उनका आभार व्यक्त करता हूँ। मैं सदन में विपक्ष का नेता होने वाला हूँ, इसकी मुझे थोड़ी सी भी कल्पना नहीं थी। मैं प्रतिदिन की भाँति आयुर्वेद थेरैपी के लिए बाहर गया था, मुझे संदेश मिला—आपको तुरंत बुलाया गया है। विपक्ष में होते हुए सदन के कामकाज के प्रति जो उत्साह था, वह सत्ता पक्ष में आने के बाद कम हो गया था। सदन के नेता माननीय श्री भुजबल ने ठीक ही कहा था कि लोकतंत्र में बड़ी अच्छी व्यवस्था है; यहाँ दोनों तरह का प्रशिक्षण मिलता है। विपक्ष में रहने पर लगातार विरोध कैसे किया जाए, यह सीखा जाता है। यह स्थान ही निराला है। यहाँ बैठने के बाद व्यक्ति वैसा ही बोलने लगता है।

सत्ताधारी दल में होने के बाद जिम्मेदारी से काम करना पड़ता है, अर्थात् कुछ सम्माननीय व्यक्ति इसके अपवाद होते हैं। विपक्ष से सत्ता पक्ष में आने के बाद भी वे विपक्ष के समान ही व्यवहार करते हैं। जो उनका मूल

स्वभाव होता है, वह दिखाई देता है। इस सर्वोच्च सदन की गाड़ी चलानी है तो दोनों पहियों पर गाड़ी का भार बराबर होना चाहिए। सत्तारूढ़ और विपक्ष दोनों की ही भूमिका महत्त्वपूर्ण है। जो सत्तासीन हैं, वे कभी विपक्ष की भूमिका में हो सकते हैं और विपक्ष के लोग सत्ताधारी। आँख-मिचौली का यह खेल चलता रहता है और इसे चलते रहना चाहिए। जनता की आशा पूरी की, जनता ने निर्वाचित किया, बहुमत दिया, तब सत्तारूढ़ दल होकर काम करने का अवसर मिलता है। जब जनता बहुमत नहीं देती तब विपक्ष में रहकर जनता की आवाज उठाने का अवसर मिलता है।

इस सर्वोच्च सदन का जो सम्मान है, जो प्रतिष्ठा है, जो स्थान है, सदन ने जिसे कायम किया है, उसके लिए हमें गर्व से कहना चाहिए। मुझे अनेक वरिष्ठ नेताओं के भाषण सुनने का अवसर मिला, लेकिन सदन में विपक्ष, सत्तारूढ़ पक्ष ऐसा अंतर न करके महाराष्ट्र की 8 करोड़ जनता का हित किसमें है, इसके अलावा निचले स्तर के शोषित, पीड़ित, खाद्यान्न, कपड़े, घर—इन सब बातों से दूर उस आदमी के बारे में अत्यधिक प्रेम से, पूरे मनोभाव से, अंतःकरण से समस्या रखनेवाले बड़े-बड़े नेता मैंने देखे। तब ऐसा महसूस हुआ कि केवल विरोध के लिए विरोध करना विपक्ष के नेता का काम नहीं।

यह बात सही है कि विपक्ष के नेता के रूप में काम करते समय स्वाभाविक रूप से जहाँ अनुचित हो, गलत हो, सरकार ठीक प्रकार से काम नहीं कर रही हो, उसकी आलोचना करनी चाहिए। आलोचना करना विपक्ष का अधिकार है; लेकिन केवल विरोध के लिए विरोध करना ठीक नहीं। सरकार द्वारा किए गए अच्छे कार्यों की दिल खोलकर प्रशंसा की जानी चाहिए, उसका समर्थन करना चाहिए। हमारी कटिबद्धता जैसी लोकतंत्र के साथ है, वैसी ही कटिबद्धता आम आदमी की खुशहाली के साथ है। इसीलिए भारतीय राज्य घटना के भावार्थ में ही प्रतिबिंबित हुआ है कि समाज के सबसे छोटे आदमी, उसके प्रति कटिबद्धता और जिम्मेदारी हमारा धर्म है।

यह जिम्मेदारी ध्यान में रखकर सत्ता पक्ष की ओर से जो अच्छे कार्य किए जाते हैं, उनमें हम सहयोग करेंगे। जहाँ जरूरी हो, उसका विरोध करने के लिए हम स्वतंत्र हैं। उसे भी हम बनाए रखेंगे। विपक्ष में रहने के कारण प्रत्येक बात का विरोध करना आदत हो सकती है। लेकिन सत्ता पक्ष में मंत्री के रूप में काम करते हुए साढ़े चार वर्ष के कार्यकाल में मुझे कई बातें सीखने को मिलीं।

वरिष्ठ सदस्य श्री शिवाजीराव देशमुख ने जो बात कही वह सही है। मैं निर्माण विभाग का मंत्री था। मेलघाट में 1,500 बच्चों की कुपोषण से मृत्यु हुई। 91 गाँवों में सड़कें नहीं थीं, यह देखकर मेरी आँखों में पानी भर आया। स्वतंत्रता के 50 वर्ष बाद भी अनेक गाँवों में सड़कें नहीं, अनेक गाँवों में पीने का पानी नहीं। कई गाँव अच्छे हैं। 30-40 एकड़ अच्छी कृषि भूमि है, लेकिन वहाँ माँ-बहनों के लिए शौच की व्यवस्था नहीं है। ऐसे अनेक प्रश्न हैं। किसका राज्य है, कौन मंत्री या मुख्यमंत्री है, ये प्रश्न नहीं हैं। राज्य में जो कुछ विषमता है, खराब स्थिति है, उसमें परिवर्तन होना चाहिए। इसके लिए कुछ नीतियाँ बनाने की आवश्यकता है। माननीय मुख्यमंत्री और उप-मुख्यमंत्री के नेतृत्व में नई सरकार का गठन हुआ है, इस सरकार को राजनीतिक दृष्टि से हमारा विरोध है। वह तो रहेगा ही। चुनाव में जीत-हार तो होती रहती है। हमें इस चुनाव में हार का सामना करना पड़ा। सत्ता में आने के बाद कई लोगों को मैंने एक बात कही। माननीय बाला साहब ठाकरे ने भी वही बात कही। उन्होंने मुझे इसे कागज पर लिखने के लिए कहा। मैंने उनको लिखकर दिया। अमेरिका के पूर्व राष्ट्रपति स्व. रिचर्ड निक्सन ने अपनी आत्मकथा में लिखा है—

> "Man is not finished when he is defeated, but he is finished when he quits."

अर्थात् युद्ध में परास्त होने के बाद आदमी समाप्त नहीं होता; लेकिन जब वह युद्ध से पलायन करता है, तब वह समाप्त हो जाता है।

हमने सत्ता में रहते हुए अच्छा काम किया, लेकिन अखबारों के माध्यम से उसकी अच्छी ख्याति नहीं मिली। मैं विधायक बनकर यहाँ आया। पार्टी में मैंने पोस्टर चिपकाने का काम किया है। मेरी लिखावट अच्छी नहीं होने से मैंने दीवारों पर सफेदी का काम किया है। मुझ पर उस समय के केस हैं, लेकिन वे अपराध संबंधी नहीं हैं, राजनीतिक आंदोलन के हैं। विपरीत परिस्थितियों में मुझे जेल की हवा खानी पड़ी। उसका मुझे आनंद है। केवल सत्ता के कारण समाज में परिवर्तन नहीं होता, राजनीति इस समाज में बदलाव लाने का माध्यम है। सत्ता मिलने के बाद केवल लाल बत्ती की गाड़ी में, बँगले में, घूमने-फिरने के लिए मैं नहीं आया। सत्ता से समाज में परिवर्तन आना चाहिए। सामाजिक व आर्थिक विषमता दूर करने की दृष्टि से समाज में परिवर्तन होना चाहिए। यह राष्ट्र महान्, समृद्ध, शक्तिशाली और विकसित होना चाहिए। इस प्रकार की भावना राजनीतिक कार्यकर्ताओं में होनी चाहिए।

तत्कालीन मुख्यमंत्री श्री मनोहर जोशी और मैं, नेशनल पैनासोनिक और वीडियोकॉन के ज्वॉइंट वेंचर के कार्यक्रम में शामिल होने के लिए जापान के दौरे पर गए थे। हमें लेने लाल बत्ती की गाड़ी ओसाका एयरपोर्ट पर पहले से मौजूद थी। ओसाका एयरपोर्ट समुद्र के किनारे है। वहाँ का दृश्य देखकर मेरी आँखों में पानी भर आया। जापान में जब बम गिरे थे, उस समय की स्थिति और आज की स्थिति, कितना बदल गया है शहर। यह सारा देखकर आश्चर्य होता है। एकाग्रचित्तता से देखते हुए मेरी आँखों में पानी छलक आया। महसूस हुआ कि हमारे देश में ऐसा क्यों नहीं हो सका? आर्थिक दृष्टि से सरकार के सामने कई दिक्कतें हैं। हमारी सरकार ने कितने ही काम किए, लेकिन वे काम पत्रकार और लोक प्रतिनिधियों के माध्यम से जनता तक पहुँचाने में हम असफल रहे। इसी से हमारी हार हुई। परसों ही स्विट्जरलैंड के एक गृहस्थ मुझसे मिले। उन्होंने कहा कि वह 500 करोड़ रुपए यहाँ निवेश करना चाहते हैं। मैंने कहा कि मैं अब सरकार में मंत्री नहीं हूँ। संबंधित व्यक्ति से मैं आपको मिलवा देता हूँ, लेकिन उसमें मेरी कोई

भूमिका नहीं होगी। इस पर उन्होंने कहा कि अगर आप नहीं हैं तो हम निवेश नहीं करेंगे। उस पर मैंने कहा—ऐसा मत कीजिए। इस पर उन्होंने कहा कि अभी मैंने अखबारों में पढ़ा है कि राज्य की आर्थिक स्थिति बिगड़ी हुई है। तब मैंने उनसे कहा कि ऐसी स्थिति नहीं है। मैं सड़क निर्माण विभाग विकास निगम का अध्यक्ष था। मैं आपसे कहना चाहता हूँ कि इस निगम के पास आज 1,700 करोड़ रुपए की राशि है। इस निगम ने जितना भी काम किया है, उसकी एक पैसे की भी जिम्मेदारी सरकार पर आने वाली नहीं है। 2 प्रतिशत का गारंटी टैक्स, साइट पर लगनेवाला सीमेंट, स्टील, इन पर मिलनेवाला सेल्स टैक्स आदि के बारे में मैंने हिसाब लगाया है और 300 करोड़ रुपए का लाभ इस सरकार को मिला है। इस निगम की साख इतनी है कि कुछ दिन पूर्व, डेढ़ माह पहले 400 करोड़ रुपए के बॉण्ड्स जारी किए थे तो निवेशकों ने 1,060 करोड़ रुपए इस निगम में निवेश के लिए दिए। लेकिन दुःख इस बात का है कि जब एक बैंक के अध्यक्ष मुझसे मिले और कहा कि जब स्थिति इतनी अच्छी है, पर तुम्हारी सरकार या निगम की आर्थिक स्थिति खराब है, ऐसी क्यों है? मैंने सरकार में काम करते हुए जिम्मेदारियाँ ज्यादा ले लीं और पैसा कम था, लेकिन उसके बाद के समय में केवल सरकार के पैसे से विकास हो, यह नहीं हो सकता, यह ध्यान में रखकर नई नीति बनाने की आवश्यकता हुई। निजी क्षेत्र में बड़े पैमाने पर पर्यटन, खनिज, विद्युत् निर्माण में मूलभूत ढाँचे, सिंचाई के लिए आपने थोड़ा कार्य किया, तब उसमें आपको प्रति व्यक्ति लाभ बढ़ेगा और राज्य को अधिक फायदा हो सकता है। पूर्व मुख्यमंत्री श्री शरद पवार ने समय-समय यह विचार रखा। उस समय मैं विपक्ष में था। जब वे ऐसे विचार रखते, तब हम तत्काल और हमारे सहयोगी ऐसा कहते कि ये किन्हीं उद्योगपतियों की ओर से बोल रहे थे। मुझे स्मरण हुआ, इस विचार से एक दिक्कत आई। मैं स्वदेशी विचारों का हूँ। वर्ली-बांद्रा पुल के बारे में चर्चा हुई। उस समय मैंने कहा कि इसमें एक शर्त यह होनी चाहिए कि केवल भारतीय कंपनियों को ही इसका ठेका दिया जाए। विदेशी कंपनियों को टेंडर न भरने दिए जाएँ।

अगर विदेशी कंपनी टेंडर भरती है तो उसे भारतीय कंपनी के साथ संयुक्त रूप से कार्य करना चाहिए। तब सभी अधिकारी मुझसे नाराज हो गए। तब मैंने कहा कि जो मैंने कहा, वही शर्त रखनी चाहिए। जापान की एक बड़ी कंपनी आई और उसके अध्यक्ष हमारे सिन्हा साहब और मुझसे मिले। उन्होंने भी कहा कि इस शर्त को हटाओ तो हम टेंडर भरेंगे, नहीं तो नहीं भरेंगे। मैंने कहा कि अगर आप टेंडर नहीं भरते तो कोई बात नहीं, क्योंकि भारत की अनेक कंपनियाँ यह काम कर सकती हैं। अपने रहते मैं विदेशी कंपनी को टेंडर देनेवाला नहीं। आपको काम करना है तो भारतीय कंपनी के साथ संयुक्त रूप से करना चाहिए।

परसों सात भारतीय कंपनियों ने टेंडर भरे। ये सभी भारतीय कंपनियाँ हैं। अपने इंजीनियर, पी.डब्ल्यू.डी. विभाग के अभियंता—ये बाहर के लोगों से किसी भी बात में कम नहीं हैं। हमारे इंजीनियरों ने 36 दिन में पुल बनाकर दिखा दिया। आप मुंबई-पुणे हाइवे जब देखेंगे तो आपका सिर गर्व से ऊँचा हो जाएगा। इतने बड़े पैमाने पर काम हमारे लोगों ने किया। लोग हमें काम के लिए पैसा देने के लिए तैयार हैं। इस योजना के संदर्भ में कहना चाहूँगा कि इसके अंतर्गत रिफंड की दर 18, 19, 20, 21 है। तब इस प्रोजेक्ट में प्रत्यक्ष व अप्रत्यक्ष किसी भी प्रकार की जिम्मेदारी सरकार पर आने की संभावना नहीं है, बल्कि इससे लाभ होने वाला है तथा सरकार का जो पैसा बचेगा, वह राज्य के पिछड़े गाँवों को जोड़ने के काम आएगा और अन्य कामों में इसका उपयोग हो सकता है। माननीय डांगे साहब ने पीने के पानी की योजना के लिए ये ही प्रयास किए।

राज्य में खुशहाली होनी चाहिए, यह किसी एक पार्टी का विचार नहीं है, यह राज्य की जनता का विचार है। अलग-अलग विचारधाराओं वाले अलग-अलग लोगों का यह विचार है। इसीलिए सत्ता की राजनीति से ऊपर उठकर ये वैभवशाली महाराष्ट्र खुशहाल, सुखी, समृद्ध-संपन्न हो और इस राज्य का नक्शा बदलना चाहिए—ऐसी आप लोगों की और हमारी इच्छा है।

यह विचार सबसे अधिक महत्त्वपूर्ण है। मुझे एक ही बात कहनी है कि राजनीति में जो छोटे-बड़े विषय हैं, उन्हें हम छोड़ें, दलगत राजनीति छोड़ें। हम एक-दूसरे के वैचारिक विरोधी हैं, न कि एक-दूसरे के दुश्मन। अगर हमारी गलती हो तो आप हमें माफ करें और आपकी गलती हो हम माफ करेंगे। लेकिन इस लोकतंत्र में अपने राज्य में लोगों के प्रति जो जिम्मेदारी है, महाराष्ट्र में जनसाधारण के लिए हमारी जो कटिबद्धता है, उसे पूरा करने के लिए यह सर्वोच्च सदन है। यहाँ छोटे-छोटे प्रश्नों के माध्यम से जनसाधारण को न्याय दिलाने का जो प्रयास होता है और उनके लिए हम तहेदिल से काम करते हैं तथा उस छोटे से प्रयास से सामान्य जनमानस को न्याय मिलता है। उस जनसाधारण के हितों के लिए ही लोकतंत्र का यह सर्वोच्च सदन है। इसलिए इस सदन की प्रतिष्ठा, इसका सम्मान निश्चित रूप से रखा जाना चाहिए और मैं उसके लिए प्रतिबद्ध हूँ। मैं आपको वचन देता हूँ कि इस सदन को शर्मिंदा होना पड़े, ऐसा कोई भी कार्य मैं नहीं करूँगा। मुझ जैसे इतने छोटे कार्यकर्ता को आपने इतने उदार भाव से यह जिम्मेदारी सौंपी। निश्चित रूप से इसे निभाते हुए मैं इस सदन की प्रतिष्ठा बढ़ाने का प्रयास करूँगा। सदन में उपस्थित दोनों पक्षों के माननीय सदस्यों ने जो मेरा सम्मान किया, मैं उसके योग्य हूँ कि नहीं, यह मुझे मालूम नहीं; लेकिन उन्होंने मेरा जो सम्मान किया है, उसके लिए अपने अंत:करण से उनका आभारी हूँ। पूरी खेल भावना के साथ, किसी के प्रति द्वेष न रखते हुए केवल गुणों के आधार पर जो सही होगा, उसे स्वीकारना चाहिए। माननीय स्व. रामभाऊ म्हालगी ने कहा था—

> "No one is perfect. No one can claim that he is perfect."

आदमी उत्तम, अति उत्तम, सर्वोत्तम होता है, इसलिए प्रत्येक में कुछ सीखने की बातें होती हैं। मतलब जो अच्छा है, उसे ग्रहण करना चाहिए और जो बुरा है, भद्दा है उसे छोड़ देना चाहिए। इससे ही आदमी अच्छा बनता

है। मैं आपको विश्वास दिलाना चाहता हूँ कि इस सर्वोच्च सदन की प्रतिष्ठा, सम्मान, यश बढ़ाने के लिए निश्चित रूप से कार्य करूँगा। एक बार फिर से मैं सभी का आभार व्यक्त करता हूँ।

❑

* 23 अक्तूबर, 1999 को महाराष्ट्र विधान परिषद् में दिया गया भाषण।

“

लता मंगेशकर यानी इस भूमंडल पर ईश्वर-प्रदत्त एक चमत्कार, अगर ऐसा कहा जाए तो कोई अतिशयोक्ति नहीं होगी। उनकी इस आवाज की जितनी प्रशंसा की जाए, कम है। भारतीय होने के नाते निश्चित रूप से हम सभी के लिए यह गौरव की बात है। वह एक श्रेष्ठ कलाकार ही नहीं, श्रेष्ठ इनसान भी हैं।

”

23

लता : भारतीय संगीत की धरोहर

भारत सरकार द्वारा लता मंगेशकर और बिस्मिल्ला खाँ को 'भारत-रत्न' से विभूषित करने के निर्णय का मैं स्वागत करता हूँ। संगीत के क्षेत्र में लता मंगेशकर की उपलब्धियों पर केवल भारत को ही नहीं, सारे विश्व को गर्व है। विशेष रूप से जब हम विदेशों में जाते हैं, उस समय लोगों से बातचीत के दौरान देश के अनेक नेताओं के विषय में बातचीत होती है, ऐसे प्रसंगों में लता मंगेशकर का नाम स्वत: ही आ जाता है। लता मंगेशकर के गाने और उनकी 71 वर्ष की उम्र होने के बावजूद उनकी मधुर आवाज संसार के लिए एक आश्चर्य है। मैंने उनसे पूछा कि इस उम्र में भी आपकी आवाज में वही मधुरता व सरसता कैसे है ? मुझे लगता था कि वे अपने खान-पान में किसी प्रकार का परहेज करती होंगी। मेरे उनसे और उनके परिवार से घनिष्ठ संबंध हैं। नागपुर में उनका नागरिक सम्मान किया गया। नागपुर क्षेत्र में बननेवाला धनिए का पकौड़ा बहुत तैलीय होता है। मैंने कहा, 'यह सब दीदी को खाने में मत देना। इससे उनकी आवाज पर असर पड़ सकता है।' दीदी ने कहा, 'ऐसा कुछ नहीं है। मैं अल्प मात्रा में लेती हूँ। मेरी आवाज पर किसी प्रकार का फर्क नहीं पड़ेगा।' मुझे अभी भी समझ में नहीं आता कि

नरगिस या मधुबाला को आवाज देनेवाली लता मंगेशकर आज भी 17–18 साल की नई अभिनेत्रियों वैसी ही आवाज कैसी देती हैं। कई बार 10–11 वर्ष की छोटी बच्चियों के लिए भी उनकी आवाज फिट बैठती है। यह एक आश्चर्य है। लता मंगेशकर यानी इस भूमंडल पर ईश्वर–प्रदत्त एक चमत्कार, अगर ऐसा कहा जाए तो कोई अतिशयोक्ति नहीं होगी। उनकी इस आवाज की जितनी प्रशंसा की जाए, कम है। भारतीय होने के नाते निश्चित रूप से हम सभी के लिए यह गौरव की बात है।

वह एक श्रेष्ठ कलाकार ही नहीं, श्रेष्ठ इनसान भी हैं। जिस समय वरली–बांद्रा पुल का भूमि–पूजन कार्यक्रम था, उस समय मैंने दीदी और उनके भाई हृदयनाथ मंगेशकर से निवेदन किया था, क्योंकि स्वतंत्रता सेनानी वीर सावरकर के प्रति उनकी प्रगाढ़ श्रद्धा है। समुद्र पर वरली–बांद्रा सेतु निर्माण के समय मैंने उनके सामने अपनी इच्छा रखी कि सावरकर द्वारा रचित गीत या तो वे स्वयं अथवा उनके परिवार के द्वारा गाया जाना चाहिए। मैंने उनसे निवेदन किया कि तीन–चार गानों के बाद कार्यक्रम की शुरुआत होगी। उस समय आप गाएँ या कार्यक्रम के बीच में हृदयनाथ या उषा बहन को गाने के लिए निश्चित रूप से कहें। उस कार्यक्रम में हृदयनाथ मंगेशकर आए और इस परिवार की वीर सावरकर के प्रति जो श्रद्धा है, उसी के अनुरूप उन्होंने वीर सावरकर रचित चार गानों को बड़ी सुंदरता से पेश किया।

दीदी कट्टर राष्ट्रवादी हैं। उनमें सामाजिक दायित्व की भावना भी है। जब भी देश संकट की स्थिति में होता है, उस समय देश के लिए कुछ करना चाहिए, इस भावना से वे हमेशा आगे रहती हैं। गुजरात के भूकंप–पीड़ितों की मदद के लिए उन्होंने शिवाजी पार्क में एक कार्यक्रम आयोजित किया और इसके लिए उन्होंने एक भी पैसा नहीं लिया। वर्षों पहले नागपुर में कांग्रेस का अधिवेशन हुआ, तब लता मंगेशकर ने अपने गीतों को पेश किया। उस कार्यक्रम में पं. जवाहरलाल नेहरू भी थे। उस कार्यक्रम में कुछ

गड़बड़ी हुई। उसी समय लता दीदी ने प्रतिज्ञा की कि इसके बाद नागपुर में गाने के लिए नहीं आऊँगी। तब से ही नागपुर के लोगों के मन में दु:ख था कि लताजी हमारे शहर में नहीं आती हैं और न गाने गाती हैं। बॅ. शेषराव वानखेड़े की पुत्री सौ. कुंदाताई विजयकर नागपुर की महापौर बनीं, उस समय मैं नागपुर का पालक मंत्री था। उस समय मैं लता दीदी के पास गया; राम शेवालकरजी, एन.के.पी. साल्वे, अटल बहादुर सिंह, मनोहर म्हैसालकर सभी ने मिलकर उनसे कहा कि आपको नागपुर आना चाहिए। आपने जो प्रतिज्ञा की है, अब उस प्रतिज्ञा का त्याग कर दें। उनका बड़प्पन देखिए, वह नागपुर आईं। उनका भव्य नागरिक अभिनंदन किया गया। उस अभिनंदन और सत्कार के बाद हमारे अनुरोध पर उन्होंने एक गीत प्रस्तुत किया। इससे हमारे मन में जनमानस के मन में, जो एक प्रकार का दु:ख था, एक कसक थी, वह मिट गई।

उस दौरान लताजी ने मुझे बार-बार कहा कि वर्षों पहले अलग स्थिति थी; लेकिन मेरे मन में किसी भी शहर या व्यक्ति के लिए कोई रोष द्वेष नहीं है।

लताजी संगीत-जगत् में एक चमत्कारिक व्यक्तित्व ही नहीं, बल्कि देश की संस्कृति और सामाजिक दायित्व की भी उन्हें समझ है। लता मंगेशकर के रूप में जो भारतीय संस्कृति की संपदा है, उनके जो शब्द हैं, उनके जो स्वर हैं, वह संगीत-जगत् में एक चमत्कार है। कितनी विपदाएँ आईं और न जाने कितने पॉप संगीत आए, पर उनके संगीत में जो आनंद है, जो रस है, वह किसी और में नहीं। लता मंगेशकर ने पसायदान, तुकारामजी के अभंग, बहिणाबाई का अभंग या ज्ञानेश्वरजी के पदों को जिस आर्त स्वर में प्रस्तुत किया है, उसे सुनने के बाद ऐसा महसूस होता है कि संगीत में ऐसा श्रेष्ठ कृतित्व दूसरा कोई हो ही नहीं सकता। इसे सुनने के बाद ऐसा महसूस होता है कि इन गीतों को उन्होंने आत्मा के स्वरों में पिरो दिया है। लता मंगेशकर जैसी उत्कृष्ट गायिका को 'भारत-रत्न' से विभूषित किया गया है। मैं उनका अभिनंदन करता हूँ।

बिस्मिल्ला खाँ साहब की भी यही कहानी है। उनकी उम्र 84 वर्ष हो चुकी है। छह वर्ष की उम्र से ही उन्होंने शहनाई बजाना शुरू किया था। उनकी शहनाई से कजरी, दादरा, ठुमरी आदि राग सुनते समय स्वर्गिक आनंद की अनुभूति होती है। उन्होंने अपने शहनाई वादन से शहनाई को लोक-मान्यता दिलाई। दक्षिण भारत में एक बड़ी अच्छी परंपरा है कि सुबह की वेला में सभी मंदिरों में बहुत ही मनोहारी स्वर सुनाई देते हैं और उस समय विशेष रूप से अनेक बार बिस्मिल्ला खाँ की शहनाई सुनाई देती है। संगीत में कितनी शक्ति व सामर्थ्य है, इसका अनुभव हमें उस समय हुआ, जब बिस्मिल्ला खाँ साहब अमेरिका गए और वहाँ उन्होंने शहनाई-वादन किया। अमेरिका के लोग उनके लिए बिछ-बिछ गए। लेकिन बिस्मिल्ला खाँ को अपनी मातृभूमि का विस्मरण नहीं हुआ। वे एक महान् कलाकार हैं, इस जगत् में एक निराले कलाकार हैं। उन्हें भारत सरकार ने 'भारत-रत्न' देकर सम्मानित किया है। निश्चित रूप से इन दोनों कलाकारों पर पूरे देश को अभिमान और गर्व है। ईश्वर उन्हें संगीत की सेवा करने के लिए दीर्घायु प्रदान करे। उनके संगीत के स्वर सदैव हमें सुनने को मिलें।

❑

---

* 20 मार्च, 2001 को महाराष्ट्र विधान परिषद् में दिया गया भाषण।

"1975 में आपातकाल लगा और प्रजातंत्र का गला घुट गया। उस समय जिन साहित्यकार व पत्रकारों ने इसके खिलाफ आवाज उठाई, पु.ल. देशपांडे उनमें से एक थे। उस दौरान उन्होंने महाराष्ट्र में 19 स्थानों पर जनसभा को संबोधित किया। उन्होंने कहा, 'मेरा किसी भी राजनीतिक दल से कोई संबंध नहीं है, लेकिन इस देश में प्रजातंत्र बना रहना चाहिए।' बिना किसी डर के प्रजातंत्र को बचाने के इस समर में, स्वतंत्रता को कायम रखने के युद्ध में उन्होंने हिस्सा लिया और इतना ही नहीं, उनके कारण ऐसे कई और प्रभावशाली व्यक्तियों के प्रयासों से इस देश में प्रजातंत्र बच पाया। प्रजातंत्र पर पड़ी काली छाया हटी।"

24

पु.ल. देशपांडे : जो मिला वह अतुल्य

पु.ल. देशपांडे महाराष्ट्र के ही नहीं, बल्कि देश के भी महान् साहित्यकार थे। उन्होंने मराठी भाषा की मिठास को बढ़ाया है। ऐसे मराठी साहित्यकार का गौरव के साथ उल्लेख किया जाना चाहिए। वे ऐसे साहित्यकार थे, जो कवि, कलाकार भी थे और साहित्य की हर विधा में अपनी अमिट छाप छोड़ी थी।

पु.ल. देशपांडे एक अलग व्यक्तित्व के धनी थे। मुझे याद आता है, जब मैं स्कूल का विद्यार्थी था। 'बटाटयाची चाळ' नाम की पुस्तक मुझे पढ़ने के लिए मिली। पु.ल. देशपांडे मेरे प्रिय लेखक हैं। नागपुर में रहने के कारण चाळ क्या होती है, मुझे इसकी कल्पना नहीं थी। उस समय नागपुर में ज्यादा चाळ नहीं थीं, लेकिन बटाटयाची चाळ पढ़ने के बाद मुंबई की चाळ कैसी होती है, इसका चित्र मेरी आँखों के सामने खड़ा हो गया। उनके कई नाटक—'ती फुलराणी', 'अंमलदार', 'तुझे आहे तुजपाशी', 'सुंदर मी होणार', 'तीन पैशाचा तमाशा', 'आम्ही लटिके ना बोलू'—ये सभी नाटक मैंने देखे। रंगमंच पर उनके नाटक देखने का अलग ही आनंद था। उन्होंने उच्च कोटि के नाटक लिखे। संगीत के क्षेत्र में प्रवेश कर उच्च कोटि का संगीत दिया।

कविताएँ लिखीं, वे भी उच्च कोटि की। लेख, यात्रा-वृत्तांत भी लिखे। उन्होंने हर विधा में लिखा और हर क्षेत्र में उन्हें यश मिला। इस प्रकार वे एक अलग प्रकार के व्यक्तित्व के धनी थे। उनके पात्रों के चित्रण की बात करें तो उन्होंने जिस व्यक्ति के चरित्र को उभारा है, वह नारायण हो या सखाराम गटणे हो, इस प्रकार के अनेक जीवंत पात्र उन्होंने हमारे सामने रखे। उनके लेखन में ऐसी क्षमता थी कि उनके पात्र हमेशा-हमेशा के लिए मानसपटल पर स्थिर हो जाते हैं। उनके व्यक्ति चित्र और बेलगाँव, पुणे में हुए विवाह समारोहों में उन्होंने समाज का जो स्वरूप देखा, उसे अपनी कृतियों के माध्यम से समाज के सामने प्रस्तुत कर दिया। एक आम आदमी को जीवन में जो अनुभव होता है, उसके आधार पर पु.ल. देशपांडे ने उसका ऐसा चित्रण किया कि वे वास्तविक रूप में हमारे सामने खड़ा नजर आया। इस प्रकार के व्यक्ति-चित्रण और यात्रा-वृत्तांत को उन्होंने अपनी लेखनी से साकार किया।

स्व. पु.ल. देशपांडे के बारे में एक बात और कहना चाहता हूँ और वह बहुत ही महत्त्वपूर्ण है तथा प्रजांतत्र में आस्था रखनेवाले लोगों को इसे ध्यान में रखना चाहिए। 1975 में आपातकाल लगा और प्रजातंत्र का गला घुट गया। उस समय जिन साहित्यकार व पत्रकारों ने इसके खिलाफ आवाज उठाई, पु.ल. देशपांडे उनमें से एक थे। उस दौरान उन्होंने महाराष्ट्र में 19 स्थानों पर जनसभा को संबोधित किया। उनकी पहली जनसभा शनिवारवाड़ा के सामने हुई। उस समय उन्होंने कहा—मेरा किसी भी राजनीतिक दल से कोई संबंध नहीं है, लेकिन इस देश में प्रजातंत्र बना रहना चाहिए। बिना किसी डर के प्रजातंत्र को बचाने के इस समर में, स्वतंत्रता को कायम रखने के युद्ध में उन्होंने हिस्सा लिया और इतना ही नहीं, उनके कारण ऐसे कई और प्रभावशाली व्यक्तियों के प्रयासों से इस देश में प्रजातंत्र बच पाया। प्रजातंत्र पर पड़ी काली छाया हटी। उस समय की स्थितियों के बारे में आप सभी जानते हैं।

पु.ल. देशपांडे ने एकल अभिनय को एक पहचान स्थान प्रदान किया।

एकल अभिनय को लोगों ने जाना। नाटकों के संगीत में उनका योगदान अभूतपूर्व है। उनके नाटकों में मानवीयता दिखाई देती है। बाबा आमटे के आनंद वन में सात जोड़ों की शादी का कार्यक्रम हुआ। उस समय वहाँ उनकी उपस्थिति को महसूस किया गया। बाबा आमटे उनके आदरणीय थे। आनंद वन वे हमेशा जाते और वहाँ होनेवाले श्रमदान में हिस्सा लेते थे। उनके मन में आनंद वन के लिए विशेष आस्था, प्रेम था और उसे सहायता प्रदान करनी चाहिए, ऐसी उनकी भावना थी। पु.ल. देशपांडे को मिले मानदेय में से उन्होंने आनंद वन के लिए भी कुछ हिस्सा दिया। बाबा आमटे के आनंद वन में सात-आठ शादियाँ एक साथ हुईं। उस दौरान वहाँ गाँव के प्रतिष्ठित लोग उपस्थित थे। आनंद वन कॉलेज के प्राध्यापक भी आए थे। इस कार्यक्रम में पु.ल. देशपांडे भी शामिल हुए और उन्होंने शादी के समय श्लोक—'मंगलाष्टक' भी पढ़े। असहाय, गरीब और जिन्हें समाज ने अलग-थलग कर दिया है, ऐसे लोगों के जीवन में, उनकी खुशी में पु.ल. देशपांडे शामिल हुए। उस समय उनकी आँखें भर आई थीं। उनकी मानवता के प्रति संवेदना, समाज के प्रति प्रेम दिखाई देता है। उनका साहित्य उच्च कोटि का है। उसमें समाज के बारे में, समाज के जमीन से जुड़े आदमी के बारे में विशेष स्नेह था और सबसे बड़ी बात यह कि उसी प्रकार उनका व्यवहार भी होता था। ऐसा उनका व्यक्तित्व था। जब उनकी उम्र के 75 वर्ष पूरे हो गए, तब उनका लिखा एक वाक्य महत्त्वपूर्ण बन गया। उस वाक्य में जीवन का दर्शन था। उन्होंने कहा—

> ''जीवन के पिछले 75 वर्षों में विभिन्न क्षेत्रों में मुझे आनंद प्रदान करने वाले असंख्य व्यक्ति मिले। मुझे क्लेश देनेवाले व्यक्तियों की अपेक्षा आनंद प्रदान करनेवाले साधारण-असाधारण व्यक्तियों की संख्या कई गुना अधिक थी।''

इस आनंद की अनुभूति को महसूसते हुए, इस आनंद को स्वीकार करते हुए, बाकियों को आनंद देनेवाले साहित्य का निर्माण मेरे हाथों हो, ऐसी उनकी उत्कट इच्छा थी। जीवन एक महफिल हो गई और अब इस

महफिल में राग भैरवी का आलाप शुरू हो गया है। जीवन ने मुझे खूब दिया। उससे मेरा मन अघाया (भरा) हुआ है। इस समय मुझे रवींद्रनाथ के एक गीत की पक्तियाँ याद आ रही हैं। उनके जाने के समय उन्होंने दुनिया को संदेश देते हुए लिखा—(बँगला में)

> "जाबाद दिने एई कथाटि बॉने जेमे जायी
> या देखेछि, जा पेयेछि तुलना तमार नाई।"

उसका हिंदी अनुवाद इस प्रकार है—

> "अपनी अंतिम समय की बेला में कहता हूँ,
> जो कुछ मुझे मिला, वह अतुल्य है।"

साहित्यकार, संगीतकार, कलाकार के रूप में एक मानवीय दृष्टिकोणवादी, असहायों पर प्रेम करनेवाले सहृदय व्यक्ति के रूप में उन्होंने जीवन के रंगमंच पर जिन व्यक्ति चित्रों को उभारा, वह उच्च कोटि के थे! संसार में आनेवाले हर व्यक्ति को इस संसार को छोड़कर जाना पड़ता है। जो आज है, वह कल नहीं! जीवन के इस प्रवाह में जो साहित्यकार, चिंतनशील व्यक्तित्व हमें प्रभावित करते हैं, उनके विचारों का प्रभाव पीढ़ियों-पीढ़ियों तक रहता है। आज पु.ल. देशपांडे हमारे बीच नहीं हैं, फिर भी उनका साहित्य, जीवन के आधार पर गढ़े गए पात्र, उनका संगीत, उनका नाट्य क्षेत्र में योगदान, उनके विचार कोई भुला नहीं सकता। पीढ़ियाँ आएँगी-जाएँगी, समय बदलता रहेगा, समय का चक्र यथावत् घूमता रहेगा, यद्यपि पु.ल. देशपांडे का साहित्य अजर-अमर रहेगा। हम सभी उनसे प्रेम करते हैं। आज वे हमारे बीच नहीं हैं, फिर भी उनके विचार और उनका साहित्य हमारे साथ रहने वाला है।

❑❑❑

---

* 17 जुलाई, 2000 को महाराष्ट्र विधान परिषद् में दिया गया भाषण।